21世纪经济管理类精品教材

第3版

电子商务概论

俞立平　李建忠　何玉华／编著

Introduction to E-commerce

清华大学出版社
北　京

内 容 简 介

本书系统地介绍了电子商务的基本框架、基本理论和业务操作流程。全书共九章，包括电子商务概述、电子商务框架与模式、网络技术基础、网站建设基础、电子商务安全与认证、电子支付与网上银行、物流与供应链管理、网络营销和电子商务法律规范等内容。在编写中，本书重点突出了电子商务在商务活动中的最新实际应用，并结合大量典型实例深入浅出地阐述了电子商务的方法和原理。把突出技能应用、培养学生岗位实践能力放在第一位。本书的每一章均由导入案例开篇，以引导和启发学生主动思考、分析与探索；每一章最后都精心设计了“思考与练习”和“技能训练”两个模块，针对每一章的重点和难点进行训练，便于读者掌握相关知识点，提升实践技能和综合职业能力。为方便教学，本书配有电子课件，可供课堂教学使用。

本书可用作普通高等院校电子商务及经济管理类相关专业在校本科生的教材，也可供广大企事业单位的电子商务从业人员参考使用。

图书在版编目（CIP）数据

电子商务概论/俞立平，李建忠，何玉华编著. —3 版. —北京：清华大学出版社，2012.6（2020.11重印）
21 世纪经济管理类精品教材

ISBN 978-7-302-28873-2

I. ①电… II. ①俞… ②李… ③何… III. ①电子商务-高等学校-教材 IV. ①F713.36

中国版本图书馆 CIP 数据核字（2012）第 105307 号

责任编辑： 陈仕云
封面设计： 唐韵设计
版式设计： 文森时代
责任校对： 刘启建
责任印制： 沈 露
出版发行： 清华大学出版社
网 址： http://www.tup.com.cn，http://www.wqbook.com
地 址： 北京清华大学学研大厦 A 座 **邮 编：** 100084
社 总 机： 010-62770175 **邮 购：** 010-62786544
投稿与读者服务： 010-62776969，c-service@tup.tsinghua.edu.cn
质量反馈： 010-62772015，zhiliang@tup.tsinghua.edu.cn
课件下载： http://www.tup.com.cn,010-62788951-223
印 装 者： 北京嘉实印刷有限公司
经 销： 全国新华书店
开 本： 185mm×230mm **印 张：** 18.5 **字 数：** 392 千字
版 次： 2012 年 6 月第 1 版 **印 次：** 2020 年11月第 9 次印刷
定 价： 55.00 元

产品编号：043244-03

前　言

电子商务改变了企业。企业因为电子商务的介入而改变了组织结构和运作方式，提高了生产效率，降低了生产成本，最终提升了集约化管理程度，从而得以实现高效经营。电子商务也改变了世界。目前，电子商务已经成为全球一体化生产和组织方式的重要工具，在掌握资源配置主动权、提升国家竞争力的过程中日益发挥着重要作用。我国在国民经济和社会发展“十二五”规划纲要中明确提出，要积极发展电子商务，加快发展电子商务。这将有利于优化调整我国经济在全球产业中的定位和布局，有利于加快进一步融合全球化的步伐，提升国际竞争力。在电子商务引发的变革风潮中，电子商务已经成为后工业时代经济增长的强大推动力。

随着电子商务的蓬勃发展，我国对既懂计算机又懂商务的复合型人才产生了巨大的需求。近年来，不少出版社出版了很多电子商务方面的教材。由于电子商务的发展日新月异，作为一门应用性很强的新兴学科，电子商务的知识更新很快，无论是电子商务的内涵、技术、营销手段，还是电子商务的管理及运营，与几年前相比都发生了很大的变化，因此，原有教材的很多内容显得有些滞后，不能满足和适应现有电子商务专业和其他相关专业学生的学习需要，这就促使我们要尽快地在原有基础上不断推出新的内容。

本书共包括电子商务概述、电子商务框架与模式、网络技术基础、网站建设基础、电子商务安全与认证、电子支付与网上银行、物流与供应链管理、网络营销和电子商务法律规范九章内容。在编写中，本书重点突出了电子商务在商务活动中的最新实际应用，并结合大量典型实例深入浅出地阐述了电子商务的方法和原理，把突出技能应用、培养学生岗位实践能力放在第一位，旨在帮助读者掌握电子商务的基本概念，了解电子商务的最新知识，掌握电子商务运营的方法和规律。本书的每一章均由导入案例开篇，以启发和引导学生主动思考、分析与探索；每一章最后都精心设计了“思考与练习”和“技能训练”两个模块，针对每一章的重点和难点进行练习，便于读者掌握相关知识点，提升实践技能和综合职业能力。为方便教学，本书配有电子课件，可供课堂教学使用。

本书由宁波大学俞立平、沧州师范学院李建忠和浙江工商职业技术学院何玉华编著。具体编写分工如下：第三、九章由俞立平编写，第一、二、四、八章由李建忠编写，第五、六、七章由何玉华编写。全书由俞立平最后统稿、审定。

本书可用作普通高等院校电子商务及经济管理类相关专业在校本科生的教材，同时适用于三年制高职高专电子商务等相关专业的在校生，也可供广大企事业单位的电子商务从业人员参考使用。

本书在编写过程中，参考和借鉴了国内外同行的有关论著和研究成果，在此深表感谢。另外，本书的出版得到了清华大学出版社的领导与编辑的大力支持和帮助，在此一并表示诚挚的感谢。

由于编者水平有限，书中难免会有疏漏和不足之处，恳请各位老师和同学批评指正。

编　者

2012 年 4 月

目　　录

第一章　电子商务概述

学习目标

☑ 了解电子商务的概念和功能，明确“商务”与“电子”的关系。
☑ 了解电子商务的发展及对社会的影响。
☑ 了解国内电子商务发展状况及趋势。
☑ 掌握电子商务的特点和优势。

【导入案例】

从淘宝商城狂欢节看网购的巨大潜力

淘宝商城（2012年已更名为“天猫”）新浪官方微博2011年11月12日凌晨00: 06发布微博:“11月11日，淘宝商城狂欢节，24个小时，淘宝商城支付宝交易额突破33.6亿，为去年同日交易额近4倍，淘宝网和淘宝商城总支付宝交易额突破52亿，历史性一刻你我同在。感谢！感恩!”

从2009年开始，淘宝商城每年在11月11日推出网购狂欢节，返利消费者，打造一场全民狂欢。2009年淘宝商城网购狂欢节单日交易额5 000万元；2010年为9.36亿元；2011年更是创下了33.6亿元的纪录，淘宝网加淘宝商城的销售额超过52亿元。这一天，在淘宝商城有GXG、骆驼服饰、博洋家纺等3家品牌店交易额突破4 000万元，另有1家超过3 000万元、4家超过2 000万元、38家超过1 000万元、75家超过500万元——总共497家品牌店销售突破百万元。与双十一单天淘宝全网52亿元销售额的数字相比，被称为购物天堂的香港，平均每天零售额约8.47亿元人民币；2011年“十一”黄金周7天，北京121家重点商业服务业企业累计实现零售额59.3亿元。

这些数字印证了电子商务已经成为目前拉动内需的主要驱动力。在传统零售业不景气的现实情况下，以淘宝、淘宝商城为代表的网络零售行业却保持着翻番增长势头。而随着网购市场的高速发展以及中国网民数量的不断扩大，网购消费者的数量和覆盖面也在随之不断增长和扩大。网上商品因为呈现海量、物美价廉等特点，网络购物逐渐成为人们喜爱并习惯的主流消费方式之一。电子商务彻底颠覆了以往从商品生产到消费者手中的流通方式，更低成本、更人性化、更便宜、更便捷地指向目标消费群，成为国民经济新的增长点。

资料来源：腾讯网科技频道，2011-12-03

【引言】

艾瑞咨询2012年1月发布的数据显示，2011年，中国电子商务市场交易额已达7万亿元，同比增长46.4%。其中，B2B电子商务交易额达到6万亿元，同比增长35.1%；网上零售市场交易规模达7 700亿元，同比增长67.8%。预计未来3～5年内，中国电子商务市场仍将维持稳定的增长态势，平均增速超过35%，2015年将达到26.5万亿元。“十二五”期间，电子商务作为国家战略新兴产业的重要组成部分和新一代信息技术的分支，有望成为下一阶段信息化建设的重心，预计未来电子商务在GDP中的贡献率会大幅提高。

电子商务的兴起，不过短短十几年时间，为20世纪末信息技术的飞速发展打开了一片新的空间。互联网投入商业化运营以后，电子商务应运而生并蓬勃发展，标志着一个崭新的电子商务时代的来临。进入21世纪以后，电子商务以其无可比拟的优势和不可逆转的趋势，改变了商务活动的运作模式，对企业的经营方式、支付手段和组织形式提出了强有力的挑战，并将给社会经济的各个方面带来根本性的变革。

电子商务是信息条件下的新兴经济活动，目前已经成为全球一体化生产和组织方式的重要工具，在掌握资源配置主动权、提升国家竞争力过程中日益发挥了重要的作用。而加快发展电子商务有利于优化调整一个国家和地区在全球产业中的定位和布局，有利于加快进一步融合全球化的步伐，有利于提高国际竞争力。

第一节　电子商务的概念

一、生活中的电子商务

随着互联网技术的飞速发展，电子商务的应用已经广泛渗透到人们的生活、学习和工作当中。首先，看几个与我们生活密切相关的案例，认识一下电子商务。

【例1-1】

无处不在的电子商务

王先生打算下个月利用假期到海边度假，于是他首先通过京东商城（如图1-1所示）购买了数码相机，然后选择在淘宝网（如图1-2所示）上购买了衣物，最后在去哪儿网（如图1-3所示）进行了机票查询比对，然后预订了往返机票和酒店。这样，王先生足不出户，就购买了自己所需要的物品，提前把问题解决了。

图 1-1　京东商城首页

图 1-2　淘宝网首页

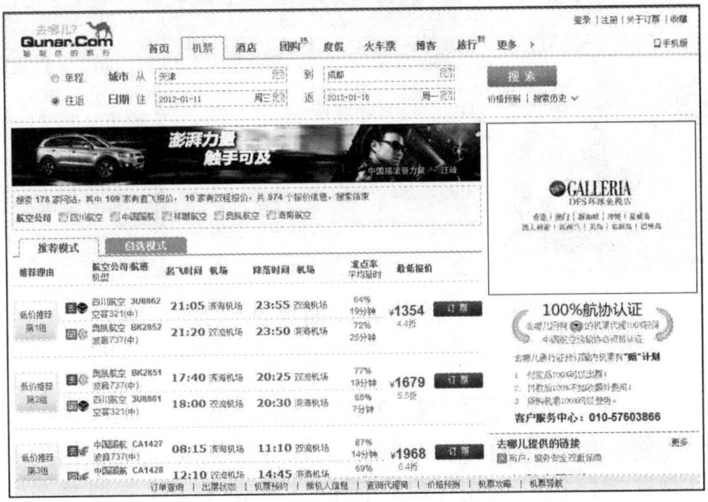

图 1-3　去哪儿网首页

【思考与分析】

众所周知，互联网已经逐渐融入了人们的工作与生活。人们不仅可以在网上看新闻、聊天、看电影、玩游戏、交友、看书、写博客等，还可以购物、交纳保险或水电费等。2012年1月，中国互联网络信息中心（CNNIC）发布《第29次中国互联网络发展状况统计报告》，统计结果显示，网络新闻应用率、娱乐类应用率快速下滑。与此相反，电子商务类的应用却呈现出旺盛的生命力，如网络购物、网上支付、网上银行、旅行预订等在2011年继续保持稳步发展态势。甚至包括大闸蟹、房子和汽车，这些一向不被人们看好在网上销售的产品的网上交易也成为了现实！

【例 1-2】

银河 SOHO 网上竞买成功，中国房地产电子商务时代来临（如图 1-4 所示）

2011 年 4 月 23 日，SOHO 中国联手新浪乐居进行黄金地段商铺的网上无底价竞买。朝阳门 SOHO 二期-122 商铺在网上从零价起拍，经过 37 次激烈的争夺，被买家以 720 万元的价格购得，折合单价 79 893 元/平方米。在另一场竞买活动中，北京东二环银河 SOHO 1-152 商铺经过 78 次激烈的角逐，被一名网友以 1 202 万元买下，折合单价 65 852 元/平方米。SOHO 中国迈出了试水房地产电子商务的第一步。

资料来源：http://bj.house.sina.com.cn，2011-04-23

图 1-4 新浪乐居北京房地产门户

【思考与分析】

2011 年中国电子商务交易额已经突破 7 万亿元，然而，在这庞大的交易额背后，房地产行业并未分得一杯羹。由于房地产交易属于大宗复杂交易，交易行为受到较为严格的政府管制，各地方政府管理口径又大相径庭，而且交易双方往往需要复杂的金融手段支持，房地产领域的电子商务发展在一定程度上受到客观条件的制约。而房地产商品本身更是非标准化产品，让购房者仅通过互联网来了解和确定商品内容有很大的困难。

随着虚拟实景技术、互联网技术的不断发展，电子商务渗透到房地产行业将成为必然。

（1）交易的透明度大大增加，有效地降低了由于信息不对称而造成的信用危机，避免了卖点和优势概念信息流失，提升了客户对楼盘的认同率。通过电子商务平台，顾客能便捷地与开发商、投资业主进行信息沟通，从而更好地发挥消费者的监督作用，大大减少了欺诈现象；通过网络的平台，顾客卖房、购房的效率得到大幅提高，交易成本大大降低。总之，有了电子商务在房地产业中的运用，消费者在物业消费方面的权益得以更大的保护。

（2）更容易与重要顾客建立有特定价值倾向的关系，改变了原来只有售楼处、媒体广告和专职人员促销三部分组成的营销模式，同时为制订比较完善的营销方案提供了更多有价值的信息。

（3）通过3D虚拟实景技术，看房者轻点鼠标，就可以“实景”看房，包括360°看房，多角度地查看楼盘小区实景以及房屋结构、空间状况等。

通过上面的实例，很多人可能会认为电子商务就是网络购物。事实上，二者并不是一回事，电子商务不仅仅包括网上购物，还包括企业间的电子商务及其他采用互联网手段进行的商务活动。那么，如何给电子商务下定义呢？

二、广义的电子商务（Electronic Business，EB）

广义的电子商务是利用计算机和网络等现代信息技术所进行的各类商务活动。这个概念包括的内容很广，囊括了社会生活的方方面面。例如，我们通过手机短信订阅新闻、发E-mail通知客户开新品展示会、通过单位内部网络查询相关数据等都属于电子商务的范畴。

对上述广义电子商务的定义，可以从以下几个方面进行理解。

1. 电子商务是一种采用最先进的信息技术的商务方式

交易各方将自己的各类供求意愿按照一定的格式提供给互联网，互联网便会根据用户的要求寻找相关的信息，并提供给用户多种交易选择。一旦用户确定了交易对象，网络就会协助用户完成合同的签订、分类、传递和款项收付结转等全套业务，为交易双方提供一种“双赢”的最佳选择。随着现代信息技术的发展，网络使用将会更广泛、更便捷、更具人性化。

2. 电子商务的本质是商务

电子商务的目标是通过互联网这一最先进的信息技术来进行商务活动，所以它要服务于商务，满足商务活动的要求，商务活动是电子商务永恒的主题。从另一个角度来看，商务也是在不断发展的，电子商务的广泛应用将给商务本身带来巨大的影响，从根本上改变人类社会原有的商务活动方式，给商务活动注入全新的理念。

3. 广义的电子商务包括的范围很广

广义的电子商务既包括电子数据交换，也包括互联网电子商务；既包括网上信息查询、网络营销、网上广告等明显的电子商务活动，也包括企业资源计划、供应链管理、客户关系管理等企业信息化领域的诸多方面。这是以 IBM 公司为代表的主流观点。

三、狭义的电子商务（Electronic Commerce，EC）

狭义的电子商务一般也将其称为电子交易，是指通过互联网进行的商务活动。在大多数情况下，电子商务概念指的就是狭义的电子商务。

美国政府在《全球电子商务纲要》中比较笼统地指出，电子商务是指通过互联网进行的各项商务活动，包括广告、交易、支付和服务等活动，这是狭义上的电子商务。类似的还有英特尔公司对电子商务的定义是：电子商务=电子市场+电子交易+电子服务。

电子商务包含两个方面：一是商务活动，二是电子化手段。它们之间的关系是：商务活动是核心，电子化手段是工具。这里的商务活动包括企业通过内联网的方式处理与交换商贸信息，企业与企业之间通过外联网或专用网方式进行的业务协作和商务活动，企业与消费者之间通过互联网进行的商务活动，消费者与消费者之间通过互联网进行的商务活动以及政府管理部门与企业之间通过互联网或专用网方式进行的管理以及商务活动。这里的电子化手段包括自动捕获数据、电子数据交换、电子邮件、电子资金转账、网络通信和无线移动技术等各种电子通信技术手段。广义电子商务与狭义电子商务的概念模型如图 1-5 所示。

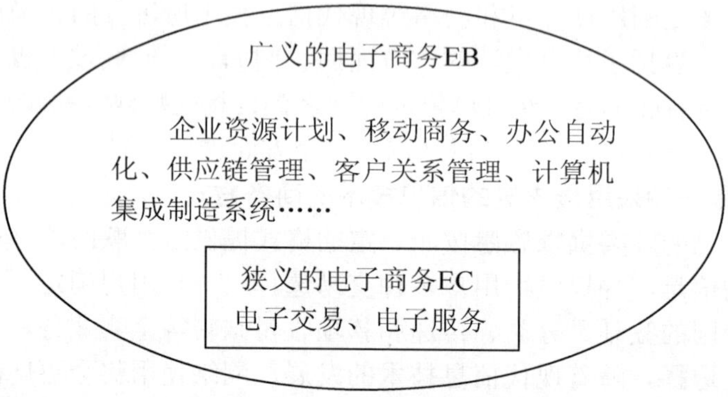

图 1-5　电子商务的概念模型

四、对电子商务的进一步理解

从贸易活动的角度分析，电子商务可以在多个环节实现，由此也可以将电子商务分为两个层次。较低层次的电子商务如电子商情、电子贸易、电子合同等；最完整的也是最高级的电子商务应该是利用互联网能够进行全部的贸易活动，即在网上将信息流、商流、资金流和部分的物流完整地实现。也就是说，可以从寻找客户开始，一直到洽谈、订货、在线付（收）款、开具电子发票以至电子报关、电子纳税等所有商务活动都通过互联网一气呵成。

要实现完整的电子商务还会涉及很多方面，除了买家、卖家外，还要有银行或金融机构、政府机构、认证机构、物流配送中心等机构的加入才行。由于参与电子商务中的各方在物理上是互不谋面的，因此整个电子商务过程并不是物理世界商务活动的翻版，网上银行、在线电子支付等条件和数据加密、电子签名等技术在电子商务中发挥着重要的作用。

第二节　电子商务的发展过程

考察电子商务产生与发展的历史，从普遍的意义上讲，从电话、电报、传真的商业应用开始，电子商务活动就开始出现了。由于当时商务活动信息流的电子化水平太低，所以还不是真正意义的电子商务。现代意义的电子商务经历了两个阶段：在专用网上的电子交易阶段和基于互联网的电子商务阶段。

一、专用网上的电子交易阶段

从 20 世纪 60 年代末到 80 年代，部分大企业的计算机系统开始通过专用增值通信网络联系在一起，越来越多的企业间交易信息开始通过网络传输，企业内部局域网也得到了一定范围的应用。这阶段可以称作电子商务的萌芽阶段。早在 20 世纪 70 年代，美国航空公司开发了计算机联网订票系统——SABRE，顾客可以在美国的各个公司的售票点、旅行社通过美国航空公司的计算机终端查询全国范围航班的时刻、票价、空位情况等信息，进而通过终端订票。同一时期，银行间采用安全的专用网络进行电子资金转账，即利用通信网络进行账户交易信息的电子传输，提高了资金转移的效率，改变了金融业的业务流程，这是电子商务最原始的形式之一。同时，美国许多银行投入巨资研究和开发家庭银行。客户通过按键电话拨通银行，根据家庭银行的语音服务提示按电话上的数字键查询账户余额、划账和付账。

从 20 世纪 70 年代后期到 80 年代初期，电子商务以电子报文传送技术如电子数据交换（Electronic Data Interchange，EDI）的形式得到推广。电子数据交换使企业能够用标准化的电子格式与供应商交换商业单证（如订单、发票、保单等）。电子报文传送技术减少了文字工作量，提高了自动化水平，简化了业务流程。可以说，EDI 在电子商务的发展历程中起着举足轻重的作用。1990 年，联合国正式推出了 EDI 的标准 UN / EDIFACT，并被国际标准化组织正式接受为国际标准 ISO 9735，统一了世界贸易数据交换中的标准和尺度，为利用电子技术在全球范围内开展商务活动奠定了基础。

1．电子数据交换的概念

电子数据交换也称为"无纸贸易"。ISO 将 EDI 定义为一种传输方法，使用这种方法，首先将商业或行政事务处理中的报文数据按照一个公认的标准，形成结构化的事务处理的报文数据格式，进而将这些结构化的报文数据经由网络，从计算机传输到计算机。

事实上，信息电子化以后，纸张信息并没有取消，使用电子票据的同时仍然需要纸面票据，只是纸面票据从以前的主要或唯一的地位下降到次要和辅助的地位。也就是说，EDI 的优势并不在于节约纸张，而在于其快速、高效、避免重复劳动和减少错误。所以，EDI 强调的并不是无纸化，而是快速传输、节约劳动、减少错误，从而实现高效率、低成本。

2．电子数据交换的主要优势

（1）企业采用 EDI 可以更快速、更便宜地传送发票、采购订单、传输通知和其他商业单证，提高快速交换单证的能力，加快商业业务的处理速度。更重要的是，这些过程可以被监督，从而为企业提供了跟踪管理和审计这些操作的能力。

（2）通过对数据进行电子传输，避免了人工录入而出现不一致的错误，提高了总体质量。降低了数据对人的依赖性，以及减少了无意义的处理时间。

（3）EDI 能更快、更精确地填写订单，以便减少库存，直到零库存管理。

（4）EDI 存储了完备的交易信息和审计记录，能为管理决策者提供更准确的信息和数据，进而为企业增加效率和减少成本提供了更大的可能性。

3．电子数据交换的实现过程

EDI 的实现过程就是用户将相关数据从自己的计算机信息系统传送到有关交易方的计算机信息系统的过程。该过程因用户应用以及外部通信环境的差异而不同。在有 EDI 增值服务的条件下，这个过程分为以下 6 个步骤，如图 1-6 所示。

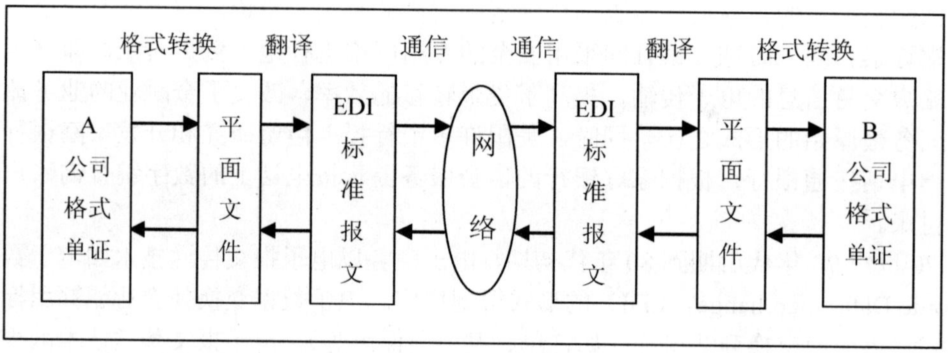

图 1-6 EDI 的实现过程

（1）发送方将要发送的数据从信息系统数据库提出，转换成平面文件（亦称中间文件）。

（2）将平面文件翻译成标准的 EDI 报文。

（3）发送 EDI 信件。

（4）接收方从 EDI 信箱中收取信件。

（5）EDI 信件拆开并翻译成平面文件。

（6）将平面文件转换并送到接收方信息系统中进行处理。

该过程是个可逆过程，接收方向发送方发送 EDI 报文和发送方向接收方发送 EDI 报文的过程和原理是一致的，如图 1-7 所示为原始格式单证，图 1-8 所示为平面文件，图 1-9 所示为 EDI 的标准报文。

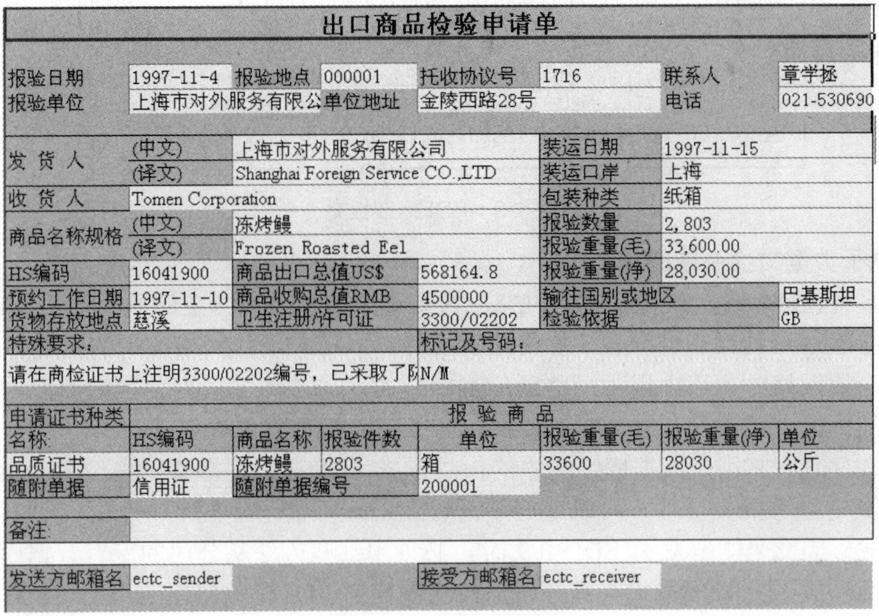

出口商品检验申请单

报验日期 1997-11-4 报验地点 000001 托收协议号 1716 联系人 章学拯
报验单位 上海市对外服务有限公 单位地址 金陵西路28号 电话 021-530690

发货人 (中文) 上海市对外服务有限公司 装运日期 1997-11-15
(译文) Shanghai Foreign Service CO.,LTD 装运口岸 上海
收货人 Tomen Corporation 包装种类 纸箱
商品名称规格 (中文) 冻烤鳗 报验数量 2, 803
(译文) Frozen Roasted Eel 报验重量(毛) 33,600.00
HS编码 16041900 商品出口总值US$ 568164.8 报验重量(净) 28,030.00
预约工作日期 1997-11-10 商品收购总值RMB 4500000 输往国别或地区 巴基斯坦
货物存放地点 慈溪 卫生注册/许可证 3300/02202 检验依据 GB
特殊要求： 标记及号码：
请在商检证书上注明3300/02202编号，已采取了防 N/M

申请证书种类 报验商品
名称 HS编码 商品名称 报验件数 单位 报验重量(毛) 报验重量(净) 单位
品质证书 16041900 冻烤鳗 2803 箱 33600 28030 公斤
随附单据 信用证 随附单据编号 200001

备注

发送方邮箱名 ectc_sender 接受方邮箱名 ectc_receiver

图 1-7 原始格式单证

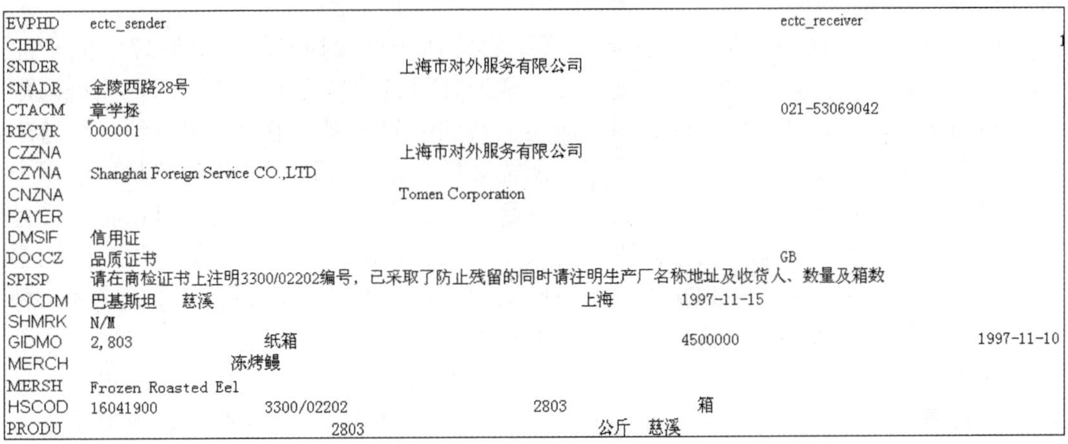

EVPHD ectc_sender ectc_receiver
CIHDR 1
SNDER 上海市对外服务有限公司
SNADR 金陵西路28号
CTACM 章学拯 021-53069042
RECVR 000001
CZZNA 上海市对外服务有限公司
CZYNA Shanghai Foreign Service CO.,LTD
CNZNA Tomen Corporation
PAYER
DMSIF 信用证
DOCCZ 品质证书 GB
SPISP 请在商检证书上注明3300/02202编号，已采取了防止残留的同时请注明生产厂名称地址及收货人、数量及箱数
LOCDM 巴基斯坦 慈溪 上海 1997-11-15
SHMRK N/M
GIDMO 2, 803 纸箱 4500000 1997-11-10
MERCH 冻烤鳗
MERSH Frozen Roasted Eel
HSCOD 16041900 3300/02202 2803 箱
PRODU 2803 公斤 慈溪

图 1-8 平面文件

```
UNB+UNOA:0+ectc_sender+ectc_receiver+19971104:0816+374++APINCE'U
NH+374+APINCE:0:97A:IB'BGM+855:::APINCE++9'DTM+150:19971104:102'
NAD+MS+++上海市对外服务有限公司+金陵西路28号'CAT+MS+:章学拯
'COM+021-53069042:TE'REF+AEK:'NAD+MR+000001NAD+CZ+++上海市对外服
务有限公司'NAD+CN+Shanghai Foreign Service CO.,LTD'DMS+信用证
+'RFF+ZZZ:品质证书'FTX+ACB+++GB'FTX+SSR+++请在商检证书上注明
3300/02202编号，已采取了防止残留的同时请注明生产厂名称地址及收货
人、数量及箱数'LOC+36+巴基斯坦'LOC+14+慈溪:ZZZ'LOC+9+上海
'DTM+11:19971115:102'PCI++N/M'GID++2803:          纸          箱
'MOA+44::USD'MOA+44:4500000:CNY'DTM+179:19971110:102'PAC+++纸箱
'QTY+101:33600:     公     斤     'QTY+100:28030:     公     斤
'UNS+D'LIN+'IMD+++CHN:161::冻烤鳗'IMD+++ENG:161::Frozen Roasted
Eel'RFF+HS:16041900'RFF+ZZZ:3300/02202'LOC+48'PRI+INF:::INV'QTY+
101::  公  斤  'QTY+100:2803:  公  斤  'LOC+14+   慈   溪
DTM+94::102'RFF+BT'UNS+S'UNT+43+374'UNZ+1+374'
```

图 1-9　EDI 标准报文

4．电子数据交换系统的构成

EDI 系统包括软件、硬件及通信网络三大要素。EDI 具有一定的通用性， EDI 通信网络一般是专用网，具有安全可靠、价格昂贵的特点。随着现代网络技术的发展，EDI 通信网络除了专用网络外，还出现了一些新的网络技术，如虚拟专用网，同时具有网络安全与价格便宜的优点，解决了专线的缺陷。我们重点研究 EDI 软件的组成。

EDI 软件具有将用户数据库系统中的信息译成 EDI 的标准格式以供传输交换的能力。EDI 标准具有足够的灵活性，可以适应不同行业的众多需求。但是每个公司有其自己规定的信息格式，因此当需要发送 EDI 电文时，必须用某些方法从公司的专有数据库中提取信息，把它翻译成 EDI 标准格式并进行传输，这就需要 EDI 相关软件的帮助。EDI 相关软件包括转换软件、翻译软件和通信软件。

（1）转换软件

转换软件可以帮助用户将原有计算机系统的文件转换成翻译软件能够理解的平面文件，或是将从翻译软件接收来的平面文件转换成原计算机系统中的文件。用户系统与平面文件之间的转换过程，是连接翻译和用户应用系统的中间过程。用户应用系统（如管理信息系统、常规业务系统等）存储了生成报文所需要的数据，该过程的任务就是读取用户数据库，按照不同的报文结构生成平面文件以备翻译。在实际应用中，用户可以将翻译系统与应用系统集成起来，在输出数据时直接生成平面文件，随后再翻译。如果用户应用系统不含翻译软件，翻译工作可由 EDI 增值服务网或由其他 EDI 服务提供者完成。平面文件不必包含用户文件的全部数据，只需包含要翻译的数据。

该过程需要一些初始化工作，以确定贸易伙伴的电子地址、网络地址及其报文类型和版本。这就需要用户建立每一个贸易伙伴接收的报文类型报文标准和版本以及电子邮寄地址等清单。如果贸易伙伴有安全要求（如报文鉴别和加密），会有更多的信息（如加密方式、

密钥等）需要列入清单。当贸易伙伴的数目较大时，这项工作就会变得十分重要。因此国外的 EDI 服务把提供这种贸易伙伴清单的功能作为一项中心服务。

（2）翻译软件（translator）

翻译软件将平面文件翻译成EDI标准格式或将接收到的EDI标准格式翻译成平面文件。翻译是根据报文标准、报文类型和版本由上述 EDI 系统的贸易伙伴清单确定，或由服务机构提供的目录服务功能确定。在翻译之前需对平面文件做准备工作，包括对平面文件进行编辑、一致性检查和地址鉴别。

（3）通信软件

通信软件具有管理和维护贸易伙伴的电话号码系统，自动执行拨号等功能，将 EDI 标准格式的文件外层加上通信信封，再送到 EDI 系统交换中心的邮箱，或从 EDI 系统交换中心将收到的文件取回。早期的通信都是基于专线和电话线路的，后来出现了基于互联网的虚拟专用网。

由于互联网的快速发展与巨大优越性，电子数据交换的使用宽度和深度都受到了很大的影响，许多原来基于 EDI 的应用也逐渐被互联网所代替。

二、基于互联网的电子商务阶段

20 世纪 90 年代初，美国政府宣布互联网向社会公众开放，电子商务进入了快速发展阶段。1993 年，万维网诞生，使互联网具备了多媒体应用的能力。万维网为信息出版和传播方面的问题提供了简单易行的解决方案，带来了规模效应并降低了业务成本，它所带来的范围效应丰富了企业业务活动的多样性。起初是一些技术公司，然后是越来越多的传统公司开始利用互联网进行商务活动。美国第一家在线银行——安全第一网络银行（http://www.fnb.com）于 1995 年出现在万维网上，客户可从世界各地通过万维网在该银行开设账户，进行付款，查询账户余额。这一阶段的特点是：大量企业开始在互联网上建立网站，促销产品，进行交易，上网人数与网上交易额迅速增加。

随着互联网的高速发展，电子商务显现了旺盛的生命力。在发达国家，电子商务的发展非常迅速，通过互联网进行交易已成为潮流。1996 年，全球互联网用户不足 4 000 万，到 2011 年已经达到了 21 亿以上，并且仍在迅速增长。

自 1994 年中国接入国际互联网以来，我国互联网已经历 18 个年头。人数已达 5 亿。在这 18 年里，中国互联网产业经历了门户、搜索、网游、Web2.0、电子商务五大主流，互联网也渐由以新闻娱乐应用为主向以电子商务与生活服务应用为主转变。从 1995 年被看作中国最早的一家网络公司——瀛海威成立，中国的互联网企业已经形成年直接营收逾百亿的庞大产业规模，而且也间接带动了信息产业、家电、物流、展会、金融、广告、包装等诸多行业的发展，这其中，电子商务类企业的贡献尤为显著。

随着我国互联网基础设施的完善、互联网用户爆炸性的增长、互联网应用的普及，中国互联网市场取得了迅猛发展，我国“互联网大国”的规模已经初显。无疑，今后将是互联网和移动网络的天下，而电子商务与移动电子商务将是重要组成部分。作为与国民经济制造业领域、流通领域和生活服务业最密切的电子商务，不仅自身形成了产业规模庞大、就业人数众多、经济带动性强的电子商务子产业，很大程度上也促进了国民经济产业制造业、流通业与服务业的转型与升级。

有专家预言：“互联网下一个十五年是电子商务的十五年。”电子商务正在引发一场“按需定制”的生产模式革命、“线上销售”的销售模式革命、“创业式”的就业模式革命、“货比三家”的消费模式革命。

第三节　电子商务的特点与优势

一、电子商务的特点

电子商务与传统商务方式相比具有明显的特点，具体可归纳为以下几点。

1. 高效性

电子商务是提供给买卖双方进行交易的一种高效的服务方式。它的高效性体现在很多方面。例如，网上商店无须营业员，无须实体店铺，可以为企业节省大量的开销，并可以提供全天候的服务，提高销售量，提高客户满意度和企业的知名度；企业的电子商务系统还可以记录下客户每次访问、购买的情况以及客户对产品的偏爱，这样通过统计就可以获知客户最想购买的产品是什么，从而为新产品的开发、生产提供有效的信息等。总之，电子商务为消费者提供了一种方便、迅捷的购物途径，为商店提供了一个良好的营销环境和遍布世界各地巨大的消费群体。因而，无论是对大企业还是中小企业以及个体经营者来讲，电子商务都是一种机遇。

2. 便利性

在电子商务环境中，客户不出门即可享受到各种消费和服务，受时间和空间限制的传统商务被打破。客户不再像以往那样因受地域的限制而只能在一定区域内、有限的几个商家中选择交易对象，寻找所需的商品，他们可以在更大范围内甚至是全球范围寻找交易伙伴，选择商品。更为重要的是，当企业将客户服务过程转移到互联网上之后，过去客户要大费周折才能获得的服务，现在能很方便地得到。例如，将一笔资金从一个存款账户转至另一个支票账户，查询货物的收发情况，寻找和购买不常用的稀有商品等，都可以足不出户就能够方便、实时地完成。可见，电子商务提供的客户服务具有很大的便利性，这样使消费者和企业都从中受益。

3．安全性

在电子商务中，安全性是必须考虑的问题。对于客户而言，无论网上的物品怎样具有吸引力，如果他对交易的安全性缺乏信心，就不敢贸然在网上进行交易，企业和企业之间的大宗交易更是如此。信息系统中的欺诈、窃听、病毒和黑客的非法入侵，都是电子商务的大敌，必须加以解决。

目前，电子商务的安全性主要通过技术手段和安全电子交易协议标准来保证。安全技术包括加密机制、签名机制、分布式安全管理、存取控制、防火墙、安全万维网服务器、防病毒保护等。安全电子交易协议标准比较多，符合国际标准的主要有安全套接层协议（Secure Socket Layer，SSL）和安全电子交易协议（Secure Electronic Transaction，SET）。采用这些已有的实用技术和协议标准可以为企业建立一个安全、可靠的电子商务环境。

4．交易透明化

互联网上的交易是透明的。通过互联网，买方可以对众多企业的产品进行比较，这使买方的购买行为更加理性，对产品选择余地也更大。建立在传统市场分隔基础上，依靠信息不对称制定的价格策略将会失去作用。通畅、快捷的信息传输可以保证各种信息之间互相核对，防止伪造单据和贸易欺骗行为。网络招标体现了“公开、公平、竞争、效益”的原则，电子招标系统可以避免招投标过程中的暗箱操作现象，使不正当交易、贿赂投标等腐败现象得到遏制。实行电子报关与银行联网有助于杜绝进出口贸易的假出口、偷漏税和骗退税等行为。

5．部门协作化

电子商务是协作经济。电子商务需要企业内部各部门、生产商、批发商、零售商、银行、配送中心、通信部门、技术服务等多个单位（部门）的通力协作。网络技术的发展使企业间的合作完全可以如同企业内部各部门间的合作一样紧密，企业无须追求“大而全”，而应追求“精而强”。企业应该集中于自己的核心业务，把自己不具备竞争优势的业务外包出去，通过协作来提高竞争力。

6．服务个性化

到了电子商务阶段，企业可以进行市场细分，针对特定的市场生产不同的产品，为消费者提供个性化服务。这种个性化主要体现在三个方面：个性化的信息、个性化的产品、个性化的服务。个性化的信息主要指企业可以根据客户的需求与爱好有针对性地提供商品信息，也指消费者可以根据自己的需要有目的地检索信息；个性化的产品主要指的是企业可以根据消费者的个性化需求来定制产品；个性化的服务则包括服务定制与企业提供的针对性服务信息。这种情况的出现一方面是因为消费者已经产生了个性化的需求，另一方面是因为通过互联网企业可以系统地收集客户的个性化需求信息，并能通过智能系统自动处理这些信息。

二、电子商务的优势

电子商务之所以逐步受到企业界的青睐，主要是因为它具有以下明显的优势。

1. 树立企业形象

企业在互联网上建立网站，一方面可以在网络虚拟空间树立企业形象，另一方面还可以在网站上向世界各地的潜在客户宣传自己的产品与服务。网站是公司的形象，是企业的一项无形资产。随着网络的普及与发展，企业在互联网上拥有自己的网站并开展电子商务将是必然趋势，网络形象的树立将成为企业宣传产品和服务的关键。世界上任何一家知名企业都有自己的网站，它们的宣传资料上毫无例外地会附上公司的网址供客户随时查看。

2. 改变企业竞争方式

在网络经济时代，竞争方式正在发生重大变化，企业拥有大型商场、仓库及众多员工不再成为竞争的优势。现在的竞争是高科技的竞争，是速度、质量、成本、效率和服务等综合实力的竞争。电子商务为广大中小企业在高科技的竞争中取胜提供了一个新的机遇，它会改变新财富分配的格局。

3. 提高企业的运营效率，缩短生产周期

企业可以运用企业资源计划、供应链管理、管理信息系统、客户关系管理系统来协调相关部门的步骤，提高企业的运营效率。企业可以通过网上的情报信息搜集对市场变化作出快速反应；使用电子通信手段与客户联系，缩短签约时间；通过互联网或增值网共享产品规格和图纸，提高产品设计和开发的速度；根据客户订单进行即时生产、即时销售，缩短生产周期；采用高效快捷的配送中心提供送货服务，提高配送效率。

4. 提供个性化服务

个性化消费将逐步成为消费的主流，消费者希望以个人心理期望为基础，购买个性化的产品及服务，甚至要求企业提供个性化的定制服务。在电子商务中企业可以通过客户关系管理系统对客户的要求作出有效的管理，从而进行市场细分并提供个性化服务。

5. 提供更有效的售后服务

企业可以利用互联网提供售后服务，在网站上进行产品功能介绍、技术支持、常见问题解答等，软件生产企业还可以进行在线软件升级。对于从事电子商务的企业来说，售后服务不再是额外的负担，而是企业通过客户关系管理来维持老客户，提高市场占有率的一种有效手段。

6. 减少库存和降低成本

企业的库存量越大，经营成本就越高，利润就会减少。正确管理存货能为公司降低库存和产品积压的费用。电子商务使企业不是根据经验来确定生产量，而是根据实际需求量进行生产，减少了生产的盲目性，降低了经营风险，从而大大减少了商品的库存积压。在企业通过网络提供个性化的定制服务后，甚至能够按订单下达生产计划，实现零库存生产。

7. 降低初期人力、物力、财力投入和管理成本

从事电子商务的企业在初期物质、资金及人员投入上都明显低于传统企业。同时，通过企业的内部信息化管理在经营活动的各个环节中的应用，电子商务企业的采购、库存、生产和配送等环节都可以节约成本，从而提高了企业的竞争力。

8. 减少中间环节

电子商务重新定义了传统的流通模式，使生产者和消费者直接交易成为可能，减少了中间环节，降低了流通费用，提高了经济效益。电子商务可以有效地建立和加强同客户、合作伙伴之间的关系。

第四节　电子商务对社会的影响

【例 1-3】

沙集镇：苏北的“淘宝村”

在没有资源、原有产业是“收废品”的江苏省徐州市睢宁县沙集镇，上千名农民在淘宝网上卖起了木制家具，如今无论是网店集中度还是成交额都位列淘宝网家具家居类首位。睢宁县在苏北农村率先建立起一支庞大的农民网商群体，通过探索、完善“农户+网店”模式，促进了农民的增收致富。

小键盘“敲出”大产业

时至岁末，睢宁县沙集镇农户“网销”家具生意愈发红火。自 2006 年镇上农民开办第一家销售简易家具的网店以来，3 年时间里，该镇农民开办的专门出售木制家居用品和装饰品的网店已发展到 500 家，年销售额已突破 5 000 万元。2008 年，沙集镇开网店的农户人均纯收入比当地从事同类产品生产的农户增收 30%以上。在网店销售的有力拉动下，沙集镇现已有家具加工厂 33 个，已由原来的“木材出售镇”成为现在的木材加工生产基地。农民网店规模越来越大，又带动了沙集镇快递业的发展。目前，沙集镇已有快递、物流公司 20 多家，年营业额达 1 500 多万元。

电子商务：让农村分工到每一个环节

“沙集制造”的产品是可以随意拆装的板材家具，包括衣架、衣柜、鞋架、书架等，远销全国各地，甚至还被卖到了韩国、日本。电子商务串起了这个带动上下游多个产业的新产业链，也让沙集镇的分工明确到了每一个环节。沙集镇上街道两边的店铺，无论是卖手机的、卖衣服的还是理发店、农机店，现在 80%都在兼营网店，卖的全是当地生产的木制家具。但在农户家里，看不到一件家具货物。他们只负责和客户交流，接受订单，然后把填好的快递单发给快递公司的包装工。快递公司在镇上的办公室里则堆满了不同型号已经加工好的板材，包装工人看着快递单上的货品名称，熟练地挑出一块块板子，将它们包装好。镇上网店的月

均利润可达 2 000～4 000 元，包装工人每打一个包，可以赚 5 元钱。打好包的家具在每天傍晚由快递公司统一运走，天天、圆通、申通、中通、惠通、运达、新飞鸿、速尔……几十家快递公司的车辆穿行在小镇的街道上，这是沙集镇每天最热闹的时刻。2008 年，沙集镇上的快递费就高达 600 万元。下游的分工协作到快递发出为止，而在上游，则是 33 家木材加工厂的支持。工厂的产品完全通过网络销售，一个实体店面都没有。

周边产业也得到了快速拉动。快递公司抢着在镇上设点，镇上破天荒出现了 5 家卖计算机的商店，周边的纸箱厂、胶带厂、五金配件厂等都跟着挣得盆满钵满，一个带动了上下游多个产业的新产业链在沙集镇悄然诞生。从一个没有资源、原有产业只是“收废品”的地方，沙集镇正朝着一个家居基地的方向发展。

正如国家行政学院教授许正中在日前举行的“第二届全球创业型经济论坛”中的表述一样，在农村，由服务业串联的农村一、二、三产业之间的界限正在变得模糊不清，创业型经济正在使农村走向现代化。居住在这里的人们，以足不出户的方式走向了远方。

资料来源：《经济日报》14 版，2009-11-19

一、电子商务对人们生活和工作方式的影响

信息革命和网络经济浪潮迅猛而强烈地冲击着人们传统的消费方式、工作方式和思维方式，迅速地改变着人类社会的面貌，电子商务正在走进我们的生活。我们的生活、工作与电子商务的联系正在逐渐变得紧密。离开了网络、离开了电子商务，人们将寸步难行，这种情况已经开始出现，不再是天方夜谭。

1. 电子商务对人们生活方式的影响

在传统购物方式下，尽管有人对逛商店直接面对营业员讨价还价乐此不疲，但随着生活节奏的加快，购物逛商店太费时间，许多人出于不愿面对营业员冷淡或过于热情的态度、不善于讨价还价、不想公开自己购物的隐私等多方面的原因，视逛商店购物为一种负担。互联网的出现，革命性地改变了人们的消费观念。随着网络技术的普及和上网人数增加，消费者在互联网上浏览商品，直接在网上完成购物、支付，由商家将商品送到消费者手中，已经成为了一种时尚，并正在被越来越多的人所接受和使用。

网上购物可以给消费者带来以下几个方面的好处。

（1）多选择性

电子商务中电子商店的容量是无限大的，可以陈列比大型超级市场要多得多的商品。

（2）节省时间

通过电子商务，人们不必花很多时间去商场超市逐层逐柜搜索、寻找自己想要购买的商品，也不用货比三家，来选择商品的价格和款式。在电子商务的模式下，人们只要用鼠标轻轻一点便可以从一家商店转到另一家商店，从一类商品转到另—类商品。这些搜索、寻找的过程，都是由计算机和网络在代替人们进行，节省了人们宝贵的时间。同时，通过

电子商务人们也不必为寻找配套商品而东奔西走。

（3）享受低价

通过电子商务消费者能够得到价格上的实惠，能够享受到价格相对低一些的商品和服务。因为电子商务相对传统商店来说减少了许多中间环节，商品价格中也就减少了中间费用。在一些网络书店，图书的价格折扣可以高达 40%，读者在网上购书可以比在传统书店买书便宜得多。

（4）满足个性化消费需要

通过电子商务提供的商品与在线服务可以为单个消费者“度身制衣”，定制个性化产品与服务，满足消费者个性化的需要。例如，在购买计算机时消费者可以根据自己的使用要求灵活选择计算机的配置，以满足更多个性化消费需要。

2．电子商务对人们工作方式的影响

电子商务的发展将改变社会就业结构，对人们的知识、能力和技能提出更高要求。企业员工、政府职员、学校教师，甚至是社会各行各业的就业者都必须熟悉和掌握电子商务的一些基本操作规程，那些既懂得经营管理业务又懂得电子商务技术的复合型人才将成为劳动力市场上的热门。就业将从传统职业转向要求信息技能、有较高认知推理能力的职业。

电子商务对整个社会的就业状况改善有重要作用。美国商务部认为：“由数字革命所预期的新经济增长创造的就业机会，将很可能比失业的更多。”据统计，经合组织成员国近年来所增加的 6 500 万个就业机会中，95%与信息技术产业有关。另一方面，电子商务的出现促进了人们工作方式的变革。人们更多地在家里或者小型办公地点，通过网络利用计算机与他人进行协作，完成全部工作，SOHO 族逐渐成为一种时髦。

二、电子商务给社会经济带来的变革

电子商务的发展将给社会经济带来重大的变革。政治方面，它会提高政府的工作效率，推动民主化进程；在经济生活方面，它会加速全球经济一体化进程；在文化生活方面，网络媒体拓宽了信息渠道，使思想文化更加多元化；在工作方式上，出现了按个人方便的时间上下班制或在家工作制。

1．电子商务促进了经济一体化

在传统贸易中，许多企业缺乏进出口渠道，从事国际贸易几乎是可望而不可及的。互联网是一个面向全球的开放性网络，无论企业在任何一个地方上网，它的影响范围都可以是全世界；电子商务为企业打开了一条进行国际贸易的通道，有利于全球性的、统一的、开放性的市场体系形成。

2．带动物流、支付等相关产业的发展

电子商务的出现带动了一系列相关产业的发展，为企业开拓网络市场创造了新的商机，它还会造就一批全新的电子商务企业。电子商务使中小企业可能以相近的成本进入全球电子化市场，拥有和大企业一样的信息资源，提高了中小企业的竞争能力。

2009 年，仅淘宝网就给中国物流业带来约 68.4 亿元的直接收入，占国内民用快递行业市场收入近 30%。IDC 预测，2013 年淘宝网提供的订单业务量将占中国民用快递市场近 60%。以支付宝为代表的第三方电子支付体系，建立了可靠的信用机制，逐渐消除物流行业电子商务化瓶颈，加快了资金周转速度，保障和促进了物流企业的发展壮大。与此同时，电子商务引导和促进传统物流业向网络化、信息化的现代物流业转型。电子商务服务平台通过与物流企业建立合作关系，加强了对物流配送流程的监控，提升了物流行业服务质量，带动了物流行业企业管理模式的转变。

3. 生产经营方式的改变

企业不再把传统工业经济时代沿袭下来的数量和产值作为追求的目标，而是将满足顾客需求作为出发点，要求重视客户关系管理，实行供应链管理，提高企业反应速度。“柔性制造”、“计算机集成制造系统（CIMS）”、“即时生产（JIT）”的运用将成为发展方向。

4. 企业组织形式的变化

电子商务的发展将会导致企业组织形式的变化，企业内部信息管理系统的运用使企业的中间管理层变得多余。企业中间管理层将从层次型的“金字塔”结构转向基于信息的扁平结构。这种扁平的管理组织结构有利于把市场信息、技术信息和生产活动相结合，使企业管理者能够对市场作出快速反应。

5. 创造海量就业机会

电子商务的发展将形成庞大的信息服务业市场，需要大量的计算机网络技术人才和电子商务管理人才，增加新的就业机会。以阿里巴巴集团为例，自创业至今不仅从 18 名创始人激增至超过 18 万名员工，还通过客户、合作伙伴及更广泛的电子商务生态效应创造了海量就业机会。这些就业机会包括阿里巴巴 B2B 公司、淘宝网和支付宝等的客户的新增就业机会——特别是基于淘宝网的个人创业，以及带动合作伙伴（如第三方物流、独立软件提供商等）新增加的就业机会。在金融危机中，淘宝网的店铺数仍然快速增长，增加了大量创业和就业岗位。通过阿里巴巴电子商务生态系统，还衍生出“网络经纪人”、“淘宝客推广”等崭新的网络就业方式。

6. 给金融机构带来变革

电子商务的支付与结算需要电子化金融体系的密切配合。网络时代金融服务的要求可以简单概括为：在任何时间、任何地点提供任何形式的金融服务。显然，这种要求只能在网络上实现，而且这种服务需求也迫使传统金融业进行大规模调整，主要表现在更大范围内、更高程度上运用和依托网络拓展金融业务，这种金融业务是全方位的，覆盖银行、证券、保险、理财等领域的“大金融”服务。

7. 给政府管理机构带来变革

电子商务的发展要求政府管理部门提高办事效率，增加政策的透明度，建立健全电子商务的法律法规体系，这个领域的应用一般也称为电子政务。电子商务的发展对保护网络消费者的权益和隐私提出新的要求，给行业管理及税赋征收增加了难度。

第五节　中国电子商务发展状况及趋势

一、国内电子商务的发展

同世界电子商务发展的历史一样，中国的电子商务发展也是从 EDI 应用开始的。1990 年，联合国推出了 EDI 标准（UN/EDIFACT），并且在全球范围内推广。由此，在世界范围内拉开了电子商务的序幕。

中国从 1990 年底开始接触 UN/EDIFACT 标准，并由当时的国家计委、外经贸部、中国海关、国家技术监督局组成了联合攻关小组，研究这套标准在中国的应用，特别是在国际贸易以及与之相关领域中的应用。

中国电子商务经过起步、爆发、调整和成长阶段，以 2008 年网上零售的“三个一”（即网络零售消费者总数突破 1 亿，交易额突破 1 000 亿元，占社会消费品零售总额比例突破 1%）为标志，进入了大规模发展、应用和运营阶段，正在对基础设施、商业行为、商业组织、社会生活和制度环境等产生广泛和深刻的影响。

1995 年，中国电子商务开始起步。这一年，中国电信向公众开放互联网接入服务；在北方，国家计委立项建设我国第一个计算机网络商品交易系统——中国商品订货系统（CGOS）；在南方，马云创办“中国黄页”，在国内率先将互联网应用于商务。也是在这一年，IBM 提出了电子商务（E-Business）的概念。

经过几年的启蒙和酝酿，我国电子商务和互联网行业在 1998—1999 年开始爆发。阿里巴巴、当当和网盛等一批当下依然活跃的电子商务企业都创立于这个时期；政府主导的中国商品订货系统、中国商品交易中心和中国商品交易市场相继开通；北京市启动“首都电子商务工程”；海尔、联想等开始推进企业电子商务应用。

与全球互联网行业一样，2000 年开始，我国电子商务行业也经历了互联网泡沫破灭、寒冬和复苏的调整过程，随后以 2003 年淘宝网的创立为标志，步入了以立足本土、面向市场、务实创新为特点的延续至今的高速成长阶段。

1. 萌芽与起步期（1997—1999 年）

该阶段的特征：业内公认的说法是，国内第一批电子商务网站的创办时期始于 1997 年起步的 3 年。当时互联网全新的引入概念鼓舞了第一批新经济的创业者，他们认为传统的贸易信息会借助互联网进行交流和传播，商机无限。于是，从1997年到1999年，美商网、中国化工网、8848、阿里巴巴、易趣网、当当网等知名电子商务网站先后涌现。

数据：据中国B2B研究中心调查显示，在目前已经成立的电子商务网站当中，有5.2%创办于20世纪90年代。该阶段无疑是我国电子商务的萌芽与起步时期。

2. 冰冻与调整期（2000—2002年）

该阶段的特征：在互联网泡沫破灭的大背景下，电子商务的发展也受到严重影响，创业者的信心经受了严峻的挑战，尤其是部分严重依靠外来投资“输血”，而自身尚未找到盈利模式具备“造血”功能的企业，经历了冰与火的严峻考验。于是，包括8848、美商网、阿里巴巴在内的知名电子商务网站进入残酷的寒冬阶段，而依靠“会员+广告”模式的行业网站集群，则大都实现了集体盈利，安然度过了互联网最为艰难的“寒潮”时期。

数据：据中国B2B研究中心调查显示，在这3年间创建的电子商务网站不到现有网站总数的12.1%。无疑，该阶段是我国电子商务的冰冻与调整时期。

3. 复苏与回暖期（2003—2005年）

该阶段的特征：经历了低谷，在2003年一场突如其来的“非典”后，电子商务出现了快速复苏回暖，部分电子商务网站也在经历过泡沫破裂后，更加谨慎务实地对待盈利模式和低成本经营。

数据：据中国B2B研究中心调查显示，目前现有电子商务网站总数占现有网站总数的30.1%，应用电子商务的企业会员数量开始明显增加，2003年成为不少电子商务网站尤其是B2B网站的“营收平衡年”，该阶段无疑是我国电子商务的冰冻与调整期。

4. 崛起与高速发展期（2006—2007年）

该阶段的特征：互联网环境的改善、理念的普及给电子商务带来巨大的发展机遇，各类电子商务平台会员数量迅速增加，大部分B2B行业电子商务网站开始实现盈利。而专注B2B的网盛生意宝与阿里巴巴的先后上市成功引发的“财富效应”，更是大大激发了创业者与投资者对电子商务的热情。IPO的梦想、行业良性竞争和创业投资热情高涨这“三驾马车”，大大推动了我国行业电子商务进入新一轮高速发展与商业模式创新阶段，衍生出更为丰富的服务形式与盈利模式，而电子商务网站数量也快速增加。

数据：据中国B2B研究中心调查显示，仅2007年，国内各类电子商务网站的创办数量就超过了现有网站总数的30.3%。该阶段正是我国电子商务的崛起与高速发展阶段。

5. 转型与升级期（2008—2011年）

该阶段的特征：全球金融海啸不期而至，全球经济环境迅速恶化，致使我国相当多的中小企业举步维艰，尤其是外贸出口企业随之受到极大阻碍。作为互联网产业中与传统产业关联度最高的电子商务，也难免独善其身。受产业链波及，外贸在线B2B首当其冲，以沱沱网、万国商业网、慧聪网、阿里巴巴为代表的出口导向型电子商务服务商，纷纷裁员重组，或增长放缓。而与此同时，在外贸转内销与扩大内需、降低销售成本的指引下，内贸在线B2B与垂直细分 B2C 却获得了新一轮高速发展，不少 B2C 服务商获得了数目可观的风险投资 VC 的资本青睐，传统厂商也纷纷涉水，B2C 由此取得了前所未有的发展与繁荣。

经过十多年的发展，我国电子商务应用大大普及和深化，电子商务服务业异军突起，快速发展，成为我国电子商务发展的中坚和引擎，电子商务的经济社会影响日益广泛和深刻，由此催生新商业文明快速浮现。

中国电子商务的春天已经到来。未来 5～10 年，我国电子商务将继续高速发展，并有望领先世界。与此同时，围绕电子商务发展的制度性调整和适应将成为影响我国电子商务发展的主要矛盾。

二、CNNIC 发布第 29 次中国互联网发展状况统计报告

受国家主管部门委托，中国互联网络信息中心（CNNIC）于 1997 年开始实施中国互联网发展统计调查工作，并从 1998 年起每半年公布一次统计报告，目前已完成了 29 次调查。报告的权威性、客观性、科学性和连贯性受到社会各界的广泛认可和重视，成为政府、企业、科研机构等机构经常引用的权威统计信息。

2012 年 1 月 16 日，中国互联网络信息中心（CNNIC）发布《第 29 次中国互联网络发展状况统计报告》。报告显示，截至 2011 年 12 月底，中国网民数量突破 5 亿，达到 5.13 亿，全年新增网民 5 580 万。互联网普及率较 2010 年底提升 4 个百分点，达到 38.3%。总结过去 5 年中国网民增长情况，从 2006 年互联网普及率升至 10.5%开始，网民规模迎来一轮快速增长，平均每年普及率提升约 6 个百分点。尤其在 2008 年和 2009 年，网民年增长量接近 9 000 万，如图 1-10 所示。

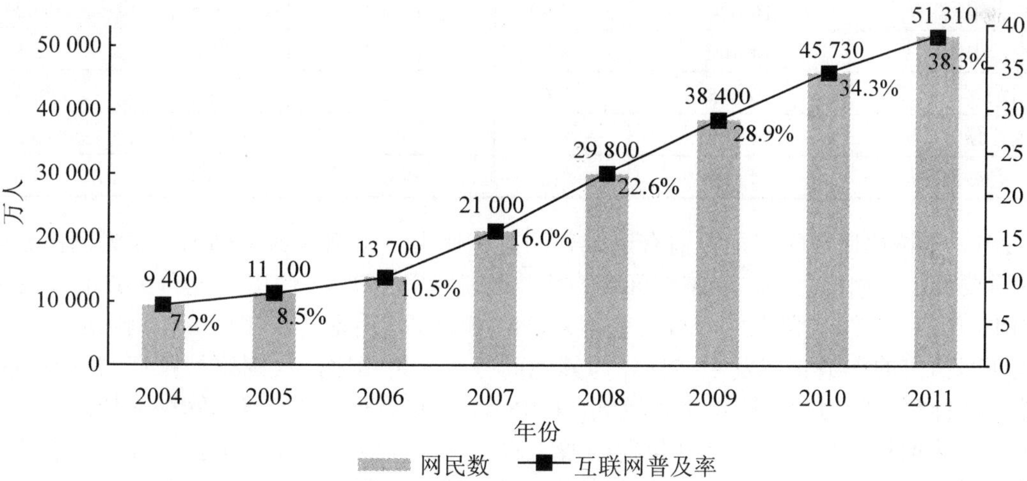

图 1-10 中国网民规模与普及率情况

包括网络购物、网上支付、网上银行、旅行预订在内的电子商务类应用在 2011 年继续保持稳步发展态势，其中网络购物用户规模达到 1.94 亿人，较 2010 年底增长 20.8%，网上支付用户和网上银行全年用户也增长了 21.6%和 19.2%，目前用户规模分别为 1.67 亿和 1.66 亿，如表 1-1 所示。

表 1-1 中国网民规模与普及率情况

应　用	2011 年		2010 年		年增长率/%
	用户规模/万	使用率/%	用户规模/万	使用率/%	
即时通信	41 510	80.9	35 258	77.1	17.7
搜索引擎	40 740	79.4	37 453	81.9	8.8
网络音乐	38 585	75.2	36 218	79.2	6.5
网络新闻	36 687	71.5	35 304	77.2	3.9
网络视频	32 531	63.4	28 398	62.1	14.6
网络游戏	32 428	63.2	30 410	66.5	6.6
博客/个人空间	31 864	62.1	29 450	64.4	8.2
微博	24 988	48.7	6 311	13.8	296.0
电子邮件	24 577	47.9	24 969	54.6	−1.6
社交网站	24 424	47.6	23 505	51.4	3.9
网络文学	20 267	39.5	19 481	42.6	4.0
网络购物	19 395	37.8	16 051	35.1	20.8
网上支付	16 676	32.5	13 719	30.0	21.6
网上银行	16 624	32.4	13 948	30.5	19.2
论坛/BBS	14 469	28.2	14 817	32.4	−2.3
团购	6 465	12.6	1 875	4.1	244.8
旅行预订	4 207	8.2	3 613	7.9	16.5
网络炒股	4 002	7.8	7 088	15.5	−43.5

2011 年微博快速崛起，目前有近半数网民在使用，比例达到 48.7%，成为网民获取信息的重要渠道。相比之下，网络新闻用户规模增速仅为 3.9%，使用人数为 3.67 亿，使用率从 2010 年的 77.2%下降至 71.5%。近年来，网络新闻使用率一直在下降，网民通过互联网获取新闻信息的渠道正在发生转移。与其他商务类应用相比，我国旅行预订的用户还相对高端，旅行预订应用的渗透水平还较低。CNNIC 分析认为，目前我国网民的休闲旅游需求已步入快速增长的轨道，未来几年休闲游需求将持续释放。而随着主要旅行预订服务商发力无线预订服务、航空/酒店官网做大直销业务、酒店行程团购实现持续稳定发展、火车票在线预订服务精细化发展等，未来旅行预订市场将迎来用户规模较快增长的新阶段。

三、国内电子商务发展趋势

1．未来几年，中国电子商务仍将高速发展

到 2015 年，我国网民总数有可能达到 7 亿，网上消费者也将达到 5 亿，将形成全球最大规模的电子商务服务体系和最具竞争力的电子商务基础服务企业，电子商务应用规模将位列世界第一，电子商务发展环境将进一步优化。

在中国电子商务研究中心对企业界的 100 位 CEO 进行问卷调查后发布的《2010 中国电子商务 100 位 CEO 调查报告》中显示，有近九成的 CEO 认为未来几年中国电子商务将高速发展。随着我国宏观经济的回暖及外贸的逐步复苏，众多中小企业利用电子商务意识的提高，传统企业进军网络市场以增加渠道销售，加上国家和地方各政府部门对电子商务政策扶持力度的加强，不断规范整顿市场，市场交易规模和企业营业收入将不断增加。

2．行业的细分和专业化成为发展趋势

由于市场规模和完全竞争两大因素，电子商务应用中的个性化特征日益突出，专业化水平与市场规模成正比。小规模市场中因为规模不经济导致可能出现不成交交易，基于零碎数量的市场会导致大量个性化产品和服务涌现，一方面极大地提高专业化分工水平，促进商务模式创新，另一方面更充分地满足不断增长的个性化需求。同时，近乎完全竞争的网络市场迫使越来越多的企业和个人摆脱同质化产品和服务的价格竞争，采用产品、服务、客户或商务模式的差异化战略，也加剧了电子商务应用的个性化。

当前，已经有越来越多的电子商务网站开始走细分道路。电器、服装以及母婴等领域有望成为细分领域中的佼佼者。服装类电子商务 B2C 网站有望成为增长最快的电子商务细分市场之一，这一细分市场的代表厂商是凡客诚品。而母婴电子商务 B2C 网上销售市场是相对更为细分的市场，其中，以红孩子的领先优势最为明显，其次如亲亲宝贝、丽家宝贝和乐友商城等。

3．电子商务服务业快速发展，成为战略性新兴产业

电子商务活动中为电子商务提供建站、营销推广、流量转化、支付、物流服务及售后服务等均是为电子商务交易服务的流程，包含了很多专业人士大量的服务行为，这些流程衍生的行业均可称之为电子商务服务业，是电子商务顺利完成的基础行业。电子商务服务业是以电子商务平台为核心，以支撑服务为基础，整合多种衍生服务的生态体系。

2003 年以来，中国电子商务服务业快速成长，涌现出如阿里巴巴、慧聪网等众多面向企业特别是中小企业的综合性电子商务服务网站，如中国化工网、中国化纤信息网等超过 2 000 家的行业性电子商务服务网站，淘宝网、eBay 易趣等面向个人的电子商务服务网站以及支付宝、中国金融认证中心等提供支付、认证、信用和现代物流信息服务的电子商务服务网站。

目前，中国正处于电子商务服务业的形成期。未来 20 年，电子商务服务业将成为中国服务贸易中新的经济增长点。作为信息经济的基础设施，电子商务服务业将成为提升国际竞争力，引导经济发展的国家战略性新兴产业。

4．电子商务与经济社会和传统产业进一步融合

随着越来越多的企业在采购、销售、营销、财务和人力资源管理等环节广泛应用电子商务，电子商务将向企业内部的深层次延伸，与企业内部价值链深度整合。电子商务与传统产业的融合将进一步深化。电子商务将广泛深入地渗透到生产、流通和消费等各个领域，改变企业的经营管理模式和生产组织形态，提升传统产业的资源配置效率、运营管理水平和整体创新能力。同时，电子商务将与搜索引擎、虚拟社区、网络游戏和移动通信等进一步融合。电子商务的生态特征和生态关系也将更加突出，并进一步凸显电子商务的经济社会影响。

5．与电子商务相关的技术创新和商业模式创新步伐将进一步加快

新兴技术的广泛渗透与消费结构加速升级相结合，云计算、物联网等新兴技术将极大地推动电子商务技术创新和商业模式创新。

作为未来电子商务服务业基础的云计算，将为电子商务服务商提供强大的技术支持，解决计算能力、存储空间和带宽资源等瓶颈问题，帮助电子商务服务商提升面对大规模用户的服务能力，对于摆脱西方巨头垄断、支持信息经济、现代服务业和小企业的发展意义重大。电子商务服务商有望借助云计算帮助中小企业实现按需计算和按需服务，进一步降低中小企业应用电子商务服务的门槛。

物联网将有助于提升电子商务活动中信息获取、储存、处理和传递的效率以及智能化水平，将在信息、支付和物流等领域给电子商务带来前所未有的变化，进一步推动电子商务应用创新和服务模式创新。

6．移动电子商务将加速向普及化方向发展

2009 年，我国政府正式颁发 3G 牌照，是中国移动电子商务发展的标志性事件。未来几年，在各级政府、电信运营商和互联网服务商的推进下，3G 应用将不断扩展，手机上网将进一步普及，用户将可以通过手机、上网本和 PDA 等移动终端实现随时随地购物，由电视、互联网和手机构成立体化电子商务。随着移动通信技术的突破以及政策环境的优化，基于它的方便和快捷等巨大优势，移动电子商务正在广泛地应用到社会的各个领域，个人用户可以利用手机通过信息、邮件、手机网站等方式获取各类信息，这些信息都将促进用户开展电子商务交流活动。

“十二五”期间，电子商务发展的主要任务是推动电子商务应用的普及和深化，包括推动大型工业、商贸物流、旅游服务等传统企业深化电子商务应用，提高网络采购和网络销售发展水平，促进移动电子商务等创新型电子商务发展等。

思考与练习

一、简答题

1．如何理解电子商务的概念？请举例说明你生活中体验过的电子商务服务。

2．电子商务具有哪些特点？它的优势体现在哪几个方面？

3．简述电子商务产生和发展的条件。

4．简述电子商务对人们生活、工作及社会带来的影响。

5．讨论一下，你认为当前制约我国电子商务发展的因素有哪些？未来国内电子商务的发展有哪些趋势？

二、选择题

1．下列对电子商务概念的描述中不正确的是（　　）。

A．电子商务就是在互联网上进行运作的商务活动

B．电子商务是用 Web 提供的通信手段在网上进行的交易

C．电子商务的参与者只包括消费者、销售商、供货商

D．电子商务是整个贸易活动的自动化和电子化

2．下列表述中不是电子商务特点的是（　　）。

A．交易虚拟化　　B．交易成本低

C．交易透明化　　D．“一手交钱，一手交货”

3．下列表述中不是电子商务对社会影响的方面是（　　）。

A．电子商务促进了经济一体化　　B．带动物流、支付等相关产业的发展

C．生产经营方式的改变　　D．就业机会大大减少

4．下列关于 EC、EB 的说法中不正确的是（　　）。

A．EC 是指通过互联网进行产品市场宣传或进行一般的商业交易活动

B．EB 是一个更广泛的范畴，企业通过互联网来管理企业与客户的关系，改变企业的业务处理流程，加强对企业信息资源的有效利用、辅助管理与决策

C．EC 包括 EB

D．EB 包括 EC

5．在电子商务中，“电子”是（　　）。

A．技术手段　　B．目的

C．核心　　D．本质

6．EDI 软件执行的顺序是怎样的？（　　）

A．通信软件——翻译软件——转换软件

B．转换软件——翻译软件——通信软件

C．通信软件——转换软件——翻译软件

D．翻译软件——转换软件——通信软件

技能训练

1．申请免费个人电子邮箱（如新浪邮箱、网易的 163 或 126 邮箱等）。

（1）登录邮箱，进行个人基本信息、签名等相关设置。

（2）在通讯录中建立联系人和组。

（3）进行邮件的收发、回复、转发及邮件群发的练习。

2．访问以下电子商务网站，了解每个网站的商业模式、经营内容，并比较它们各自的特点与服务，进一步体会电子商务的优势及影响，加深对电子商务的认识和理解。

（1）亚马逊中国（卓越网）（http://www.amazon.cn）。

（2）携程网（http://www.ctrip.com）。

（3）戴尔（http://www.dell.com.cn）。

（4）中国平安保险网站（http://www.pingan.com）。

（5）拉手网（http://www.lashou.com）。

3．访问前程无忧、智联招聘网等人才招聘网站，以“电子商务”作为关键字对招聘单位和职位进行搜索，阅读最新招聘职位信息，了解电子商务从业人员的工作职责，记录下来并整理好，以更好地明确自己的学习方向。

4．假定你要购买一台数码相机，希望在网上了解相机的性能、价格和本地经销商的情况。试在京东商城、当当网和中关村在线及国美电器等网站上搜集相关信息，归纳并比较各个网站的支付、售后服务及物流配送情况。

第二章　电子商务框架与模式

学习目标

☑ 理解电子商务应用的基本框架。
☑ 了解电子商务应用的内外部环境。
☑ 掌握电子商务模式的分类。
☑ 熟悉并掌握 B2B、B2C、C2C 的交易流程和基本操作。

【导入案例】

苏宁电器密谋 3C 类 B2C 市场进军网上商城

苏宁电器目前是国内第二大 3C 连锁渠道商，公司对网上消费进行了大量的调研和分析，结合近 20 年来在实体店的零售经验，对网站的销售模式进行了探讨和确定，充分利用实体店在采购、销售、物流、服务方面的优势，对网站前台和后台系统进行全面集成。此前数年里，苏宁电器颠覆了原有的“批发—零售”的电器商业模式得以快速发展。在电子商务迅速发展的今天，行业竞争模式正在发生质的变化，苏宁电器该如何应对“京东商城”类商业新模式的竞争?

鉴于苏宁电器公司目前已经建立了良好的零售品牌形象，拥有强大的采购平台和供应链管理能力，建立了较为完善的客服、售后、物流的平台，同时在运营效率、盈利模式和信息化建设方面也具有较大的优势。因此，对消费者来说，网上购物的产品、服务、质量等都将更有保障。苏宁电器在发展家电与数码 3C 类的 B2C 业务上具有独特的“先发优势”与“渠道优势”。2010 年 1 月 25 日，苏宁电器 B2C 平台“苏宁易购”正式上线，其首页如图 2-1 所示。

资料来源：中国电子商务研究中心，http://b2b.toocle.com/detail--4628924.html

图 2-1 苏宁易购首页

【引言】

电子商务并不是孤岛，它的健康发展需要一系列内外部环境。在了解了电子商务的基本概念、特点及发展状况后，这一章将介绍电子商务的基本框架结构、电子商务发展的环境、电子商务的应用及电子商务的交易模式。

第一节 电子商务的应用框架

电子商务的基本框架结构是指实现电子商务从技术到一般服务层所应具备的完整的运作基础。它包括网络技术设施的四个层次和电子商务应用的两个支柱，如图 2-2 所示。

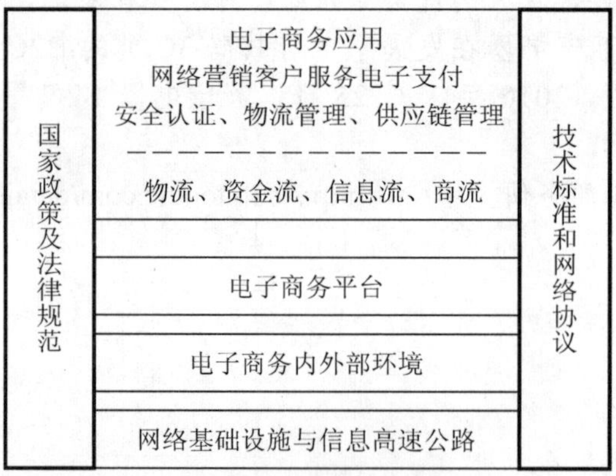

图 2-2 电子商务的应用框架

一、宏观网络基础设施

1. 信息高速公路

网络层指网络基础设施，即所谓的“信息高速公路”，是实现电子商务的最底层的硬件基础设施，我国的信息高速公路基本已经建成，覆盖全国。

中国国际出口带宽继续发展，截至 2011 年 12 月底达到 1 389 529 Mbps，如表 2-1 所示。

表 2-1 主要骨干网络国际出口带宽数

中国主要骨干网络	国际出口带宽数（Mbps）
中国电信	809 881
中国联通	466 932
中国移动	82 559
中国科技网	18 500
中国教育和科研计算机网	11 655
中国国际经济贸易互联网	2
合计	1 389 529

2. 数字城市

数字城市是电子商务基础设施的重要体现。数字城市起源于美国前副总统戈尔 1998 年提出的数字地球概念，是数字地球的一个组成部分。数字地球或数字城市并不是孤立的项目，而是一个导向性的战略目标，我们无法具体地定量地描述或用某个标准衡量。对其定性的描述是用数字技术、网络技术渗透到城市发展的各个方面，实际上是城市综合信息的数字化、智能化、可视化。数字城市建设就是将整个城市各个方面的信息，包括地理环境、基础设施、自然资源、社会资源、经济资源以及人文资源等以数据的形式进行采集和存取，通过计算机进行存储、管理和体现，对各种信息进行专题分析，实现城市资源在空间上的优化配置、在时间上的合理利用，以达到城市的可持续发展目标。

数字城市的概念分广义和狭义两种。广义的数字城市概念，即城市信息化，是指通过建设宽带多媒体信息网络、地理信息系统等基础设施平台，整合城市信息资源，实现城市经济信息化，建立城市电子政府、电子商务企业、电子社区，并通过发展信息家电、远程教育、网上医疗，建立信息化社区。

狭义的数字城市工程是指利用数字城市理论，基于 3S（地理信息系统 GIS、全球定位系统 GPS、遥感系统 RS）等关键技术，深入开发和应用空间信息资源，建设服务于城市规划、城市建设和管理，服务于政府、企业、公众，服务于人口、资源环境、经济社会的可持续发展的信息基础设施和信息系统。其本质是建设空间信息基础设施，并在此基础上深度开发和整合应用各种信息资源。

数字城市的内容概括为四个方面：数字化、网络化、智能化和可视化。

数字城市的实施有三个阶段：城市基础数字化阶段，政府、行业、企业的数字化及应用阶段和数字城市的综合应用阶段。

二、电子商务的内外部环境

1．电子商务发展的外部环境

（1）上网人数规模不断增长和基础资源不断优化

CNNIC 每半年公布一次的我国上网计算机数、上网用户人数、CN 下注册的域名数、WWW 站点数、网络的国际出口带宽、IP 地址数等信息，从整体上反映了互联网在我国的发展程度及普及程度。对 CNNIC 历次调查中这些基础性统计数据的深入分析，有助于我们更好地从宏观的角度把握互联网络在中国的发展状况，图 2-3 是中国 IPv4 地址资源变化情况。截至 2011 年 12 月底，我国 IPv4 地址数量为 3.30 亿，较 2010 年底增长 19.0%。

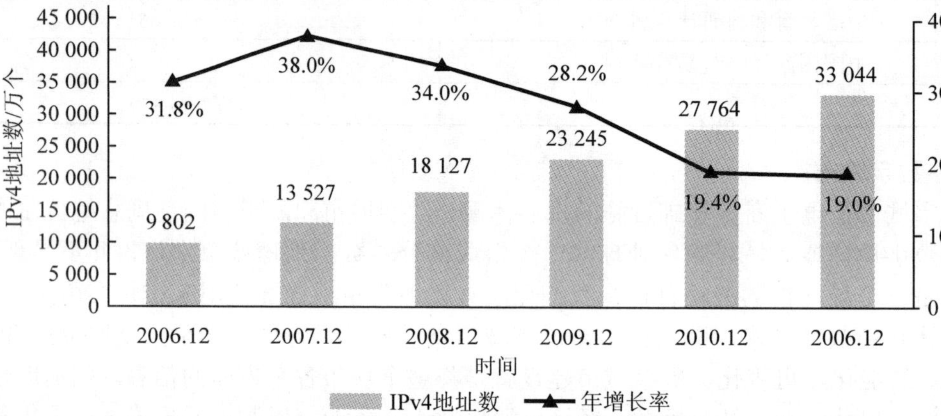

图 2-3　中国 IPv4 地址资源变化情况

如图 2-4 所示，截至 2011 年 12 月底，我国拥有 IPv6 地址 9 398 块/32，相比 2010 年同期出现大幅增长。IPv6 是下一代互联网的发展起点，其意义不仅在于解决 IPv4 时代地址资源枯竭的问题，同时 IPv6 还将成为其他技术发展的基础，支撑物联网、云计算等新兴互联网产业的发展。面对这一机遇，我国政府极为重视并积极推动相关战略的制定。2011 年 12 月，国务院常务会议研究部署加快发展我国下一代互联网产业，提出将在 2013 年年底前开展 IPv6 网络小规模商用，并在 2014—2015 年开展大规模部署和商用，这一规划将加速我国 IPv6 及下一代互联网产业的发展步伐，提升我国在一系列新兴互联网产业中的国际竞争力。

经过十多年的快速发展，中国互联网已经形成规模，互联网应用走向多元化。人们在工作、学习和生活中越来越多地使用互联网，整个社会的运行都搭上了互联网的快车，并打上了互联网的烙印，互联网已经从单一的行业互联网发展成为深入我国各行各业的社会大众的互联网。

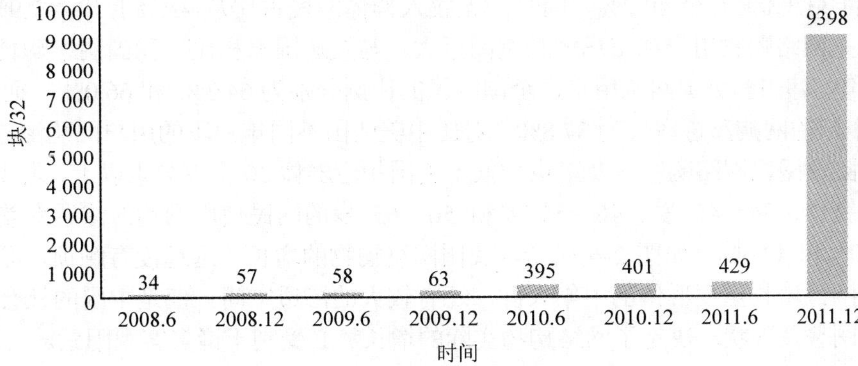

图 2-4 中国 IPv6 地址资源变化情况

在网民的学历特征结构方面，网民继续向低学历人群扩散。2011 年，我国网民中初中学历人群延续了 2010 年的增长势头，由 32.8%上升至 35.7%。该学历人群互联网渗透率较低，未来网民比例将进一步提升。高中、大专以上学历网民的比例继续下降。在职业方面，学生仍然是网民中规模最大的群体，占比为 30.2%，其次个体户/自由职业者占比为 16.0%。企业公司中，高层管理人员占整体网民的 0.8%，中层管理人员占 3.2%，一般职员占 9.9%。党政机关事业单位中，领导干部和一般职员分别占整体网民的 0.7%和 5.2%。另外，专业技术人员占比为 8.3%，如图 2-5 所示。

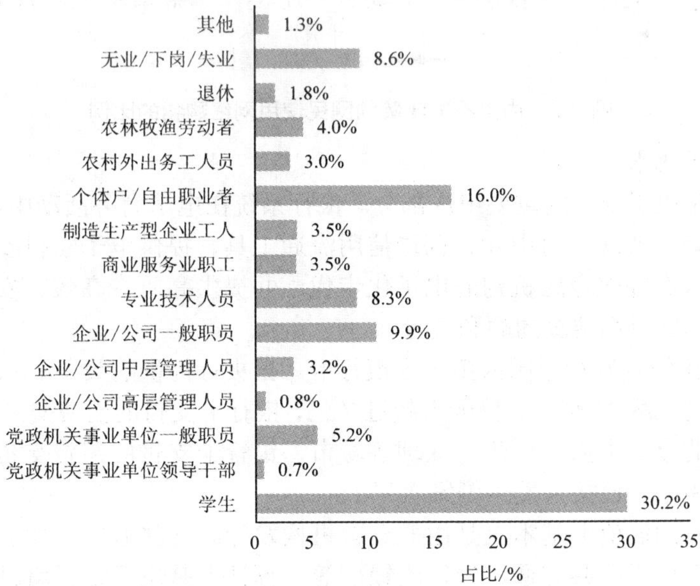

图 2-5 网民职业结构

收入结构方面，2011 年，中国网民中收入在 2 000 元以上的网民群体占比明显上升，从 2010 年的 33.3%上升至 40.2%。同时，无收入群体网民占比从 4.6%上升至 7.9%。

我国未来网络购物用户和市场增长空间巨大。与发达国家相比，我国网络购物的渗透率较低。2010 年，韩国和美国网购用户占全国网民的比例分别为 64.3% 和 66.0% 。而截至 2011 年 12 月，中国的网购渗透率仅为 37.8%。对比中美两国不同年龄段的用户网购渗透率发现，中国各个年龄段网民网络购物普及率也均低于美国相应群体 20 个百分点以上，尤其是中年群体差距更为突出，34～45 岁、46～55 岁和 56～65 岁的网民使用网购的渗透率差距分别为 30.1%、32.0%和 42.6%，如图 2-6 所示。我国网络购物的增长还远远没有触顶，尤其是对于将成为未来网民增长重要群体的中年人群，还有较大的渗透空间。但是中国的社会经济发展水平和互联网普及现状，决定了网络购物实际的增长势必受制于诸多客观因素。

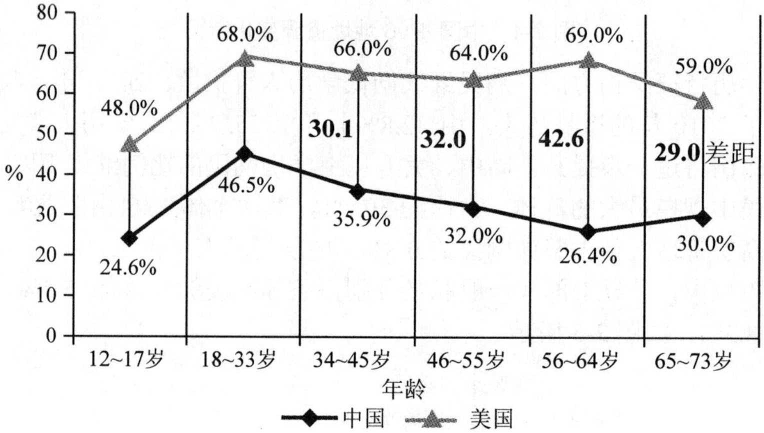

图 2-6　中美不同年龄的网民使用网络购物的比例

（2）金融电子化水平

金融电子化是电子商务的重要组成部分。银行系统在电子商务活动中承担着发行货币、制定电子支付规则、实现支付中介、创造信用流通工具、提供电子支付安全保护措施等一系列重大职责。只有加快金融机构的电子化步伐，并提供高质、高效、安全的金融服务才能确保电子商务的支付和结算的顺利进行。

1985 年，中国银行发行了国内第一张银行卡。据央行提供的数字显示，到 2011 年底，我国银行卡发卡量已达 27 亿张，持卡人超过 7 亿，银行卡支付的消费交易额则达到 15.9 万亿元。目前，在北京、上海、广州、深圳等城市，银行卡支付的消费交易额占全国社会消费品零售总额的 30%，已接近发达国家水平。

电子钱包性质的储值卡基本上是由非金融机构发行。一些城市，如上海和厦门，使用的卡基电子货币可用于公共交通、餐饮连锁店等。预计卡基电子货币将越来越多地用于公共交通、高速公路收费、汽车租赁、旅游集散地、停车场、加油站以及超市，并可能扩大到公用事业收费等。储值卡的资金清算，由发行者为商户提供交易数据处理服务，并借助银行完成发行者与商户之间的资金划转。

目前，我国金融电子化整体水平与国外发达国家相比还有一定差距。到目前为止，我国几乎所有银行都开展了网上银行经营业务，但总的来说交易的规模还不是很大，参与网上银行的企业和个人数量还不是很多。

（3）网络安全保障

电子商务是基于互联网的，互联网是开放的网络，所以在安全性方面，互联网被认为是开放有余而安全不足。在互联网上开展电子商务，无论是报价、询价还是签约成交，都会涉及许多商业秘密。特别是有关信用卡密码和账号等敏感信息，一旦泄密，将会给企业带来非常大的损失。

目前，电子商务安全体系的发展已逐步完善，如防火墙技术、加密技术、电子签名和认证都是网上比较成熟的安全手段。但目前的技术各有其自身的不足。例如，Netscape开发的安全套接层协议（SSL），可以有效地保证信息传递过程的安全性，但无法知道传递过程是否遭到拦截。防火墙技术在一定程度上解决网络内部的安全问题，但是它无法扫描用户从互联网上下载软件和文档中病毒的特征，无法防备内部人员的攻击，同时它还限制了信息传输的速度。安全防范问题本身是个系统工程，需要管理、技术等综合配套才能解决。

（4）电子商务的法律规范

电子商务是一种全新的商业交易模式，在数字化的虚拟市场中实现交易。原有的适用于书面合同贸易方式的法律，并不能适合于电子方式的网上交易。进行电子商务活动，必须要有一套新的法律、法规、政策、道德伦理规范等来约束和管理，使之能有序进行。

中国的经济正在逐步融入世界经济活动的大家庭中，这就要求中国在享受WTO普遍优惠的同时，其经济行为和方式也必然要受到WTO规则的约束。同时，中国经过20多年的改革开放，在世界范围内的经济地位正不断攀升，与国际间的交流合作也日益频繁，这就要求我国必须尽快出台既与本国发展相适应、又适合国际间交流的相关制度。2005年4月1日，《中华人民共和国电子签名法》正式施行。

（5）电子商务的标准化体系建设

商品编码标准是实行电子商务的重要基础，而在中国不同行业的商品编码标准却有几十种之多。人员识别号码中，自然人的识别号的重码率达20%～30%；法人编号的重码率较小，但有时也出现一个单位有几个编号的情况。关于服务的编号还没有。要开展电子商务，必须要制定统一的中心编码系统。

（6）保证电子商务发展的物流配送系统

电子商务所服务的对象是不受地理限制的，不少客户可能远在国外，相隔万里。企业如何以最快的速度、最短的时间、最低的成本把商品从企业送到顾客手中，是吸引顾客的一个重要因素。目前我国的物流配送系统严重滞后，成为制约电子商务发展的瓶颈环节。

（7）商家信誉问题

电子商务的应用领域基本分两类：企业间交易和个人消费者与企业之间的交易。就其发展过程来看，它又必然经历一个从简单的商情查询到网上购物和实现交易的阶段。建立通畅快速的购物网络并不困难，但建立成熟可靠的消费体系和互相信任的市场运作方式，绝不是一蹴而就的事。当传统的购物方式引发的各种纠纷还在"3.15"消费者权益日频频曝光的环境下，消费者如何信任互不照面的网上交易？在这方面我国与国外的差距，技术手段上的原因是次要的，而人的基本素质却是根本的。

2. 电子商务发展的内部环境

（1）企业领导的重视程度

电子商务在国内外发展的时间还不长，国内很多企业的领导对此还缺乏深入的认识。实行电子商务将不可避免地涉及观念、作风和习惯的转变，涉及企业的业务流程、机构体制和职责权的变革。因此要加快中国企业的电子商务，首先应该让企业的经营者们转变观念、提高认识，增强他们实施电子商务的积极性和主动性。

（2）企业信息化水平

无论是企业与企业之间的电子商务，还是企业与消费者之间的电子商务，都需要企业在业务活动和管理工作中实行信息化管理。企业的信息化程度决定了电子商务开展的可能性。迄今为止，我国企业信息化水平还比较低。在企业内部信息系统的建设和整合中，国家重点企业中有 70%的企业信息化投资不足，企业用于信息技术和设备投资的累计仅占总资产的 1%，与发达国家大企业 8%～10%的水平相距甚远。

（3）人员素质

开展电子商务需要有一大批具有责任心、懂业务的专业技术与管理人员，如电子商务师、电子商务经理、网站开发策划人员、网站设计制作人员及网络管理员等。我国电子商务领域的专业技术人才的培养才刚刚起步，对从业人员进行电子商务知识的培训十分重要。电子商务人才基本上分为以下几类。

① 技术型电子商务人才。这是基础性电子商务人才，其特点是精通电子商务技术，掌握电子商务技术的最新进展，同时具备足够的现代商务知识，善于理解商务需求，懂得"如何做"电子商务，能够以最有效的技术手段予以实施和满足。

② 商务型电子商务人才。这是电子商务人才的主体，其特点是精通现代商务活动，充分了解和理解商务需求，同时具备足够的电子商务技术知识，懂得电子商务"能做什么"，善于提出满足商务需求的电子商务应用方式。

③ 战略型电子商务人才。这是高层次电子商务人才，其特点是通晓电子商务全局，具有前瞻性思维，懂得"为什么要做"电子商务，熟知至少一个行业或一种模式的电子商务理论与应用，能够从战略上分析和把握其发展特点和趋势。

④ 项目管理人才。电子商务建设是一项系统工程，信息系统项目具有其自身的特点，项目管理人才就是策划和进行电子商务项目的中高层管理人员，他们对技术要了解到一定的深度，同时要精通项目管理知识，也是一种复合型人才。

目前，电子商务人才培养开始呈现遍地开花的态势，有学校教育，也有社会教育；有课堂方式的教育，也有网络化的远程教育；有学历教育，也有非学历教育；全国高等院校中开设电子商务专业或者电子商务专业方向的已经很多，设立电子商务系甚至电子商务学院的也越来越多，这些都大大夯实了我国今后电子商务应用与发展的人才基础。

三、电子商务平台

电子商务平台又称为门户站点，是企业为合作伙伴、客户等提供的访问企业内部各种资源的统一平台。通过这一平台，企业的合作伙伴，例如原材料提供商，可以获取企业当前的原材料库存情况以及近期生产计划，从而优化自身的资源调配和生产调度；而企业的客户可以通过这一窗口，了解企业各档次各种类产品的详细资料并且获得企业提供的随时的咨询服务等。

从广义的角度看，电子商务平台是企业电子商务系统的一个组成部分。

企业内部信息系统的各种信息通过电子商务平台向外发布，改变了原先企业信息利用率不高、资源无法被外界获得的局面。没有电子商务平台的电子商务系统是不完整的，而将企业电子商务系统等同于企业的电子商务平台也是不够全面的，无法达到优化企业生产、销售等一系列作业流程和降低企业成本、提高生产效率等作用。电子商务平台更强调对外的网站，而企业信息化不仅仅是网站，还包括企业内部的其他信息系统，这些信息系统与电子商务平台是高度集成统一的。

四、电子商务应用

电子商务应用是电子商务框架的最高层，它直接实现电子商务的功能。

1. 电子商务中的“四流”

电子商务的任何一笔交易，包含以下四种基本的“流”，即信息流、资金流、物流和商流。其中，信息流既包括商品信息的提供、促销营销、技术支持、售后服务、企业内部管理等内容，也包括诸如询价单、报价单、付款通知单、保单、转账通知单等商业贸易单证，还包括交易方的支付能力、支付信誉、商业信誉等。资金流主要是指资金的转移过程，包括付款、转账、兑换等过程。物流主要是指商品和服务的配送和传输渠道。对于大多数商品和服务来说，物流可能仍然经由传统的经销渠道或者其他物流模式，然而对有些商品和服务来说，可以直接以网络传输的方式进行配送，如各种电子出版物、信息咨询服务、有价信息等。商流是电子商务活动中商品所有权的流动。对于每个交易主体来说，它所面对的是一个电子市场，它必须通过电子市场选择交易的内容和对象。

2．电子商务的应用

电子商务可提供网上交易和管理等全过程服务。因此，它具有网络营销、客户服务、电子支付、安全认证、物流管理、供应链管理等多项功能。

（1）网络营销

网络营销是近年来发展起来的一门新的学科，它研究在电子商务环境下企业营销活动的特点、企业营销策略、网络广告、公共关系等内容。

（2）客户关系管理

客户关系首先体现了一种先进的管理思想和现代信息技术的高度集成，通过用户注册网站可以方便地得到顾客的个人信息，网站可以跟踪顾客的购物记录，了解顾客的需求，挖掘出有潜力的客户。运用客户关系管理，切实完善售后服务，维持老顾客，吸引新客户。

企业还能通过互联网进行市场调查，搜集价格信息；网站可以方便地采用网页上的“选择”、“填空”等格式文件来收集用户对产品与销售服务的反馈意见，这样使企业的市场运营能形成一个反馈的回路。

（3）电子支付

电子支付是电子商务中的一个重要环节，客户和商家之间可采用信用卡、电子现金、电子支票等实施支付。网上支付将需要更为可靠的信息传输安全性控制以防止欺骗、窃听、冒用等非法行为。银行、信用卡公司及保险公司等金融单位可以提供网上金融服务。电子账户管理是其基本的组成部分，信用卡号或银行账号都是电子账户的一种标志，它的可信度需要必要技术措施来保证，数字凭证、数字签名、加密等手段的应用提高了电子账户操作的安全性。

（4）安全认证

安全认证是电子商务不可或缺的重要功能，没有网络安全，没有对交易者身份的认证，没有对信息的可靠传输，根本谈不上电子商务。

（5）物流与供应链管理

通过电子商务的供应链管理，可以促进上下游相关企业的密切合作，提高原料采购、生产、包装、配送等环节的运行效率。通过物流管理，企业可以最大幅度地降低物流费用，提高配送效率，更好地做好客户服务。

五、国家政策及法律规范

国家政策包括围绕电子商务的税收制度、信息的定价、信息访问的收费、信息传输成本、隐私保护问题等，需要政府制定政策。其中，税务制度如何制定是一个至关重要的问题。例如，对于咨询信息、电子书籍、软件等无形商品是否征税，如何征税；对于汽车、服装等有形商品如何通过海关，如何征税；税收制度是否应与国际惯例接轨，如何接轨等，若处理得不好，将严重制约电子商务的发展。

法律法规维系着商务活动的正常运作，违规活动必须受到法律制裁。网上商务活动有其独特性，买卖双方很可能存在地域的差别，他们之间的纠纷如何解决？如果没有一个成熟的、统一的法律系统进行仲裁，纠纷就不可能解决。知识产权问题在电子商务活动中尤显突出。如何保证授权商品交易的顺利进行，如何有效遏制侵权商品或仿冒商品的销售，如何打击侵权行为，都是制定电子商务法律时应该考虑的问题。法律制定的成功与否关系电子商务活动能否顺利开展。

另外，提到政策法规，就得考虑各国的不同体制和国情，而这同互联网和电子商务的跨国界性是有一定冲突的，这就要求加强国际间的合作研究。例如，在美国，它的社会体制决定了私有企业在美国经济运行中的主导地位，在制定政策法规时，美国政府必将向私有企业倾斜，同时尽量减少政府限制。而在中国这样同美国社会体制存在很大不同的国家，不可能照搬美国的政策法规，必然想寻求一种以政府为主导的经济管理政策。此外，由于各国的道德规范不同，也必然会存在需要协调的问题。

目前，在我国的电子商务应用方面，政府的注意力还主要集中在信息化基础建设上，信息立法还没有进入实质阶段。针对电子商务的法律法规还有待健全。比如，是否允许商家跟踪用户信息，信息定价，对儿童能够发布哪些信息等，这些问题随着越来越多的人介入到电子商务中，必将变得更加重要和迫切。

我国已加入 WTO，在制定相关政策法规时必须考虑加入世贸组织的影响，另外要提高立法的效率，以适应新形势的需要。

六、技术标准和网络协议

技术标准定义了用户接口、通信协议、信息发布标准、安全协议等技术细节。它是信息发布、传递的基础，是网络信息一致性的保证。

就整个网络环境来说，技术标准对于保证各种硬件设备和应用软件的兼容性和通用性是十分重要的。正如在交通方面，有的国家是左行制，有的国家是右行制，这样会给交通运输带来一些不便；我们现在用的手机，也必须遵循国际统一标准，否则根本不能进行全球通信。今天在电子商务中也会遇到类似的问题，而且由于电子商务的全球性，非国际化的技术标准将会带来更为严重的问题。目前，许多企业和厂商、国际组织都意识到技术标准的重要性，正致力于联合起来开发统一的国际技术标准，例如 EDI 标准、TCP/IP 协议、HTTP 协议、SSL 协议、SET 协议和电子商务标准等。

第二节　电子商务的交易模式

商业模式，简言之，就是公司通过什么途径或方式来赚钱。电子商务模式，就是指在网络环境中基于一定技术基础的商务运作方式和盈利模式。

按照电子商务参与的主体进行划分，电子商务模式可以分为以下四种类型。

- ❑ 企业与企业之间的电子商务（Business to Business，B2B）。
- ❑ 企业与消费者之间的电子商务（Business to Consumer，B2C）。
- ❑ 消费者与消费者之间的电子商务（Consumer to Consumer，C2C）。
- ❑ 企业与政府之间的电子商务（Business to Government，B2G）。

一、B2B 模式

1．B2B 的含义

B2B（Business to Business）是指企业与企业之间通过互联网等现代信息技术手段进行产品、服务及信息交换的商务模式。B2B 电子商务平台以信息发布为主，为企业与企业之间建立贸易的桥梁。通过 B2B 交易方式，买卖双方能够在网上完成整个业务流程，从建立最初印象，到货比三家，再到讨价还价、签单和交货，最后到客户服务，B2B 可使企业之间的交易减少许多事务性的工作流程，达到降低企业经营成本的目的。

据中国电子商务研究中心监测数据显示，2011 年，我国 B2B 电子商务交易额达到 6 万亿元，占整个电子商务交易额的 80%以上。从电子商务市场结构来看，企业间电子商务仍然是电子商务市场的主体。尽管国内目前在企业对消费者的网上购物方面热热闹闹，从网站的宣传到各种媒体的报道都表现了极大的热情和关注，但大多数的交易额仍是在企业之间发生的。

在国内 B2B 电子商务运营商营收份额中，阿里巴巴仍然处于行业垄断地位，环球资源网、慧聪网、中国制造网等依次紧随其后，B2B 的市场呈现维持较平稳增长，如图 2-7 所示。

B2B 电子商务行业用户需求的多样化和行业市场的细分要求运营商提升服务质量，增强用户体验，通过差异化战略实现对用户的吸引，从而提升运营商的市场竞争力。

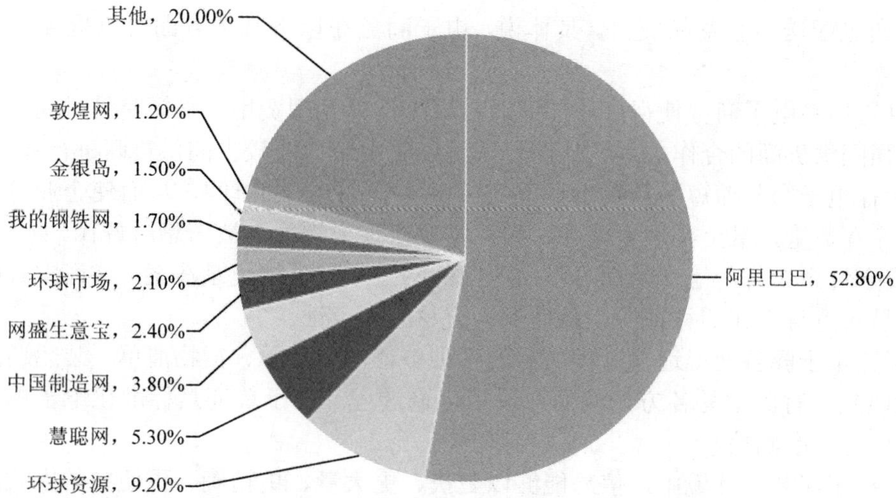

图 2-7　2011 年中国 B2B 电子商务运营商份额占比图

资料来源：中国电子商务研究中心

2．企业间的电子商务的功能

（1）供应商管理

减少供应商或供应环节，减少订货成本及周转时间，用更少的人员完成更多的订货工作。

（2）库存管理

缩短"订货—运输—付款"环节，从而降低存货，促进存货周转，消除存货不足和存货不当。

（3）销售管理

网上订货、客户档案管理等。

（4）信息传递、交易文档管理

安全及时地传递订单、发票等所有商务文件信息。

（5）支付管理

网上电子货币支付。

（6）配送管理

负责将商品送到最终客户手中。

3．企业类型

（1）生产型企业

就一个处于生产领域的商品生产企业来说，其商务过程大致可以描述为：需求调查→原材料采购→生产→商品销售→收款→货币结算→商品交付。引入电子商务技术后这个过程可以描述为：以电子查询的形式来进行需求调查→网上调查原材料信息确定采购方案→计算机辅助生产→通过电子广告促进商品销售→以电子化形式收款→用电子银行进行货币结算→通过配送体系商品交付。具体说，电子商务在以下几个方面可以提高生产企业的效率。

① 供货体系电子商务使得企业能够通过减少订单处理费用，缩短交易时间，减少人力占用来加强同供货商的合作关系，从而使其可以集中精力同较少的供货商进行业务联系。

② 库存电子商务缩短了从发出订单到货物装车（船）的时间，从而使企业可以保持一个较低的库存数量，甚至实现零库存，库存需要在很大程度上被信息所替代。

③ 安全性企业每一笔交易都可以由专门的网上中介机构记录在案，认证中心或银行可以提供交易对方身份和信誉证明，从而保证交易的安全性。

④ 运输电子商务使得运输过程所需的各种单证，如订单、货物清单、装船通知等能够快速准确地到达有关交易各方，从而加快了运输过程。由于单证是标准化电子单证，也保证了所含信息的准确性。

⑤ 在电子商务的环境中，信息能够以更快、更大量、更精确、更便宜的方式流动，并且能够被监控和跟踪。

（2）流通型企业

对于流通型企业来说，由于它没有生产环节，电子商务活动几乎覆盖了整个企业的经营管理活动，是利用电子商务最多的企业。通过电子商务，流通企业可以更及时、准确地获取消费者信息，从而准确进货，减少库存，并通过网络促进销售，以提高效率，降低成本，获取更大的利益。

4．B2B 的手段

早期，对于多数企业来说，企业和企业之间的业务占其业务的比重较大，EDI 是企业和企业之间进行电子商务的常用方式。EDI 是企业和企业之间，通过电子方式，按照标准格式，从应用系统到应用系统的商业单证的传输。早期 EDI 的用户很多，包括税务、国际贸易、供应商与客户的文件交换、运输文件交换、报关、订货、电子竞标等。EDI 的主要用户有进出口公司、运输公司、银行、制造商、零售商、供应链、跨国公司、大中型企业等。

由于 EDI 采用专用网，费用很高，而且存在着不同单位不同管理系统的接口问题，因此正逐渐被互联网电子商务所代替。

5．B2B 流程

企业间电子商务通用交易过程可以分为以下四个阶段。

（1）交易前的准备

这一阶段主要是指买卖双方和参加交易各方在签约前的准备活动。

买方根据自己要买的商品，准备购货款，制定购货计划，进行货源市场调查和市场分析，反复进行市场查询，了解各个卖方国家的贸易政策，反复修改购货计划和进货计划，确定和审批购货计划。再按计划确定购买商品的种类、数量、规格、价格、购货地点和交易方式等，尤其要利用互联网和各种电子商务网络寻找自己满意的商品和商家。

卖方根据自己所销售的商品，召开商品新闻发布会，制作广告进行宣传，全面进行市场调查和市场分析，制定各种销售策略和销售方式，了解各个买方国家的贸易政策，利用互联网和各种电子商务网络发布商品广告，寻找贸易伙伴和交易机会，扩大贸易范围和商品所占市场的份额。其他参加交易各方如银行金融机构、信用卡公司、海关系统、商检系统、保险公司、税务系统、运输公司也都为进行电子商务交易做好准备。

（2）交易谈判和签订合同

这一阶段主要是指买卖双方对所有交易细节进行谈判，将双方磋商的结果以文件的形式确定下来，即以书面文件形式或电子文件形式签订贸易合同。电子商务的特点是可以签订电子合同，交易双方可以利用现代电子通信设备和通信方法，经过认真谈判和磋商后，将双方在交易中的权利及所承担的义务，对所购买商品的种类、数量、价格，交货地点，交货期，交易方式和运输方式，违约和索赔等合同条款，全部以电子合同作出全面详细的规定，也可以通过数字签名等方式签名。

（3）办理交易进行前的手续

这一阶段主要是指买卖双方签订合同后到合同开始履行之前办理各种手续的过程，也是双方贸易前的交易准备过程。交易中要涉及有关各方，即可能要涉及中介方、银行金融机构信用卡公司、海关系统、商检系统、保险公司、税务系统、运输公司等，买卖双方要利用互联网与有关各方进行各种电子票据和电子单证的传递，直到办理完可以将所购商品从卖方按合同规定开始向买方发货的一切手续为止。

（4）交易合同的履行和索赔

这一阶段是从买卖双方办完所有各种手续之后开始，卖方要备货、组货，同时进行报关、保险、取证等，然后将商品交付给运输公司包装、起运、发货。买卖双方可以通过电子商务服务系统跟踪发出的货物；银行和金融机构也按照合同，处理双方收付款，进行结算，出具相应的银行单据等，直到买方收到自己所购商品，完成整个交易过程。

图 2-8 可大致体现企业间电子商务交易的整个流程。

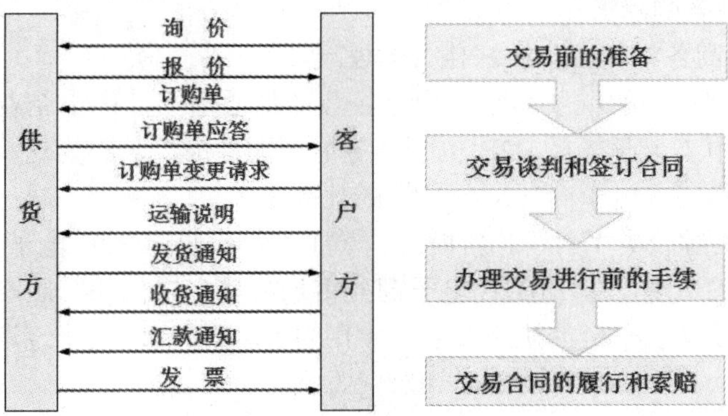

图 2-8　B2B 模式业务流程图

6. B2B 模式的分类

企业间电子商务模式又可以分成两种类型，即综合式的 B2B 和垂直型的 B2B。

（1）综合式的 B2B

综合式网站通常是指为买卖双方创建起一个信息和交易的平台，买者和卖者可以在此分享信息，发布广告，竞拍投标，进行交易。之所以称这些网站为“综合式网站”，是因为它们涵盖了不同的行业和领域，服务于不同行业的从业者。典型的 B2B 综合式网站如阿里巴巴（www.alibaba.com）、慧聪网（www.hc360.com）。综合式的 B2B 模式追求的是“全”，这一模式能够获得收益的机会很多，而且潜在的用户群落也比较大，所以它能够迅速地获得收益。但是其风险主要体现在用户群是不稳定的，被模仿的风险也很大。

（2）垂直型的 B2B

垂直网站也可以将买方和卖方集合在一个市场中进行交易。之所以称之为“垂直”网站，是因为这些网站的专业性很强，它们将自己定位在一个特定的专业领域内，如 IT、化学、钢铁或农业。垂直网站是将特定产业的上下游厂商聚集在一起，让各阶层的厂商都能很容易地找到原料供应商或买主。具体来讲，生产商或商业零售商与上游供应商之间形成供货关系，生产商与下游的经销商形成销货关系。

美国三大汽车厂所形成的汽车零件交易网便是一种垂直市场，汽车厂不但能很快地找到有足够货源的零件供应商，供应商也可更迅速地将产品销售出去，甚至库存品也可通过拍卖的方式售出。在国内也有不少垂直型的 B2B 网站，如中国服装网（www.efu.com.cn）、环球医药信息网（www.qgyyzs.net）、中国化工网（china.chemnet.com）等。垂直型 B2B 模式追求的是“专”。垂直网站吸引的是针对性较强的客户，这批针对性较强的客户是这些网站最有价值的财富，是真正的潜在商家。这种市场一旦形成，就具有极大的竞争优势。所以垂直网站更有聚集性、定向性，它们较喜欢收留团体会员，易于建立起忠实的用户群体，吸引着固定的回头客。结果是垂直网站形成了一个集约化市场，它拥有真正有效的客户。

7. B2B 电子商务的趋势

未来 B2B 电子商务将朝三个纵深化方向发展。

第一，随着宏观经济的继续回暖和中小企业的信心增强，中小企业对电子商务的利用意识会逐渐增强。中小企业选择 B2B 电子商务的可能性最大，因为这将彻底改观企业的生存发展面貌，利用第三方电子商务平台交易的几率增大。

第二，在已有的综合类平台下，新模式、专注于新行业的 B2B 电子商务企业大量涌现。随着大量新兴企业的出现，中国 B2B 电子商务市场将呈多样化的发展态势。

第三，随着在线交易平台的快速发展，中国 B2B 电子商务也将逐渐向服务纵深化方向发展。

【例 2-1】

阿里巴巴平台介绍与 B2B 操作实务

阿里巴巴在 1999 年成立于中国杭州市，现在主要通过旗下三个交易市场协助世界各地数以百万计的买家和供应商从事网上生意，包括：集中服务全球进出口商的国际交易市场（www.alibaba.com），集中国内贸易的中国交易市场（www.1688.com）以及在国际交易市场上的全球批发交易平台（www.aliexpress.com），为规模较小、需要小批量货物快速付运的买家提供服务。所有交易市场形成一个拥有来自 240 多个国家和地区接近 7 630 万名注册用户的网上社区。

阿里巴巴的运营模式主要有以下几个特点。

（1）专做信息流，汇聚大量的市场供求信息。功能上，阿里巴巴在充分调研企业需求的基础上，将企业登录汇聚的信息整合分类，形成网站独具特色的栏目，使企业用户获得有效的信息和服务。阿里巴巴的主要信息服务栏目包括：商业机会、产品展示、公司全库、行业资讯、价格行情、以商会友等，如图 2-9 所示。

图 2-9　阿里巴巴平台中国网站首页

（2）阿里巴巴采用本土化的网站建设方式，针对不同国家采用当地的语言，简易可读，这种便利性和亲和力将各国市场有机地融为一体。阿里巴巴已经建立运作四个相互关联的网站：简体中文的中国网站（http://china.alibaba.com）、国际站（http://www.alibaba.com/）、全球速买通（http://www.aliexpress.com/）、日文的日本网站（http://www.alibaba.co.jp/）。这些网站相互链接，内容相互交融，为会员提供一个整合一体的国际贸易平台。

（3）在起步阶段，网站放低会员准入门槛，以免费会员制吸引企业登录平台注册用户，从而汇聚商流，活跃市场，会员在浏览信息的同时也带来了源源不断的信息流，创造了无限商机。

（4）阿里巴巴通过增值服务为会员提供了优越的市场服务。阿里巴巴的盈利栏目主要是：中国供应商、网上推广项目和诚信通。

资料来源：根据阿里平台案例整理

下面以阿里巴巴中文网站为例，介绍一下 B2B 平台的操作流程及使用技巧。

（1）注册与登录

登录阿里巴巴中文网站后，单击首页上的“免费注册”按钮进入注册页面，按照提示信息填写注册信息，即可完成注册会员的操作。注册完成后，在首页单击“登录”按钮，输入会员用户名与密码完成登录。

（2）买家采购产品或找供应商

在海量的产品信息里，怎样才能找到自己想要的产品呢？有以下几种方法。

① 明确搜索的关键词。关键词的选择很重要，核心关键词的选择要有技巧。

例如，想采购韩版流行女装：

A．在输入框内输入“韩版 流行 女装”，然后按 Enter 键，或单击“找一下”按钮，只有 6 778 条记录。

B．在输入框内输入“韩版 女装”，然后按 Enter 键，或单击“找一下”按钮，有 340 109 条记录。

② 搜索关键词&热门搜索推荐。输入一个核心关键词后，你会发现系统自动给出了若干个热门搜索推荐词，帮助你省去想关键字的烦恼。例如，输入“韩版”，你会发现韩版中被关注最多的是饰品类商品。

买家发布采购信息，可以选择找“产品”、找“公司”。在搜索结果页面中，可以通过各种方式筛选信息。

③ 使用拼音首字母匹配。忘了产品全称也不用担心，输入你想搜索的产品的拼音首字母即可。例如，你想搜索 “韩版女装”，但忘了“韩版女装”怎么写，这时输入“韩版女装”的拼音首字母“hbnz”，系统就能够自动识别出需要查找的产品。

④ 巧用筛选，精确查找。产品搜索结果出来后，每个产品都会有该产品的细化分类、属性分类及快速筛选。你可能需要借助这些功能，更快更精确地从成千上万条结果中找到最匹配需求的结果。例如，想找“苹果手机”，但搜索时关键字用的是“苹果”，出现的结果是超过 40 万条信息。这时候你需要借助类目筛选来精确定位到手机这个类目。单击类目中的“手机”后，下面的结果就全是与苹果手机相关的信息了，产品信息缩小范围到 3 375 条。如果对“苹果手机”还有更多性能的要求，比如你想要摄像头像素的具体规格，则可以通过属性筛选进一步对搜索结果进行筛选，缩小查找范围，如图 2-10 所示。

图 2-10 筛选产品后的结果

如果本人是在深圳，从事小家电销售，希望找到深圳周边的家电生产商，那么还可以用快速筛选，通过省份、城市、经营模式的选择来锁定查找范围。例如，可以设定省份是广东省，城市是深圳，经营模式是生产加工。如果对供应商的身份有要求，可以针对性选择诚信通企业会员、个人会员或海外会员，如图 2-10 所示。

⑤ 多个产品的比较或批量的询盘。如果你想进行多个产品的比较或批量询盘，只要在产品搜索结果的页面，选中所需要比较的产品（至少两个产品信息），并单击“对比产品”或“批量询价”即可。

⑥ 让供应商来主动找上门。如果想让供应商主动来找你，可以在阿里巴巴平台上发布求购产品信息。“求购信息”是关于求购产品、寻求合作机会、服务等方面的即时商贸信息，发布求购产品信息是免费的。在阿里巴巴发布真实详细的求购信息，对用户的帮助极大。

（3）卖家发布公司介绍和产品

阿里巴巴网站每天吸引上千万人次的访问量，只有发布了公司介绍，买家在网站上通过搜索公司的时候，才可以搜索到你的公司，带来更多的商业机会。

在阿里巴巴发布公司介绍、免费加入公司黄页，有以下好处。

① 在阿里巴巴发布了公司等于贵公司在网上有了自己公司的展示平台，塑造贵公司的企业形象。

② 可以让客户更多地了解公司的情况，赢得客户信任。

③ 有利于买家体验，便于买家在公司的企业黄页上查看所需的产品。

在阿里巴巴平台上，发布供应信息对于在阿里巴巴上做生意的网商来说极其重要。打个比方来说，公司好似实体店面，产品信息就如售卖的商品。试想没有店面、没有商品，这样的网上生意怎么做？

通过网站或是通过阿里旺旺发布产品信息都是免费的，把握好时机，发布高质量的产品信息有助于提高产品的排名，在这方面可参考以下四点。

- 一条信息只发布一个产品。
- 产品名称务必出现在标题中。
- 发布的信息带图且填写产品属性。
- 选择与产品符合的类目，建议使用“类目自动”匹配功能。

（4）利用聊天工具“阿里旺旺”与商友交流、洽谈

阿里旺旺是阿里巴巴为商人度身定做的免费网上商务沟通软件。它能帮你轻松找客户，发布、管理商业信息，及时把握商机，随时洽谈做生意。

二、B2C 模式

1. B2C 含义

企业对消费者（Business to Consumer）的电子商务指的是企业与消费者之间通过互联网等现代信息技术手段进行的商务活动。B2C 模式是一种电子化零售，主要采取在线销售形式，以网络手段实现公众消费或向公众提供服务。

目前有各种类型的网上商店或虚拟商业中心，向消费者提供从鲜花、书籍、食品、饮料、玩具到计算机、汽车等各种商品和服务，几乎包括了所有的消费品。已有很多这一类型电子商务成功应用的例子，如网上书店 Amazon，以及可以网上购买计算机的 Dell。为了方便消费者，网上商品做成了电子目录，里面有商品的图片、详细说明、尺寸和价格信息等。消费者把选中的商品加到虚拟购物车，然后进行支付结算，网上购物就算完成。

【例 2-2】

比较传统的购物方式与网络购物方式的不同

传统购物方式具有以下几方面的特征。

（1）可视性。传统购物活动中，卖方所提供的商品和服务往往是有形的，买方在选择购买商品和服务时往往会亲身体会，从而进行挑选和甄别。

（2）即时性。买方在决定购买产品后，往往以现金或刷卡方式即时支付，从而得到货物，从购物到付款拿货一次性完成，购物流程较为快捷。

（3）亲历性。传统购物活动中，无论是购买还是之后的退换修货，往往需要买方亲历亲为，这主要是由于买方对产品质量的存疑。

（4）价格可议性。传统购物活动中，商品的最终价格，往往是经过买卖双方讨价还价之后确定的，卖方标明的价格往往具有可议性。

网络购物方式中，有许多立足于互联网基础上产生的新特点。

（1）虚拟性。与传统购物方式不同，在网络购物中，卖方对其产品的展示往往是通过

自己或第三方运营的网站，以图片、文字、视频等方式将其产品及服务的信息传递给网民，网民接受该信息后再决定是否下单购物。在整个购物过程中，买方实际并没有接触到产品实物本身。

（2）阶段性。从卖方上传产品信息，到买方浏览信息决定购物，再到付款拿货，往往需要几天时间甚至更长时间，每一个流程都是由不同运作体系来完成的。

（3）便捷性。在网络购物整个流程中，买方往往不需要亲历亲为，在接收产品信息并下单购买后，只需定时接收货物即可，退换修货流程也只需定时交由物流配送人员即可完成，更加方便快捷；

（4）价格固定性。与互联网信息开放性相适应，在网络购物中，价格信息往往是以公开方式展示在网页中，价格太高会导致潜在客户的流失，因此网络购物中的产品价格较为固定，可议性不强。

根据易观智库 Enfodesk 发布的《2011 年第 2 季度中国网上零售市场季度监测》数据显示，2011 年第 2 季度中国 B2C 市场交易规模达到 542.6 亿元。在市场格局方面，前三强分别为淘宝商城、京东商城和卓越亚马逊，如图 2-11 所示。

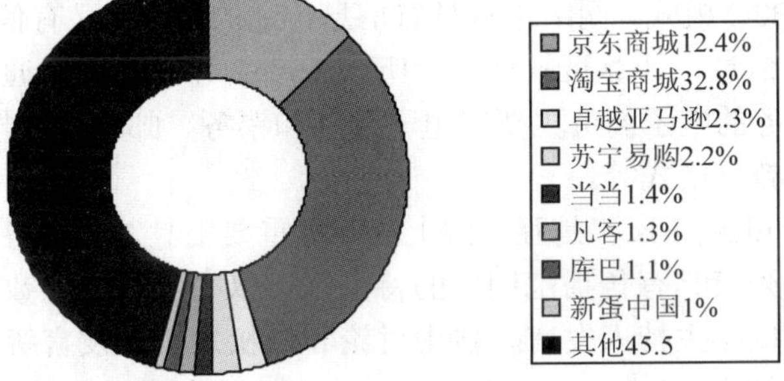

图 2-11　2011 年第 2 季度 B2C 市场份额

资料来源：易观国际·易观智库

顾客在一般零售商店购买商品的价格是在生产商出厂价的基础上加上了分销成本和零售成本。而通过网上生产商直接订购商品，不仅便于生产商以销定产，顾客自己也得到更多的实惠。由于这种模式提高了交易效率，节省了各类不必要的开支，因而，这类模式也得到迅速的发展，Dell 公司的网上直销就是一例。

从技术角度看，企业上网面对广大的消费者，并不要求双方使用统一标准的单据传输，在线零售和支付行为通常只涉及信用卡或其他电子货币。另外，互联网所提供的搜索浏览功能和多媒体界面使消费者更容易查找适合自己需要的产品，并能够对产品有更深入的了解，这也是互联网优于 EDI（电子数据交换）的主要原因。因此，开展 B2C 电子商务，应用潜力巨大，成为推动其他类型电子商务活动的主要动力之一。

2. B2C 模式的类型

根据不同的划分标准，可将 B2C 电子商务划分为以下不同的类型。

（1）按交易范围划分

按交易的范围，可将 B2C 电子商务划分为综合类 B2C 与垂直类 B2C

① 综合类 B2C 电子商务。如同传统商城一样，综合类 B2C 电子商务销售着多种类型的商品。它有庞大的购物群体，有稳定的网站平台，有完备的支付体系、诚信安全体系（尽管目前仍然有很多不足），促进了卖家进驻卖东西，买家进去买东西，如淘宝商城（天猫商城）、京东商城、当当网、Amazon（卓越网）等。

② 垂直类 B2C 电子商务。垂直类 B2C 电子商务专注于某些特定的领域或满足某种特定的需求，提供有关这个领域或需求的全部深度信息和相关服务的网站。可理解为分众网站、专业类网站，以区别于综合性大而全的网站。它不是聚众网站，而是针对只有特定需求的人作行业细分的网站，垂直网站正引起越来越多人的关注。例如，凡客诚品，只专注服饰、鞋等衣着领域，红孩子则专注提供母婴类产品。

（2）按交易产品种类划分

按交易产品种类，可将 B2C 电子商务划分为无形产品 B2C 与实物类 B2C 两种。

① 无形产品的 B2C 模式。网络本身具有信息传递的功能，又有信息处理的功能，因此无形产品和劳务（如信息、计算机软件、视听娱乐产品等）就可以通过网络直接向消费者提供。无形产品和服务的电子商务主要有电子预订和票务、邮件列表模式、付费浏览模式、广告支持模式和网络教育模式等。

邮件列表也叫 Mailing List，是互联网上的一种重要工具，用于各种群体之间的信息交流和信息发布。邮件列表具有传播范围广的特点，可以向互联网上数十万个用户迅速传递消息。传递的方式可以是主持人发言、自由讨论和授权发言人发言等方式。国内提供邮件列表的网站很多，如博大（http://www.bodachina.com）、希网（http://www.cn99.com）等网站就提供邮件列表服务。

付费浏览模式是指企业通过网页安排向消费者提供计次（计时等）收费性网上信息浏览和信息下载的电子商务模式。付费浏览模式让消费者根据自己的需要，在网上有选择地浏览一篇文章、一本书的内容或者看一部电影。例如，目前在互联网上开展付费浏览模式的超星图书馆（http://www.ssreader.com），现已成为一个由全国各大图书馆支持的庞大数字图书展示推广平台。2000 年 6 月，超星图书馆入选国家 863 计划中国数字图书馆示范工程；2001 年 11 月，超星图书馆荣获“中国优秀文化网站”称号。

在线出版指的是出版商通过互联网络，向消费者提供除传统出版物之外的电子刊物。网络传媒与传统报纸相比，其地位在目前还是较低的，但在未来的几年里会发生较大变化，但更关键的是两者之间信息的互动影响。传媒如果能同网络结合，不仅仅局限于工业社会中的报纸生产，而是充分演化为信息与传播的提供、发送，必定有光辉灿烂的前途。目前在线出版网站不多，国内网站有明日在线出版（http://www.ebookpub.com.cn）、中国网上出版社（http://www.china-publisher.net）等。

② 实物商品的B2C模式。网上商城模式，就是通过网上商城的形式销售有形商品，即企业将商品批发给电子商城，由电子商城在网上零售商品。典型的有京东商城（http://www.360buy.com）、当当网（http://www.dangdang.com）等。

企业网站模式，就是企业在自己的网站上零售商品。目前，网上交易比较活跃并热销的商品有计算机产品、服饰、书籍、礼品和鲜花等。如以网络直销模式而闻名天下的美国戴尔计算机公司（http://www.dell.com），其网上销售额达数百亿美元。这种模式应该是未来B2C的主要模式和发展方向。

网上拍卖模式，是网上商城模式的一种，主要是一些比较难以定价的特殊商品采取拍卖方式进行销售，如文物、名人字画、工艺品等。网上拍卖的网站很多，如荣宝斋（http://www.rbzarts.com/）、嘉德在线（http://www.artrade.com/）等。

3．B2C的组成与购物流程

B2C 模式主要由以下三个基本要素组成：为顾客提供在线购物的网上商场，实现支付结算的网上银行系统及为客户实现商品配送的物流系统。

（1）网上商场

网上商场为消费者提供以下功能：售前售后服务，包括提供产品的陈列和服务的详细说明、产品的使用技术指南，回答顾客意见和要求；销售，包括询价、下订单。

（2）物流配送

物流配送是商家根据配送范围的大小可选择不同的配送方式，近距离可以采用直接送货，远距离可用第三方物流或EMS。

（3）支付结算

目前，在B2C电子商务中，主要的支付方式有货到付款、汇款和电子支付。

① 货到付款。在电子商务发展的初期，由于人们更信任自己亲眼看见实物并确认质量后，才交付货款，因此，货到付款成为了网络购物中较为普遍的支付方式。在这种支付模式下，买方往往处于优势地位，卖方则可能因买方以质量不符、送货延迟等理由拒绝支付货款，而背负沉重的物流成本。这种付款方式的优点是不依赖于任何支付系统。

② 汇款。此种支付模式在传统购物活动中已经有较为普遍的应用，同时，它也是网络购物初期的一种支付方式。这种支付方式缺点是需要客户在网上购物后还要到邮局或银行去汇款，费时费力。随着在线支付及货到付款业务的发展，选择以汇款方式支付货款的方式已经逐渐减少。

③ 电子支付。电子支付指通过银行卡或信用卡支付完成的支付。使用电子支付方式付款，已成为电子商务支付的主流。

在网络购物中选择不同的支付方式，买卖双方所处的地位有所不同。一般而言，从有利于买方的角度看，依次为货到付款，（在线）第三方支付，（在线）网银转账支付，汇款；反过来则是对卖方更有利。

【例 2-3】

当当网购物流程

当当网购物流程如图 2-12 所示。

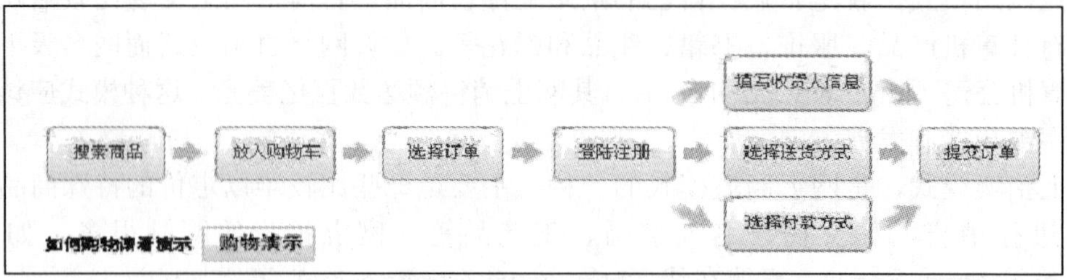

图 2-12　当当网购物流程示意图

下面以当当网为例，介绍在 B2C 电子商务网站的购物的基本流程。

① 输入网址：http://www.dangdang.com，进入当当网首页。

② 注册会员，并使用会员名进行登录。

③ 选购商品。例如，要购买《电子商务网站建设与管理》这本教材，可以通过两种方式选购。一是利用当当网提供的搜索功能，直接在搜索栏内输入书名进行搜索，如图 2-13 所示。二是利用高级搜索按作者、出版社或 ISBN 号进行搜索。单击搜索，结果如图 2-14 所示。

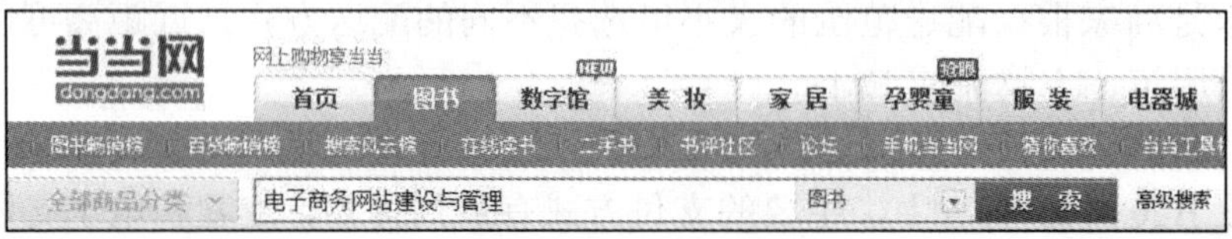

图 2-13　当当网搜索

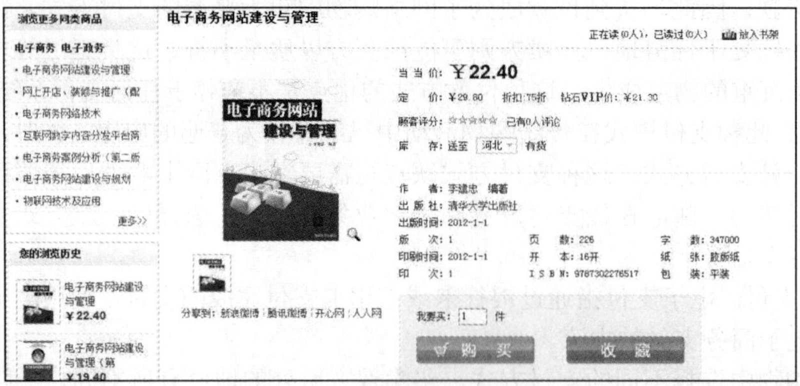

图 2-14　当当网商品详情页面

④ 下订单。查看书籍的详细介绍后，如感觉满意，可单击“购买”按钮，即可将书籍加入购物车。如图 2-15 所示，进入购物车后，如果还想购买其他商品，可单击购物清单中的“继续购物”按钮即可；如果不需要购买其他商品，即可单击购物清单中的“结算”按钮。

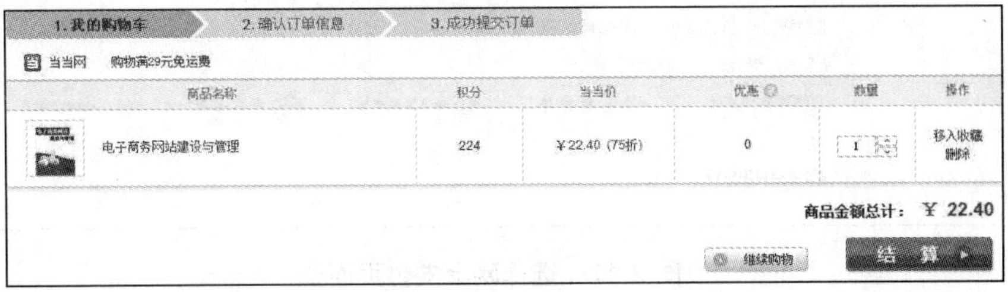

图 2-15 购物车页面

⑤ 确认订单信息结算。如果从未在当当网注册过，则需要输入电子邮箱，选择“我还从未登记过”，进入注册页面。如已登录，此时可确认或修改订单信息，如图 2-16 所示。

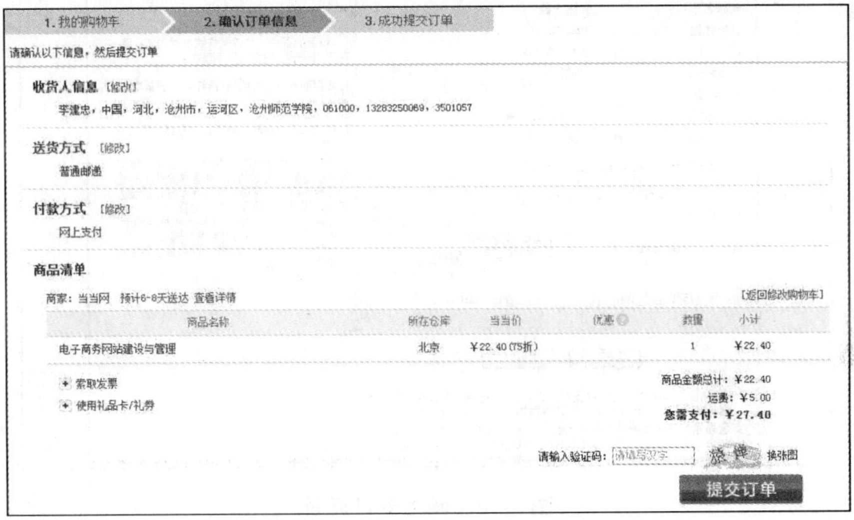

图 2-16 确认订单页面

- 收货人的信息：包括姓名、通信地址和电话等。
- 选择送货方式：可选择普通快递送货上门（支持货到付款）、普通邮递（不支持货到付款）或邮政特快专递 EMS（不支持货到付款）。
- 选择付款方式：网上支付或邮局汇款等。

对以上信息进行选择并确认无误后，可输入验证码提交订单。

⑥ 支付。当当网提供了多种银行卡在线支付，如工商银行、招商银行、建设银行、农业银行、银联支付、财付通支付等。你可以选择自己的网银进行支付，如图 2-17 和图 2-18 所示。

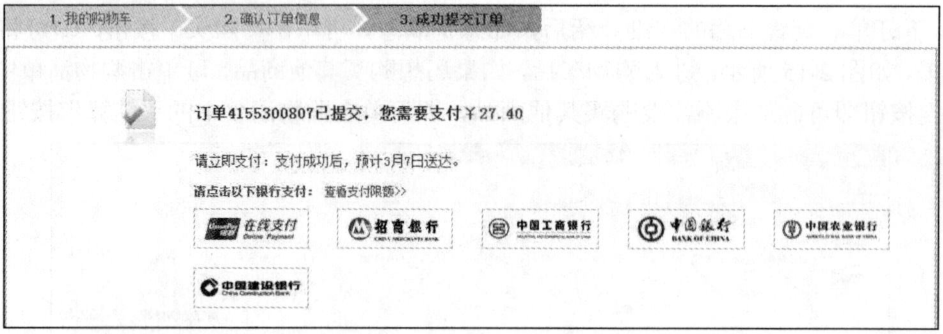

图 2-17 选择网上支付页面

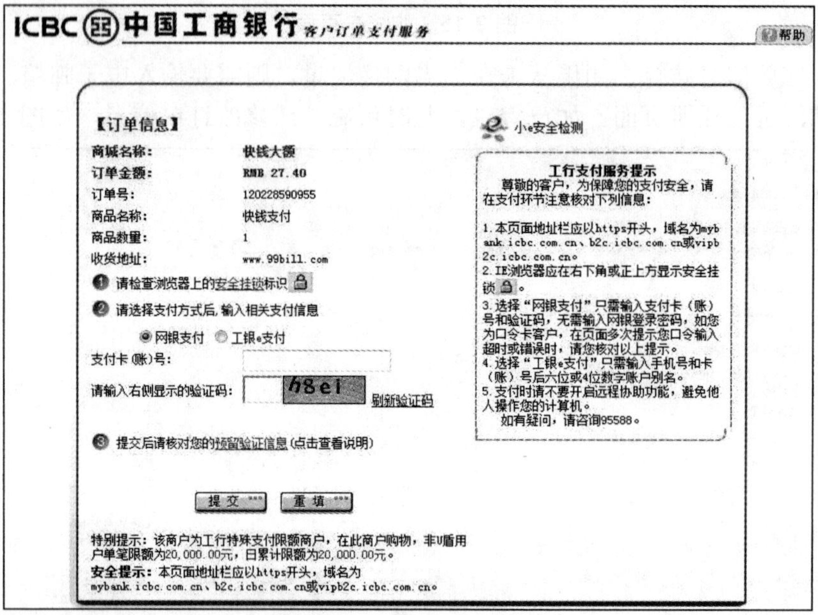

图 2-18 网上支付页面

⑦ 完成购物等待收货。支付完成后，即可等待收货了。

4．B2C 电子商务的趋势分析

（1）B2C 电子商务仍将呈现高速发展

随着电子商务的普及，越来越多的人习惯于通过网络购物。B2C 近几年呈现了突飞猛进的发展，服装、钻石、数码家电、母婴等垂直行业涌入大量新企业，越来越多的优秀垂直电子商务网站迅速崛起，京东商城、红孩子、凡客诚品、珂兰网、钻石小鸟、麦网、戴欧妮这些都已成为著名的 B2C 电子商务网站。

（2）传统的门户化开始逐渐向行业垂直化转变

伴随着企业的不断发展，同时受到市场需求精细化和消费人群精准化的推动，我国电子商务行业将从传统的门户化开始逐渐向行业垂直化转变。如今时尚类电子商务平台、母婴类电子商务平台、IT 数码类电子商务平台、健康类电子商务平台、图书音像类电子商务平台都在电子商务市场形成了影响力。这类市场的细分更能满足用户的个性化需求，维持用户情感满意度，更能抓住用户的心理特点和真正的需求点。

（3）专营为主，强调以服务为主

在电子商务发展的早期阶段，网络零售商过于看重电子商务所能带来的成本优势，企图通过低价策略从传统零售商那里吸引消费者。但实际上，由于配送成本高昂，抵消了产品的价格优势，所以，这种策略的效果并不明显。因此，B2C 应该走专营道路，充分利用资源的稀缺优势，获得比较稳定的客户群体，建立良好的客户关系，提供优质的跟踪服务，才能维系稳定的对利润贡献较大的客户群体。例如，凡客诚品在武汉和西安分别建立仓储中心，麦考林推出安卓客户端，而乐淘与百度合作推出实现物流实时跟踪的“乐淘实时订单地图”等。从运营商的角度来看，各运营商不断加大基础建设和移动互联网布局力度，全方位提升服务和用户购物体验；从用户角度来看，网络购物市场将为消费者提供更为专业、便捷和放心的服务。

三、C2C 模式

1. C2C 概述

C2C（Consumer to Customer）是指消费者与消费者之间进行的个人交易，如个人拍卖、网上店铺等形式。C2C 模式的思想来源于传统的“二手市场”，建立一个服务于买卖双方的在线交易平台，以免费或比较少的费用为卖家提供店铺能够销售自己的商品，其主要特点就是可以给用户带来比较便宜的商品。无论是大学生还是退休的中老年人，无论是农民还是在职职工，都可以在家“营业”。网上开店不受地域、时间的限制却可以面对来自全国甚至全世界的客户。

【例 2-4】

王小帮的“山里旺农家店”

王小帮，山西省吕梁市临县木瓜坪乡张家沟村一位普通农民。他外出打过工，回乡拉过煤，2007 年年底注册淘宝并在淘宝开店，如今经营着一家名为“山里旺农家店”的网店，专营红枣、核桃、五谷杂粮、冠云平遥牛肉等当地土特产。2009 年 2 月，王小帮决定参加淘宝网“网络创业先锋大奖赛”，登出了主题为《电脑、相机、铁驴子、山货，一根网线串起来，我就是网商》的帖子，讲述了自己的打拼经历和心路历程。图文并茂，文字质朴，内容实在，王小帮的参赛作品被首页登出。网络真的是太强大了！王小帮的憨厚相貌引起各路 PS 高手的注意，一系列“大肚哥王小帮”的网络形象立刻在各大网站论坛迅速流传，众多网友蜂拥来到王小帮的店铺。面对众多顾客留言，王小帮有问必答，忙至深夜才顾得上填写当天的发货单。

王小帮的“山里旺农家店”的卖家信用已达到五颗钻石，买家好评率为100.0%。他每天都要跑一趟邮局，发走若干个包裹，王小帮对网店的生意非常满意。他希望能把这个小店铺做得更好，让老婆和孩子生活得更加幸福。

王小帮一直都在努力追求让顾客买得物超所值，没有遗憾。相信在这个平台上，有许多和王小帮一样的卖家都在为自己的梦想打拼加油，一定要坚持走下去，走出自己的一片天地。

资料来源：迎商网 http://china.cycbiz.com/MessageNew5Files/2010-3-24/9610.htm

【思考与分析】

C2C 由于启动资金少、创业成本低等特点和优势，正吸引着包括大学生在内的众多人群搭上“电子商务”快车。据统计，截至 2009 年底，已经有超过 80 万人通过在淘宝开店实现了就业（国内第三方机构 IDC 统计），带动的物流、支付、营销等产业链上间接就业机会达到 228 万个（国际第三方机构 IDC 统计）。

艾瑞咨询最新统计数据显示，2011 年中国 C2C 网络购物市场上，超九成的交易来自淘宝集市（淘宝网 C2C 部分），其次是拍拍网，市场份额为 9.0%，如图 2-19 所示。

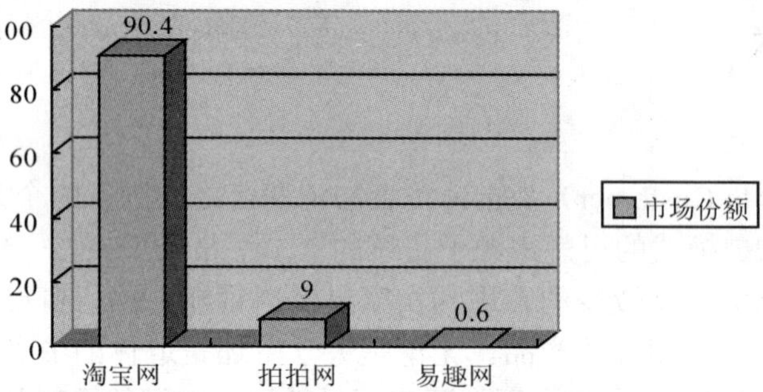

图 2-19　2011 年中国 C2C 网络购物市场份额

2. C2C 在我国的发展

- 1999 年，邵亦波创立易趣网，创中国 C2C 先河。
- 1999 年 8 月，易趣网正式上线。
- 2002 年 3 月，eBay 注资易趣网 3 000 万美元。
- 2003 年 5 月，阿里巴巴 4.5 亿元成立 C2C 网站淘宝网。
- 2003 年 7 月，eBay 斥资 1.5 亿美元全资收购易趣网。
- 2004 年 6 月，易趣网与美国 eBay 平台对接整合。
- 2005 年 9 月，腾讯推出拍拍网，2006 年 3 月 13 日运营。
- 2006 年 12 月，TOM 在线与 eBay 合资，更名为 TOM 易趣。
- 2008 年 5 月 5 日，易趣宣布任何用户只要在易趣开店，无论是普通店铺、高级店铺还是超级店铺，都将终身免费。

- 2008 年 10 月 8 日，淘宝总裁陆兆禧对外宣布，阿里集团未来 5 年将对淘宝投资 50 亿元，并将继续沿用免费政策。
- 2008 年 10 月 28 日，百度电子商务网站“有啊”正式上线。
- 2009 年 12 月，D 客商城正式上线，推动个性定制业发展。
- 2011 年 4 月，百度电子商务网站“有啊”宣布关闭 C2C 平台，转型提供生活服务。

3. C2C 电子商务实例

【例 2-5】

淘宝网的成功之道

截至 2009 年底，淘宝拥有注册会员 1.7 亿，交易额为 2 083 亿元人民币，2010 年则高达 4 000 亿元人民币，成为亚洲最大的网络零售商圈。在国内 C2C 的市场份额也达到了九成。淘宝网取得成功的秘诀是什么呢?

（1）免费优势

免费是短时间聚集人气的关键。特别是中国国内有易趣在前，淘宝网要想迎头赶上，别无他法。其次，网上开店已经成为一种新的创业模式，用免费的方式可以让更多网民乐于尝试。淘宝网从 2003 年 7 月成功推出之时，就以 3 年“免费”牌迅速打开中国 C2C 市场，并在短短 3 年时间内，打下半壁江山，替代 eBay 易趣登上中国 C2C 老大的交椅。2008 年 10 月 8 日，淘宝在新闻发布会上宣布继续免费。

（2）信用体系

① 淘宝网的实名认证。登录淘宝网，在“我的淘宝”中单击“实名认证”按钮，进入认证申请页面，会出现选择框“免费个人认证”和“免费商家认证”。填写所需资料，并提供在有效期内的证件和固定电话登记。一旦淘宝发现用户注册资料中主要内容是虚假的，淘宝可以随时终止与该用户的服务协议。

② 利用网络信息共享优势，建立公开透明的信用评价系统。淘宝网的信用评价系统的基本原则是：成功交易一笔买卖，双方对对方作一次信用评价。评价分为“好评”、“中评”、“差评”三类。“好评”加一分，“中评”不加分，“差评”扣一分。淘宝的声誉系统还分别统计了用户作为买家和卖家的好评率，使消费者一目了然，并将用户的信用度形象划分了 15 个等级，从最低级的 1 颗红心到最高级的 5 颗皇冠。

（3）第三方支付

为了解决 C2C 网站支付的难题，淘宝打造了“支付宝服务”技术平台。支付宝的推出，解决了买家对于先付钱而得不到所购买的产品或得到的是与卖家在网上的声明不一致的劣质产品的担忧；同时也解决了卖家对于先发货而得不到钱的担忧。支付宝运作的实质是以支付宝为信用中介，在买家确认收到商品前，由支付宝替买卖双方暂时保管货款的一种增值服务。

资料来源：中国台湾网，http://www.chinataiwan.org

【例 2-6】

新手在淘宝网开店的常见问题

（1）在淘宝上卖东西要收费吗？

答：目前在淘宝上认证完成后进行销售商品，本身是不收费的。但如参加淘宝的其他活动，需交纳一定的费用，例如开通淘宝旺铺、阿里网店、雅虎直通车等。

（2）我要怎么做才能开店铺？

答：您先要通过认证，然后单击“我要卖”按钮，成功发布上架 10 件以上商品，登录“我的淘宝”>>“我是卖家”>>“免费开店”，进行开店操作。操作完成后，就会立即拥有属于自己的淘宝店铺。

（3）一张身份证能开几家店？

答：只能申请开一家店铺。

（4）我还没有找到货源，可以开店吗？

答：对于新手来说，在没有货源的情况下，需要开店可以从自家的闲置物品开始着手。即不用操作过多的进货资金，又能把家里的闲置物品转换为钱，并且熟悉淘宝网开店流程，一举三得。

（5）我什么时候可以发货？

答：当买家拍下你的宝贝，并且付款后，你到已卖出的宝贝看到的交易状态是“买家已付款，等待卖家发货”，才可以给买家发货。

资料来源：根据淘宝大学相关案例整理

4．C2C 盈利模式分析

（1）会员费

会员费也就是会员制服务收费，是指 C2C 网站为会员提供网上店铺出租、公司认证、产品信息推荐等多种服务组合而收取的费用。由于提供的是多种服务的有效组合，比较能适应会员的需求，因此这种模式的收费比较稳定。费用第一年交纳，第二年到期时需要客户续费，续费后再进行下一年的服务，不续费的会员将恢复为免费会员，不再享受多种服务。

（2）交易提成

交易提成不论什么时候都是 C2C 网站的主要利润来源。因为 C2C 网站是一个交易平台，它为交易双方提供机会，就相当于现实生活中的交易所、大卖场，从交易中收取提成是其市场本性的体现。

（3）广告费

企业将网站上有价值的位置用于放置各类型广告，根据网站流量和网站人群特点标定广告位价格，然后再通过各种形式向客户出售。如果 C2C 网站具有充足的访问量和用户粘度，广告业务收入会非常大。

（4）搜索排名竞价

C2C 网站商品的丰富性决定了购买者搜索行为的频繁性。搜索的大量应用就决定了商品信息在搜索结果中排名的重要性，由此便引出了根据搜索关键字竞价的业务。用户可以为某关键字提出自己认为合适的价格，最终由出价最高者竞得，在有效时间内该用户的商品可获得竞得的排位。只有卖家认识到竞价为他们带来的潜在收益，才愿意花钱使用。

（5）支付环节收费

支付问题一向是制约电子商务发展的瓶颈，直到阿里巴巴推出了支付宝才在一定程度上促进了网上在线支付业务的开展。买家可以先把预付款通过网上银行打到支付公司的个人专用账户，待收到卖家发出的货物后，再通知支付公司把货款打到卖家账户，这样买家不用担心收不到货还要付款，卖家也不用担心发了货而收不到款。而支付公司就可以按成交额的一定比例收取手续费。

5．C2C 模式的发展趋势分析

从市场现状来看，C2C 购物往往存在信誉、质量和售后服务等诸多问题，这在一定程度上降低了用户的购物欲望。与此同时，B2C 却以另一种强有力的方式抢占市场。B2C 网上商城由于省去了更多中间环节，能真正做到既物美价廉，又有售后保障，迎合了消费者的网购需求并打消了顾虑，因此，逐渐呈现取代 C2C 的趋势。据艾瑞咨询最新的研究报告预测，2012 年 B2C 在中国总体网购交易额占比将超过 1/3。

从企业角度来说，随着网购的逐步发展与成熟，B2C 逐渐被各大企业所重视。以淘宝为例，淘宝商城众多企业的进驻、域名的独立及淘宝商城改名为“天猫”就可以发现 C2C 已经开始向 B2C 转型了。

从消费者角度来说，C2C 模式的发展让消费者对电子商务有了最初的认识。而如今的消费市场“淘便宜”已不是网购的唯一诉求，“淘品质”正在成为人们普遍的消费心态，B2C 模式则可能显得更加贴心。

事实上，无论 B2C 还是 C2C，只有提升用户体验，做到诚信经营，才能真正得到消费者认可。

四、B2G 模式

企业对政府（Business to Government）的电子商务指的是企业与政府机构之间通过互联网等现代信息技术手段进行的商务活动。政府与企业之间的各项事务都可以涵盖其中，包括政府采购、税收、商检、政策条例发布等，企业对政府的电子商务也是政府电子政务活动的一部分。例如，政府的采购清单可以通过互联网发布，通过网上竞价方式进行招标，企业也要通过电子的方式进行投标。目前这种方式仍处于初期的试验阶段，随着政府身体力行的推进电子商务的发展，这方面应用会迅速增长。政府可以通过这种方式树立政府形象，通过示范作用促进电子商务的发展。除此之外，政府还可以通过这类电子商务实施对企业的行政事务管理，如政府用电子商务方式发放进出口许可证，开展统计工作；在公司营业税和所得税的征收上，企业可以网上报税，政府对企业可以通过网络核实营业额和利润，通知税额和纳税期限，用电子资金转账方式来完成税款收缴。我国的金关工程就是通过政府与企业的电子商务，如发放进出口许可证，办理出口退税、电子报关等，建立我国以外贸为龙头的电子商务框架，并促进我国各类电子商务活动的开展。图 2-20 是中国政府采购网的首页。

政府在电子商务方面有两重角色：既是电子商务的使用者，进行购买活动，属商业行为，又是电子商务的宏观管理者，对电子商务起着扶持和规范的作用。在发达国家，发展电子商务主要依靠私营企业的参与和投资，政府只起引导作用。在发展中国家，则更需要政府的直接参与和帮助。与发达国家相比，发展中国家企业规模偏小，信息技术落后，资金不足或资金动员能力弱，政府的参与有助于引进和推广先进信息技术，提供一部分信息基础设施建设资金。

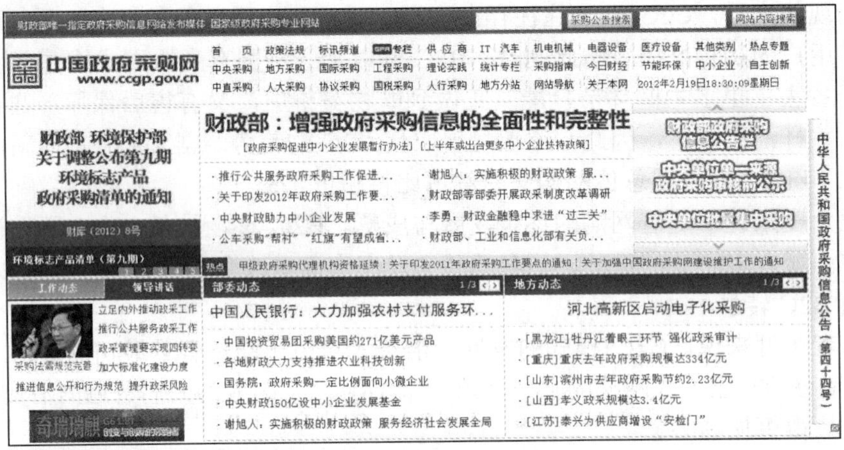

图 2-20　中国政府采购网首页

网上采购既是电子商务的重要形式，也是发展的必然趋势。相对传统采购来看，网上采购具有明显的优势：价格透明、效率高、竞争性强、节约成本等。目前，政府采购越来越受到国际和国内各级政府的关注，也在我国得到重视和大力推广。结合网上经济和政府采购的趋势来看，网上采购是政府采购的必然趋势，是当前政府采购值得大力推广的主要方式。

【例 2-7】

南京政府采购引入网上竞价机制，5 个月节约超一成

2011 年，江苏省南京市在政府采购中引入“网上竞价”机制。平台开通 5 个月间，9 类产品共成交 1 493 次，成交金额 1 814 万余元，节约预算成本 254 万余元，节约预算 12.29%。

政府采购协议供货的招标周期一般是 3 个月或半年。而市场上产品更新换代快，价格下降快。当市场价格下降，供应商还按中标价格供货，“政府采购的商品价格高”的情况往往由此产生。

2011 年 1 月 1 日，南京市财政局推出“协议供货网上竞价平台”，对计算机、相机、打印机等 9 类协议供货产品实施二次竞价。“核心就是引入价格竞争”，南京市财政局副巡视员钟浩介绍，网上竞价平台是在协议供货中标价格的基础上，由采购人在网上公布采购需求，供应商在网上参与竞价，在规定的时间和次数内，系统将默认报价最低的供应商为成交供应商，并推荐给采购人确认。

网上竞价分为单品牌比价、多品牌比价和多部门团购三种形式。三种方式中最主要的是多品牌比价，九类商品中有六类需要采取这种竞价方式，其原因一是保证充分竞争，二是规避单品牌潜在的价格同盟因素。

例如，南京雨花台区财政局采购 3 台计算机，引来了 7 家供应商前来竞价。经过 10 次报价，最后一家公司以 4 500 元 1 台的最低价胜出。3 台计算机的预算价为 14 637 元，而最后的成交价是 13 500 元，网上竞价节约了 1 100 多元。

网上竞价平台上，采购方在公布采购需求时，只公布商品名称、规格、售后服务要求以及供货时间等，无法公布单位名称、联系人姓名及电话等。而对于竞价的供应商来说，也只能发布自己报的价格等基本信息，不能公布企业名称、联系人和电话等。

资料来源：中国导航采购招标网，http://www.chinainfoseek.com/r/i3/50574.html

随着电子商务的发展，相信一定还会有一些新的模式出现，电子商务模式的深度和广度将会得到进一步拓展和提高。

思考与练习

一、简答题

1．简述电子商务的基本框架结构。

2．按照电子商务参与的主体进行划分，电子商务模式可分为哪几种？

3．企业间电子商务通用交易过程可以分哪几个阶段？

4．分析淘宝网得以迅速发展壮大的原因。

5．简述 B2C 的几种分类方法。

6．比较 B2B、B2C、C2C 的商业模式及其业务流程。

二、选择题

1．B2C 的中文意思是（　　）。

A．企业对消费者的电子商务　　B．企业对企业的电子商务

C．企业对政府的电子商务　　D．消费者对消费者的电子商务

2．B2B 电子商务包括（　　）等模式。

A．直接电子商务　　B．水平模式

C．间接电子商务　　D．垂直模式

3．在电子商务的四个“流”中，（　　）是指电子商务活动中商品所有权转移的过程。

A．信息流　　B．资金流　　C．物流　　D．商流

4．按参与交易的对象分类，网上商店属于哪一类？（　　）

A．B2G　　B．B2B　　C．B2C　　D．C2C

5．（　　）是电子商务的主流，大宗交易多属于这一类型。

A．B2G　　B．B2B　　C．B2C　　D．C2C

6．（　　）电子商务类似于零售业。

A．B2G　　B．B2B　　C．B2C　　D．C2C

7．认证中心是属于电子商务系统框架结构中的（　　）。

A．网络平台　　B．信息发布平台

C．电子商务平台　　D．电子商务应用

8．著名的阿里巴巴网站的类型是（　　）。

A．B2B　　B．C2C　　C．B2C　　D．B2G

9．（　　）属于电子商务系统的两大支柱。

A．技术标准和网络协议　　B．网络平台

C．基础设施　　D．国家政策及法律规范

技能训练

1．访问以下网站，判断它们的商务模式是哪一种？网站平台属于垂直型还是综合型？

（1）慧聪网（http://www.hc360.com）

（2）我的钢铁（http://www.mysteel.com）

（3）当当网（http://www.dangdang.com）

（4）新蛋网（http://www.newegg.com.cn）

（5）红孩子（http://www.redbaby.com.cn）

（6）中国制造网（http://www.made-in-china.com）

（7）中国服装网（http://www.efu.com.cn ）

（8）敦煌网（http://www.dhgate.com）

（9）麦包包（http://www.mbaobao.com）

（10）国美（http://www.gome.com.cn）

2．B2C 实训。浏览当当、卓越网和京东商城网站，了解它们各自的经营特色和购物流程。并尝试购买一本书，进行价格和服务比较后，可在其中某一网站上下订单进行购买，体验网上购物。

3．C2C 实训。如有条件，可鼓励学生在淘宝网开店，既可以熟悉电子商务经营的各个环节，增加经济收益，又可以培养学生的创业意识和能力。

具体内容如下。

（1）在淘宝网进行会员注册。

（2）使用淘宝网会员基本信息管理：会员资料修改、六大功能查询、商品类别查看。

（3）支付宝注册与网上银行开通：包括支付宝实名认证、数字证书下载。

（4）买家实训：进行购物尝试。

- ❑ 搜索与浏览宝贝。
- ❑ 联络卖家。
- ❑ 出价与付款。
- ❑ 收货与评价。

（5）卖家操作实训：在淘宝网上开一家店铺，熟悉卖家的操作流程。

- ❑ 开设店铺。
- ❑ 发布商品信息。
- ❑ 联络买家。
- ❑ 沟通工具。
- ❑ 发货操作。
- ❑ 利用支付宝提现。

【实训指导】

在淘宝集市免费开店只需完成以下几步就可以了。

① 注册淘宝账户。

② 进入“卖家中心”页面，单击“我要开店”或“免费开店”按钮，开始开店认证，点此查看详情。

③ 当“开店认证”显示已完成，完成“在线考试”和“完善店铺信息”便可以拥有自己的店铺了。开店认证包括支付宝实名认证及上传真实个人照片（身份信息认证）两部分。

④ 开店成功后，进入“卖家中心”，在左侧菜单栏“店铺管理”处即可看到“查看我的店铺”字样。

4．B2B 实训。访问阿里巴巴网站，了解阿里巴巴为中小型企业提供了哪些服务，并调查本地区在阿里巴巴注册的会员数量，以熟悉 B2B 模式在当地的应用水平。然后，联系本地区一家非阿里会员企业，进行如下操作。

（1）普通会员注册。

（2）了解诚信通的服务较普通会员具有哪些优势。

（3）尝试为该企业发布一条供求信息，包括：

- 完善联系信息。
- 发布公司介绍。
- 进行个人或企业实名认证。
- 发布信息。

【实训指导】

如何发布优质信息？

信息标题对买家来说很重要。标题是信息内容的核心浓缩，表述清晰并且包含关键信息的标题能让用户更容易掌握产品具体情况，从而引起买家更多的兴趣。

优质的信息标题包括以下三个方面。

① 信息标题要尽可能包含产品相关的关键字。

② 信息标题尽可能地传达产品信息，引起买家兴趣。

③ 信息标题包含诱惑点，如折扣信息。

如图 2-21 所示。

反面案例：供应端子 品牌：进口 型号：RV 应用范围：电缆
发布优质信息范例：JITE 杰特栅栏式接线端子 BTB651-02-M2 品牌：JITE 杰特 型号：BTB651-02-M2 应用范围：14-22AWG 种类：端子台 / 接线柱

图 2-21 发布产品信息的优质案例与反面案例

优质信息体现在以下几个方面。

- 突出了产品品牌。
- 描述了产品款式、具体型号及种类。
- 用户一目了然。

第三章　网络技术基础

学习目标

☑ 了解计算机网络的定义、功能。
☑ 了解 TCP/IP 协议，掌握 TCP/IP 协议的配置。
☑ 了解互联网的特点、接入方式及提供的服务等基本知识。
☑ 掌握互联网、内联网、外联网的含义和区别。

【导入案例】

摩尔定律说，一块半导体集成电路芯片上的晶体管数每隔 1.5 年到 2 年就要翻一番。这条规律过去 40 年来一直成立，而且业界普遍认为它会持续到 2020 年。除摩尔定律外，主导信息产业发展的另一个规律来自网络传输变化带来的影响。1996 年以来，互联网飞速发展对信息传播带来深远影响，目前形成了有关网络传输的新规律，即信息传播网络带宽每 9 个月增长一倍，主干网业务量半年左右翻一番，网上的信息每 100 天翻一番，业界一般称其为新摩尔定律。可以说技术变化是主导电子信息行业发展的关键力量。

网络遵循一个规则，这就是梅特卡夫法则：如果一个网络中有 n 个人，那么网络对每个人的价值与网络中其他人的数量成正比，这样网络对所有人的总价值与 $n\times(n-1)$成正比，这是网络价值的体现，更是电子商务生存和发展的基石。

【引言】

以“摩尔定律”、“梅特卡夫法则”等为强大引擎的互联网似乎大大加速了这个地球的转动速度，从微软到雅虎到阿里巴巴、百度再到 FACEBOOK、微博，每隔两三年这个领域总会发生一轮革命性的变化，而这些变化似乎又总在大多数人的意料之外。

电子商务的前提技术条件就是现代计算机技术、网络技术、通信技术等 IT 技术，现代信息技术和网络技术奠定了电子商务高速发展的基础，本章重点介绍了计算机网络技术、互联网技术。

第一节　计算机网络概述

随着计算机技术的迅猛发展，计算机的应用逐渐渗透到各个技术领域和整个社会生活的各个方面。社会信息化、数据的分布处理、各种计算机资源的共享等各种应用要求正推动计算机技术朝着群体化方向发展，促使当代的计算机技术和通信技术紧密结合。人们从不同的角度对这两个领域结合的产物——计算机网络有很大兴趣，并在不同程度上进行这方面的研究和试验。

计算机网络萌芽于20世纪60年代，20世纪70年代美国国防部高级研究计划局的网络ARPANET的出现，标志着计算机网络的兴起。20世纪80年代，计算机网络继续发展和逐步完善。20世纪90年代中期以后，随着PC机的迅速普及和受国际互联网兴起的影响，计算机网络得到了长足的发展。计算机网络发展速度远远超过我们的想象，其研究成果也早已进入了应用领域，其应用的最高成果Internet也进入了千家万户，取得了瞩目的成就，很大程度上改变了我们的工作与生活方式。

一、计算机网络的定义和功能

利用各种通信手段，遵循某种协议，把地理上分散的，能够以相互共享资源的方式有机地结合起来，而各自又具有独立功能的计算机系统的集合，称为计算机网络。

由计算机网络的定义可知，建立计算机网络的主要目的在于实现在计算机进行通信基础上的“资源共享”。所谓资源共享是指所有网内的用户均能享受网上计算机系统中的全部或部分资源，这些资源包括硬件、软件、数据资源等。

计算机网络具有如下几个方面的功能。

1．能够实现资源共享

例如，企业全套数据对于企业的员工而言是共享的，数据可能只有一套，但授权用户均可以浏览或修改数据；又如少数地点设置的数据库可供全网服务，一些具有特殊功能的计算机和外部设备可以面向全国，对外地送来的数据进行处理（应用本地软件或外地软件），然后将结果送回原地。还有一个资源共享的例子就是网站，凡是在Internet上的计算机都可以访问同一个网站。

2．进行数据信息的集中和综合处理

将地理上分散的生产单位或业务部门通过计算机网络实现联网，将分散在各地的计算机中的数据资料适时集中，综合处理。

3．能够提高计算机的可靠性及可用性

在单机使用的情况下，如没有备用机，则计算机或某一部件如有故障可能引起停机。

当计算机连成网络之后，各计算机可以通过网络互为后备，还可以在网络的一些结点上设置一定的备用设备，作为全网公用后备。另一方面当网中某一计算机的负担过重时，可将新的作业转给网中另一台较空闲的计算机去处理，从而减少用户的等待时间，均衡各计算机的负担。

4．能够进行分布处理

在计算机网络中，用户可以根据问题性质和要求选择网内最合适的资源来处理，以便能迅速而经济地解决问题。对于综合性的大型问题可以采用合适的算法，将任务分散到不同的计算机上进行分布处理。利用网络技术还可以将许多小型机或微型机连成具有高性能的计算机系统，使它具有解决复杂问题的能力。例如，20 世纪末美国一些大学的科学家采取穷举法，动用了网上上百台高性能计算机，花了 3 个月的时间，解开一组长达 57 个字符的密码。

5．节省软、硬件设备的开销

因为每一个用户都可以共享网中任意位置上的资源，所以网络设计者可以全面统一地考虑各工作站上的具体配置，从而达到用最低的开销获得最佳的效果。例如，远程工作站可以通过某些具有远程通信能力的工作站实现远程信息交换，而无须将每一个工作站都配上远程通信装置。又如，只为个别工作站配置的某些昂贵的软、硬件资源，其他工作站可以通过网络调用，而无须各工作站都配有齐全的软硬件和外设资源，从而可以使整个建网费用和网络功能的选择控制在最佳状态。

二、计算机网络的分类与拓扑结构

1．网络的分类

网络按照联网范围可以分为局域网（Local Area Network，LAN）、城域网（Metropolitan Area Network，MAN）和广域网（Wide Area Network，WAN），它们的应用范围和作用是不同的。

局域网的联网范围为几千米，一般适合办公大楼内或单位内部的联网。广域网的联网范围要大得多，它采用广域网互联技术，将位于不同城市甚至不同国家的计算机连接在一起，距离可以从数十千米到数万千米。

城域网是介于局域网和广域网之间的一种高速网络。城域网设计的目标是要满足几十千米范围内（一般局限在某个城市）的大量企业、机关、公司等多个局域网互联的需要，以实现大量用户之间的数据、语音、图形与视频等多种信息的传输。

广域网互联的形式主要有两种：一是局域网到局域网的连接，主要适合企业与企业之间或企业各分支机构之间的连接。二是单机到局域网的连接，适合分散用户访问企业的网络。常说的 Internet 是所有这些网络连接在一起的产物。从网络连接而言，它使用的也就是局域网和广域网技术（可以认为接入技术也是一种广域网技术），并利用 TCP/IP 协议将各个物理网络连接成一个单一的逻辑网络。因此，可以认为局域网和广域网技术是 Internet 网络的逻辑互联基础。

另一点需要说明的是，并不是说没有 Internet 就没有电子商务。事实上，在 Internet 蓬勃发展之前，就有很多跨国公司架设专线，将其在各地的分支机构连接在一起。公司之间则通过增值网使用电子数据交换（EDI）开展贸易活动。只是架设专线的费用极高，不是任何公司都能承受得起的，而且也没有考虑到面向消费者的问题。只是随着 Internet 的普及，才使得如此众多的小企业和消费者加入到电子商务的活动中来，从而构建出一个全球性电子商务的大环境。这也就是我们一说到电子商务，就想起 Internet 的原因。

2. 计算机网络的拓扑结构

计算机网络设计的第一步就是要解决在给定计算机位置及保证一定的网络响应时间、吞吐量和可靠性的条件下，通过选择适当的线路、线路容量、连接方式，使整个网络的结构合理，成本低廉。为了应付复杂的网络结构设计，人们引入了网络拓扑的概念。

拓扑学是几何学的一个分支，它是从图论演变过来的。拓扑学首先把实体抽象成与其大小、形状无关的点，将连接实体的线路抽象成线，进而研究点、线、面之间的关系。计算机网络拓扑是通过网中节点与通信线路之间的几何关系表示网络结构，反映出网络中各实体间的结构关系。拓扑设计是建设计算机网络的第一步，也是实现各种网络协议的基础，它对网络性能、系统可靠性与通信费用都有重大影响。计算机网络拓扑主要是指通信子网的拓扑构型。常见的网络拓扑结构如图 3-1 所示。

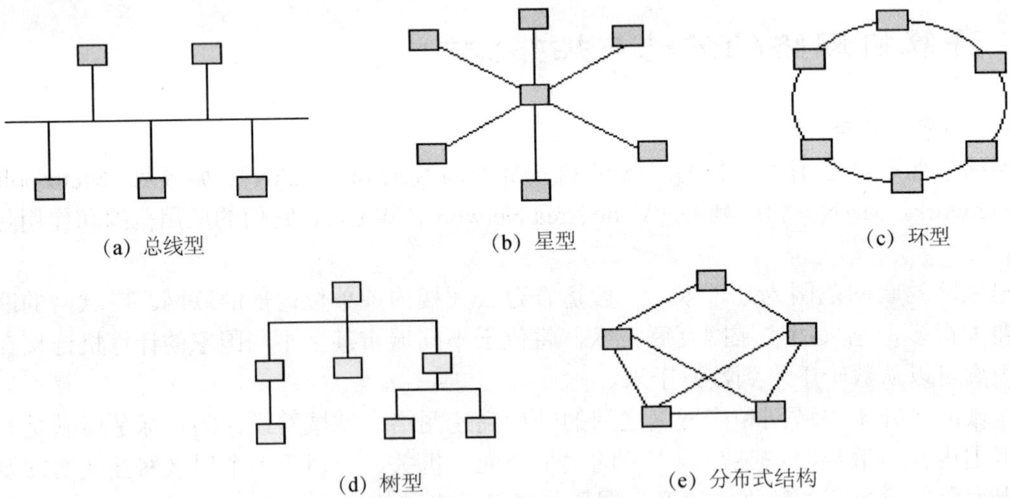

图 3-1 常见网络拓扑结构

（1）总线型拓扑

总线型拓扑结构中，各节点通过一个或多个通信线路与公共总线相连。总线型结构简单，扩展容易。网络中任何节点的故障都不会造成全网的故障，故可靠性较高，一般用于主干网。

（2）星型拓扑

在星型拓扑结构中，节点通过点到点通信线路与中心节点连接。中心节点控制全网的通信，任何两节点之间的通信都要通过中心节点，现实生活中最典型的星型结构就是一个城市的市话网。星型拓扑结构简单，易于实现，便于管理，但是网络的中心节点是全网可靠性的瓶颈，中心节点的故障可能造成全网瘫痪。

（3）环型拓扑

在环型拓扑结构中，节点通过点到点通信线路连接成闭合环路。环中数据沿一个方向逐站传送。环型拓扑结构简单，传输延时确定，但是环中每个节点与连接节点之间的通信线路都会成为网络可靠性的瓶颈。环中任何一个节点出现线路故障，都可能造成网络瘫痪。为保证环的正常工作，需要较复杂的环维护处理。环节点的加入和撤出过程都比较复杂。

（4）树型拓扑

在树型拓扑结构中，节点按层次进行连接，信息交换主要在上、下节点之间进行，相邻及同层节点之间一般不进行数据交换或数据交换量小。树型拓扑可以看成是星型拓扑的一种扩展，结构较星型复杂。

（5）分布式（网状型）拓扑

分布式拓扑的结构又称无规则型。在分布式拓扑结构中，节点之间的连接是任意的，没有规律。分布式拓扑的主要优点是系统可靠性高，但是结构复杂，必须采用路由选择算法与流量控制方法。目前实际存在与使用的广域网，一般都采用这种拓扑结构，典型的是Internet。

（6）混合型拓扑

根据具体需要，是上面几种拓扑结构的混合使用，一般网络多采用混合型结构。

上述几种结构中，星型和树型均采用集中控制方式，它们的主要缺点是可靠性差，主节点的故障会导致全网瘫痪。环型和总线型主要采用分布式控制方式。分布式结构一般用在远程网络中。如何确定网络的拓扑结构，这是网络设计中首先要考虑的问题，需根据应用场合、任务要求和经济承受能力等诸多因素综合分析确定。

三、TCP/IP 协议

在计算机网络中，处在两个不同地理位置的计算机上的两个进程相互通信需要通过交换信息来协调他们的动作，并达到同步。这就好比讲两种语言的人之间互相交流，如果他们听不懂对方的话，就必须讲第三种大家都能理解的语言。网络协议就好比是这个“第三种语言”。计算机之间信息的交换必须按照通信双方预先约定好的规则来进行，这些约定和规则称为协议（Protocol）。

计算机网络通信协议是为保证计算机通过网络互相通信的一套规则和约定。

常见的网络协议有 IPX/SPX 协议、NETBEUI 协议、TCP/IP 协议。目前用得最多、最广泛的是 TCP/IP 协议，它是 Internet 所采用的协议，所以这里着重介绍一下。

TCP/IP 协议是网际互联的通信协议，其目的在于通过它实现网际中异构网络或异种机之间的互相通信。TCP/IP 同样适用于在一个局域网中实现异种机的互联通信。TCP/IP 协议是目前最完整、最被普遍接受的通信协议，其中包含了许多通信标准，用来规范各计算机之间如何通信、网络如何连接等操作。

TCP/IP 不是一个协议，而是一个协议族的统称。里面包括了 IP 协议、IMCP 协议、TCP 协议，以及我们更加熟悉的 HTTP、FTP、POP3 协议等。计算机有了这些，就好像学会了外语一样，就可以和其他的计算机终端做自由的交流了。

TCP/IP 协议族按照层次由上到下，层层包装。最上面的就是应用层了，这里面有 HTTP、FTP 等我们熟悉的协议。而第二层则是传输层，著名的 TCP 和 UDP 协议就在这个层次。第三层是网络层，IP 协议就在这里，它负责对数据加上 IP 地址和其他数据，以确定传输的目标。第四层是叫数据链路层，这个层次为待传送的数据加入一个以太网协议头，并进行 CRC 编码，为最后的数据传输作准备。再往下则是硬件层次了，负责网络的传输，这个层次的定义包括网线的制式、网卡的定义等。

TCP/IP 协议所采用的通信方式是分组交换方式。所谓分组交换，简单说就是数据在传输时分成若干段，每个数据段称为一个数据包，TCP/IP 协议的基本传输单位是数据包，TCP/IP 协议在数据传输过程中主要完成以下功能。

（1）由 TCP 协议把数据分成若干数据包，给每个数据包写上序号，以便接收端把数据还原成原来的格式。

（2）IP 协议给每个数据包写上发送主机和接收主机的地址，一旦写上源地址和目的地址，数据包就可以在物理网上传送数据了。IP 协议还具有利用路由算法进行路由选择的功能。

（3）这些数据包可以通过不同的传输途径（路由）进行传输，由于路径不同，加上其他的原因，可能出现顺序颠倒、数据丢失、数据失真甚至重复的现象。这些问题都由 TCP 协议来处理，它具有检查和处理错误的功能，必要时还可以请求发送端重发。

四、局域网的组成

计算机网络由硬件系统和软件系统组成。

1. 网络硬件

组成局域网的网络硬件可分为四类：服务器、工作站、网络交换互联设备和外设。

（1）网络服务器

网络服务器是一台可被网络用户访问的计算机系统，它包括了可为网络用户提供服务的各种资源，并负责这些资源的管理，协调网络用户对这些资源的访问。服务器是局域网的核心，网络中可共享的资源大多集中在服务器中，如大容量磁盘、高速打印机、网络数据库等。通过服务器，局域网上的用户可以共享文件、共享数据库、共享外设等。

服务器可以是个人计算机，也可以是工作站或小型计算机。由于服务器是为网络上的所有用户服务的，在同一时刻可能有多个用户同时访问服务器，因此充当服务器的计算机应具有较高的性能，包括较快的速度、较大的内存、较大容量的硬盘等、目前许多计算机生产厂家干脆就把可作网络服务器的计算机称为网络服务器。

按照提供的服务不同，可把服务器分为文件服务器、打印服务器、邮件服务器、数据库服务器、通信服务器、视频服务器等。

服务器可以是一个单纯的文件服务器，或一个单纯的打印机服务器、邮件服务器等，也可以是提供多种服务的综合服务器，或提供几乎所有服务的服务器。服务器可以是专用的（只作为网络服务器），也可以是并发的（即作为网络服务器，又作为网络工作站）。在局域网上，最常用的服务器是文件服务器。

（2）网络工作站

网络工作站是指能使用户在网络环境上进行工作的计算机系统。网络工作站现在经常被称为客户机。在局域网上，一般都是采用微型机作为网络工作站，如 IBM 的 PC 系列微机，APPLE 公司的系列微机等，终端也可以用作网络工作站，但微型机可能更好。因为微型机除了可在网络上工作外，还可以不依赖于网络单独工作，并且还可以对其功能、配置等进行扩展，而终端只能在网络上工作，而且不具备更大的扩展余地。另外，终端运行的操作系统一般是 UNIX 或 Linux 等字符操作系统，与 Windows 系列不兼容，所以终端一般用于金融、科研等专用部门。

网络工作站同一般所说的工程工作站在概念和功能上具有较大的区别。平常所说的工作站，如 SUN 工作站、SGI 工作站等是指专门用于某一项工作的工作站，如用于 CAD 设计、图形设计与创作等，这些工作站一般称为工程工作站。工程工作站一般具有较高的性能，大多采用 RISC 技术。工程工作站也可以在网络环境下工作，可作为网络服务器，也可作为网络工作站。网络工作站则泛指供用户在网络环境下工作的、可为用户操作使用网络服务的所有计算机。在网络概念中，工作站指的是网络工作站。

网络工作站的作用就是让用户在网络环境下工作，并运行由网络上文件服务器提供的各种应用软件。在局域网上，服务器一般只存放共享数据或文件，而对这些信息或文件的运行和处理则是由工作站来完成的。通过网络工作站，用户可以把一个文件存放到网络服务器的硬盘上，也可以将其存放到本地工作站的硬盘或软盘上。可以把一个文件用工作站上的打印机打印出来，也可以用服务器上的打印机打印出来。

（3）网络交换互联设备

当要把两台或多台计算机连成局域网时，不仅需要一条电缆，还需要为每一台计算机配上一块网络接口卡（简称为“网卡”），将计算机与电缆连接在一起。根据不同的联网需要，有些场合可能还需要交换机、网桥、路由器、调制解调器等。

① 网络传输介质。主要用于网络接口卡之间的连接，进而作为不同计算机之间通信的数据传输通道。局域网常用的电缆或传输介质有同轴电缆和双绞线。随着光缆价格的下降，光缆正被越来越多地用于局域网，另一种目前使用较多的传输介质是无线电波。

② 网络接口卡（网卡）。网络接口卡用于将计算机同电缆线连接起来，并通过电缆线在计算机之间进行高速数据传输，因此需要为每一台联网的计算机装上一块网卡。网卡一般插在计算机主机的扩展槽内。网卡的种类很多，它们使用不同的传输介质，采用不同的网络协议。显然两个可以互相通信的计算机的网卡应采用相同的协议。

数据的传输速率是计算机网络的一个重要的性能指标。局域网的数据传输速度主要依赖于采用什么样的传输介质（电缆）、网卡的性能，以及计算机的性能。目前局域网典型的数据传输速度为10～1 000Mbps。

③ 调制解调器（Modem）。俗称“猫”，是计算机电话上网所必需的设备。通过电话线在相互通信的计算机的两端连接调制解调器，发送数据的一方将数字信号加载到模拟信号中（这一过程叫调制），接收数据的一方从接收到的模拟信号中分离出数字信号（这一过程叫解调）。在通信的两端都应具备调制和解调的功能，以便既能发送也能接收数据。按照与计算机的连接方式，调制解调器可分为外置式和内置式两种。外置式调制解调器从机体角度讲，它与计算机是互相独立的，通过外线与计算机的 COM 端口和电话线连接。内置式调制解调器被安装在计算机的扩展槽内，不占用物理 COM 端口。

④ 交换机。是一个中心控制点，将需要连网的计算机都通过网卡、电缆线等与之相连在一起组成局域网。

使用交换机的好处在于：一是通过交换机可以对网络上的每一个工作站和服务器进行集中管理，对整个网络进行管理。二是可以像布置电话线一样布置网络电缆线，因此电话交换系统和网络系统可以按相同的方法同时进行布线施工，交换机一般有 8、16 或 24 个端口，每个端口可以和计算机或其他交换机连接，交换机之间也可以进行互联以扩大网络规模。

⑤ 网桥（Bridge）。能对不同类型的局域网实行桥接，实现互相通信，但又能有效地阻止各自网内的通信不会流到别的网络。网桥有时也用在同一网络内，可以隔离不同的网段，把不需要越出网段的通信限制在段内，避免网络传输的负担过重。

⑥ 路由器（Router）。通常是一台专用设备或者就是一台计算机，在其上面可运行能识别各种网络协议及能选择合适路由的软件。路由器可以在复杂网络中为网络数据的传输自动进行通信线路的选择，在网络节点之间对通信信息进行存储转发。路由器是互联网的关键设备。

（4）外部设备

建立网络的目的之一是共享资源。资源分为硬件资源和软件资源，外设属于可被网络用户共享的、常用的硬件资源。通常情况下，共享资源一般是一些大型的、昂贵的外部设备，如大型激光打印机、绘图设备、大容量存储系统等。

2．网络软件

网络软件包括网络操作系统、网络应用软件和防火墙。

我们已经知道，计算机系统是在计算机软件的控制下进行工作的。同样，网络也是在网络软件控制下工作的。网络软件是一种在网络环境下使用和运行或者控制和管理网络工作的计算机软件。一般来说，网络软件是一个软件包，它包括供服务器使用的网络软件和供工作站使用的网络软件两个部分，每一部分都包括几个程序。互相通信的计算机必须遵守共同的协议，因此网络软件必须实现网络协议，并在协议的基础上提供网络功能。

根据网络软件的作用和功能，可把网络软件分为网络系统软件和网络应用软件。网络系统软件是控制和管理网络运行及网络资源使用的网络软件，它为用户提供了访问网络和操作网络的人机接口。网络应用软件是指为某一个应用目的而开发的网络软件。

网络软件中最主要的是网络系统软件，在网络系统软件中最重要的是网络操作系统，网络操作系统往往决定了网络的性能、功能、类型等。计算机系统的运行需要操作系统的控制和管理，如DOS、Windows、UNIX、OS/2等，网络系统的运行也需要网络操作系统。局域网上有很多种网络操作系统，目前使用最广泛的网络操作系统主要有Microsoft公司的Windows 2000、Novell公司的Netware、Banyan公司的Vines，以及UNIX、Linux等。Windows 2000的最大特点是方便，UNIX的最大特点是封闭和安全，Linux和UNIX类似，但是它们是免费的。

局域网上的网络操作系统主要用于控制文件服务器的运行，并且能够使用户很容易地使用网络资源。它管理服务器的安全性，并为网络管理员提供管理网络的工具，以便控制和管理用户对网络的访问，管理磁盘上的文件等。网络操作系统可用来控制用户可以访问哪一个文件，以及用户如何访问文件。例如，一个用户要使用字处理文件，但他只能读取文件而不能修改文件，而另一个用户则即可以读取也能够修改文件。

在大多数情况下，网络操作系统是工作站或服务器操作系统功能的扩展，这样用户就可以使用与普通计算机相同的操作方法在网络上检索、存储和打印文件，这种扩展也使得工作站或服务器上的某些功能的效率更高。

防火墙是在局域网和互联网之间构筑的一道屏障，它是在内外有别及在需要区分处设置有条件的隔离设备和软件，用以保护局域网中的信息、资源等不受来自互联网中非法用户的侵犯。需要指出的是，其他防火墙如病毒防火墙、邮件防火墙等与网络防火墙不是一回事。

第二节 互联网简介

一、互联网的产生与发展

互联网（Internet）又叫国际互联网。它是当今世界上规模最大、信息资源最丰富、由成千上万个网络及上百万台计算机相互连接而成的开放的全球计算机网络，是全球最大的具有提供信息资源查询和共享的信息超级市场，是网络的网络。互联网采用层次网络结构，最高层为主干网，由超大型计算机利用专用线路直接连接，覆盖多个国家；次级网为区域网，覆盖整个国家或者大城市，连接该国家或城市的主要节点；最低级网是单位内部网络，一般通过一定线路接入互联网。

互联网是由美国 ARPANET 发展、演变而成的。1969 年，美国国防部资助了一个有关广域网的项目，美国国防部的高级研究规划署为军用目的而建立了一个试验性网络，被命名为 ARPANET。最初的 ARPANET 网仅连接了美国四所大学的计算机，用于演示分散在广域地区内的计算机构成网络的灵活性。当时，美国国防部高级研究规划署的一个主要目标是研究用于军事的分布式计算机网络即便受到敌人的攻击，一个或多个网络站点被破坏，其他站点间的连接仍是可靠的，网络仍能正常工作。

1976 年，该网的节点发展到 57 个，连接不同类型的计算机 100 多台，联网用户达 2 000 多个。ARPANET 研究的一个主要成果，就是形成今日互联网基础的 TCP/IP 协议。在 20 世纪 70 年代，TCP/IP 成为 ARPANET 的标准网络协议。20 世纪 80 年代后期，美国国家科学基金会 NSF 建立美国国家科学基金网 NSFNET，提供巨资建造了全美五大超级计算机中心，使世界上最快的计算机能够用于学术研究。为了使用户可以共享这些资源，NSF 决定先在全国建立按地区划分的计算机广域网，把全美的研究人员和五个巨型计算机中心连接在一起，随后又把连接大学和学术团体的中等规模的地区性网络与全国学术网连接起来，于是 NSFNET 成为美国国内最主要的学术研究网络。NSFNET 也是基于 ARPANET 的 TCP/IP 协议的网络。NSFNET 成为新的互联网的主干，这个互联网包含了全美大部分基于 TCP/IP 的网络。随着局域网的发展，很多国家的局域网接入该网，使其得到了迅速的发展，从而形成了互联网。1993 年 9 月，美国宣布了国家信息基础设施建设计划，被形象地称为“信息高速公路”。

我国与互联网的连接是从电子邮件系统开始的。1987 年，北京计算机应用技术研究所正式建成我国第一个电子邮件系统。1990 年正式向国际互联网网管中心登记注册了我国的一级域名“cn”，从而开通了使用中国自己域名的互联网电子邮件。随着学术机构、商业机构和个人用户上网数量的增多，特别是商业界的积极加入，互联网也由科学研究网向商业化发展，它将成为与公众的日常生活息息相关的一部分，也将成为信息高速公路的重要组成部分。互联网是人类进入信息时代的主要标志之一。

二、互联网的特点

互联网是一个知识、信息的海洋，存储着人们所需要的各种信息资源，同时互联网有使用方便、通信快捷、价格低廉、功能齐备、服务灵活等优点，这使得互联网在短时间内有较大的发展。

1. 全球信息传播

环球通信是互联网的一个最基本的特点，互联网是全球信息传播覆盖范围最大的传播方式。

2. 检索方便快捷

与一般媒体相比，互联网上的信息检索更为方便快捷，信息更新更快，传输也更为迅速。通过一般门户网站的搜索引擎，可以很快查询到与某个（当然也可以是几个）关键字相关的所有信息。

3. 多媒体信息通信

互联网已经把网络通信和多媒体技术融为一体，实现了文本、声音、图像、动画、电影等信息的传输和应用。这些技术的应用为互联网的发展提供了强大的动力，如网上视频点播、远程教育等。

4. 使用费用低廉

随着人们生活水平的不断提高，互联网的使用费用已经使众多普通人能够承担，而且在某些方面互联网的费用比其他方式更为廉价。例如，电子邮件明显比通过邮局邮信便宜得多。

5. 信息资源丰富

互联网网络中有极为丰富的信息资源，且多数信息是可免费查阅的，如许多国内外的图书资料、电子公告板信息、商业信息等。正是这种丰富的资源，方便了人们的生活、学习和工作。

三、互联网的接入方式

提到互联网的接入方式，不能不提到互联网服务提供商（Internet Service Provider，ISP），指为互联网用户提供互联网接入服务及相关技术支持的公司，是广大用户进入互联网的入口和桥梁。它们一般都具有和互联网快速连接的计算机系统和良好的服务配套系统。目前我国最大的 ISP 是中国电信，此外还有一些较大的 ISP，如联通、网通、铁通等。

互联网服务提供商包括互联网内容提供商（ICP）和互联网接入服务商（IAP）。互联网内容提供商提供内容服务，如网页制作、门户网站建设等。互联网的接入技术很多，从用户的角度出发，大致有以下几种接入方式。

1．普通电话拨号上网

这是目前最普遍的上网方式，用户只要有一部普通电话，再加上一个调制解调器（猫），就可以实现拨号上网。其基本原理是将数字信息通过调制解调器转为模拟信号，然后通过电话线进行传输，接收方再通过调制解调器将模拟信号转为数字信号，从而完成数据通信的过程。上网速度理论上可以达到 36.6（上传）～56（下载）KB/s，但由于在互联网服务商这一方采用共享方式上网，实际上达不到这个速度。该上网方式，具有设备简单、覆盖面广的优点，但也有上网速度较慢、易受电话线路通信质量的影响的缺点。

2．ADSL 上网

ADSL（Asymmetric Digital Subscriber Line）是不对称数字用户环路的简称，是目前电信系统普遍采用的宽带接入服务。它是利用现有的市话铜线进行数据信号传输的一种技术，下行速率在 2～9MB/s 之间，上行速率在 640KB/s～1MB/s 之间，终端设备主要是一个 ADSL 调制解调器。ADSL 的基本原理是将传统电话线没有充分利用的带宽充分利用起来，传统电话线仅使用 4K 的带宽。利用该方式上网，可以同时实现网络连接与语音通信，即使 ADSL 出现设备故障也不影响普通电话业务。目前我国电信系统基本都开通了这项服务。ADSL 适用于人口密度大、高层建筑多、网络节点密集的地段，具有系统结构简单、使用维护方便、性能价格比高的特点。

3．DDN 上网

DDN（Digital Data Network）就是数字数据网，是利用数字信道来传输数据信号的数字数据网。目前全国各地的电信系统都普遍开通了这项服务。DDN 利用数字信道提供半永久性连接线路以连入互联网，它利用一种全透明、全数字、优质的传输介质，其传输速率范围为 64 KB/s～2MB/s。DDN 提供独享上网方式，缺点是目前费用昂贵，除了基本费以外，还根据上网流量计费，所以 DDN 目前主要是一些特殊单位使用。

4．有线电视电缆上网

传统的有线电视网只能实现单向传输，经过改造后可以实现双向传输。终端设备是一个电缆调制解调器，它是利用有线电视网作为接入网的接入设备。有线电视电缆传输速率下行最高可达 36MB/s，上行最高可达 10MB/s。目前我国有许多地区的有线电视网也试开通了这项服务。有线电视电缆上网在我国具有广阔的前景，因为我国有线电视网十分普及，而且上网可以不占用电话线路，并且可以和数字式家电紧密集成。

5．光纤上网

光纤是一种直径为 50～100μm 的特殊传输介质，一般由石英玻璃或塑料制成，外裹一层折射率较低的材料，多根光纤连在一起，就组成了光缆。光纤通信网才是真正意义上的宽带网，传输速度最快，单根光纤的传输速度可以达到 100MB/s～10GB/s，而且相当稳定。

唯一缺点就是价格较高。

6. 无线接入

无线接入技术分为两种。

一种是固定接入方式，如微波、卫星和短波等。微波接入的典型方式是建立卫星地面站，租用通信卫星的信道与上级 ISP 通信，其单路最高速率为 27KB/s，可多路复用。其优点是不受地域的限制。卫星通信传输技术是利用卫星通信的多址传输方式，为全球用户提供大跨度、大范围、远距离的数据通信。与微波接入技术类似，利用专用的短波设备也可以接入互联网，且接入速率和距离都较理想。由于短波有绕射力，因此这种技术适用于在城市及市郊做中远距离联网。此外，小范围计算机无线接入可以通过无线网卡实现。

另一种是移动接入方式。利用手机上网除了可以进行网页浏览、收发电子邮件等常规互联网服务外，还可以发送短信息、下载铃声、下载屏保等，传输速率约几十 K 到数百 K 之间。目前移动通信技术发展很快，从最早的 GSM 发展到 GPRS 和 CDMA，再到今天的 3G。截至 2011 年 12 月底，中国手机网民规模达到 3.56 亿。未来，创新应用将是推动手机网民规模增长的主要力量。随着智能手机的普及，庞大的智能手机网民规模为移动互联网应用的爆发提供了基础，各大互联网服务商也开始纷纷布局移动互联网，而激烈的竞争必将催生能够满足细分人群需求的创新应用，并进一步推动手机网民进入下一轮高速增长周期。

7. 局域网共享上网

局域网连入互联网的方式非常普遍，基本原理是通过局域网上的服务器共享上网，也就是说局域网上的任何一台计算机经过授权后都可以经由服务器共享上网，当然服务器必须安装相应的代理服务器软件或进行相关设置。例如，校园网通过光纤连入互联网，而学校内部的计算机可以共享这根光纤上网。光纤局域网内的传输速率范围为 10～100MB/s。

共享上网的速度取决于服务器的带宽和局域网内同时上网计算机的数据流量大小等诸多因素。共享上网是一种间接上网方式，对于服务器的上网方式并没有严格的限制，ADSL、DDN 专线、光纤上网等都可以。共享上网的一个最大好处是充分利用了服务器的网络带宽，并且容易管理，此外还可以节省宝贵的 IP 地址资源，特别适合广大企事业单位、政府部门、高校等使用。

8. 电源线上网

日本、瑞士、韩国等国家已经研制成功电线上网的解决方案。而在中国，福建省电力试验研究院研制成功的“10Mbps 调整电力调制解调器”填补了我国在这一领域的空白。电源线上网是一种全新的“宽带”上网方式，目前我国部分地区已经开始试点。电线上网的技术，实际上就是计算机通过专门的调制解调器上网。每一栋居民楼中都有一个转换装置，将互联网信号转换成电线的信号，住在这栋楼的所有居民，只要有电源插座的地方都可以上网。

四、互联网提供的服务

互联网是世界上最大的信息库，如果没有互联网提供的便利服务，要想查询和利用所需要的信息简直是无法想象的。互联网可以提供以下主要的服务功能。

1. 文件传输（File Transfer Protocol，FTP）

文件传输是指用户从一个地点向另一个地点传送文件。用户可以把自己的文件传送到远程计算机上，也可以从远程计算机上取得自己所需要的文件。这种服务使用的协议是文件传输协议，所以该服务通常被称为 FTP 服务。

FTP 是一种客户机/服务器结构，既需要客户机软件，也需要服务器软件。FTP 客户机程序在用户计算机上执行，服务器程序在远程服务器执行。用户启动 FTP 客户机程序，通过输入用户名和密码，试图同远程主机上的 FTP 服务器建立连接，一旦成功，在互联网上用户计算机和宿主计算机之间就建立起一条命令链路（控制链路）。用户通过它向 FTP 服务器发送命令，如进行文件查找、下载（Download）或上传（Upload）等，FTP 服务器则返回每条命令执行后的状态信息。

通过 FTP，可以进行任何文字和非文字信息的双向传输。非文字信息包括程序、图像、声音、动画等文件。用 FTP 传输文件，用户必须进行系统注册，提交用户名（Username）和密码（Password），这种访问方式可以使用户向远程计算机上传文件或从远程计算机上下载文件。在大多数情况下，用户用 FTP 把文件从远程计算机中复制到自己的计算机中，这个过程叫做“下载”；同样用户也可以把文件从自己的计算机传送给远程计算机，这叫做“上传”，如当网页制作完毕后，将网页文件上传到远程的虚拟主机上去。如果有必要，FTP 也允许用户把文件从一远程主机传送到另一远程主机。FTP 的软件也有很多，比较著名的有 Cuteftp、Leapftp 等。

互联网上有一部分 FTP 服务器被标为“匿名 FTP 服务器”，这类服务器用于向公众提供文件拷贝服务，因此不要求用户事先在该服务器进行登记。与这类“匿名 FTP 服务器建立连接时，一般在“用户名”栏填入“anonymous”即可。

由于许多软件可以用网页方式下载，因此 FTP 下载软件使用范围日趋缩小，但是 FTP 的一个重要功能是上传网页。

2. 远程登录

远程登录（Telnet）是互联网上一台计算机连接到另一台远程计算机并运行其系统的程序。利用该功能用户可以把自己所使用的计算机变成某一远程主机的终端，使用远程计算机来完成一些工作。如使用远程计算机上对外开放的资源，使用远程主机的软件为自己服务，也可以查询数据库、检索资料或利用远程计算机完成大量的工作。尤其重要的是，互联网上 Unix 操作系统一些应用工具本身也是通过 Telnet 来访问的，如 BBS、Archie 等。有了 Telnet 之后，用户不必局限在固定的地点和特定的计算机上工作，通过网络随时可以使用任何地方的任何联网计算机，因此 Telnet 是互联网上重要的功能。

Telnet 是计算机与远程主机之间的一种有效的连接手段，它的功能是把用户正在使用的终端或计算机变成某“远程主机的仿真远程终端”。Telnet 协议是 TCP/IP 通信协议中的终端机协议。利用 Telnet，用户可以通过自己正在使用的计算机与其登录的远程主机相连，进而使用该主机上的多种资源，这些资源包括该主机的硬件资源、软件资源以及数据库资源。

近年来，随着互联网技术特别是浏览器的出现，许多远程登录的功能可以借助浏览器来完成，因此远程登录目前一般是一些专业人士使用。我们要了解远程登录的方法是访问一些大学的 BBS。以 Windows 7 为例（需要在控制面板中打开程序界面中的 Windows 功能窗口，然后选中“Telnet”复选框，打开 Telnet 功能），用鼠标单击“开始”按钮，在搜索栏内运行命令：

telnet bbs.tsinghua.edu.cn （清华大学 BBS）

telnet bbs.pku.edu.cn （北京大学 BBS）

3．电子邮件服务

电子邮件（Electronic Mail，E-mail）是用户或用户组之间通过计算机网络收发信息的服务。电子邮件服务是目前互联网上最基本的服务项目，也是使用最广泛的功能之一。互联网用户都可以申请一个自己的电子信箱，通过电子邮件来实现远距离的快速通信和传送信息资料。使用电子邮件通信具有简便、快捷、经济、联络范围广的特点，不仅可以传送文本信息（发送、接收信件），还可以传送图像、声音等各种多媒体文件。通过它用户能够快速而方便地收发各类信息，如公文文件、私人信函和各种计算机文档等，因此电子邮件成为互联网上使用频率最高的一种服务。有趣的是，电子邮件被广泛使用，也使它成为互联网病毒传播的主要途径。

电子邮件有两种工作方式。第一种工作方式是在网页方式下收发邮件，基本方法是登录到某一个邮件网址，输入用户名和密码，就可以收发邮件了。目前，有许多网站开通了这项服务，如雅虎、搜狐、新浪、网易等。采用该种方式简单，并且许多网站是免费服务。但是可靠性略差，而且有很多广告。

第二种方式是采用 SMTP 服务器发送邮件，并采用 POP 服务器接收邮件。SMTP 服务器是在信件发送时，电子邮件客户程序所要连接的系统，它的任务是将待发送的邮件转移到接收者的 POP 服务器上，该服务器将信息存储并转发给接收者。当用户检查所接收到的电子邮件时，用户的电子邮件客户程序登录到 POP 服务器上，并请求查看存放在邮箱中的信件。SMTP 和 POP 服务都很简单而且可靠。

采用这种方式，一般要向 ISP 申请一个 E-mal 地址，得到账号、密码、邮件服务器地址等相关信息，并且需要通过专门的电子邮件软件才能收发邮件，最典型的是微软公司的 Outlook Express。

4. 万维网服务

WWW（World Wide Web）称为万维网或环球信息网。它基于超文本传输协议（HTTP）、利用超文本标记语言（HTML）把各种类型的信息（图形、图像、文本、动画等）有机地集成起来，供用户查询使用，使互联网具备了支持多媒体应用的功能。在 WWW 出现以前，使用互联网需要掌握计算机语言和比较复杂的软件，而通过浏览器访问 WWW 仅需要少量的计算机知识和使用经验，使非计算机专业人员也能上网，WWW 提供了一种非常易于使用的友好界面。用浏览器软件（如 Internet Explore、Netscape 等）还可以访问 FTP、News、E-mail 等过去要用不同的客户程序才能访问的信息资源，它统一了整个互联网的应用功能，使之变成一个超媒体的信息资源的集合，从而实现了广泛而有效的信息检索。WWW 的出现也淘汰了以往的许多复杂的互联网应用，如 Archie、Gopher 等。

WWW 最初是由位于瑞士日内瓦的欧洲粒子物理实验室的蒂姆·伯纳斯·李（Tim Berners-Lee）等人于 1989 年开发的，其目的是方便研究人员查询信息。1991 年，万维网在互联网上首次露面便立即引起轰动，并迅速得到推广和应用。WWW 已经成为互联网的主要应用之一，目前在网上的计算机绝大多数都是以 WWW 浏览和查询信息的。

在万维网上，用户使用称为统一资源定位器 URL（Uniform Resource Locator）的命名约定。URL 由名称和缩略语构成，它至少包括两个部分，最多包括四个部分。一个简单的两部分 URL 的前一部分表示互联网访问的资源所采用的协议名称，后一部分表示资源位置。它的格式如下。

通信协议（Protocol）：//主机名或 IP 地址/路径/文件名，如：

http://www.cctv.com/default.shtml　　（中央电视台）

ftp://ftp.isi.edu　　（美国南加州大学的 FTP 服务器）

通信协议是指用哪种互联网通信协议来连接服务器，常用的有 HTTP、FTP、Telnet、News（代表访问网络新闻服务器）、File（访问本机文件）等。冒号后的双斜杠是分隔符，表示紧挨着的是一个服务器域名，以便和后面表示目录结构的单斜杠符相区别，双斜杠和单斜杠之间的部分是服务器的主机名或 IP 地址。服务器的主机名是指代表互联网服务器地址的域名（Domain Name）。单斜杠后面是信息资源在服务器上的存放路径和文件名，也就是主页或文件在互联网服务器上的位置与名称。在缺省的条件下服务器就会给浏览器返回一个缺省的文件。

在万维网上看到的文件大多数是用超文本标记语言编写而成，文件的扩展名为 htm 或者 html。超文本是一种描述信息的方法，其中文本中的被选词可以在任何时候被扩展，以提供该词所关联的其他信息，即把这些词“链接”到其他文献上，这些文献可能是以文本、图片或其他形式提供的。所谓超文本技术，简单地说就是在一篇文档中的某些词组或图片暗藏着与其他文档的联系，用户用鼠标单击这些词组或图片就能够简单而迅速地找到相关文档，并把它调来阅读或作其他处理。在 Web 中，一篇文档所关联到的别的文档可以是放置在世界各地的其他计算机内，用户全然不必关心这些文档实际放置的地点。在过去几年中，随着万维网的发展，超媒体应运而生。超媒体是指具有非文本连接特性，以超文本方式组织的对交互式多媒体系统的控制。虽然超媒体服务的运作原理可能不太容易理解，但它的可视化及展现信息的能力却极富吸引力。正由于这个原因，WWW 已经成为一种极其流行的互联网服务。

5. 电子公告牌（论坛）

BBS（Bulletin Board System）即电子公告牌系统，或称电子布告栏系统，我国一般也称为论坛。世界上第一个电子公告牌系统是 Ward Christensen 于 1978 年在芝加哥开发的。互联网上的 BBS 硬件一般是用 Unix 工作站，再配置 BBS 服务软件。用户只要通过浏览器或 Telnet 登录到远程主机内的 BBS，即可使用该电子公告牌系统。大多数 BBS 站点每天定时与其他站点交换信息，以便更多地为各地用户提供服务。国外有的 BBS 站点还可到其他 BBS 站点上访问。

电子公告牌系统具有经验交流、信息交流、问题解答、电子邮件等功能。一般 BBS 都有各自的主题或兴趣领域，而且是由个人或组织来管理和维护的。我国的 BBS 系统都具有中文能力。BBS 是一种休闲性信息服务系统，并兼顾娱乐性、知识性、教育性等特色。一般既兼顾园区服务，也接纳互联网上的用户。不同的互联网 BBS 站点服务内容差异很大，因为站点成立宗旨与服务对象不同，所以各具特色。

讨论区是 BBS 的最主要功能之一，包括各类学术专题讨论区、疑难问题解答区和闲聊冲浪区等各种领域的讨论主题。目前国内的 BBS 站点上常设有数十个各具特色的分类讨论组，如站内管理、网络资源、学术科学、人文社会、经济杂谈、用户闲聊、软件讨论、硬件讨论、互联网技术探讨、计算机游戏讨论，以及校园信息、体育健身、休闲娱乐等，用户可以选择适合自己的主题并参与讨论。

从电子商务的角度出发，BBS 是企业与客户交流的最好的渠道之一，可以在网上和客户加强交流，解决问题，吸引客户。

6. 信息查询及其他服务

互联网提供了非常强大的信息查询服务功能，在网络中利用许多查询工具以实现信息查询。

由于汉字的特点，增加了搜索引擎搜索的难度，如“南京市——长江大桥”我们也可以将其读成“南京——市长——江大桥”。根据搜索引擎的原理，可以将搜索引擎分为以下三种。

（1）纯技术型的全文检索搜索引擎

如 Google、Baidu、AltaVista、Inktomi 等，其原理是通过机器手（即 Spider 程序）到各个网站收集、存储信息，并建立索引数据库供用户查询。需要说明的是，这些信息并不是搜索引擎即时从互联网上检索得到的。通常所说的搜索引擎，其实是一个收集了大量网站/

网页资料并按照一定规则建立索引的在线数据库。例如，2004年3月底Google收录的网页数量已经超过42亿个。这样，当用户检索时才可以在很短的时间内反馈大量的结果。

（2）分类目录

这种搜索引擎并不采集网站的任何信息，而是利用各网站向搜索引擎提交网站信息时填写的关键词和网站描述等资料，经过人工审核编辑后，如果符合网站登录的条件，则输入数据库以供查询。Yahoo是分类目录的典型代表，国内的搜狐、新浪等搜索引擎也是从分类目录发展起来的。分类目录的好处是，用户可以根据目录有针对性地逐级查询自己需要的信息，而不是像技术性搜索引擎一样同时反馈大量的信息，而这些信息之间的关联性并不一定符合用户的期望。

（3）多元搜索引擎

多元搜索引擎的主要区别在于，并不像全文搜索引擎那样拥有自己的索引数据库，而是当用户提交搜索申请时，通过对多个独立搜索引擎的整合和调用，按照多元搜索引擎自己设定的规则将搜索结果进行取舍和排序并反馈给用户。从用户的角度来看，利用多元搜索引擎的优点在于可以同时获得多个源搜索引擎（即被多元搜索引擎用来获取搜索结果的搜索引擎）的结果。但由于多元搜索引擎在信息来源和技术方面都存在一定的限制，搜索结果实际上并不理想。目前尽管有数以百计的多元搜索引擎，但还没有一个能像Google等独立搜索引擎那样受到用户的广泛认可。美国专业搜索引擎咨询网站Search Engine Watch（www.searchenginewatch.com）评出的2003年最佳多元搜索引擎如下。

- Dogpile（http://www.dogpile.com）。
- Vivisimo（http://www.vivisimo.com）。
- Mamma.com（http://www.mamma.com）。

国内的多元搜索引擎目前尚处于起步阶段，目前只有少数网站开始涉足，尚没有非常优势品牌的多元搜索引擎出现。但作为网络营销研究，有必要对此予以关注。

第三节　网络互联技术

一、内联网

1. 内联网简介

内联网（Intranet）也叫企业内部网，是指利用互联网技术构建的一个为企业、组织或者部门内部提供综合性服务的计算机网络。

内联网将成熟的互联网技术应用于企业内部，使TCP/IP、SMTP、WWW、Java、ASP等先进技术在企业信息系统中充分发挥作用，将WWW服务、E-mail服务、FTP服务、News

服务等迁移到了企业内部，实现了内部网络的开放性、低投资性、易操作性以及运营成本的低廉性。

在内联网里，所有的应用都如同在互联网上一样。内联网与传统的局域网最明显的差别表现在内联网上所有的操作告别了老式系统的复杂菜单与客户端的软件，通过浏览器来进行操作，一切都和在互联网上一般轻松简单，使用起来就感觉是将互联网搬回到了企业内部。

因为内联网和互联网采用了相同的技术，所以内联网与互联网可以无缝连接。实际上，大量的内联网已经迁移成为了互联网上的公开网站。通过防火墙的安全机制，可以将内联网与互联网实现平滑连接并保障内部网络信息的安全隔离。如果再加上专线连接或者远程接入和虚拟专网（VPN）的应用，内联网又可以升级转换成一个无所不在的企业外联网，将一个企业的内部与外部（如分支机构、出差员工、远程办公情形）以及互联网上的网站通过互联网或者公用通信网（如电话网）连接为一个整体。

2．内联网的优势

内联网与外部网络安全隔离是未来企业上网的主流。内联网运用互联网技术，特别是万维网，主要采用三层数据结构，在企业内部实现数据共享和信息交流。现在多数企业使用内联网在企业内部发布信息，或者把他们原来的数据库与 WWW 服务器连接起来，使信息查询变得更为快捷。如果单位已经建成了内联网，那么就可以在公司内部浏览网页，收发电子邮件。内联网有如下优点。

（1）组建简单。内联网服务通常并不需要占用很多系统资源，用户可以利用目前网络中的一台服务器提供服务，同时它还能负担网络中的其他任务。如果用户利用公司现有局域网建立内联网，那么组建费用可以忽略不计。

（2）管理容易。在内联网服务器建立并开始运行后，它将很容易管理。现在的网络管理员经过简单的培训就可以完全承担内联网管理者的职责。

（3）内联网可用于公司内部信息的迅速发布，是改善公司内部通信的高效工具。传统的传播手段是开会和下发文件，最近几年电子邮件应用比较多。但如果用户想把几百页的文件通过 E-mail 传递，可能并不是最快的。而在内联网的网站上发布同样的文件，可以使公司每个员工都能立刻浏览到并下载。

（4）不需要单独为内联网构建数据库，它可以很好地使用原有数据库。

（5）安全性高，这也是内联网成功的关键所在。

（6）与平台无关。容易使用。在客户端，任何一个平台，只要安装浏览器就可以访问 Web，任何人几乎不需要什么培训就可以查询信息。

3．内联网的逻辑结构

内联网的基本结构由服务器、客户机、物理网和防火墙四部分组成，其中常用的服务器有 WWW 服务器、数据库服务器、电子邮件服务器三种。

WWW 服务器是内联网的核心系统。WWW 服务器安装 Web Server 软件，用于存储和管理主页，提供 WWW 服务。客户机安装浏览器软件、主页制作软件、电子邮件软件和用户程序等。

数据库服务器（Database Server）存储着企业大量的信息。一般的数据库经过转换或以特殊方式打开都可以通过浏览器显示。在 Microsoft 公司的 Internet Explore 中可以直接浏览 Access 数据库。使用报表生成工具，加上对应的接口程序，用户可以将 Oracle、Informix、Sybase、SQL Server 等数据库重点数据取出，并转换成相应的 WWW 文档。当然，还有一种方式是直接在网页中调用各种数据库。

防火墙是为了企业内部信息的安全而设置的，WWW 服务器通过防火墙与互联网相连，电子邮件服务器可以通过防火墙与互联网相连，也可以直接和互联网相连。

内联网是一组软、硬件的集合，允许系统扩展成为像互联网一样的开放环境。但是内联网远不是软、硬件的简单配置。它是辅助真实世界的人们进行生产、开发和利用信息的一个系统。这个系统可以使人们更快、更好地完成工作。

二、外联网

如果一个公共网络连接了两个或两个以上的贸易伙伴，一般被称为企业的外联网（Extranet）。也可以这样表述：外联网是企业与其合作伙伴之间管理信息的系统网络。外联网是内联网的一种延伸。

外联网这个概念是随着防火墙的出现而产生的。为了保证内部的数据安全，企业通常要建立防火墙。企业与外界的数据交换都要经过防火墙，但对于交换的数据也不能一概而论。对于与本企业相关的供应商、配套商和客户等，其权限应该比其他访问者大，由此提出了外联网的概念。外联网不仅仅局限于一个企业内部，而是把相互合作的企业的网络连在了一起。在外联网内部，各企业可以自由地加入到 WWW 中去，方便地查询其他企业与自己相关的数据。同时外联网又隔离了外部的非法访问，从而保护了外联网内部各企业数据的安全性。

外联网从使用者的角度考虑，设计要尽可能地简单易用，同时要考虑用户的需求。外联网的形式多种多样，但一般都是受限使用，最终用户要想使用外联网必须要通过身份鉴别。最基本的鉴别方法是设置密码保护，这是一种比较简单的用户身份鉴别手段。

外联网可以通过互联网或公司内部网络更新公司数据库，从而保持公司数据库的活力和相互间的关系。每当内部或外部信息更新时，外联网不是重新生成网页，而是向数据库中存储数据或检索数据库并实时地更新它。外联网给企业带来的好处有：提高了生产效率，信息可以以各种形式体现，降低了生产费用，实现了跨地区的各种项目合作，可为客户提供多种及时有效的服务。

三、互联网、内联网、外联网三者的区别

在阐述三者之间关系时，有必要提一下 IBM 公司的电子商务概念，用公式表述如下

EB=Internet+Extranet+Intranet

这里，EB 表达的是广义的电子商务概念。顺便交代一下，“e-business”是 IBM 公司的商标。

三者的主要区别如下。

（1）在操作权限上，互联网提供的服务基本上对用户没有权限控制或很少控制，而内联网提供的控制是很严的。

（2）在内容上，互联网提供信息的页面是静态与动态页面相结合；而内联网提供的信息内容几乎全部与数据库有关，即内联网提供的信息内容是动态的，随着底层数据库的变化而变化。

（3）在服务对象方面，互联网服务的对象是全世界用户，而内联网服务的对象是企业员工。

（4）在连接方式上，互联网强调各个组织网站之间的连接，无交易的企业、消费者都是它的业务范围；外联网强调各个企业间的连接，业务范围包括交易伙伴、合作对象、相关公司、销售商店以及主要客户；内联网强调企业内部各部门的连接，业务范围仅限于企业内。

由此看出，互联网业务范围最大，外联网次之，内联网最小。从提供信息的内容上看，互联网信息量最少，外联网次之，内联网最多。外联网专门用来促进企业间的交互作用，是互联网和内联网基础设施上的逻辑覆盖。所以，可以把外联网视为内联网延伸出来的部分。

若把互联网称为开放的网络，内联网称为专用封闭的网络，那么外联网就是一种受控的外部网络。外联网一方面通过互联网技术连接企业供应商、合作伙伴、相关企业及消费者，促进彼此之间的联系与交流；另一方面又像内联网一样，位于防火墙之后，提供充分的访问控制，使得外部用户远离内部资料。

第四节 案 例

一、中国互联网带宽图

网络带宽资源作为衡量互联网发展程度的一个重要指标，日益受到人们的普遍关注。

它不仅是政府制定网络信息资源发展策略的重要依据，也是互联网用户和单位选择互联网接入服务商的主要因素之一。因此，及时了解我国互联网带宽的现状，就显得十分重要了。这不仅可以为政府提供决策依据，也可以为企业或个人上网提供必要的帮助和指引。调查的内容包括我国十大互联网单位与国外相连的国际出口带宽、十大互联网单位与国家互联网交换中心的连接带宽、十大互联网单位之间的连接带宽、各地网络服务提供商与十大互联网单位的连接带宽等，是目前中国大陆地区最全面的带宽数据。

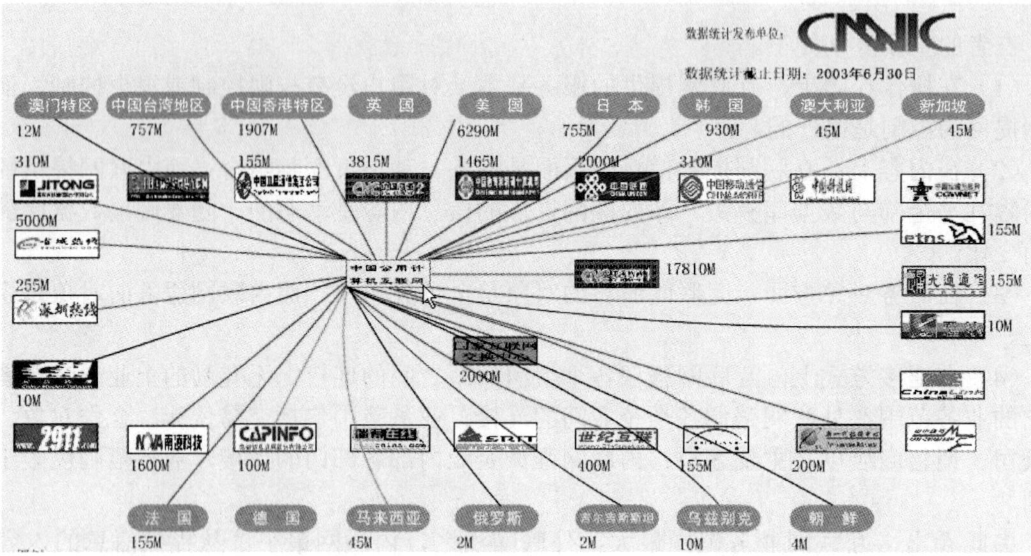

图 3-2 中国中国公用计算机互联网与其他互联网运营商及国外互联网连接

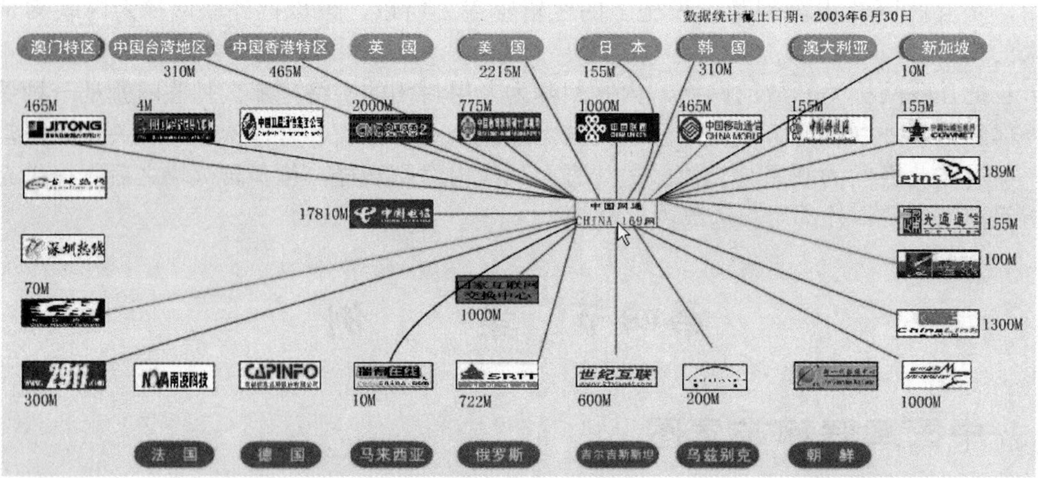

图 3-3 中国网通与其他互联网运营商及国外互联网连接

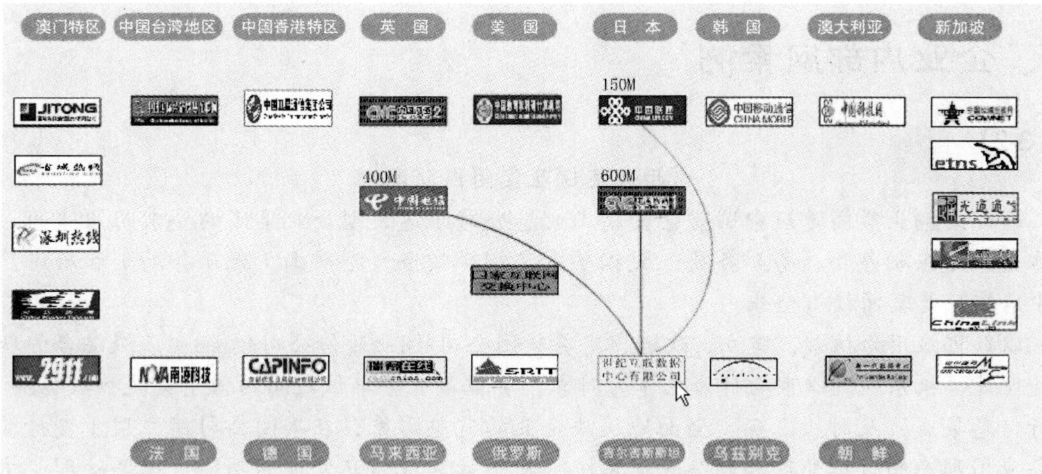

图 3-4 世纪互联数据中心有限公司与其他运营商的互联网连接

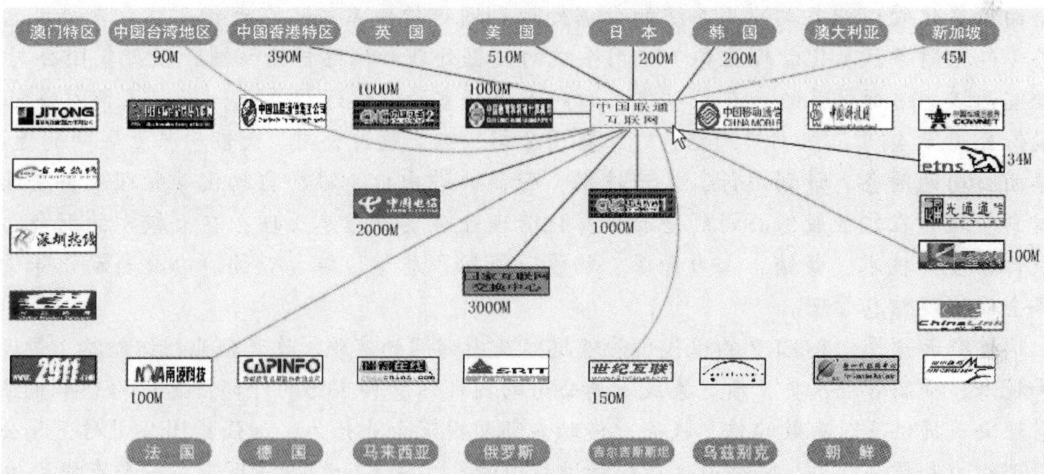

图 3-5 中国联通与其他运营商及国外互联网的连接

图 3-2、图 3-3、图 3-4 和图 3-5 是部分国内互联网运营商之间及国外的互联网连接示意图。从这几个图中可以看出，中国公用计算机互联网、中国网通与其他运营商及机构连接最多。但即使中国网通，与澳大利亚和英国之间并没有直接连接。至于中国联通，没有直接连接的国家更多了，包括德国、英国、法国、俄罗斯、马来西亚等。而世纪互联数据中心有限公司干脆没有出口线路。那这些缺陷是如何弥补的呢？道理很简单，如英国，可以通过美国连接，世纪互联数据中心有限公司也可以通过电信、网通、联通与其他网络运营商及国外相连，这就是互联网的本来含义。

二、企业内部网案例

【例 3-2】

西部某铜业集团内联网

西部某铜业集团是应中国有色金属工业总公司组建大型企业集团的要求而组建的，其主体企业是东矿务局、易矿务局、大铜矿、定铜矿四个大型矿山（或矿务局）和冶炼厂。其中冶炼厂是集团核心企业。

以数据应用为核心，建立、改进、完善集团公司/铜业股份公司/大铜矿三级综合管理业务处理计算机系统，以市场行为主体为对象，实现各业务单位之间的信息交流和数据共享，进行信息集成，及时、准确、全面地反映企业的完整形象；在集团公司建立用于支持综合业务应用形态的数据处理和网络管理系统，扩充计算机信息处理的功能，提高处理能力，全面提高集团公司综合管理信息服务的水平；在铜业股份公司建立支持其全部业务（尤其是全面预算化管理业务）应用系统的数据处理和网络传输系统；在大铜矿建立支持其全部业务（包括财务预算化管理业务）应用系统的数据处理和网络传输系统；设计集团公司/下属处室两级网络通信系统，在厂矿建立面向下属处室的网络通信系统，以完成集团公司/铜业股份公司/大铜矿三级网络通信；建立集团公司、铜业股份公司、大铜矿与互联网的连接；在集团公司的财务、计划统计、生产技术、营销、进出口、办公自动化等管理业务全面实现信息管理；在铜业股份公司的全面预算化管理业务实现信息管理；在大铜矿的财务、计划统计、生产技术、营销、人力资源、物资、能源、质量、综合查询、办公自动化等管理业务全面实现信息管理。

通过全面预算化和ERP的现代化管理思想及内部网的实施，改变企业组织结构、管理方式和观念，提高管理人员素质。集成下属公司的内部信息和市场的外部信息，为整个铜业集团管理决策提供及时有效的信息服务；借助内部网规范企业行为，加强集团公司对下属公司的管理能力和控制能力，将公司生产经营过程中的人、技术和经营管理形成一个有机整体。

根据铜业集团的实际情况和需求，其信息系统数据采用分布集中式的管理模式。

在集团公司、铜业股份公司、大铜矿分别构建数据中心，分别配置数据库服务器。在集团公司构建数据中心，设立数据库服务器，并成立集团公司信息中心，是集团公司综合业务信息系统的核心；在铜业股份公司构建数据中心，设立相应的数据库服务器，已有自己的信息中心，存放铜业股份公司综合业务信息和预算化管理信息；在大铜矿构建数据中心，设立相应的数据库服务器，成立大铜矿信息中心，存放大铜矿综合业务信息。

考虑现有资源利用和未来技术的过渡，集团公司采用快速以太网和快速交换式以太网相结合的网络结构，计算机网络协议采用当前最流行的支持互联网的TCP/IP协议。

网络系统物理结构符合该企业内部网的总体结构，逻辑上各级功能都应有相应的配置。在系统建设时可分阶段投资，但必须满足系统功能的需求，保证系统的完整性，使整个系统的目标得以实现，同时又要根据现有条件确定物理结构。该集团公司 Intranet 网络采用分布式系统，在软件的支持下构成一个统一整体，形成分布式 C/S 模式。集团公司到铜业股份公司通过电话线连接，到大铜矿通过电话线连接。集团公司、铜业股份公司、大铜矿到互联网通过 DDN 专线连接，如图 3-6 所示。

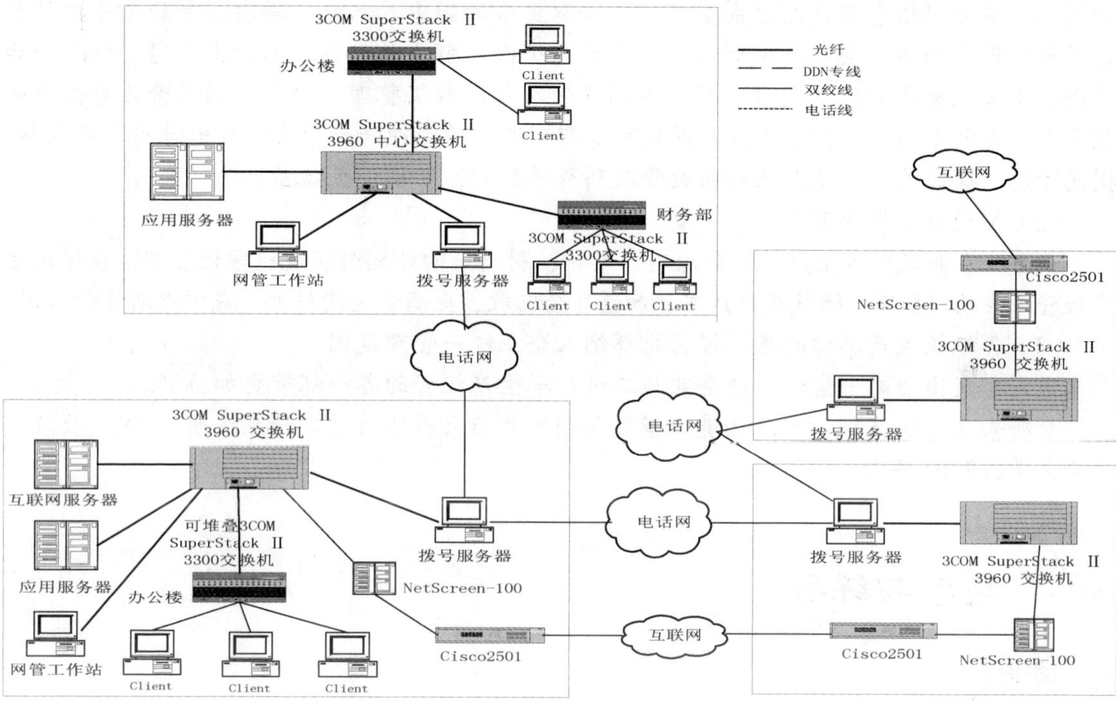

图 3-6 铜业集团内部网网络拓扑结构

1. 直接效益

根据该铜业集团内部网一期工程情况，参照国内外计算机应用效益分析经验，测算如下。

第一，现每年材料、原燃料采购费及各项管理约 3.6 亿元，通过加强预算化管理，招标竞价采购，堵塞生产经营中的漏洞，防止不法分子在材料、原燃料采购和入库中弄虚作假，可降低 10%的费用。

第二，加强成本管理，进行全员、全过程的库存、成本、资金控制，降低库存（现有库存占用 3 亿元左右），合理调配物资，减少资金占用，缩短资金周转天数，提高产品质量和金属回收率，可创效益。

第三，通过生产调度指挥系统，按投入产出方案和辅助决策支持系统，合理地进行投资决策和生产控制，降耗节能，可创效益。

2. 间接效益

有色金属市场和国际市场早已接轨，该集团公司已通过卫星和财经信息系统实时联网，但缺乏信息共享，建立内部网其间接效益可分析如下。

（1）信息共享

通过网络可将国内外有色金属信息实时传给企业有关部门和各厂矿，使生产经营管理者及时了解有色金属和其他资源的国际国内最新动态，便于经营决策。其次，通过建立商业网站，将公司信息及产品推向全世界，争取更多的国内外客户。再次，加强企业内信息的综合管理和利用，使信息做到及时、准确、全面，解决长期存在的数出多门、信息滞后问题，使管理和生产经营同步。将大量的管理人员从数据整理、报表编制等繁杂事务中解脱出来，将更多的时间和精力投入到从事富有创造性的管理活动中去，抽出时间学习业务，提高素质，提高效率，使企业从粗放管理到科学经营，必将产生效益。

（2）实现科学化管理

使企业在制定年度生产计划和原料、燃料、材料采购计划时实现科学化管理，在保证生产经营正常的前提下，降低生产成本，加速资金回收，提高资金周转率，减少流动资金占用。

（3）各二级生产单位的生产经营指挥纳入企业统一管理范围

做到全集团公司一盘棋，使企业与二级厂矿生产经营的各个环节更加协调。

资料来源：徐选华. 网络环境下模型驱动的复杂大群体决策支持系统研究[D]. 长沙：中南大学，2005 年

思考与练习

一、简答题

1. 计算机网络具有哪几个方面的功能？
2. 简述 TCP/IP 协议的含义。
3. 互联网主要有哪几种接入方式？
4. 互联网提供的服务功能主要有哪些？
5. 简述互联网、内部网和外部网的区别。

二、选择题

1. 下列对 TCP/IP 协议描述不正确的是（　　）。

A. 目前用得最多、最广泛的是 TCP/IP 协议

B. TCP/IP 协议组按照层次由上到下，层层包装，最上面的是应用层

C. TCP/IP 协议所采用的通信方式是分组交换方式

D. TCP 协议负责给每个数据包写上发送主机和接收主机的地址

2. FTP 的全称是（　　）。

A．传输控制协议　　B．电子数据协议
C．邮件传输协议　　D．文件传输协议

3．任何一个节点出现线路故障，都可能造成网络瘫痪的网络拓扑结构是（　　）。

A．总线型　　B．星型　　C．树型　　D．环形

4．传输速度最快的互联网接入方式是（　　）。

A．拨号上网　　B．ADSL 上网
C．光纤上网　　D．有线电视电缆上网

5．内联网的基本结构由（　　）组成。

A．服务器　　B．客户机　　C．物理网　　D．防火墙

技能训练

1．商务信息搜集

网上的商务信息浩如烟海，但并非所有信息都有利用价值。如何在参差不齐的网络信息中快速找到自己所需要的信息，能否使用好搜索引擎成为最关键的因素。

搜索引擎的工作原理是这样的：每隔一段时间，搜索引擎会主动派出“蜘蛛”程序，对一定 IP 地址范围内的互联网站进行检索。一旦发现新的网站内容，它会自动提取网站的信息和网址加入自己的数据库。当用户以关键词查找信息时，搜索引擎会在数据库中进行搜寻。如果找到与用户要求内容相符的网站（通常根据网页中关键词的匹配程度，出现的位置/频次，链接质量）计算出各网页的相关度及排名等级，然后根据关联度高低，按顺序将这些网页链接返回给用户。

搜索引擎已经成为千万网民上网必用的工具之一。为更好地使用搜索引擎，下面练习使用常用的几个指令。

（1）site 指令

① 将搜索范围限定在特定站点。有时，您知道某个站点中有自己需要的东西，就可以把搜索范围限定在这个站点内查找，以提高查询效率。格式如下：

关键字　site:站点域名（冒号在英文状态下输入）

例如，在百度中输入“网络营销大会 site:jiaoyanshi.com”，很快就可以在“教研室”网站上找到相关网络营销大会的内容。

② 查看设定的网站在搜索引擎中收录和抓取的页面数量，以便分析站点的优化效果。

例如，在百度中输入“site: mbaobao.com”就能查询到搜索引擎收录了麦包包多少页内容。

（2）intitle 指令

intitle 的含义在于搜索网页标题中含有的关键词。格式如下：

关键字　intitle:网页标题内容

例如，在百度中输入搜索“商业 intitle:超级女声”，那么，百度就只会在所有标题中包含“超级女声”这个词的网页中寻找出现了“商业”这个关键字的结果。

（3）filetype 指令

如果要查找的资料是 Word 文档而非普通网页，这时，可以在搜索关键字后面加上“filetype:”文档类型限定即可。格式如下：

filetype:文件类型　关键词

返回的值都是指定文件类型的关键词文件。例如，在百度中输入“filetype:doc 营销策划报告”，则返回的都是关于营销策划类的报告，且均为 DOC 文档。

在百度中，filetype 支持的文件类型有 ppt、xls、doc、pdf 等。

练习：

（1）查询由 CNNIC 最新发布的《中国互联网络发展状况调查统计报告》（doc 版本），并下载。

（2）查询最新发布的《2011 年中国房地产电子商务发展研究报告》（pdf 版本），并下载。

2．Outlook Express 的使用

电子邮件服务是目前互联网上最基本的服务项目和使用最广泛的功能之一。通过电子邮件可实现远距离的快速通信和传送信息资料。

为了能够使用 Outlook Express 收发邮件，必须先申请一个能够支持 Outlook Express 的免费邮箱，如 163、Sina、QQ 邮箱等。这里以 TOM 网的免费邮箱为例。

打开浏览器，登录 http://mail.tom.com，单击“免费注册”按钮，输入相关信息，申请邮箱。申请成功后，登录邮箱，可在“帮助”中找到 TOM 电子邮件服务器名称如下：

POP3 服务器：pop.tom.com

SMTP 服务器：smtp.tom.com

下面开始设置 Outlook Express 软件。

（1）打开 Outlook Express，依次选择“工具”→“账户”→“属性”→“添加”→“邮件”命令，如图 3-7、图 3-8 所示。

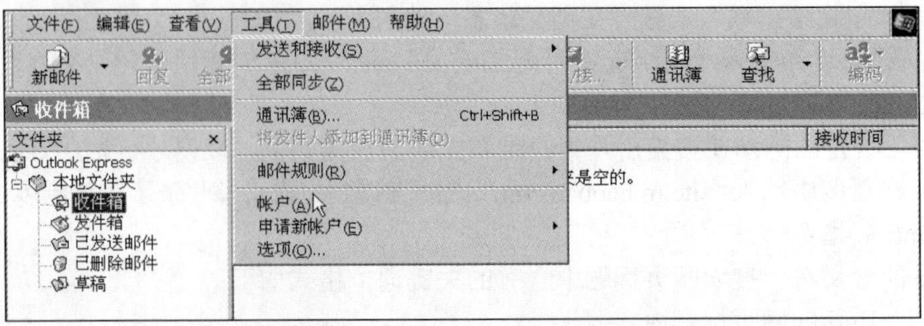

图 3-7　Outlook express 页面

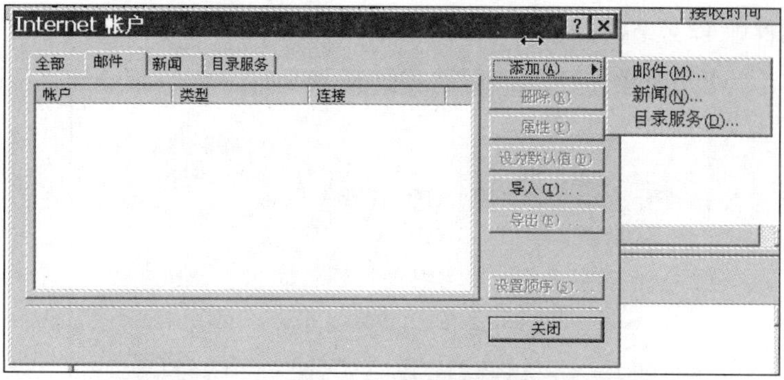

图 3-8　添加邮件服务器

（2）打开“Internet 连接向导”对话框，根据提示逐步输入邮件用户名、E-mail 地址，如图 3-9、图 3-10 所示。

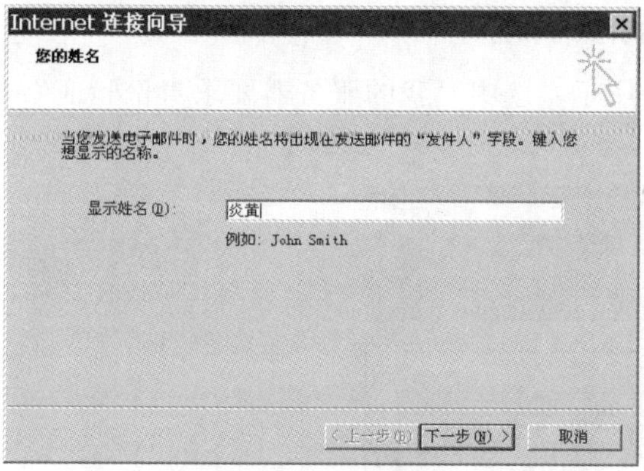

图 3-9　输入用户名

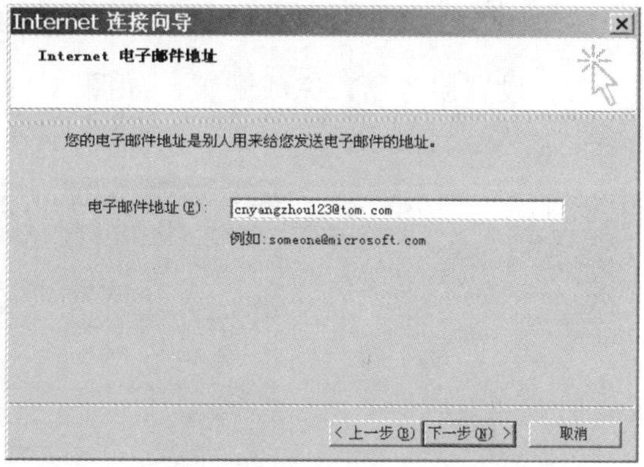

图 3-10　输入邮件地址

（3）输入邮件服务器地址，如图 3-11 所示。

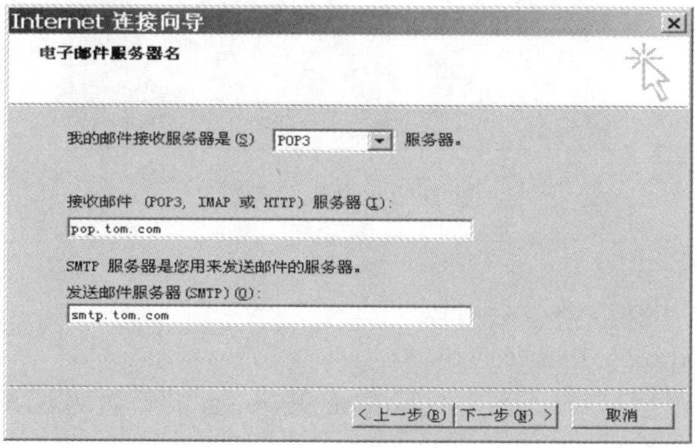

图 3-11　输入邮件服务器

（4）输入邮件账号、密码，如图 3-12 所示。

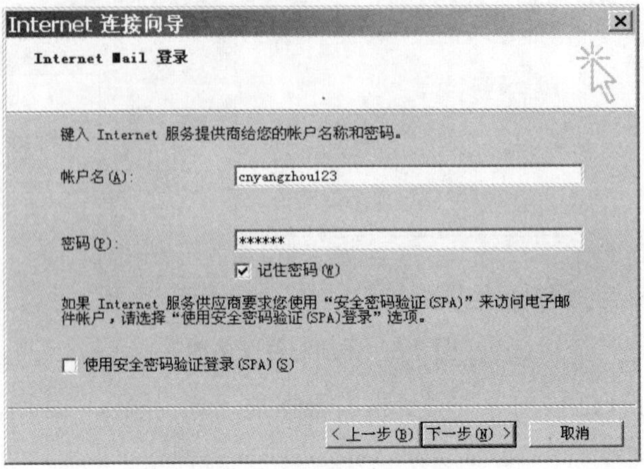

图 3-12　输入邮件账号和密码

（5）设置服务器，完成配置，如图 3-13 所示，选中“我的服务器要求身份验证”复选框。

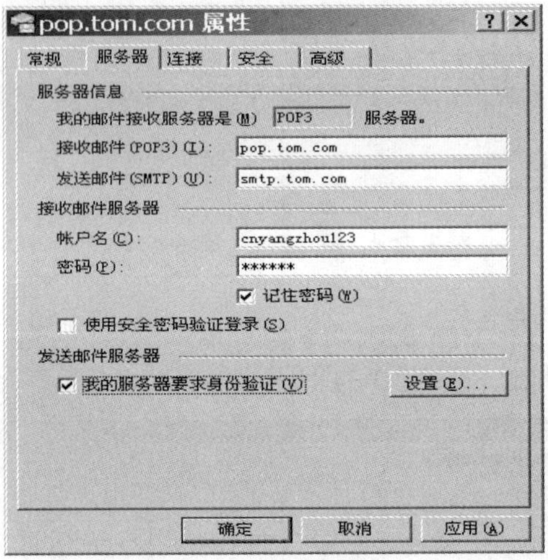

图 3-13　设置服务器

练习：

（1）采用 Outlook Express 收发邮件。

（2）在 Outlook Express 中建立通讯簿。

（3）下载 Foxmail 软件，然后仿照 Outlook Express 的设置方法进行相关设置，比较二者之间的特点，你喜欢用哪一个？

第四章　网站建设基础

学习目标

- ☑ 了解企业建设网站的意义。
- ☑ 熟悉常用的网站开发技术及网页制作工具。
- ☑ 掌握域名申请的方法和步骤。
- ☑ 掌握网站服务器解决方案。
- ☑ 了解网站建设的基本流程。

【导入案例】

可口可乐公司开拓网上商机建立全新企业形象

可口可乐公司作为拥有诸多全球知名品牌的企业，其企业知名度之高是不言而喻的。为顺应网络信息时代的需求，其宣传媒介的侧重点也由原先的传统媒体逐渐转移至网上媒体，希望借助网络优势能够准确、实时地提供公司动态信息，进一步提升企业的竞争实力。

从受众群的定位角度出发，利用计算机网络多媒体化、互动性的特征来吸引网上用户访问，通过寓教于乐的网上漫游过程，利用网络的时效性和便捷性，使受众足不出户便可全面了解企业的产品与文化。基于产品自身的定位、产品的资源优势，以及相关的市场调研结果，“可口可乐”互动世界网站设计以企业的 CI 形象标准为基点，以低年龄段的上网群体为主，以可口可乐公司的相关客户为辅进行网站构架与风格设定，其首页如图 4-1 所示。

图 4-1　可口可乐公司网站首页

其具体特征如下。

- ❑ 具有会员登录、网上交友、聊天室、公告栏等社区服务功能。
- ❑ 具有网上游戏、动画、音效等相关的多媒体服务。
- ❑ 具有一定的搜寻服务功能。

在强调产品形象和标志符号的前提下，“可口可乐”互动世界网站的设计者利用首页的三维效果图和导航栏上的金属效果充分体现分了数码时代、网络时代下品牌的新形象，不但符合现代青年的欣赏口味，而且将企业的标识与产品的形象有机地结合起来。而每个页面下方的线框形式的插图既显轻松活泼，又使诸多页面相互统一，通过图形符号和文字的链接，实现各功能之间的切换，并与首页上的符号形成了呼应之势。

“可口可乐”互动世界利用会员登录方式不仅简化了网络访问者的网上进程，拉紧了访问者与网站的距离，营造了真实的社区感受，更为重要的是，企业通过会员资料的收集与整理，能了解到网站受众的构成，从而预测产品的未来走向、消费者的动向、潜在的消费群体趋向，抢占网上市场的份额，为网上互动的在线营销奠定了基础。

资料来源：http://www.cokecce.com/pages/homeContent.asp

【引言】

网站建设是电子商务的基础，而网页制作是网站建设的第一步。WWW 服务器提供给用户许多信息资源，如网页、外部应用程序、数据库、图片、动画、视频、音频文件等，其中网页是保存在 WWW 服务器中供用户访问的主要的 WWW 资源，是一种可以在互联网上传输并被浏览器认识和翻译成页面显示出来的文件。网页不但包含多种字体和样式的文本、图片、图形、电影片断、声音，还包含一些高级语言所编写的应用程序，由此可以分为两种类型的网页——静态网页和动态网页。网页制作完毕后，只是做完了网站建设的前期工作，要使网站开通，除了申请域名外，还必须采用一定的方式对网页进行发布。

第一节　网站建设概述

一、在互联网上发布网站的意义

网站作为企业、政府或个人在互联网上展示自己的窗口，在宣传和传播信息方面起着越来越大的作用，网站建设是电子商务的基础。制作网站有以下意义。

（1）对于大公司来说，它可以在网站上开展电子商务，销售产品，发布有关产品的技术支持，在公司与客户之间架起沟通的桥梁。例如，美国著名的 Dell 计算机公司，已取消了所有产品代理商，其产品完全在网络上销售。对于大公司来说，一个网页发布后所起的作用，有时比上千个技术、销售人员全球满天飞的作用还大。

（2）对于小公司来说，制作网站的主要目的是为企业、产品做广告。网页由于不受时间、地域的限制，其广告作用有非常大的优点，有人形容网上广告为“永不落幕的交易会”。

（3）通过网站，企业可更快捷地了解客户需求，更好地与供应商、销售渠道和合作伙伴沟通与交流，有利于开拓国际市场。

（4）企业可以树立现代化形象，改善组织结构和管理体系，提高工作效率，及时适应市场变化。

（5）对于政府机构来说，网站可开展电子政务，发布政策、法规，提高政府办事透明度，增强社会对政府的监督等优点。

（6）对于个人来说，可以通过网站介绍自己，结交更多的朋友，寻求更好的工作岗位，发表自己的文章、观点、作品等。

二、网页的类型

一个网站中的网页通常包括静态网页和动态网页两种。有关网站介绍、个人信息、销售网络、服务信息、联系信息等是一些相对固定不变的信息，其更改的频率不高，可以以静态网页的方式进行发布；而有关产品的信息、网上销售的信息（产品价格、产品目录、购物车、订单等）以及其他服务（如技术支持、新闻动态、论坛系统、留言本）可以采用动态网页的形式。简单地说，静态网页不包含数据库，其更新需要对网页本身进行修改；动态网页包含数据库，更新时只要更新数据库，而不需要对网页进行修改。

1．静态网页

早期的网页都是一些静态网页，这些静态网页也称之为静态 HTML 文件，它是一次性写成的。制作好静态网页后，内容相对稳定，不需经常修改，文件比较小，适合在网上传输，执行效率很高；但具有固定信息的 HTML 文件，当需要改变其信息内容时，就必须重新使用设计工具来更改，然后重新放置在 WWW 服务器上。HTML 文件从本质上来说是文本文件，它不需要进行编译就能执行，是靠运行它的浏览器解释执行的。静态网页中一般包含文本、图像和超链接。

2．动态网页

对于用户而言，经常使用静态网页并不能够满足信息访问的需要，如果网站中的信息资源不能随时更新，不能与用户进行信息交流，用户不能根据自己的意愿有选择地查询信息，那么这个网站就会成为一张“过期的报纸”。另外，静态网页要求固定的人员重新修改页面，编辑制作新的内容，如果信息不断增大，则劳动量会随之增加。特别是对于早就在信息动态检索方面具备极大优越性的数据库来说，将信息通过以人工输入的方式设计成 HTML 文件是非常困难的事，这就要求所设计的网页能够动态地、随数据库内容不断变化地显示数据库中的信息，这就是动态网页，又称为网页应用程序。在 WWW 上可以看到大量的各种各样的动态网页，如 php、asp、cgi、jsp 等文件。动态网页中包含的是需要频繁更新的数据，一般由数据库和相应的应用程序构成。由于其页面中包含的内容是来自数据库的，因此，可根据用户的不同选择返回不同的页面。

顺便说一下，有时也把用 Flash、GIF 动画制作的网页称为动态网页，这和我们刚才提到的带数据库的动态网页原理是不一样的。

三、网站开发技术

IT 技术的发展促使了许多网页开发技术的产生，如第一代 WWW 开发语言 HTML、第二代 WWW 开发语言 XML、动态脚本语言 JavaScript 和 VBScript 以及 Peri、PHP、JSP、ASP 等服务器端的 WWW 动态编程语言等。网页开发技术层出不穷，本节着重介绍网页制作中一些常用的基本开发技术。

1. 编辑语言

目前 WWW 上的绝大多数静态网页是用 HTML（Hyper Text Markup Language）超文本标记语言来编写的。HTML 语言是网页制作的基础，它是网页制作中最基本的使用语言。HTML 是一种简单的、基于文本的语言，它使用一系列标记，创建可被浏览者使用的文本。它不是一种真正的计算机语言，而是一种描述语言。用其编写的 HTML 文件不需要进行编译，而是靠浏览器解释执行的，我们可以用任何文本编辑工具如记事本、写字板等打开 HTML 文件。

HTML 之所以能被成千上万个站点采用是因为它非常简单，作为一种网页编辑语言易学易懂，能制作出精美的网页效果，其作用有以下几点。

（1）格式化文本

例如，设置标题、字体、字号、颜色，设置文本的段落、对齐方式等。

（2）建立超链接

通过超链接检索网页，只需用单击鼠标，就可以得到任何一处的相关信息，还可以获得其他不同形态的服务。

（3）插入图像

使网页图文并茂，还可设置图像的各种属性，如大小、边框、布局等。

（4）建立表格

表格可以将文本、图片等网页数据按行、列排列，以利于用户快速找到信息，还可以用来设定整个网页的布局，使整个页面更规则地放置图片、文字等数据，使网页条目清晰。

（5）加入多媒体

可以在网页中加入音频、视频、动画等多媒体文件，还能设定播放的时间和次数。

（6）提供交互式表单

标准的 HTML 语言允许开发者使用有限的交互表单页面，如通常可以在 HTML 文件中看到的用于信息检索、订购产品的输入页面上的包含有文本框、复选框、单选按钮和命令按钮等控件。

作为第一代 WWW 开发语言的 HTML 对 WWW 的发展功不可没，网上交流、网上查询、网上购物等活动的基础就是 HTML。但随着 WWW 应用的日益广泛和电子商务的发展，HTML 固有的局限性开始表现出来，它过于简单的语法严重地阻碍了用它来表现复杂的形式。尽管 HTML 推出了一个又一个新版本，已经有了脚本、表单等表达功能，但始终满足不了不断增长的需求。另一方面，近几年来计算机技术的发展也十分迅猛，已经可以实现比当初发明 HTML 时复杂得多的 WWW 浏览器，人们已经开始研究能改进或替代 HTML 的网页制作语言。其中最有成效的，并已初步投入使用的有如下几种。

- 可扩展标记语言 XML（eXtensible Markup Language）。
- 层叠样式表 CSS（Cascading Style Sheet）。
- 动态 HTML（Dynamic HTML）。
- 虚拟现实建模语言 VRML（Virtual Reality Modeling Language）。

这些语言从不同的角度解决了 HTML 存在的问题：XML 有利于信息的表达和结构化组织，从而使数据搜索更加有效；CSS 解决网页间的继承和显示的问题；DHTML 则主要用于网页的动态显示；VRML 用于描述物体的三维空间信息，可以在网页上看到 3D 物体。

2．动态网站开发技术

随着网络技术的发展，单纯的静态网站已不能满足用户的需求，动态网站开发技术成为当今网站开发中的主流。这些网站由不同的动态语言编写，他们的语言规范、运行环境、功能特点也都各不相同。目前常见的动态网站开发技术有以下几种。

（1）CGI 是一个大家都支持的规范，但是用 CGI 编程太繁杂，它要求程序员必须熟悉 HTML 语言和一门编程语言，而且 CGI 运行效率不高，适用于 UNIX 环境下用户并发访问数量较少的场合。

（2）用 WWW 服务器 API 编写的 API 应用程序运行效率很高，ISAPI 适用于 Windows 2000 环境下满足较多用户并发访问、应用程序功能复杂、灵活性与安全性要求较高的场合，但是用 API 编程比用 CGI 还困难，对程序员的要求更高。

（3）ASP 是 Microsoft 于 1996 年 11 月推出的一种 Web 应用程序开发技术。它既不是编程语言，也不是开发工具，而是一种“技术框架”，其主要功能是为生成动态的交互式的 Web 服务器应用程序提供一种功能强大的方法或技术。其主要特性是能够把 HTML、脚本、组件等有机地组合在一起，形成一个能够在服务器上运行的应用程序，并把按用户要求专门制作的标准 HTML 页面送给客户端浏览器。ASP 也是适合于 Windows 2000 环境下并发访问用户数量不太多的环境，尤其适合于中小型网站，但其具有与专用 WWW 服务器捆绑过死，缺乏通用性的缺点。

（4）JSP 模型是在 ASP 之后定义的，它借用了 ASP 的许多优点，同时 JSP 使用灵活而强大的 Java 语言，而不是低效的 Script 语言。它是在访问速度快、并发访问量大的场合最适用的一种语言。JSP 应该是未来发展的趋势，它可能会成为 WWW 数据库接口技术的主流。

（5）PHP 能够做到同时兼容不同操作系统、WWW 服务器和数据库系统，并且又具有较好的开发和运行效率。

几种动态网站的具体比较如表 4-1 所示。

表 4-1 各种动态网站开发技术比较

比较项目	CGI	ISAPI	ASP	PHP	JSP	Java/JDBC
操作系统	好	WIN32	WIN32	好	较好	好
WWW 服务器	均可	IIS	IIS	数种	均可	均可
执行效率	低	最好	较好	较好	较好	较好
CPU 负载	高	最低	较低	低	低	较低
编程语言支持	最多	中等	VB	PHP	JSP	专用
编程复杂度	复杂	最复杂	一般	一般	较复杂	较复杂
开发时间	长	最长	一般	一般	一般	中等
稳定性	最高	差	中等	好	中等	中等
系统安全	最好	较好	一般	好	一般	较好

在进行动态网站设计与制作时，往往需要根据实际应用规模、已有软硬件投资和将来可能的发展等多种因素来综合考虑。

由于动态网站制作牵涉到很多技术，也不是本书讨论的重点，所以本书只作简单介绍。

第二节 常用网页制作工具

现在，网页制作工具不断出现，各自的功能特点也不尽相同。本节简单介绍几种常用的网页制作工具。

一、FrontPage 简介

FrontPage 是由 Microsoft 公司推出的新一代 Web 网页制作工具。它使我们能够更加方便、快捷地创建和发布网页。FrontPage 的特点是具有直观的网页制作和管理方法，简化了大量的技术工作。它的界面和编辑方式和 Office 软件相似，为使用者带来了极大的方便。因此，FrontPage 除了适合于非专业的网页编写人员外，对于有经验的 Web 站点开发人员来说，则便于处理那些导入、导出、删除、更名和进行故障诊断以找出失效链接等。

Frontpage 是较好的网页制作工具，基本上实现了所见即所得的工作方式。即使你不懂

HTML 语言，也能制作出具有专业效果的网页。如果你是高手，则可以在 HTML 窗口中直接写入代码，再切换到 preview 窗口看效果。

Frontpage 可以打开的文件有 htm、html、rtf、txt、doc、xls、xlm、wpd 等，所有 Office 组件能打开的文件它都可以打开。

二、Dreamweaver 简介

Dreamweaver 是专业网页设计、网站管理、网页可视化编辑的软件。用它可以制作出非常好的站点，可以快速提升网页制作效率，与 Flash、Fireworks 合称为“梦幻组合”。Dreamweaver 是美国 Adobe 公司开发的集网页制作和管理网站于一身的所见即所得网页编辑器。它是针对专业网页设计师特别设计的视觉化网页开发工具。目前用得比较多的版本是 Dreamweaver CS5。利用它可以轻而易举地制作出跨越平台限制和跨越浏览器限制的充满动感的网页。Dreamweaver 是专业级的网页制作工具。

三、其他网页开发辅助技术

以上所讲的是静态网页和动态网页制作工具，实际上在真正的网页制作中，页面的编程固然是一个最重要的方面，但并没有包括所有的方面。要做好一个个具体的网页，使网页有特色、有吸引力，还需要使用一些其他的辅助技术或工具，比如要用一些图形图像设计技术和制作工具。下面简单地介绍一下这些开发技术。

1. 图片处理

（1）Adobe PhotoShop

Photoshop 是 Adobe 公司开发的强大的图形图像处理与绘制软件，被广泛应用于平面广告设计、出版物设计、插图绘制、建筑效果图后期修饰、特效文字制作、照片修补及合成、网页图像的处理及网页动画制作等诸多领域。PhotoShop CS5 是目前用得较多的版本，除了具备以前版本的像素图形制作功能外，其主要的功能是支持矢量图形的操作，并且提供了一系列的工具加以支持，可以很方便地绘制矢量图形。矢量图形可以和像素图形混合编辑，矢量和像素无关，可以自由缩放。用户可以通过一系列的矢量图形工具对矢量图形进行多种方式的编辑，包括并、交、差、补等矢量图形操作。此外，其增强的矢量输出能力可以更好地输出 Postscript 和 PDF 文件。

（2）Fireworks

Fireworks 是一种专门为网页而诞生的真正的网页作图软件。Fireworks 提供专业网络图形设计和制作方案。通过它，可以编辑网络图形和动画，支持位图和矢量图。同时它能与 Dreamweaver、Flash 实现网页的无缝连接。Fireworks 能完整地支持网页十六进制的色彩模式，提供安全色盘的使用和转换。在 Fireworks 中，用户可以利用系统所提供的位图与矢量图工具创建、编辑 Web 图像动画，利用可配置的输出和优化图像功能，将制作好的图像输出到 Dreamweaver 或其他 HTML 编辑环境中。同时，在 Dreamweaver 和 Flash 内可以直接启动与编辑 Fireworks 图形，从而使网页制作变得更加轻松自如。

2．动画制作

（1）Flash

Flash 是交互式矢量图和 WWW 动画的标准。网页设计者使用 Flash 创作出既漂亮又可改变尺寸的导航界面以及其他奇特的效果。相信凡是见过 Flash 技术的人，没有一个不想掌握它的。它不但易学、易用，而且可以做出有很多动画的网站，并且声色结合，是一种很有前途的网页制作技术。

（2）GIF Animator

Ulead GIF Animator 是目前最快和最易使用的 GIF 动画工具，它在一个软件包中提供了顶级的功能，用于动画编排、编辑、特效和优化。GIF Animator 差不多支持所有文件格式，包括视频文件，并允许输出为 Windows AVI、QuickTime 电影、Autodesk 动画或图像序列。用户可以生成适当的 HTML 代码，以便将动画嵌入到网页中，并且可以将动画打包成独立的 EXE 文件，以便通过电子邮件发布和在任何地方查看。GIF Animator 引入了图层 Image Layer 概念，可以使用户创建出效果更加丰富的图形，甚至是多个图形之间的叠加，这样的画面效果极好。同时程序也提供了近乎专业的层合并、重定义尺寸、Layer Pane 多层内容的同步色彩编辑等功能。

第三节　域名与网站

一、域名简介

就像现实生活中开公司要起公司名一样，域名是企业在网上发布信息、业务往来的基础，是企业在互联网上的商标。全球任何一个互联网用户只要知道企业的域名，就可以立即访问该企业网站。

通俗来讲，域名（Domain Name）就是企业在网上的门牌号码。现在有数千万的计算机连在网上，要想别人在网上找到你，你必须告诉他你的网站所在的计算机的地址。这个地址就是 IP 地址，前面已经描述过。但是，对普通人而言，这个地址既不形象，也不易记。所以，就用域名来代替 IP 地址，通过域名解析服务器 DNS 将域名翻译成计算机能识别的 IP 地址。域名和 IP 地址之间是一对一或多对一的关系，因为一个企业网站只有一个 IP 地址，但是可以有多个域名。对于大多数人而言，只要有了域名，无须知道 IP 地址就可以访问网站。

1．一级域名（顶级域名、国际域名）

一级域名一般由域名关键词和域名类别两部分组成，中间由点号分隔开。右边的那个词称为一级域名。在实际使用时，在前面一般要加上万维网的标记 WWW 或再加上 HTTP 协议，这样，就构成了常见格式，如 http://www.cctv.com。如表 4-2 所示是常见的国际域名类别。由于一级域名资源有限，后缀正日渐增多。

表 4-2 一级域名按属性分类

域 名	类 别	域 名	类 别
Com（commerce）	工商、金融企业	Biz（business）	工商企业
Edu（education）	教育机构	Info（information）	信息相关机构
Gov（government）	政府组织	Cc（commerce company）	商业公司
Mil（military）	军事部门	Us（united states）	美国
Net（network）	网络相关机构	Tv（television）	电视媒体
Org（orgnization）	非营利性组织	Sh（shop）	商店
Cn	中国	name	姓名

2．二级域名

二级域名有两种组成方式，一种是在进行域名解析时，根据需要，在一级域名的基础上，再根据一定的类别进行解析。例如，刚才提到的 CCTV，如果将所有的新闻都进行解析，那么 news.cctv.com 就称为二级域名。

二级域名的第二种方式是国家代码。国家代码是由两个字母组成的顶级域名，如.cn、.uk 和.jp 等。以国家代码分类的二级域名也称为国家代码顶级域名，其中.cn 是中国专用的顶级域名，其注册归中国互联网络信息中心 CNNIC 管理，以.cn 结尾的二级域名简称为国内域名。注册国家代码顶级域名下的二级域名的规则和政策与不同的国家的政策有关。表 4-3 是截止到 2011 年 12 月 31 日我国 CN 域名的注册状况。

表 4-3 我国 CN 域名注册情况

域 名	数量（个）	占 CN 域名总数比例
cn	2 275 971	64.5%
com.cn	960 753	27.2%
net.cn	130 913	3.7%
gov.cn	51 185	1.5%
adm.cn	50 961	1.4%
org.cn	51 428	1.5%
edu.cn	3 910	0.1%
ac.cn	3 364	0.1%
mil.cn	26	0.0%
合计	3 528 511	100.0%

3．中文域名

中文通用域名是 CNNIC 推出的以“.cn”、“.中国”、“.公司”和“.网络”为后缀的中文域名，如“龙.cn”、“龙.中国”、“中国频道.公司”和“中国频道.网络”等。

中文通用域名的长度限制在 20 个汉字以内，首尾不能有非法字符，如：一、+、@、&等，不能是纯英文或数字域名，不得含有危害国家及政府的文字，允许使用中文、英文、阿拉伯数字及“-”号等字符；汉字中文通用域名兼容简体与繁体，无须重复注册。

中文通用域名具有很鲜明的中国特色，也更方便了汉语用户，使用户能在网上建立更为完整的企业或组织形象。但目前中文通用域名使用程度偏低。

4．通用网址与网络实名

通用网址是 CNNIC 开发的一种新兴的网络名称访问技术，带有半官方性质。它是通过建立通用网址与网站地址 URL 的对应关系，实现浏览器访问的一种便捷方式。用户只需要使用自己所熟悉的语言告诉浏览器要去的通用网址即可。

通用网址、域名、网站地址三者是不同的概念，最基础的是域名。所以，注册一个通用网址，必须先要注册域名，如：abc.com.cn，然后将通用网址如“宇宙”指向基于域名的网站地址如：www.abc.com.cn（或 abc.com.cn），将通用网址和域名一起提交给注册商，这样在浏览器中输入“宇宙”，就可以打开网站 http://www.abc.com.cn。

网络实名让互联网用户直接使用企业名、产品名、网站名等真实名称，即可直达目标网站，无须记忆复杂的域名、网址，无须前后缀。例如，如果要访问人民日报，以前必须在地址栏输入网址，而现在使用网络实名，只需输入“人民日报”即可直达。

5．选择域名

域名不仅是企业的网络商标，也是人们在网上查找的依据之一，可以说，拥有一个好的域名，就意味着成功了一半。如何选择一个好的域名呢？一般应遵循以下原则。

（1）简短、切题、易记

选择一个切题易记的域名是网站成功的重要因素，域名就是网络商标，是用户访问网站的第一通道。一个简短易记、反映站点性质的响亮域名往往会给用户留下深刻的印象。域名不宜太长，否则难记忆。

（2）与企业密切相关

一个好的域名应该与企业的性质、企业的名称、企业的商标及平时的企业宣传一致，这样的域名易记易找，也能成为网络中的活广告。无形中宣传了企业的形象，保护了企业的利益。如果一个企业的域名选得不规范，就会不便于记忆、查找，这在一定程度上会给公司造成损失。

目前，域名数量在以每年百万的速度膨胀。如果有意抢占网上先机，那就应该赶快注册。

6．域名注册机构

域名注册必须通过域名注册代理商进行，目前无论国际域名注册还是国内域名注册，都得通过域名注册代理商进行注册。以下是国内几个比较著名的代理商。

- 中国万网（http://www.net.cn）
- 新网（http://www.xinnet.com）
- 中资源（http://www.zzy.cn）
- 西部数码（http://www.west263.com）
- 商务中国（http://www.bizcn.com）
- 三五互联（中国频道）（http://www.35.com）
- 时代互联（http://www.nihao.cn）
- 新网互联（http://www.dns.com.cn）

二、IP 地址与域名系统

1．IP 地址

IP 地址就像是家庭住址一样，如果你要写信给一个人，你就要知道他的住址，这样邮递员才能把信送到。计算机发送信息就好比是邮递员，它必须知道唯一的“家庭地址”才不至于把信送错。只不过我们的住址是用文字来表示的，计算机的地址则用十进制数字表示。互联网上的每台主机都有一个唯一的 IP 地址，IP 协议就是使用这个地址在主机之间传递信息，这是互联网能够运行的基础。

IP 地址的长度为 32 位，分为 4 段，每段 8 位，用十进制数字表示，每段数字范围为 0～255，段与段之间用句点隔开，每个 IP 地址分为网络标识和主机标识两部分。例如，东南大学校园网 WWW 服务器的 IP 地址是 202.119.24.11，表示是 202.19.24 网络中的编号为 11 的主机。

2．IP 地址与域名的对应关系

IP 地址的表达方式比较抽象，不容易记忆，也没有什么直接意义，所以引入了域名的概念来管理 IP 地址。凡是加入了互联网的各级网络，依照统一的 DNS 命名规则对本网的计算机进行命名，并负责完成通信时域名与 IP 地址的转换。例如，www.cctv.com 的 IP 地址是 202.108.249.206；www.ibm.com 的 IP 地址是 129.42.16.99；www.sina.com.cn 的 IP 地址是 202.108.35.210 等。在系统中，通过域名服务器完成 IP 地址与域名的双向映射。域名服务器接受一个域名，将它翻译成 IP 地址，再将这个 IP 地址返回提出域名请求的计算机。例如，在浏览器中输入某个域名，那么域名解析服务器就将该域名的 IP 地址告诉计算机，计算机就会自动根据 IP 地址找到该域名的服务器，从而打开该网站。或者接受一个 IP 地址，将 IP 地址翻译成域名后返回给提出 IP 地址请求的计算机，这个过程称为域名解析。

3．IPv6 简介

现有的互联网是在 IPv4 协议的基础上运行的。IPv6 是下一版本的互联网协议，它的提出最初是因为随着互联网的迅速发展，IPv4 定义的有限地址空间将被耗尽，地址空间的不足必将影响互联网的进一步发展。为了扩大地址空间，拟通过 IPv6 重新定义地址空间。IPv4 采用 32 位地址长度，只有大约 43 亿个地址，估计在 2005—2010 年间将被分配完毕。而 IPv6 采用 128 位地址长度，几乎可以不受限制地提供地址。按保守方法估算，IPv6 实际可分配的地址，整个地球每平方米面积上可分配 1 000 多个地址。在 IPv6 的设计过程中，除了一劳永逸地解决地址短缺问题以外，还考虑了在 IPv4 中解决不好的其他问题。IPv6 的主要优势体现在以下几方面：扩大地址空间，提高网络的整体吞吐量，改善服务质量，安全性有更好的保证，支持即插即用和移动性，更好地实现多播功能。

显然，IPv6 的优势能够对上述挑战直接或间接地作出贡献。其中最突出的是 IPv6 大大地扩大了地址空间，恢复了原来因地址受限而失去的端到端连接功能，为互联网的普及与深化发展提供了基本条件。当然，IPv6 并非十全十美、一劳永逸，不可能解决所有问题。它也不可能在一夜之间实现，过渡需要时间和成本，只能在发展中不断完善，但从长远看，IPv6 有利于互联网的持续和长久发展。

第四节　确定服务器解决方案

一个电子商务网站至少应有一台用于存放企业网站的服务器。网站存放在一个什么样的服务器上，有很多种方案，应根据企业自身的实际情况进行选择。企业根据投入资金的多少和规模的大小可以选择专用主机、虚拟主机、服务器托管和主机租用等多种方式。

一、专用主机方式

企业建设电子商务网站，可自己购买运营服务器，这种方式称为专用主机方式。自建主机需要配备专业人员，申请专线，购买服务器、路由器等硬件设备，并安装相应的网络操作系统，开发使用 Web 程序，设定互联网服务的各项功能，包括 DNS 服务器及 WWW、FTP 服务设置等。这种方式的优点是可以自由设置功能，自由使用软件，不受互联网服务提供商（ISP）的限制。缺点是需要有较高水平的专业技术人员，投入资金较大。

二、虚拟主机

所谓虚拟主机是指租用 ISP 服务器的硬盘空间，使用特殊的 Web 技术，把一台计算机主机服务器分成若干个虚拟的主机，每一台虚拟主机都有独立的域名和 IP 地址，具有完整的互联网服务功能，如 WWW、FTP、E-mail 等。同一台服务器上的各个虚拟主机相对独立，互不干扰，可由用户自行管理，对访问者来讲虚拟主机和一台独立的主机服务器完全一样。

虚拟主机方式由于省去了全部硬件投资和软件平台投资，具有成本较低的优点，每年成本一般是数百元到数千元。但由于许多用户共享服务器，不能支持大量并发访问，另外网站维护也相对麻烦，这是其不足之处。虚拟主机方式适用于搭建小型网站，适用于中小型企业。通常各个 ISP 提供的虚拟主机服务条件不完全一样，企业在选择时要充分比较，认真选择，主要考虑以下因素。

（1）主机放置位置

一般说来，网站寄放在国内，国内的用户访问起来速度较快，但国外的用户访问起来速度较慢；而网站寄放在国外（一般指美国），全球的用户访问起来速度较快，国内用户访问起来速度稍慢。所以，如果访问者主要来自国内，可以选择放置在国内的虚拟主机；否则，应选择放置在国外的虚拟主机。如果要兼顾国内外用户，可以同时选择国内外的主机，当然费用也会高一些。

（2）网络连接速度

这是影响速度非常重要的因素。要求服务提供商的网络连接速度越快越好。一般的虚拟主机提供商会根据付费状况对虚拟主机的流量和带宽进行一定的限制。如果网站流量急剧增大，必须及时升级虚拟主机。

（3）虚拟主机空间大小

如果网站寄放打算放置很多的图片或者功能比较复杂，或者打算将一部分空间租让给别人，就要考虑较大的磁盘空间。一页网页所占的磁盘空间大约 20～50KB，10MB 大约可以放置 200～500 页。但有时如果想利用这个空间转存一下文件（例如利用网站寄放的断点续传能力帮助下载总是载不下来的文件），或者安装下一个程序，就需要给自己的空间留点富余。一般的中小企业有 100MB 的空间就足够了（已包括给电子邮件留的空间）。

（4）是否支持数据库

一般电子商务网站都必须为客人提供较深入的服务，如商品关键词检索、订单查询等，数据库是必不可少的，不同的数据库价格是不一样的。

（5）服务质量

例如，是否支持页面统计报告，技术支持是否及时，价格是否适中等。

三、服务器托管或主机租用

采用专用主机方式，如果网站的数据流量很大，则所要支付的费用相当高。为了解决这个问题，可以考虑将主机放在 ISP 的机房内，委托给 ISP 保管，或干脆向其租用一台网站服务器，将其放置在 ISP 的主机机房或数据中心。ISP 为客户提供优越的主机环境，客户通过远程控制进行网站服务器的配置、管理和维护。这种建站方式具有以下优点。

（1）企业的主机（或服务器群）托管在网络服务商的通信机房后，可获得至少 10M 以上的联网速率，企业完全消除了组建通信机房、配备电力、高速上网、网络升级、需要值维人员等后顾之忧。

（2）企业的主机在获得高速率的同时，其通信费用的成本却因此而降低了，其经济性是显而易见的。

（3）企业选择主机托管或租用服务可获得较高的安全保障。如果选择电信局标准的电信机房，能提供托管用户恒温恒湿的标准电信级的机房设施、充足的不间断的通信电源、24 小时技术人员值班维护等，使用户的服务器等设备获得最高的安全保障。

采用该方式也是小型网络公司的业务范围。小型网络公司可以采取服务器托管方式，对外开展虚拟主机服务，利用一台主机，可存放数十甚至上百的网站，可作为公司的一项经营方式。

第五节　网站开发方式与建设流程

一、网站开发方式

电子商务网站的开发方式多种多样，概括来讲，主要包括以下三种。

1. 外包

网站外包，也就是把不属于自己核心竞争力的网站项目外包出去。通俗地说，是把自己做不了或做不好或别人做得更好的事交由专业的软件或网络公司去完成。好处是省力、省心。缺点是费用比较高。

2. 购买商业软件

目前比较成熟的商业软件有 ECSHOP、ShopEx 等，费用比外包少很多，选择这种模式也要企业有过硬的技术团队支撑。另外，商业软件通常是通用软件，在体现企业自身特色方面可能会被限制。

3. 自主开发

自主开发费用低，同时有利于人才培养和电子商务的实施，但要求企业有较高水平的技术开发人员。

二、网站建设流程

1. 确定网站项目目标

电子商务网站的建设要从企业的战略规划出发，根据自身的优势特点准确地定位网站，明确网站的功能。具体来讲，企业要确认建立网站的目标是树立企业形象，还是展示产品、拓展市场；是宣传自己的思想、理念，还是调查用户反映、改进售后服务；是为企业作宣传，加强客户的沟通，还是要实现网络营销与电子商务。

2．进行项目需求分析与市场调研

根据市场调研得到的结果，从企业、市场、行业等各方面详细分析电子商务能为企业解决哪些问题，带来哪些商业机会，说明企业发展电子商务的必要性。例如，

- 企业的目标市场：说明企业目标市场的范围。
- 目标市场的电子商务需求：分析目标客户的特点、兴趣爱好及行为方式。
- 竞争对手分析：列出主要的竞争对手，分析其电子商务开展情况及效果，说明对手可供借鉴的内容，以及本企业的竞争优势。

建立电子商务网站，企业面对的是一个新的商务模式与新的市场环境，并不是简单地把传统的产品与渠道放到网上进行实施就可以了。准确的市场分析是建立电子商务网站的前提。企业推出的任何产品与服务都不能自己一厢情愿，必须在建站之前，对相关行业的市场需求进行分析，电子商务网站增加的每一项功能和服务都是建立在全面的需求分析基础之上的。

3．确定网站运营模式

（1）商务模式

描述电子商务采用的商务模式。

（2）主要业务流程

以流程图的方式表示电子商务下的核心业务流程，并用文字加以说明。

（3）盈利方式

说明电子商务下企业如何盈利。

4．网站的设计

（1）内容与功能设计

确立网站的内容和功能以后，要进行内容分类和组织。栏目设计的最基本任务是建立网站内容展示的框架，具体要确定哪些是必需的栏目，哪些是重点栏目，并建立栏目的层次结构。

（2）企业网站风格、结构和布局设计

一方面，网站风格应符合企业形象标准，能够充分展示企业精神和企业文化，能够展示企业的风采。另一方面，还要以客户需求体验为核心，定制网站的结构与布局。

5．网站制作

根据网站的功能确定网站技术解决方案后，接下来就是由技术开发人员进行网站的页面设计与程序的编写。

6．系统全面测试

将制作好的网站进行性能方面的全面测试，对网站内容进行校对和调整以确保将来的安全性、可靠性和准确性。主要测试内容如下。

- ❑ 服务器的稳定性、安全性。
- ❑ 程序及数据库测试。
- ❑ 网页兼容性测试，如不同的浏览器、显示器分辨率显示效果是否统一协调。
- ❑ 根据需要的其他测试。

7．网站运行与维护

网站制作好了并不意味着没事了，一个电子商务网站建立起来之后，要让它发挥尽可能大的作用，吸引更多的浏览者，壮大自己的客户群，就必须研究和跟踪最新的变化情况，及时发布企业最新的产品、价格、服务等信息，保持网站内容的准确性、实效性。除此之外，还要管理与维护客户信息、订单信息及销售统计管理等。

整个网站建设流程如图 4-2 所示。

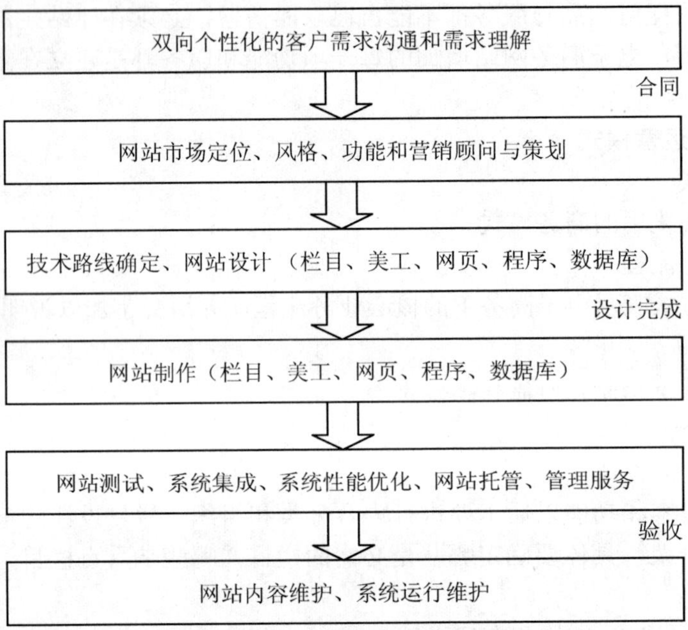

图 4-2　网站建设流程

第六节　案　　例

【例 4-1】

某休闲服饰企业网站策划方案

1．网站定位

网站提供 18～35 岁青年男女的休闲服饰，主要面向当代大学生，他们是青年中具有潜在的商业消费价值的群体；其次，是青中年成功人士，他们在工作之余经常参与旅游、娱乐等休闲活动，具有一定的消费购买能力和消费水平。

2. 市场需求分析

国内休闲装日益流行，穿休闲装也渐渐被大多数人认同。随着生活水平的提高，人们开始关注自己生活品位的提高，这些对休闲装的发展都非常有益。但高级商务休闲的市场还是相对较小。国外的休闲品牌是最近几年进入国内并迅速发展起来的。据有关资料显示，我国休闲服饰至少有 1 400 亿元的巨大市场。

我国 18～35 岁的青年男女有 3 亿多，首先，在校大学生已达 1 700 万以上，不同专业的大学生都有不同的消费观念，对服饰类型也有所不同，喜欢休闲服饰的占 63%，半休闲的占有 30%。其次，青中年成功人士中较具消费实力的白领阶层，他们工作较忙，往往无暇光顾百货商店，却有大量的服饰消费需求。所以，网上购物毫无疑问变成他们的首选。有调查表明，这种消费量还将以 200%的速度递增。

3. 竞争对手分析

从已有的服饰网站来看，有的网站没有进行市场细分，也没有专业的网站；有的服饰公司虽然做了网站，但内容较单一，信息更新不及时，而且只注重形象宣传，大部分都不具备商务功能。

（1）A 休闲服饰公司

A 公司的网站，界面清晰，功能齐全，其网站以天蓝色为主调，一级栏目包括企业文化、公司简介、产品系列、信息发面、加盟代理、联系我们等栏目。但网站产品分类不清晰，没有搜索功能，不方便顾客寻找产品。另外，信息更新不及时，没有设立论坛这个栏目，不利于和顾客进行信息沟通。其市场策略如下。

服务策略：以“敬业创新，以人为本”为经营理念，以“质量求生存，以信誉求发展”为宗旨。

品牌个性：男女休闲服饰系列，都市休闲新概念，以浪漫、优雅为主调，弘扬情侣间的亲密之情。

目标市场：白领阶层。

A 休闲服饰公司，资产近亿元，年产量 320 万件套，主要生产 T 恤、衬衫、休闲裤、运动服，以合理的市场定位、执着的商品品质追求为基础。

（2）B 服饰公司

该网站以棕色为主色调，以经营裤装为特色。它的网页主要是静态页面。从一级栏目来看，包括关于我们、卖场服饰、批发业务、特许加盟、经营理念、信息反馈。网站几乎是以宣传形象为主，没有展开更多的商务活动，而且网速慢，信息更新不及时，因而访问量不是很大。目前，在国内已有 165 家加盟专卖店。从销售业绩来看，其产品非常受广大消费者的欢迎。

B服饰公司产品策略如下。

目标市场：月收入在4 000元以下，穿着较有品味、较讲究的青年工薪族及高中以上学生的休闲服市场。(特别是休闲服夏装市场)。

消费者年龄阶层：22～35岁，大方休闲，在风格方面让成熟男士在充分享受成功人生的同时，更加享受休闲生活。

- 服装定位：大众化款式为主，兼略带有风采气息、有特色及个性化的休闲服饰。
- 面料定位：大部分为常见面料，小部分为特殊面料。
- 春夏以纯棉、混棉为主，化纤为辅；秋冬下装以棉为主，上装以毛料、化纤、棉为主。
- 质量定位：中高档质量。
- 价格定位：物超所值，中低消费。
- 春夏货品：T恤、衬衣、休闲裤、西裤、短裤。
- 秋冬货品：薄外套、厚外套、羽绒服。
- 产品定位：风采、休闲。

4. 企业网站内容与功能规划

主要栏目：企业简介，服务内容，联系方式，加盟会员注册，订单确认，个人信息保密措施，相关帮助等。

在服务内容方面，细分为：导购在线，售后反馈，在线咨询等。

版块划分方面，按服装信息种类和涉及对象的不同分为服装信息咨询交流版块，服装B2B商务预订版块，服装B2C电子商务交易版块这几大部分，同时又充分考虑到网站本身与加盟商（代理商）之间的相互关系，做到相互之间形成一个丰富的信息交换机制，使得B2B等多种信息交换和电子商务模式均能融合到整个服装网站中。在商务流程设计方面，遵循以客户为导向的CRM理论（客户关系管理），紧密围绕将服装网站建成为客户服务和信息咨询平台、销售平台、营销平台这三个出发点。

系统功能包括如下。

- 查询系统与分类检索系统。
- 在线订货（或购物）系统（购物车）。
- 在线支付系统：用招商银行一卡通、交通银行太平洋卡、建设银行龙卡储蓄卡等银行支付系统进行在线支付，提供与银行之间联系的接口。
- 用户注册、登录系统：用户可进行在线注册，免费成为会员。注册成会员后可以在网站的登录位置进行登录。
- 用户管理系统：管理用户的注册信息，添加、更改 、删除用户登录的信息。
- 后台管理员管理系统：系统管理、企业信息、产品的管理、订单管理、会员管理、新闻管理、留言管理、荣誉管理、人才管理、营销网络、调查管理、邮件列表、友情链接。

- 信息分析系统。
- 产品分析系统、用户地区分析系统。
- 订单系统。
- 网站调查系统。

资料来源：根据风采 e 网方案策划书整理

【例 4-2】

某网络公司提供网站建设及域名空间服务

很多网络公司为企业提供了各种基础服务，如域名注册服务、通用网址注册服务、虚拟主机、邮局、网站建设、自助建站、可信网站等，为企业上网及实施电子商务战略提供专业的咨询与解决方案。

如表 4-4 所示是一家网络公司为企业定制的标准型网站价格表。

表 4-4　标准展示型套餐

类　别	简　介
整站风格设计	整套风格设计，量身定做。根据客户需求并参照公司的产品、建筑或 LOGO 来设计首页和网站布局（2 000 元）
页面制作	10 个页面，具体可以参看栏目内容
栏目内容	首页、公司简介、推荐产品（首页）、计数器、在线 QQ、产品中心、服务内容、客户留言、联系我们（1 500 元）
Banner 动画	1 幅 （以小幅动画形式展示公司形象/产品/建筑等，使网站更具有形象化和宣传性）（500 元）
功能模块	产品管理系统（2 000 元）、留言管理系统型（500 元）、在线 QQ 聊天、计数器 、资料上传服务（5 张图片处理及上传）
维护内容	提供一年的维护，每 3 个月提供一次维护，维护内容为网站的文字及图片
语言版本	中文版
项目总金额	6 500 元

如图 4-3 所示是某 ISP 提供的域名申请价格服务，如图 4-4 所示是某 ISP 的两款虚拟主机的价格与功能配置。

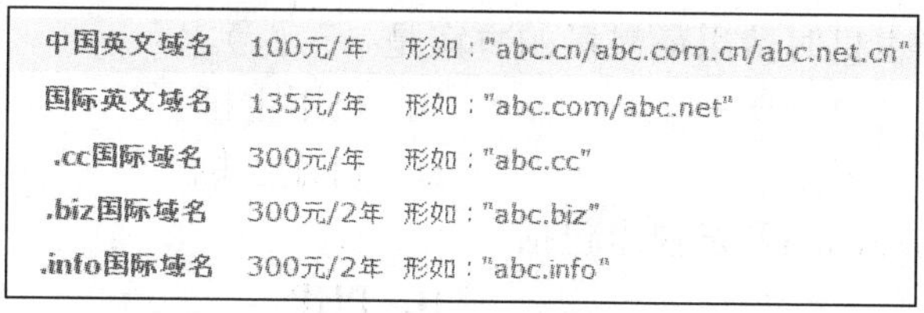

中国英文域名	100元/年	形如："abc.cn/abc.com.cn/abc.net.cn"
国际英文域名	135元/年	形如："abc.com/abc.net"
.cc国际域名	300元/年	形如："abc.cc"
.biz国际域名	300元/2年	形如："abc.biz"
.info国际域名	300元/2年	形如："abc.info"

图 4-3　域名价格

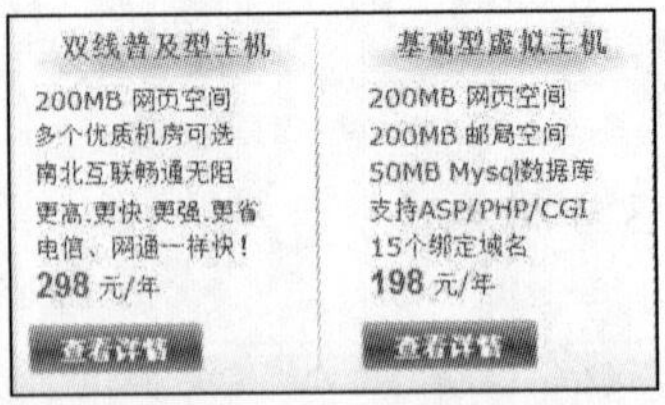

图 4-4　虚拟主机配置与价格

资料来源：中资源，http://www.zzy.cn

思考与练习

一、简答题

1．在互联网发布网站的意义有哪些？

2．静态网页与动态网页的区别是什么？

3．域名选择应遵循哪些原则？

4．确定服务器解决方案主要有哪几种？

5．当前网站的开发方式主要有哪几种？

二、选择题

1．域名和 IP 地址之间的关系是（　　）。

A．一对一　　B．多对一

C．一对多　　D．一对一或多对一

2．下列有关域名描述正确的是（　　）。

A．域名含有商业性标记　　B．域名是一种资源

C．域名是一种智力成果　　D．域名具备知识产权基本特征

3．在域名系统中，最靠右的字段称为（　　）。

A．机构域　　B．地理域

C．二级域名　　D．顶级域名

4．建设网站选择主机时费用最昂贵的方案是（　　）。

A．虚拟主机　　B．租用主机

C．服务器托管　　D．自建主机

5．目前常用的动态网站开发技术包括（　　）。

A．ASP　　B．PHP

C．JSP　　D．ASP.NET

技能训练

调研当地一家中小型企业情况，为该企业进行市场分析，完成企业网站的前期策划设计，写出网站策划方案，并完成以下工作。

1．为该企业进行域名设计，并进行域名申请与注册。

2．为该企业申请虚拟主机。

【实训指导】

下面以中国网格为例，介绍申请虚拟主机的过程。

（1）登录中国网格网站（http://www.cnwg.cn），注册会员，如图 4-5 所示。

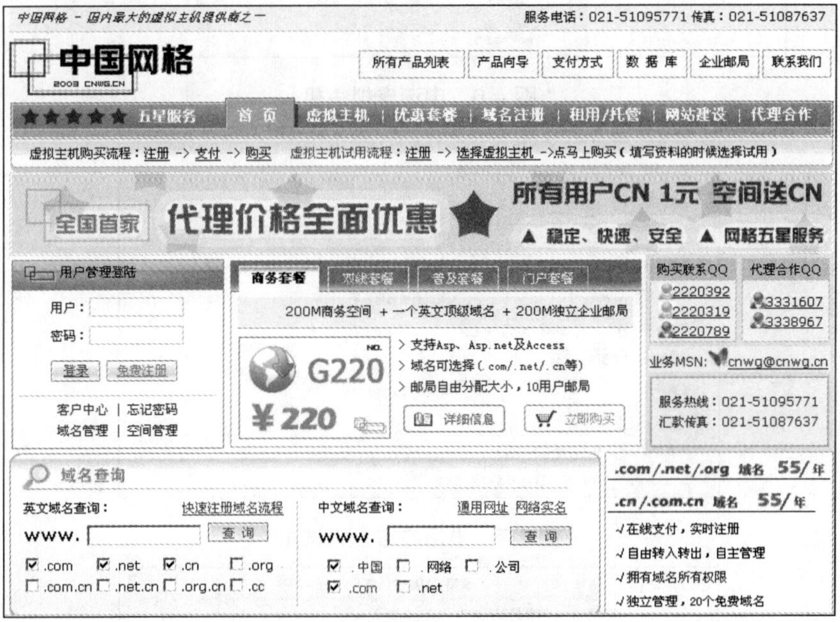

图 4-5 中国网格首页

（2）以会员号登录，开始申请虚拟主机。例如，申请“商务型 200M”的虚拟主机，如图 4-6 所示。单击“购买”按钮，注意选中“试用 5 天”单选按钮，如图 4-7 所示，申请结果如图 4-8 所示。

图 4-6　申请虚拟主机

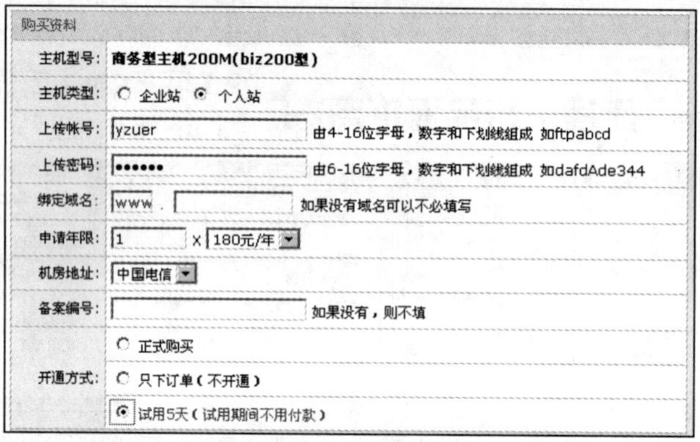

图 4-7　申请虚拟主机试用

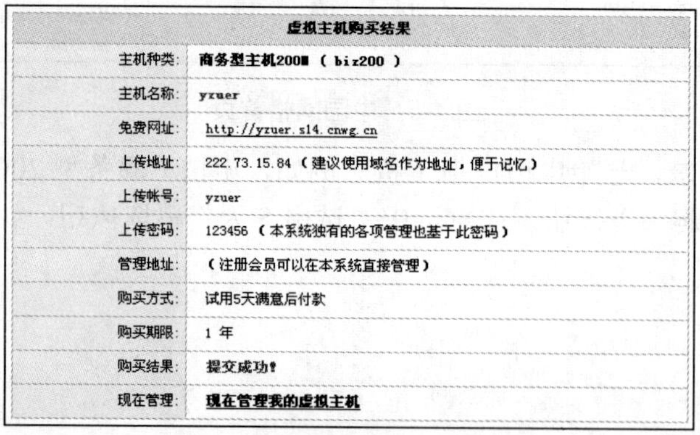

图 4-8　虚拟主机申请完成

（3）域名解析。域名注册后，必须将其解析到申请好的虚拟主机，如图 4-9 所示，这样才能通过域名访问网站。域名解析一般需要 24～48 小时生效，也就是说，完成域名解析后等 1～2 天就可以通过域名直接访问网站了。

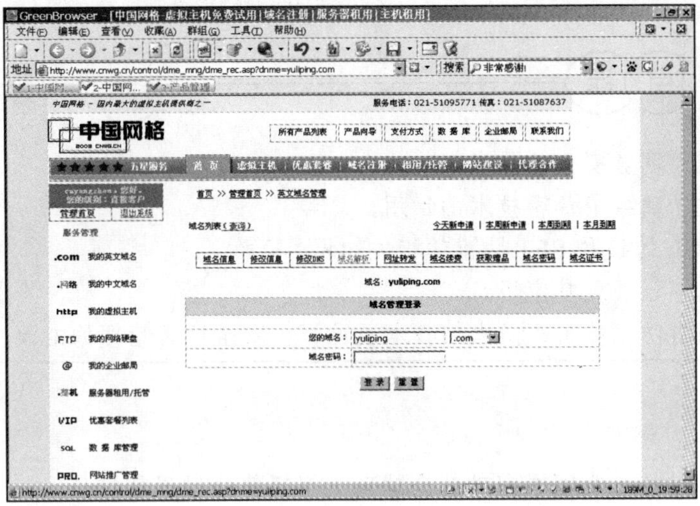

图 4-9 域名解析

第五章　电子商务安全与认证

学习目标

- ☑ 理解电子商务安全的要素。
- ☑ 了解电子商务中加密技术的运用。
- ☑ 理解 SSL 协议和 SET 协议的相关知识。
- ☑ 了解数字证书及其应用。
- ☑ 掌握病毒防范技术、防火墙技术及计算机安全日常管理的对策。

【导入案例】

我国专家破解全球两大密码算法世界震惊

随着电子商务的发展，网上银行、网上合同、电子签名等的应用越来越广泛，网络已经成为生活中不可或缺的一部分。电子商务在给人们的工作生活带来便捷的同时，也存在着安全隐患。一直在国际上广泛应用的两大密码算法 MD5、SHA-1，近期宣布被一名中国密码专家破解。这一消息在国际社会尤其是国际密码学领域引起极大反响，同时也再次敲响了电子商务安全的警钟。

从密码分析上找出这两大国际通用密码漏洞的是一位土生土长的中国专家——山东大学信息安全所所长王小云。

新闻世界密码大厦轰然倒塌

40 岁的王小云，毕业于山东大学数学系，师从于著名数学家潘承洞、于秀源教授，是一位外表普通却充满自信的中国女性。

在 2004 年 8 月之前，国际密码学界对王小云这个名字并不熟悉。2004 年 8 月，在美国加州圣芭芭拉召开的国际密码大会上，并没有被安排发言的王小云教授拿着自己的研究成果找到会议主席，要求进行大会发言。就这样，王小云在国际会议上首次宣布了她及她的研究小组近年来的研究成果——对 MD5、HAVAL-128、MD4 和 RIPEMD 等四个著名密码算法的破译结果。

在公布到第三个成果的时候，会场上已经是掌声四起，报告不得不一度中断。报告结束后，所有与会专家对她们的突出工作报以长时间的掌声。

事实上，在 MD5 被王小云为代表的中国专家破译之后，世界密码学界仍然认为 SHA-1 是安全的。2005 年 2 月 7 日，美国国家标准技术研究院发表声明，SHA-1 没有被攻破，并且没有足够的理由怀疑它会很快被攻破，开发人员在 2010 年前应该转向更为安全的 SHA-256 和 SHA-512 算法。而仅仅在一周之后，王小云就宣布了破译 SHA-1 的消息。

因为 SHA-1 在美国等国家有更加广泛的应用，密码被破的消息一出，在国际社会的反响可谓石破天惊。换句话说，王小云的研究成果表明了从理论上讲电子签名可以伪造，必须及时添加限制条件，或者重新选用更为安全的密码标准，以保证电子商务的安全。

最近，国际密码学家 Lenstra 利用王小云提供的 MD5 碰撞，伪造了符合 X.509 标准的数字证书，这就说明了 MD5 的破译已经不仅仅是理论破译结果，而是可以导致实际的攻击，MD5 的撤出迫在眉睫。王小云说，目前 SHA-1 在理论上已经被破译，离实际应用也为期不远。

幕后不可思议的女子解码团队

让世界震惊的是，绝大多数密码专家认为固若金汤的两大密码算法，最终被一位中国女子带领的女子团队无情地击倒，而且这个过程看起来似乎并不是太难，SHA-1 的破解只用了两个多月的时间，很多密码学界的专家认为“这听起来简直有些不可思议”。

王小云 1990 年在山东大学师从著名数学家潘承洞教授攻读数论与密码学专业博士，在潘承洞、于秀源、展涛等多位名师的指导下，她成功将数论知识应用到密码学中，并从 20 世纪 90 年代末开始进行 Hash 函数的研究。

王小云在成功之前一直默默无闻，同行评价她，从不急功近利，没有新思想新进展的论文她是绝对不主张发表的，平时对一些耽误研究工作时间的荣誉或应酬也没有热情。她不赞同大批量的阅读文献，主张抓住几篇经典的论文仔细研究，吃透论文思想，然后自己独立思考，寻找突破性的方法，迅速将自己的方法进行实验。她就是这样周而复始地在数字王国里进行着钻研。

参与破译密码 SHA-1 的研究小组是以王小云为首的一支三人女子团队，其中包括王小云的一名博士生于红波，另一位合作者是来自清华大学的一位女研究人员。“我的八名博士生里面有六个是女性，她们在密码学领域表现出不凡的才能。很多人觉得密码学是很玄妙的学问，而我们觉得它非常有趣。因为我们习惯于用数学方式思维，而一旦养成了这种思维方式，数字在我们眼中就变成了美妙的音符，我们的研究就像音乐创作一样有趣。”王小云说。

国际两大密码城堡

MD5、SHA-1 是当前国际通行的两大密码标准。据了解，MD5 由国际著名密码学家图灵奖获得者兼公钥加密算法 RSA 的创始人 Rivest 设计，SHA-1 是由美国专门制定密码算法的标准机构——美国国家标准技术研究院（NIST）与美国国家安全局（NSA）设计。

两大算法是目前国际电子签名及许多其他密码应用领域的关键技术，广泛应用于金融、证券等电子商务领域。其中，SHA-1 早在 1994 年便为美国政府采纳，目前是美国政府广泛应用的计算机密码系统。

资料来源：http://www.eol.cn/article/20050329/3132482.shtml

【引言】

发展电子商务，在开放的网络上处理交易，如何保证电子化贸易方式的安全可靠是人们关注的焦点。由于互联网网络平台及其应用系统（电子邮件、文件传输系统）的最初设计主要集中考虑解决异构计算机、异构操作系统与异构通信网络的互连、互通与互操作性，而没有考虑解决网络的安全问题，随着电子商务的迅速发展和广泛应用，其安全性已变得日益重要起来。

在互联网环境中开展电子商务，客户、商家、银行等诸多参与者都会担心自己的利益能否真正得到保障。因此，国际组织、各国政府以及研究机构都在致力于互联网安全问题的研究，期望逐步把网上的世界变得有序、可信、可靠。只有保证了电子商务的安全，才能够吸引更多的社会公众投身电子商务、应用电子商务、发展电子商务，才能使电子商务健康地生存，高速地发展。

第一节 电子商务与信息安全

一、电子商务安全的现状

互联网之所以能发展成为今天的全球性网络，主要依赖于它的开放性。由于互联网的高度开放性与电子商务所要求的保密性是矛盾的，而互联网本身又没有完整的网络安全体制，因此基于互联网的电子商务安全无疑会受到严重威胁。

在电子商务的发展过程中，各产业对网络已经出现了高度的依赖性。一旦计算机网络受到攻击而不能正常运作，整个社会就会陷入危机的泥沼，所以这种高度的依赖性使社会经济变得十分“脆弱”。随着经济信息化进程的加快，计算机网络上黑客的破坏活动也随之猖獗起来。黑客行为已对经济秩序、经济建设、国家信息安全构成严重威胁。黑客组织在互联网上公开网址、信道，提供免费的黑客工具软件，介绍黑客手法，出版网上黑客杂志和书籍，因此普通人很容易学到网络攻击方式。黑客的攻击一旦得逞，轻则篡改、删除页面，重则导致网络服务乃至整个商务系统瘫痪，长时间内无法恢复，造成不可估量的损失。

一只熊猫，三炷香，憨态可掬，却是歹毒至极。2006 年底，这个名为“熊猫烧香”的病毒，在一夜之间使数以百万台计算机遭到感染和破坏，该病毒更一举拿下了“2006 十大计算机病毒之首”的“桂冠”。“熊猫烧香”又称“武汉男生”，随后又化身为“金猪报喜”，这是一个感染型蠕虫病毒，能感染系统中.exe、.com、.pif、.src、.html、.asp 等文件，还能中止大量的反病毒软件进程并且会删除扩展名为 gho 的文件，被感染的用户系统中所有.exe 可执行文件全部被改成熊猫举着三根香的模样。

2005 年，美国超过 300 万的信用卡用户资料外泄，导致用户财产损失。同时，中国工商银行、中国银行等金融机构先后成为黑客们模仿的对象，设计了类似的网页，通过网络钓鱼的形式获取利益。这一现象在 2005 年以平均每个月 73%的数字增长，使很多用户对于网络交易的信心大减，导致年底各家银行对于网络交易安全大大提高了重视程度。

2006 年 6 月 11 日，国内首例旨在敲诈被感染用户钱财的木马病毒被江民公司反病毒中心率先截获。该病毒名为“敲诈者”（Trojan/Agent.bq），病毒可恶意隐藏用户文档，并借修复数据之名向用户索取钱财。“敲诈者”在被截获后短短 10 天内，全国数千人中招，许多个人和单位受到重大损失。一名网民由于中了“敲诈者”，合同文本被病毒隐藏，使得本来到手的订单丢失，该网民出于愤怒地在网上发帖称悬赏 10 万元网上通缉一名为“俊曦”的病毒作者。7 月 24 日，广州警方宣布破获这一国内首例敲诈病毒案，作者被警方刑事拘留，等待他的将是法律的严惩。

电子商务系统在防不胜防的破坏性活动面前，有时会显得软弱无力，谁都无法预测将会受到什么样的挑战。信息安全漏洞难以堵塞，一方面是由于缺乏统一的信息安全标准、密码算法，协议在安全与效率之间难以两全；另一方面，则是由于大多数管理者对网络安全不甚了解。另外，信息犯罪属跨国界的高技术犯罪，要用现有的法律来有效地防范十分困难。现有的科技手段也难以侦察到计算机恐怖分子的行踪，罪犯只需要一台计算机、一条电话线、一个调制解调器就能远程作案。

在电子商务交易中，商家、客户和银行等各参与方是通过开放的互联网连接在一起的，相互之间的信息传递也要通过互联网来进行，这一变化使交易的风险性和不确定性加大，从而对网络传输过程中数据的安全和保密提出了更高的要求。尤其对于电子商务支付中涉及的敏感数据，则更需确保其万无一失。

就目前而言，电子商务交易的安全性问题已是实现电子商务的关键所在。安全得不到保障，即使使用互联网再方便，电子商务也无法得到广大用户的认可。

二、电子商务安全的要素

电子商务安全是一个复杂的系统问题，在使用电子商务的过程中会涉及以下几个有关安全方面的要素。

1．可靠性

可靠性是指电子商务系统的可靠程度，是指为防止由于计算机失效、程序错误、传输错误、硬件故障、系统软件错误、计算机病毒和自然灾害等所产生的潜在威胁，采取了一系列的控制和预防措施来防止数据信息资源不受到破坏的可靠程度。

2．机密性

机密性是指交易过程中必须保证信息不会泄露给非授权的人或实体。电子商务的交易信息直接代表着个人、企业或国家的商业机密。传统的纸面贸易都是通过邮寄封装的信件或通过可靠的通信渠道发送商业报文来保守机密的；而电子商务则建立在一个较为开放的网络环境上，商业保密就成为电子商务全面推广应用的重要屏障。因此，要预防非法的信息存取和信息在传输过程中被非法窃取，确保只有合法用户才能看到数据，防止泄密事件的发生。

3．完整性

完整性是指数据在输入、输出和传输过程中，要求能保证数据的一致性，防止数据被非授权建立、修改和破坏。电子商务简化了贸易过程，减少了人为的干预，但同时也带来了需要维护商业信息完整、统一的问题。由于数据输入时的意外差错或欺诈行为，可能导致贸易各方信息的差异。此外，数据传输过程中信息的丢失、信息重复或信息传送的次序差异也会导致贸易各方信息不相同。信息的完整性将影响到贸易各方的交易和经营策略，保持这种完整性是电子商务应用的基础。

4．不可抵赖性

电子商务可能直接关系到贸易双方的商业交易，如何确定要进行交易的贸易方正是所期望的贸易方这一问题，则是保证电子商务顺利进行的关键。在传统的纸面贸易中，贸易双方通过在交易合同、契约或贸易交易所的书面文件上的手写签名或印章来鉴别贸易伙伴，确定合同、契约、交易的可靠性，并预防抵赖行为的发生。这也就是人们常说的“白纸黑字”。一旦交易开展后便不可撤销，交易中的任何一方都不得否认其在该交易中的作为。在电子商务方式下，通过手写签名和印章进行双方的鉴别已是不可能的了。因此要求在交易信息的传输过程中为参与交易的个人、企业或国家提供可靠的标识，使原发送方在发送数据后不能抵赖，接收方在接收数据后也不能抵赖。

5．身份的可认证性

在传统的交易中，交易双方往往是面对面进行活动的，这样很容易确认对方的身份。即使开始不熟悉、不能确信对方，也可以通过对方的签名、印章、证书等一系列有形的身份凭证来鉴别他的身份。然而，在进行网上交易时，双方可能素昧平生，相隔千里，并且在整个交易过程中都可能不见一面。因此，如果不采取任何新的保护措施，就要比传统的商务更容易引起假冒、诈骗等违法活动。例如，在进行网上购物时，对于客户来说，如何确信屏幕上显示的页面就是那个有名的网上商店？同样，对于商家来说，怎样才能相信正在选购商品的客户不是一个骗子？因此，要使交易成功，就要保证在双方进行交易前，首先要能确认对方的身份不能被假冒或伪装。

第二节　信息加密概述

一、加密简介

随着计算机联网的逐步实现，计算机信息的保密问题显得越来越重要。数据保密变换，或密码技术，是对计算机信息进行保护的最实用和最可靠的方法。

密码学是一门古老而深奥的学科，它对一般人来说是陌生的。因为长期以来，它只在很少的范围内，如军事、外交、情报等部门使用。计算机密码学是研究计算机信息加密、解密及其变换的科学，是数学和计算机的交叉学科，也是一门新兴的学科。

密码是实现秘密通信的主要手段，是隐蔽语言、文字、图像的特种符号。凡是用特种符号按照通信双方约定的方法把电文的原形隐蔽起来，不为第三者所识别的通信方式称为密码通信。在计算机通信中，采用密码技术将信息隐蔽起来，再将隐蔽后的信息传输出去，使信息在传输过程中即使被窃取或截获，窃取者也不能了解信息的内容，从而保证信息传输的安全。

所谓“加密”，就是使用数学的方法将原始信息（明文）重新组织与变换成只有授权用户才能解读的密码形式（密文）。而“解密”就是将密文重新恢复成明文。加密和解密过程依靠两个元素，即算法和密钥。算法是加密或解密的一步一步的过程，在这个过程中需要一串数字，这个数字就是密钥。

任何一个密码系统至少包括下面四个组成部分，如图 5-1 所示。

（1）未加密的报文，也称明文。

（2）加密后的报文，也称密文。

（3）加密解密设备或算法。

（4）加密解密的密钥。

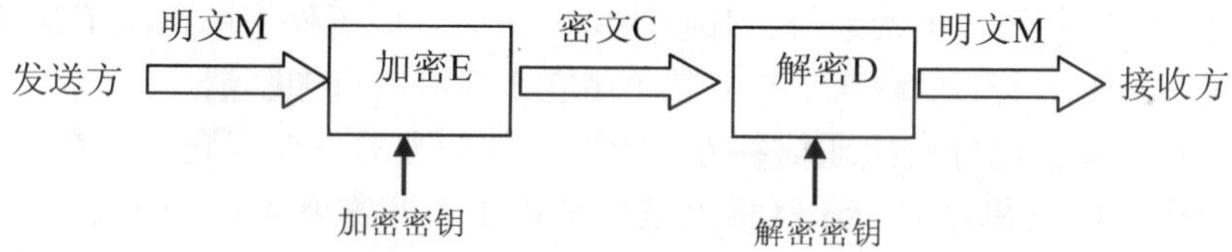

图 5-1　密码系统组成

发送方用加密密钥，通过加密设备或算法，将信息加密后发送出去。接收方在收到密文后，用解密密钥将密文解密，恢复为明文。如果传输中有人窃取，他只能得到无法理解的密文，从而对信息起到保密作用。

二、加密技术

按密钥和相关加密程序类型可把加密分为三类：散列编码、对称加密和非对称加密。

1．散列编码

是用散列算法求出某个消息的散列值的过程。散列值相当于消息的指纹，因为它对每条消息都是唯一的。如果散列算法设计得好，由两个不同消息计算得出同一散列值（即引起冲突）的概率是很小的。散列编码对于判别信息是否在传输时被改变非常方便。如果信息被改变，原散列值就会与由接收者所收消息计算出的散列值不匹配。散列编码的一种最主要的算法是 HASH 算法，它是数字指纹的主要技术。

2．对称加密

它用且只用一个密钥对信息进行加密和解密。由于加密和解密用的是同一密钥，所以发送者和接收者都必须知道密钥。

对称密钥的常用算法是 DES，该算法于 1972 年由 IBM 公司提出，后被国际标准化组织接受，并作为数据加密标准。另一个对称密钥加密算法 IDEA 是瑞士的著名学者提出的。它在 1990 年正式公布并在以后得到增强。这种算法是在 DES 算法的基础上发展出来的，类似于三重 DES。发展 IDEA 也是因为感到 DES 具有密钥太短等缺点。IDEA 的密钥为 128 位，这么长的密钥在今后若干年内应该是安全的。

对称加密方法对信息编码和解码的速度很快，效率也很高，但需要细心保存密钥。如果密钥泄露，以前的所有信息都失去了保密性，致使以后发送者和接收者进行通信时必须使用新的密钥。将新密钥发给授权双方是很困难的，关键是传输新密码的信息必须进行加密，这又要求有另一个新密钥。对称密钥的另一个问题是其规模无法适应互联网这类大环境的要求，想用互联网交换保密信息的每对用户都需要一个密钥，这时密钥组合就会是一个天文数字。如果每两个人要求一个私有密钥，n 个人彼此之间进行保密通信就需要 n(n-1)/2 个密钥。尽管对称加密在很多情况下都很有效，但也有比较大的局限性。所有各方都必须相互了解，并且完全信任，而且每一方都必须妥善保管一份密钥。如果发送者和接收者处在不同地点，就必须当面或在公共传送系统（电话系统、邮政服务）中无人偷听偷看的情况下交换密钥。在密钥的交换过程中，任何人一旦截获了它，就可用它来读取所有加密消息。

因为密钥必须安全地分发给通信各方，所以对称加密的主要问题就出在密钥的分发上，包括密钥的生成、传输和存放。在网络上进行密钥发布非常麻烦，如果企业有几千个在线顾客，那么密钥的发布就很难满足要求。此外，对称加密不适合同以前互不认识的交易方在公共网络上交换消息。例如，企业如果想安全地与在线顾客交易，每个顾客就都必须有企业分配给它的独特密钥，这个密钥也必须通过独立的安全渠道（如电话）传送给顾客，整个成本很高。所以，由于提供安全密钥管理的难度很大，对称加密也就很难成为电子商务中占主导地位的加密方法。

对称密钥最大的特点是加解密速度快，所以一般用来加密较长的信息。不足是需要的密钥太多，而且安全性也不够高。

3．非对称加密

1977 年，麻省理工学院的三位教授（Rivest、Shamir 和 Adleman）发明了 RSA 公开密钥密码系统。他们的发明为敏感信息的交换方式带来了新的途径。在此系统中有一对密码，给别人用的就叫公钥，给自己用的就叫私钥。这两个可以互相并且只能为对方加密或解密，用公钥加密后的密文，只有私钥能解。同私钥加密的密文，也只能用公钥解密。

为提高保密强度，RSA 密钥至少为 500 位长，一般推荐使用 1 024 位。这就使加密的计算量很大。为减少计算量，在传送信息时，常采用对称加密方法与非对称加密方法相结合的方式，即信息采用改进的 DES 或 IDEA 加密，然后使用 RSA 密钥加密对称密钥和信息摘要。对方收到信息后，用不同的密钥解密并可核对信息摘要。

例如，张三想发给李四信息，可以从公开渠道取得李四的公钥，然后用李四的公钥对自己要发送的信息加密；由于密钥对是唯一的，信息加密后，只有李四才能用其私钥解密信息后阅读。同样，李四也可向张三发一条私人信息，用张三的公钥对信息加密。张三收到李四的信息后可用自己的私钥解密信息后阅读。一旦信息从服务器下载并解密后，就以明文的形式保存在接收者的计算机上，这时接收者就可以阅读了。

与对称加密相比，非对称加密有若干优点：第一，在多人之间进行保密信息传输所需的密钥组合数量很小。在 n 个人彼此之间传输保密信息，只需要 n 对密钥，远远小于对称加密系统需要 n(n－1)/2 的要求。第二，公钥的发布不成问题，它没有特殊的发布要求，可以在网上公开。第三，非对称加密可实现数字签名。这就意味着将电子文档签名后再发给别人，而签名者无法否认。也就是说，采用非对称加密技术，除签名者外他人无法以电子方式进行签名，而且签名者事后也不能否认曾以电子方式签过文档。RSA 算法的加密密钥和加密算法分开，使得密钥分配更为方便。它特别符合计算机网络环境。RSA 算法解决了大量网络用户密钥管理的难题。

非对称加密安全可靠，但加密速度慢，所以一般只适合加密较短的信息，如信用卡号、对称密钥等。

第三节　电子商务中加密技术的运用

一、数字信封

数字信封解决了网上信息传输的保密性问题。

“数字信封”（也称电子信封）技术结合了对称密钥和非对称密钥两种加密技术的优点，使用两个层次的加密来获得非对称密钥技术的灵活性和对称密钥技术的高效性。具体操作方法如下。

（1）发送方计算机自动产生对称密钥 X。

（2）发送方用对称密钥 X 加密原文 Y，形成密文 Y′。

（3）发送方用收信方的公开密钥加密这个对称密钥 X，得到 X′。

（4）发送方将密文 Y′ 及加密后的对称密钥 X′ 发送给接受方。

（5）接收方使用自己的私有密钥解密被加密的对称密钥 X′，得到 X。

（6）接受方用对称密钥 X 解密密文 Y′，得到原文 Y。

电子信封技术在外层使用非对称密钥技术，就可以享受到非对称密钥技术的灵活性；而且由于可以在每次传送中使用不同的对称密钥，系统有了额外的安全保证。

二、数字指纹

数字指纹解决了防止网上伪造的问题，保证了文档的完整性。

由于技术上的原因，非对称密钥密码体系不适合对数据量较大的报文加密（例如，RSA 要求报文的长度必须小于密钥的长度），所以，目前报文的加密大量使用的仍然是对称密钥密码体系。为了用非对称密钥密码体系对报文进行数字签名，人们采用了数字指纹加密技术，这一加密方法亦称安全 HASH 编码法。该编码法采用单向 HASH 函数将需加密的明文“摘要”成一串 128 位的密文，这 128 位的密文就是所谓的数字指纹，又称信息鉴别码。它有固定的长度，且不同的明文摘要成的密文，其结果总是不同的，而同样的明文其摘要必定一致。这样这串摘要便成为验证明文是否是“真身”的指纹了。数字指纹的应用使交易文件的完整性（不可修改性）得以保证。

三、数字签名

数字签名技术解决了发送者的身份认证问题。数字签名技术就是将非对称密钥加密体系和数字指纹结合起来，实现数字签名的过程如下。

（1）发送方用 Hash 算法对原文加密产生 128 位的数字摘要 A。在数学上保证，只要改动报文中任何一位，重新计算出的报文摘要值就会与原先的值不相符，这样就保证了报文的不可更改性。数字摘要 A 实际上就是原文的数字指纹。

（2）发送方用自己的私有密钥对摘要 A 再加密，得到 A′，就得到了发送方的数字签名。

（3）将原文和加密的摘要 A′ 同时发送给接收方。

（4）接收方用发送方的公开密钥对摘要 A′ 解密，得到摘要 A，同时对收到的用 HASH 算法再生成一个摘要 AA。

（5）比较两个摘要（摘要 A 和摘要 AA），如果一致，说明了报文确实来自发送者，并且在传输过程中没有被破坏或者修改过。

需要注意的是，数字签名技术并没有解决报文本身的加密问题。

四、数字时间戳（Digital Time Stamp）

在交易文件中留下时间的信息是很必要的。在书面合同中，签署文件的时间与在文件上签名一样是防止伪造和欺骗的重要内容。同样地，在电子交易中，对交易文件的时间信息必须采用安全措施。数字时间戳服务是提供确认电子文件发表时间的安全保护。DTS 必须由专门的服务机构来提供。时间戳是一个经加密后形成的凭证文档，它由三部分组成。

- ❑ 需加时间戳的文件摘要（digest）。
- ❑ DTS 收到文件的日期和时间。
- ❑ DTS 的数字签名。

数字时间戳的产生过程如下。

（1）接收方收到文件。

（2）接收方用 HASH 算法对文件生产摘要 A。

（3）将摘要 A 发送到数字时间戳的相关认证机构。

（4）认证机构在摘要 A 后加上收到的日期和时间，然后用认证机构的私钥加密，将结果发送到接受方，这就是数字时间戳。

将来一旦接收方和发送方对收到文件的时间有分歧，接收方提供数字时间戳给认证机构，认证机构用公钥解密，得到摘要和时间，然后将时间提供给发送方即可。由于认证机构一般是权威的第三方机构，因此这种认证具有法律效力。

第四节　电子商务系统的安全交易协议

电子商务的安全不仅需要每一个交易个体采用相应的安全技术和对策，同时，它还需要一套广大交易参与者都遵守的安全规则，即电子商务安全交易协议，以保证交易支付结算的安全。以下介绍的协议，都是电子商务中常用的安全交易标准。

一、SSL 协议（Security Socket Layer，SSL）

SSL 协议实际上是数字信封原理在服务器与上网计算机之间的应用。SSL 是一个协议，它提供使用 TCP/IP 的通信应用程序间的隐私与完整性。万维网的超文本传输协议（HTTP）使用 SSL 来实现安全的通信。

安全套接层协议是网景（Netscape）公司提出的基于 Web 应用的安全协议，它包括：服务器认证、客户认证（可选）、SSL 链路上的数据完整性和 SSL 链路上的数据保密性，主要采用公开密钥体制和 X.509 数字证书技术来提供安全性保证。对于电子商务应用来说，SSL 可保证信息的真实性、完整性和保密性。但由于 SSL 不对应用层的消息进行数字签名，因此不能提供交易的不可否认性，这是 SSL 在电子商务使用中的最大不足。有鉴于此，网景公司在从 Communicator 4.04 版开始的所有浏览器中引入了一种被称作“表单签名（Form Signing）”的功能。在电子商务中，可利用这一功能来对包含购买者的订购信息和付款指令的表单进行数字签名，从而保证交易信息的不可否认性。

在客户机与服务器间传输的数据是通过使用对称算法（如 DES 或 RC4）进行加密的。公用密钥算法（通常为 RSA）是用来获得加密密钥交换和数字签名的。此算法使用服务器的数字证书中的公用密钥。有了服务器的数字证书，客户机也可以验证服务器的身份。SSL 协议的版本 1 和版本 2 只提供服务器认证。版本 3 添加了客户机认证，此认证同时需要客户机和服务器的数字证书。

SSL 连接总是由客户机启动的。在 SSL 会话开始时执行 SSL 握手，此握手产生会话的密码参数。

SSL 协议的工作过程如图 5-2 所示，其步骤如下。

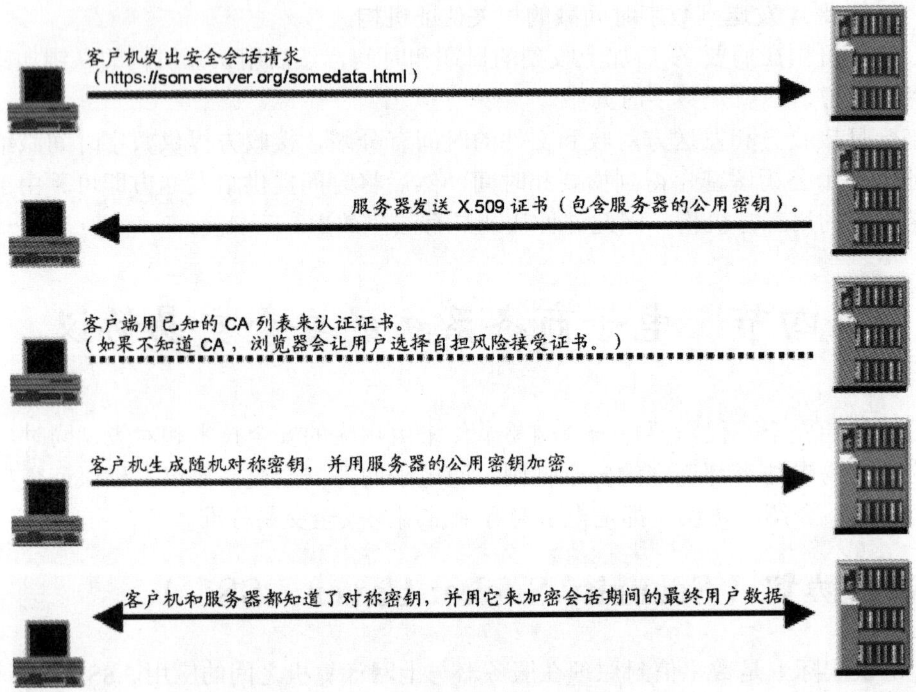

图 5-2 SSL 协议工作流程

（1）客户机（上网用的计算机）向服务器提出访问要求。例如，要访问一个安全网站，必须输入对方的网址。

（2）服务器向客户机发出包含服务器公钥的证书。

（3）客户机自动验证服务器的证书，如果该证书不在客户机上，则浏览器会提示安全风险。也就是说，如果愿意访问该网站，选择确认即可。

（4）客户机的浏览器自动生成一个对称密钥，用服务器的公钥加密后，发送到服务器，服务器用私钥解密，从而获得客户机的对称密钥。

（5）此时，客户机与服务器之间的所有交换数据都会用对称密钥自动加密，并且送到对方后会自动解密，从而保证了信息的保密性。

以上过程实际上也是数字信封的整个过程，SSL 协议完成了数据传输的加密及服务器身份的认定，但是没有进行客户机的数字签名。

也可以根据具体情况，在使用 SSL 协议时进行客户机与服务器的双向认证。服务器对客户端的认证，可视系统安全要求和策略来确定。在某些安全要求较高的情况下，可以选择双向认证，其流程如下。

（1）客户端浏览器连接到 Web 服务器，发出建立安全连接通道的请求。

（2）服务器接受客户端请求，发送服务器证书作为响应。

（3）客户端验证服务器证书的有效性，如果验证通过，则用服务器证书中包含的服务器公钥加密一个对称密钥，并将加密后的数据和客户端用户证书一起发送给服务器。

（4）服务器收到客户端发来的加密数据后，先验证客户端证书的有效性。如果验证通过，则用其专用的私有密钥解开加密数据，获得对称密钥。然后服务器用客户端证书中包含的公钥加密该对称密钥，并将加密后的数据发送给客户端浏览器。

（5）客户端在收到服务器发来的加密数据后，用其专用的私有密钥解开加密数据，把得到的公共密钥与原来发出去的公共密钥进行对比。如果两把密钥一致，说明服务器身份已经通过认证，双方将使用这把公共密钥建立安全连接通道。

二、SET 协议

电子商务在提供机遇和便利的同时，也面临着一个最大的挑战，即交易的安全问题。在网上购物的环境中，持卡人希望在交易中保护自己的账户信息，使之不被人盗用；商家则希望客户的订单不要抵赖，并且，在交易过程中，交易各方都希望验明其他方的身份，以防止被欺骗。针对这种情况，由美国 Visa 和 MasterCard 两大信用卡组织联合国际上多家科技机构，共同制定了应用于互联网上的以银行卡为基础进行在线交易的安全标准，这就是“安全电子交易”（Secure Electronic Transaction，SET）。它采用公钥密码体制和 X.509 数字证书标准，主要应用于电子商务中保障网上购物信息的安全性。

SET 协议本身比较复杂，设计比较严格，安全性高，它能保证信息传输的机密性、真实性、完整性和不可否认性。

由于 SET 提供了消费者、商家和银行之间的认证，确保了交易数据的安全性、完整可靠性和交易的不可否认性，特别是保证不将消费者银行卡号暴露给商家等优点，因此它成为了目前公认的信用卡/借记卡的网上交易的国际安全标准。

SET 在保留对客户信用卡认证的前提下，又增加了对商家身份的认证，这对于需要支付货币的交易来讲是至关重要的。SET 建立了一种能在互联网上安全使用银行卡进行购物的标准。安全电子交易规范是一种为基于信用卡而进行的电子交易提供安全措施的规则，是一种能广泛应用于互联网上的安全电子付款协议，它能够将普遍应用的信用卡试用起始点从目前的商店扩展到消费者家里，扩展到消费者个人计算机中。

SET 协议完全是一项支付协议，只是在持卡人向商家发送支付请求、商家向支付网关发送授权或获取请求，以及支付网关向商家发送授权或获取回应、商家向持卡人发送支付回应时才起作用，它并不包含挑选物品、价格协商、支付方式选择和信息传送等方面的协议。在 SET 中采用了双重签名技术，支付信息和订单信息是分别签署的，这样保证了商家看不到支付信息，而只能看到订单信息。支付指令中包括交易 ID、交易金额、卡数据等信息，这些涉及与银行业务相关的保密数据，而它们对支付网关是透明的，因此，支付网关必须由收单行或其委托的卡组织来担当。

SET 协议使用加密技术提供信息的机密性，验证持卡者、商家和收单行，保护支付数据的安全性和完整性，为这些安全服务定义算法和协议；SET 为了保证市场能够接受，为商家和持卡者提供方便的应用，最大限度减小对现有应用的影响，使收单行、商家、持卡者之间的关系基本不变，充分利用现有商家、收单行、支付系统应用和结构。

SET 定义了电子商务中的部分消息协议，这些协议对电子商务来说是必需的，主要支持支付卡的使用。一个电子购物的典型步骤如下。

（1）持卡者用各种方式浏览购物清单，如使用 Internet 浏览器，查看购物光盘，翻看邮购目录等。

（2）持卡者选择要订购的物品项目。

（3）持卡者填写订购单，包括所订购物品的列表、价格等，订购单可以用电子方式传输给商家。

（4）持卡者选择支付方式，SET 协议关心的是采用支付卡进行交易。

（5）持卡者向商家传输一个包含支付指令的完全订购单。在 SET 协议中，订购和支付信息由持卡者进行数字签名。

（6）商家从持卡者的金融机构请求得到支付授权。

（7）商家发出订购确认信息。

（8）商家发运商品或者执行订购的服务。

（9）商家从持卡者的金融机构实现转账付款。

当持卡者选择使用支付卡时，SET 协议主要完成电子购物步骤中的（5）、（6）、（7）、（8）。

在 SET 协议中主要定义了以下内容。

- 加密算法的应用（如 RSA 和 DES）。
- 证书消息和对象格式。
- 购买消息和对象格式。
- 请款消息和对象格式。

- 参与者之间的消息协议。

SET 协议与 SSL 协议的区别如表 5-1 所示。

表 5-1 SET 协议与 SSL 协议的区别

项　　目	SSL 协议	SET 协议
工作层次	传输层与应用层之间	应用层
对用户是否透明	透明	不透明
设置和验证过程	简单	复杂
效率	高	低
个人信息的安全性	商家掌握消费者个人账户信息	消费者个人账户信息对商家保密
认证机制	对交易双方认证	对参与交易的多方认证
专业性	不是为电子商务专门设计	为电子商务专门设计

三、安全超文本传输协议（S-HTTP）

安全超文本传输协议是利用密钥对传输文本进行加密，通常用于 Web 业务，保障 Web 站点间的交易信息传输安全性。S-HTTP 实际上是使服务器支持 SSL 协议，客户只有通过服务器认可的 CA 身份认证后才能登录进网址，并且网络中传输的所有数据都通过随机产生的密钥加密。如图 5-3 所示是登录建行网上银行时采用 S-HTTP 协议的画面。注意：网址 https://ibsbjstar.ccb.com.cn/index.html 的协议是 https，另外注意最下面右下角锁的符号，这是采用 S-HTTP 协议的典型标志。

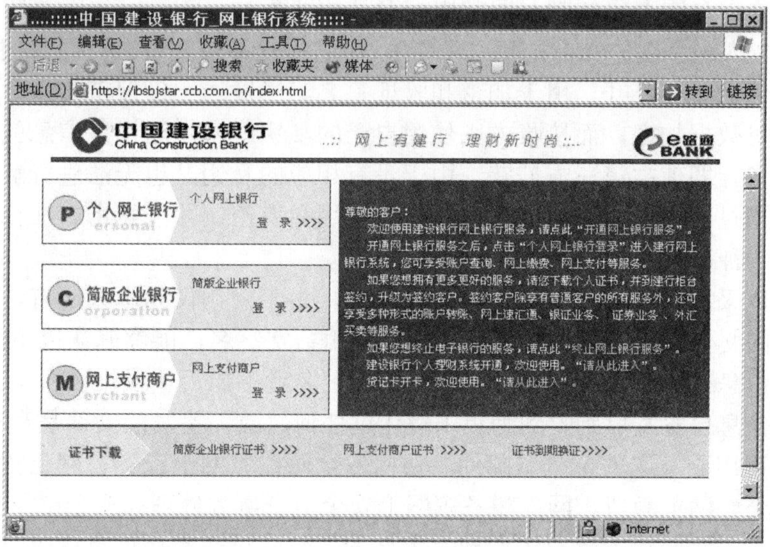

图 5-3 S-HTTP 协议登录画面

第五节　数字证书和认证中心

数字加密技术、数字签名等技术很好地解决了电子商务安全性的前三个问题，即信息传输的保密性、交易文件的完整性和交易的不可抵赖性问题，但交易者身份的确定性问题并未从根本上解决。因为这不仅仅是一个技术问题，还牵涉到法律效力的问题。

在网上随时可能发生冒名顶替的问题。如何防止冒名顶替呢？关键是要确认信息的接收方掌握的发送方的公开密钥确实是属于发送方的。这样就需要有一个大家都信任的第三方来签发和管理公钥，在必要时，向接收方保证其掌握的公钥确实属于发送方的。这样的第三方称之为“认证中心”（Certificate Authority，CA）的机构。由认证中心对申请者所提供的信息进行验证，并签发数字证书，这一数字证书正是用来证明用户和商家的真实身份的有效手段。

一、什么是数字证书

数字证书是由权威公正的第三方机构即 CA 中心签发的，以数字证书为核心的加密技术可以对网络上传输的信息进行加密和解密、数字签名和签名验证，确保网上传递信息的机密性、完整性，以及交易实体身份的真实性、签名信息的不可否认性，从而保障网络应用的安全性。

数字证书采用公钥密码体制，即利用一对互相匹配的密钥进行加密、解密。每个用户拥有一把仅为本人所掌握的私有密钥（私钥），用它进行解密和签名；同时拥有一把公共密钥（公钥）并可以对外公开，用于加密和验证签名。当发送一份保密文件时，发送方使用接收方的公钥对数据加密，而接收方则使用自己的私钥解密，这样，信息就可以安全无误地到达目的地了，即使被第三方截获，由于没有相应的私钥，也无法进行解密。通过数字的手段保证加密过程是一个不可逆过程，即只有用私有密钥才能解密。在公开密钥密码体制中，常用的一种是 RSA 体制。

用户也可以采用自己的私钥对信息加以处理，由于密钥仅为本人所有，这样就产生了别人无法生成的文件，也就形成了数字签名。采用数字签名，能够确认以下两点。

（1）保证信息是由签名者自己签名发送的，签名者不能否认或难以否认。

（2）保证信息自签发后到收到为止未曾作过任何修改，签发的文件是真实文件。

数字证书可用于发送安全电子邮件、访问安全站点、网上证券、网上招标采购、网上签约、网上办公、网上缴费、网上税务等网上安全电子事务处理和安全电子交易活动。

数字证书是一个经证书授权中心数字签名的，包含公开密钥拥有者信息以及公开密钥的文件。最简单的证书包含一个公开密钥、名称以及证书授权中心的数字签名。一般情况下证书中还包括密钥的有效时间，发证机关（证书授权中心）的名称，该证书的序列号等信息，如图 5-4 所示，证书可存放于计算机硬盘、智能卡、USB 电子密钥中，一个标准的数字证书一般包含以下内容。

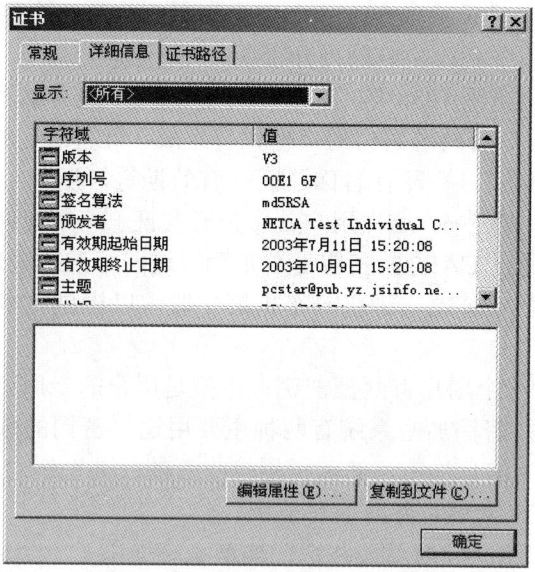

图 5-4　数字证书查询页面

版本、序列号、签名算法、颁发者、有效期起始日期、有效期终止日期、主题、公钥、主题密钥标识符、颁发机构密钥标识符、CRL 分发点、证书策略、微缩图算法、微缩图。

数字证书的应用非常广泛，如：网上报税、网上报关系统；企业网上招标采购系统（B2B）；网上证券交易、网上银行等应用；社保应用系统，根据用户的需要，把个人数字证书存放在社会保障卡内，为个人网上安全作业提供便利；政府集中招标采购系统，如药品集中招标采购网，政府 OA 系统。

二、数字证书的 X.509 标准

数字证书的格式遵循 X.509 标准。X.509 是由国际电信联盟远程通信标准化组织（ITU-T）制定的数字证书标准。为了提供公用网络用户目录信息服务，国际电信联盟（ITU）于 1988 年制定了 X.500 系列标准。其中 X.500 和 X.509 是安全认证系统的核心，X.500 定义了一种区别命名规则，以命名树来确保用户名称的唯一性；X.509 则为 X.500 用户名称提供了通信实体鉴别机制，并规定了实体鉴别过程中广泛适用的证书语法和数据接口，X.509 称之为证书。

X.509 给出的鉴别框架是一种基于公开密钥体制的鉴别业务密钥管理。一个用户有两把密钥：一把是用户的专用密钥，另一把是其他用户都可利用的公共密钥。用户可用常规密钥（如 DES）为信息加密，然后再用接收者的公共密钥对 DES 进行加密并将之附于信息之上，这样接收者可用对应的专用密钥打开 DES 密锁，并对信息解密。该鉴别框架允许用户将其公开密钥存放在它的目录款项中。一个用户如果想与另一个用户交换秘密信息，就可以直接从对方的目录款项中获得相应的公开密钥，用于各种安全服务。

最初的 X.509 版本公布于 1988 年，版本 3 的建议稿 1994 年公布，在 1995 年获得批准。本质上，X.509 证书由用户公共密钥与用户标识符组成，此外还包括版本号、证书序列号、CA 标识符、签名算法标识、签发者名称、证书有效期等。用户可通过安全可靠的方式向 CA 提供其公共密钥以获得证书，这样用户就可公开其证书，而任何需要此用户的公共密钥者都能得到此证书，并通过 CA 检验密钥是否正确。这一标准的最新版本——X.509 版本 3 是针对包含扩展信息的数字证书，提供一个扩展字段，以提供更多的灵活性及特殊环境下所需的信息传送。

在 X.509 方案中，一个用户有两把密钥：一把是用户的专用密钥，一把是其他用户都可利用的公共密钥。公共密钥加密系统有两种主要用途：密钥的分配与身份认证。用户可用常规密钥（如 DES）为信息加密，然后再用接收者的公共密钥对 DES 进行加密并将之用对应的专用密钥打开 DES 密锁，并对信息解密。

为进行身份认证，X.509 标准及公共密钥加密系统提供了一个称作数字签名的方案。用户可生成一段信息及其摘要（亦称作信息“指纹”），用户用专用密钥对摘要加密以形成签名，接收者用发送者的公共密钥对签名解密，并将之与收到的信息“指纹”进行比较，以确定其真实性。

目前，X.509 标准已在编排公共密钥格式方面被广泛接受，已用于许多网络安全应用程序，其中包括 IP 安全（Ipsec）、安全套接层（SSL）、安全电子交易（SET）、安全多媒体 Internet 邮件扩展（S/MIME）等。

三、数字证书的类型

1. 个人证书

用户使用此证书来向对方表明个人的身份，同时应用系统也可以通过此证书获得用户的其他信息。个人数字证书支持现在主流的浏览器产品和电子邮件客户端软件（包括 Microsoft Outlook 等）。

2. 单位证书

颁发给独立的单位、组织，在互联网上证明该单位、组织的身份。单位数字证书根据各个单位的不同需要，可以分为单位证书和单位员工证书。单位证书对外代表整个单位，单位员工证书对外代表单位中具体的某一位员工。

3．服务器证书

主要颁发给 Web 站点或其他需要安全鉴别的服务器，证明服务器的身份信息。服务器数字证书支持目前主流的 Web Server，包括但不限于 IIS、Lotus Domino、Apache、iPlant 等 Web 服务器。可存放于服务器硬盘或加密硬件设备上。

4．安全邮件证书

结合使用数字证书和 S/MIME 技术，对普通电子邮件作加密和数字签名处理，确保电子邮件内容的安全性、机密性、发件人身份确认性和不可抵赖性。

5．代码签名证书

为软件开发商提供对软件代码做数字签名的技术，可以有效防止软件代码被篡改，使用户免遭病毒与黑客程序的侵扰，同时可以保护软件开发商的版权利益。

代码签名证书是 CA 中心签发给软件提供商的数字证书，包含软件提供商的身份信息、公钥及 CA 的签名。软件提供商使用代码签名证书对软件进行签名后放到互联网上，当用户在互联网上下载该软件时，将会得到提示，从而可以确信该软件的来源；软件自签名后到下载前，没有遭到修改或破坏。代码签名证书的使用，对于用户来说，用户可以清楚了解软件的来源和可靠性，增强了用户使用互联网获取软件的决心。万一用户下载的是有害软件，也可以根据证书追踪到软件的来源。对于软件提供商来说，使用代码签名证书，其软件产品更难以被仿造和篡改，增强了软件提供商与用户间的信任度和软件商的信誉。

6．根证书

所谓根证书，是 CA 认证中心与用户建立信任关系的基础，用户的数字证书必须有一个受信任的根证书，用户的数字证书才是有效的。从技术上讲，证书其实包含三部分，用户的信息，用户的公钥，还有 CA 中心对该证书里面的信息的签名。要验证一份证书的真伪(即验证 CA 中心对该证书信息的签名是否有效)，需要用 CA 中心的公钥验证。而 CA 中心的公钥存在于对这份证书进行签名的证书内，故需要下载该证书。但使用该证书验证又需先验证该证书本身的真伪，故又要用签发该证书的证书来验证。这样一来就构成一条证书链的关系，这条证书链在哪里终结呢？答案就是根证书。根证书是一份特殊的证书，它的签发者是它本身，下载根证书就表明对该根证书以下所签发的证书都表示信任，而技术上则是建立起一个验证证书信息的链条，证书的验证追溯至根证书即为结束。所以说用户在使用自己的数字证书之前必须先下载根证书。

根证书是电子证书认证中心给自己签发的数字证书，认证中心在签发其他用户证书时调用根证书的签名私钥对其进行数字签名，在数字证书的实际应用中必须首先通过 CA 根证书对其他用户证书进行验证，确认用户证书的合法及有效性，因而用户必须首先安装 CA 根证书。

四、认证中心

认证中心，又称 CA 中心，作为电子商务活动中受信任的第三方，是一个负责发放和管理数字证书的权威机构，并承担对公钥合法性检验的责任。它是为解决电子商务活动中参与各方身份及资信的认定，维护网上交易的安全性，从根本上保障电子商务活动的顺利进行而建立的。

认证中心主要有以下几种功能。

1．证书的颁发

中心接收、验证用户（包括下级认证中心和最终用户）的数字证书的申请，将申请的内容进行备案，并根据申请的内容确定是否受理该数字证书申请。如果中心接受该数字证书申请，则进一步确定给用户颁发何种类型的证书。新证书用认证中心的私钥签名以后，发送到目录服务器供用户下载和查询。为了保证消息的完整性，返回给用户的所有应答信息都要使用认证中心的签名。

2．证书的更新

认证中心可以定期更新所有用户的证书，或者根据用户的请示更新用户的证书。

3．证书的查询

证书的查询可以分为两类：其一是证书申请的查询，认证中心根据用户的查询请求返回当前用户证书申请的处理过程。其二是用户证书的查询，这类查询由目录服务器完成，目录服务器根据用户的请求返回适当的证书。

4．证书的作废

当用户的私钥由于泄密等原因造成用户证书需要申请作废时，用户需要向认证中心提出证书作废请求，认证中心根据用户的请求确定是否将该证书作废。另外一种证书作废的情况是证书已经过了有效期，认证中心自动将该证书作废。认证中心通过维护证书作废列表完成上述功能。

5．证书的归档

证书具有一定的有效期，证书过了有效期之后就将被作废，但是不能将作废的证书简单地丢弃，因为有时可能需要验证以前的某个交易过程中产生的数字签名，这时就需要查询作废的证书。基于此类考虑，认证中心还应具备管理作废证书和作废私钥的功能。

以下是我国的部分电子商务认证中心。

- 广东省电子商务认证中心（http://www.cnca.net）
- 安徽省电子商务认证中心（http://www.ahca.org.cn）
- 河北省电子商务认证中心（http://www.hebca.com）
- 上海市电子商务安全证书管理中心有限公司（http://www.sheca.com）
- 北京数字证书认证中心有限公司（http://www.bjca.org.cn）

- 山东省数字证书认证管理有限公司（http://www.sdca.com.cn）
- 陕西省数字证书认证中心（http://www.snca.com.cn）
- 湖北省数字证书认证管理中心（http://www.hbca.org.cn）
- 广西壮族自治区数字证书认证中心（http://www.gxca.com.cn）
- 福建省数字安全证书管理有限公司（http://www.fjca.com.cn）
- 江西省数字证书认证中心（http://www.jxca.org.cn）
- 辽宁省数字证书认证中心（http://www.lnca.org.cn）
- 西部安全认证中心有限责任公司（http://www.cwca.com.cn）
- 河南省数字证书认证中心（http://www.hnca.com.cn）
- 浙江省数字认证中心（http://www.zjca.com.cn）
- 吉林省安信数字证书认证有限公司（http://www.jlca.com.cn）
- 广东省数字证书认证中心（http://www.gdca.com.cn）
- 山西省电子商务安全认证中心（http://www.sxca.com.cn）
- 重庆市数字证书认证中心有限公司（http://www.cqca.net）

第六节　计算机安全的技术防范

一、安全问题的复杂性

由于电子商务的重要特征是利用信息技术来传送和处理商业交易信息，因此，电子商务的安全大体上可分为两大部分，即计算机网络本身的安全和商务交易信息的安全。本书前面已经探讨过电子商务的交易安全，由于电子商务对计算机网络安全与商务安全有双重的要求，这就使得电子商务安全的复杂程度比大多数的计算机网络系统的要求更高。

计算机网络安全的主要内容包括有计算机网络设备的安全、计算机网络系统的安全和数据库的安全等。其实施的方案是针对计算机网络本身可能存在的安全问题，改善网络的安全，以保证计算机网络本身的安全性为目的。

商务信息的安全则是围绕着传统商务活动在互联网络上应用时所产生的各种安全问题，即必须确保电子商务的保密性、完整性、可鉴别性、不可伪造性和不可抵赖性。

实际上，在电子商务中，计算机网络安全与商务交易安全是不可分开的，两者相辅相成，缺一不可。如果没有计算机网络安全作为基础，商务交易安全就如空中楼台，没有基础。而没有商务交易安全的保障，即使网络本身很安全，也是无法满足电子商务特定的安全需求。

二、安全问题的类型

由于电子商务的开放性涉及范围较广，产生安全问题的因素也很多，有技术方面的问题，也有人为因素。而不同类型的安全问题所表现的形式也不同，因此在预防和解决的方式上也不尽相同。产生安全问题的原因可以归结为以下几个方面。

1. 硬件问题

硬件的安全性主要是服务器硬件和物理连线的安全性问题，主要因素有自然灾害、硬件故障、电源和通信线路被切断或被搭线窃听所造成的数据泄漏等。

2. 协议问题

由于历史原因，许多网络协议没有进行安全性方面的设计，不利于众多厂商的协议相互通信和相互兼容。如典型的 TCP/IP 协议就没有安全方面的设计，这在给用户带来好处的同时，也埋下了安全隐患。

3. 操作系统问题

由于网络中各种各样的主机使用的操作系统不相同，某一种操作系统的安全漏洞就可以造成网络的安全问题，如允许没有账号的用户匿名登录等。最典型的是微软的 Windows 操作系统，任何版本的 Windows 都有漏洞，微软公司的网站上也不断发放各种补丁。

4. 拒绝服务的问题

以网络瘫痪为目标的攻击破坏性很大，造成危害的范围很广，而攻击者本身的风险却非常小，甚至可以在袭击开始前就已经消失得无影无踪。攻击者可以通过删除某一网络上传送的所有数据包的方法，使网络拒绝为用户服务；还可以通过邮件炸弹的方法使系统性能降低或崩溃，从而达到拒绝服务的目的。

5. 数据被侦听的问题

由于未采取加密的措施，数据信息在网络上又是以明文的形式传送，所以入侵者在数据包经过的网关或路由器上可以通过非法手段截取网络上传送的数据包。在多次窃取和分析后，再通过分析判断，可以找到信息的规律和格式，进而得到传输信息的内容，造成网上传输信息的泄密。这种方法是网上间谍常用的手段之一。

6. 伪造和篡改问题

网络上的服务器可以被任一台联网计算机所攻击，当入侵者掌握了信息的格式和规律后，通过各种技术手段和方法将网络上传送的数据包中的信息在中途进行修改，使得数据包不能到达预期的目标或改变数据包中原有的内容。这种手段在路由器或网关上也可以实现。

7. 假冒的问题

由于掌握了数据的格式，并可以篡改通过的信息，攻击者往往会冒充合法的用户发送假冒的信息或者主动获取信息，而远端用户通常很难分辨。攻击者还可以利用安全体制所允许的操作对系统或网络进行攻击和破坏。

8. 电子邮件轰炸

用数百条消息填塞某人的 E-mail 信箱是一种在线袭扰的方法。许多黑客程序可以自动向目标对象邮寄垃圾炸弹，这样，你自己的邮件就无法收到。

9. 病毒技术

计算机病毒是一个程序，它有时是有破坏性的。病毒可以自我复制，把病毒附着在某一类文件上或潜伏在磁盘的引导区。病毒被设计为可以在计算机之间传播，感染它经过的每一个地方。互联网络成为病毒的制造者、传播者散发病毒的目标场所。目前病毒传播的趋势是利用电子邮件散发病毒。

10. 其他问题

由于电子商务主要是通过网络进行数据传输、资金划拨等实现的，因此数据的保密性、数据的完整性、数据的不可修改性和不可否认性等成为交易各方最关注的问题。有些企业对网站的建设特别重视，而对网络的管理和安全重视的程度不够，没有一套安全管理的规章制度，容易对网络的安全形成隐患。

对于从事电子商务的企业来说，除了保证网络系统的安全，建立完善的监督机制，随时监督和修正可能出现的问题，不断提高网站管理人员的技术和道德素质，同时也要防止顾客的欺诈和某一环节错误给企业带来的损失。

对于顾客来说，安全问题隐藏在网上交易的各个环节。例如，在浏览选择商品时，可能会遇到虚假、不完全信息的问题；在付款过程中可能出现银行拨款错误、密码泄露等问题；在送货过程中，可能遇到商品不符、交货时间太长或货物损坏等问题；在售后服务方面，可能遇到服务项目和服务内容不能兑现的问题。对于不同的问题需要有各种对策来保护消费者的合法权益。

由于在电子商务的交易过程中，安全问题涉及电子商务的各个环节和参加交易的各个方面，因此需要采取不同的对策来解决。另外，交易过程除涉及交易双方外，还涉及网上银行、认证中心和法律等各方面的问题，因此电子商务安全问题的解决是一个系统工程。

三、防火墙

防火墙是在内部网和互联网之间构筑的一道屏障，是在内外有别及在需要区分处设置有条件的隔离设备，用以保护内部网中的信息、资源等不受来自互联网中非法用户的侵犯。

具体来说，防火墙是一类硬件及软件。它控制内部网与互联网之间的所有数据流量，控制和防止内部网中的有价值数据流入互联网，也控制和防止来自互联网的无用垃圾和有害数据流入内部网。简单地说，防火墙成为一个进入内部网的信息都必须经过的限制点，它只允许授权信息通过，而其本身不能被渗透。如果把局域网比做一个要塞，那防火墙就是保护要塞的城墙，如图 5-5 所示。

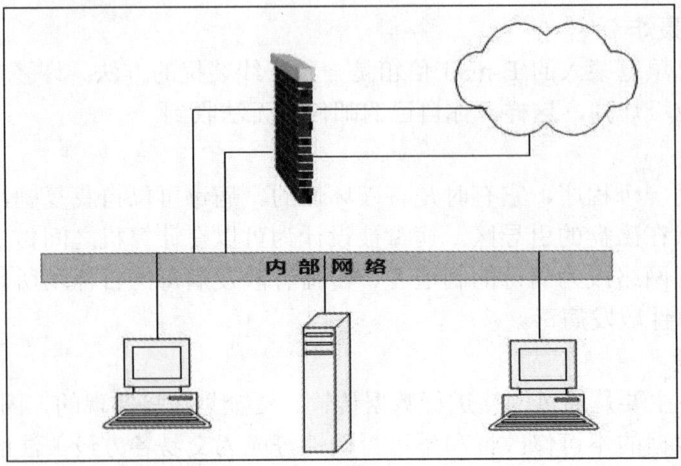

图 5-5　防火墙示意图

防火墙从本质上来说是一种保护装置，是用来保护网络资源、数据以及用户信誉的。它使入侵者要么无法进入内部系统，要么即使进入也带不走有价值的东西。计算机网络系统资源也是一种财富，如果未经允许擅自使用，对拥有者来说就是一种侵犯，防火墙也能有效地防止这种侵犯。

防火墙是一种形象的描述，它可由单独硬件设备构成，也可由路由器中的软件模块组成。它通常与路由器结合起来一起使用，路由器用来与互联网连接，而防火墙用来决定数据包是否可以通过。防火墙不仅仅是路由器、内部网主机或任何网络安全设备的组合，也是安全策略中的一部分。

实现防火墙的网络安全策略时，有两条可以遵循的规则，即未被明确允许的都将被禁止；未被明确禁止的都将允许。前一种规则建立了一个非常安全的环境，只有审慎选择的服务才被允许。其缺点是不易使用，提供给用户选择的范围很小。后一种规则建立了一个非常灵活的环境，能给用户提供更多的服务。缺点是一些没有预料到的危险可能会影响网络的安全。实现防火墙的主要技术有包过滤技术、应用网关和代理服务技术等。

四、计算机病毒防范

1．计算机病毒的含义

所谓计算机病毒在技术上来说，是一种会自我复制的可执行程序。当病毒发作时，它很可能会破坏硬盘中的重要资料，有些病毒则会重新格式化计算机硬盘。就算病毒尚未发作，它也会带来不少麻烦。例如，病毒可能会占据一些系统的内存空间，并寻找机会自行繁殖复制，计算机效能将会变得比一般正常的计算机慢，这也是为什么要时常做好防毒工作的主要原因了。

2. 计算机病毒的类型

（1）按照计算机病毒的链接方式分类

① 源码型病毒。该病毒攻击高级语言编写的程序。该病毒在高级语言所编写的程序编译前插入到源程序中，经编译成为合法程序的一部分。

② 嵌入型病毒。这种病毒是将自身嵌入到现有程序中，把计算机病毒的主体程序与其攻击的对象以插入的方式链接。这种计算机病毒是难以编写的，一旦侵入程序体后也较难消除。如果同时采用多态性病毒技术、超级病毒技术和隐蔽性病毒技术，将给当前的反病毒技术带来严峻的挑战。

③ 外壳型病毒。外壳型病毒将其自身包围在主程序的四周，对原来的程序不作修改。这种病毒最为常见，易于编写，也易于发现，一般测试文件的大小即可知。

④ 操作系统型病毒。这种病毒用它自己的程序意图加入或取代部分操作系统进行工作，具有很强的破坏力，可以导致整个系统的瘫痪。

（2）按照计算机病毒的破坏情况分类

① 良性计算机病毒。良性计算机病毒是指其不包含有立即对计算机系统产生直接破坏作用的代码。这类病毒为了表现其存在，只是不停地进行扩散，从一台计算机传染到另一台，并不破坏计算机内的数据。有些人对这类计算机病毒的传染不以为然，认为这只是恶作剧，没什么关系。其实良性、恶性都是相对而言的。良性病毒取得系统控制权后，会导致整个系统运行效率降低，系统可用内存总数减少，使某些应用程序不能运行。它还与操作系统和应用程序争抢 CPU 的控制权，时时导致整个系统死锁，给正常操作带来麻烦。

② 恶性计算机病毒。恶性计算机病毒就是指在其代码中包含有损伤和破坏计算机系统的操作，在其传染或发作时会对系统产生直接的破坏作用。

3. 计算机病毒的防范措施

在实际应用中，防范病毒应注意从两方面着手：第一，加强网络管理人员的网络安全意识，有效控制和管理本地网与外界进行的数据交换，同时坚决抵制盗版软件的使用。第二，选择和加载保护计算机网络安全的网络防病毒产品。随着网络技术的不断发展，网络反病毒技术将成为计算机反病毒技术的重要方面，也是计算机应用领域中需要认真对待的问题，这将成为网络管理人员及用户的长期任务。只有做好这项工作，才能保证计算机网络长期安全稳定地运行。具体地说，要有效地在整个网络环境下预防病毒应该做到以下几点。

（1）给自己的计算机安装防病毒软件

应用于网络的防病毒软件有两种：一种是单机版防病毒产品；另一种是网络版防病毒产品，如金山毒霸、卡巴斯基、瑞星、诺顿及 360 等。现在许多防毒软件都兼有部分防火墙的功能，需要注意的是要定期对软件进行升级。

（2）认真执行病毒定期清理制度

许多病毒都有一个潜伏期，有时虽然计算机仍在运行，但实际上已经染上了病毒。病毒定期清理制度可以清除处于潜伏期的病毒，防止病毒的突然爆发，使计算机始终处于良好的工作状态。

（3）控制权限

可以将网络系统中易感染病毒的文件的属性、权限加以限制。对各终端用户，允许他们具有只读权限，断绝病毒入侵的渠道，从而达到预防的目的。

（4）高度警惕网络陷阱

网络上常常会出现非常诱人的广告及免费使用的承诺，在从事网络营销时对此应保持高度的警惕。例如，有人发送给某个用户电子邮件，声称为“确定我们的用户需求”而进行调查。作为对填写表格的回报，允许用户免费使用 5 小时。如果用户被诱惑，便掉入“黑客”的诡计之中了。这些程序是类似“特洛伊木马”病毒程序的变体。它看起来像一种合法的程序，但是它静静地记录着用户输入的每个密码，然后把它们发送给“黑客”的互联网信箱。

（5）不打开陌生地址的电子邮件

网络病毒主要的传播渠道是电子邮件，而电子邮件传播病毒的关键是附件中的宏病毒。宏病毒是一类主要感染 Word 文档和文档模板文件的病毒。当有人发一封电子邮件给某个用户，如果它们带有病毒，只要用户打开这些文件，用户的计算机就会被宏病毒感染。此后用户打开或新建文件都可能带上宏病毒，这就导致了宏病毒的感染。

五、计算机网络安全的管理对策

网络安全除了必须具备可靠的安全技术之外，还需要一套完整的安全管理制度，即网络管理人员、网络营销人员安全工作的规范。这些制度主要包括：人员管理制度、保密制度、系统日志机制、日常维护制度、数据备份制度等。

1. 人员管理

电子商务是一项高智商的劳动。需要从业人员一方面具备传统营销的知识和经验，另一方面又必须具有相应的计算机网络知识和操作技能。而当今计算机网络犯罪又具有智能性、隐蔽性、连续性、高技术性的特点，因而，加强网络营销人员的管理变得十分重要。

人员管理涉及网络营销人员的选拔问题、工作职责落实问题、网络营销安全制度的执行问题和电子商务安全运作基本原则问题。

2. 保密制度

网络营销涉及企业的市场、生产、财务、供应等多方面的机密，需要很好地划分信息的安全重点，提出保密措施。信息安全的级别一般分为三级：第一绝密级，如公司经营状况、订/出货价格、公司发展规划等，只限于公司高层管理人员掌握。第二机密级，如公司日常管理、会议通知等，仅限于公司中层干部使用。第三秘密级，如公司简介、新产品介绍及订货方式等，此部分是公开的，供消费者浏览，但必须有保护程序，保证不被黑客篡改。

保密工作的另一个重要方面是密钥的管理，大量的交易必须使用密钥，密钥的管理应贯穿于密钥产生、传递和销毁的全过程。密钥要定期更换，否则可能使黑客通过积累密文增加破译机会。

3．系统日志机制

系统日志是用于记录系统运行的全过程，它对系统的运行监督、维护分析、故障恢复、案件侦破提供了有力的信息。其内容主要包括：操作日期、操作方式、登录次数、运行时间、交易内容等。系统日志文件一般是自动形成的。利用系统日志的检查、审核，可以及时发现对系统故意入侵的行为记录以及违反安全功能的记录，从而起到监控和捕捉各种网络安全隐患的作用。同时，又可以稽核、规范电子商务的商务行为，即工商管理、银行、税务等利用网络稽核业务应用软件调阅、查询、评判业务的合法性，保证电子商务的交易安全。

4．日常维护制度

日常维护主要包括两部分：硬件的日常管理与维护和软件的日常管理与维护。

（1）硬件的日常管理与维护

局域网的维护：局域网是企业参与电子商务的技术平台，直接关系到企业网络营销的成败。局域网的管理与维护是一项非常繁重且十分重要的工作，目前主要采用网管软件，且只限于企业级广域网管理的一部分，缺乏系统的监测和维护工具，还没有一套全面支持企业级广域网软硬件一体化的管理工具，而这正是广域网管理和维护的发展方向。网络管理必须建立系统设备数据库，该数据库应包括：设备型号、生产厂家、配置参数、安装时间、安装地点、IP 地址、上网目录及内容等。对于服务器还应记录内存、硬盘容量和型号、终端型号和数量、多用户卡型号、操作系统、数据库等。

网络设备的维护：一般通过网管软件完成。网管软件是网络设备维护的工具，它可以自动标识网络的拓扑结构，显示和管理网络系统节点的配置，诊断系统的故障，对网络流量与状态进行显示、通告、监控、统计分析，还可以进行网络性能优化、负载平衡等。对于一些不可管设备应做到定期与随机手工检查，以便及时掌握网络的运行状态，一旦发生问题可以及时处理。

通信线路的维护：对于内部线路应尽可能采用结构化布线。虽然结构化布线的投资成本会提高，但这样做可以大大降低网络的故障率，即使发生故障也很容易排除。对于租用的通信线路，网络管理人员应对通信线路的连通情况做好记录，这对维护是十分有利的。

服务器和客户机的维护：服务器与客户机的维护主要是单机维护，没有相应的软件，只能通过手工操作检查完成。

（2）软件的日常管理与维护

操作系统的维护：主要进行的维护工作包括定期清理日志文件、临时文件；定期整理文件系统；监测服务器上的活动状态和用户的注册数，处理运行中的死机现象，使系统始终处于最佳状态。

数据库及开发工具的维护：对于 Oracle 或 Sybase 数据库、PowerBuilder 等，采用专业的正版软件可以得到优良的售后服务。

应用软件的维护：应用软件的维护主要是版本控制。为了保持各客户机上的版本一致，应设置一台安装服务器。当远程客户机上的应用软件需要更新时，就可以从网上进行安装。但应选择负载较低的时候进行，否则将影响网络的日常工作效率。

5．数据备份和应急措施

计算机灾难性事件并非以人的意志为转移的。为了数据的安全，做到防患于未然，首先，必须建立数据备份制度，即定期或不定期地对网络数据加以备份；其次，必须有相应的应急措施，一旦发生意外，能够迅速地排除故障，最大限度地减少损失，尽快恢复系统的正常工作；再次，能够采用相应的数据恢复技术做保障，以应付突发事件的灾难。灾难恢复有两个方面，一是硬件恢复，二是数据恢复。数据恢复十分重要，但难度也很大。目前运用的主要恢复技术有：瞬时复制技术、远程磁盘镜像技术和数据库恢复技术。

（1）瞬时复制技术

瞬时复制技术就是使计算机在灾难发生时刻自动地复制数据的技术。目前主要采用磁盘镜像技术来复制数据，其原理是使用一个空的磁盘和每一个数据磁盘相连，当从数据盘向空磁盘拷贝时，为保证数据的一致性，使用数据的应用程序被暂时挂起，复制完后，又被瞬时脱离连接，应用程序继续运行。备份的数据可以典型地用于恢复节点的基本数据。

（2）远程磁盘镜像技术

远程磁盘镜像技术是在远程备份中心提供主数据中心的磁盘影像。这种技术最主要的优点是可以把数据中心磁盘上的数据复制到远程备份中心，无须考虑数据在磁盘的组织结构。系统管理员只需知道哪些磁盘需要备份就可以了，数据会自动备份过去，这对应用系统的安全是非常有利的。

（3）数据库恢复技术

数据库恢复技术是产生和维护一份或多份数据库数据的复制，它为用户提供了更大的灵活性。数据库管理员可以准确地选择哪些数据可以被复制，被复制到哪些地方。对于那些日常应用中使用大量联机数据的用户，可以选择少量的最为关键的数据进行远程复制，已减少对远程内存系统的占有率和对网络带宽的影响。大多数复制服务器比磁盘镜像更灵活。但是，数据库复制技术不能复制非数据库格式的数据，这就使得很多应用程序，特别是以采用常规文件存储的数据的应用软件无法采用这一技术。通常情况下，是将数据库复制技术和远程磁盘镜像技术配合使用，以获得良好的效果。

思考与练习

一、简答题

1．电子商务主要面临哪些方面的安全问题？相应的技术上的对策是什么？

2．电子商务具有哪些特点，它的优势体现在哪几个方面？

3．为什么说使用非对称加密可以防止抵赖行为？

4．什么是数字证书，为什么要使用数字证书？

5．网络安全的日常管理制度与规范有哪些？

二、选择题

1．在传输过程中，接收端收到的信息与发送端发送的信息完全一样，这是指电子商务信息安全要求中的（　　）要求。

A．信息的保密性　　B．信息的完整性

C．信息的不可否认性　　D．交易者身份的真实性

2．认证中心的主要功能是（　　）。

A．证书的颁发　　B．证书的查询

C．证书的归档　　D．证书的作废

3．加密和解密用的是同一密钥，称为（　　）。

A．对称加密　　B．非对称加密

C．散列编码　　D．公开密码加密

4．SET 协议与 SSL 协议相比，其优势在于（　　）。

A．对参与交易的多方认证　　B．工作效率更高

C．消费者个人账户信息对商家保密　　D．为电子商务专门设计

5．数字签名能够确认以下两点（　　）。

A．保证信息是由签名者自己发送的，签名者不能否认

B．保证信息自签发后到收到为止未曾作过任何修改，签发的文件是真实文件

C．信息是安全的

D．信息是保密的

6．任何一个密码系统包括下面的哪几个部分？（　　）

A．明文　　B．密文

C．加密算法　　D．密钥

技能实训

1．数字证书的申请。数字证书是包含网络用户信息的一系列数据，用于在网络通信中识别通信各方的身份。如同我们每个人都要拥有一张证明个人的身份证，以表明我们的真实身份或某种资格。有了数字证书后，在网上开展业务时，便能很方便地对各方身份进行验证。个人身份证书用于标识证书持有人的身份与信息安全保护，企业身份证书用于标识证书持有企业的身份与信息安全保护。

（1）证书申请。登录 MyCA 网站：http://www.myca.cn，如图 5-6 所示，单击右上角的“安装根证书”按钮。

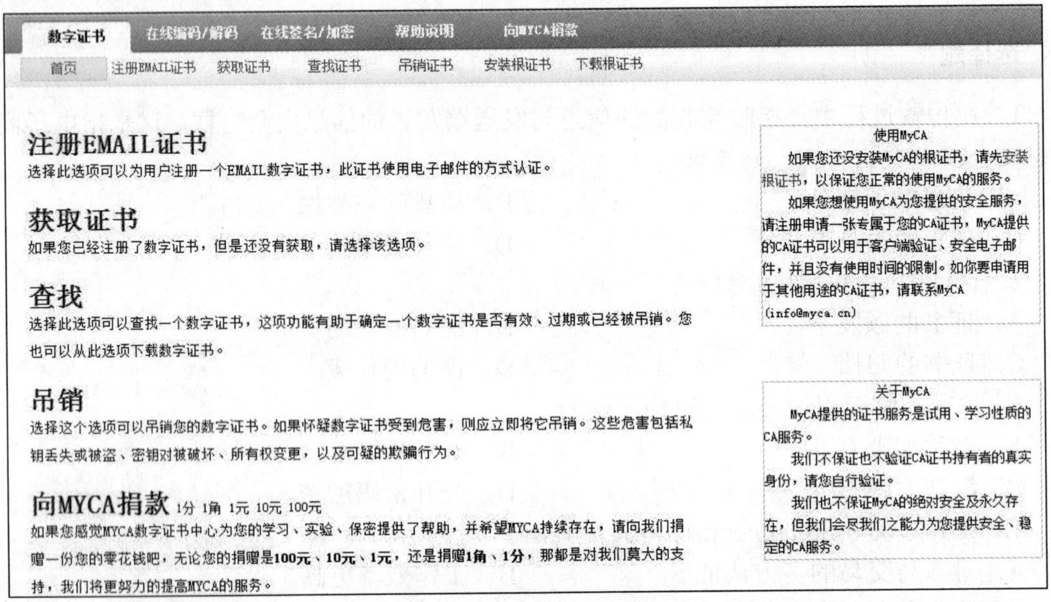

图 5-6　MyCA 网站

（2）在进入的页面中单击“注册”按钮，输入个人信息，开始申请证书，如图 5-7 所示。然后收邮件，获取证书的个人识别码，并将个人识别码复制后粘贴到申请网页的相关位置，如图 5-8、图 5-9 所示。然后系统提示是否安装证书，单击“是”按钮。至此，证书申请完毕并已完成安装。

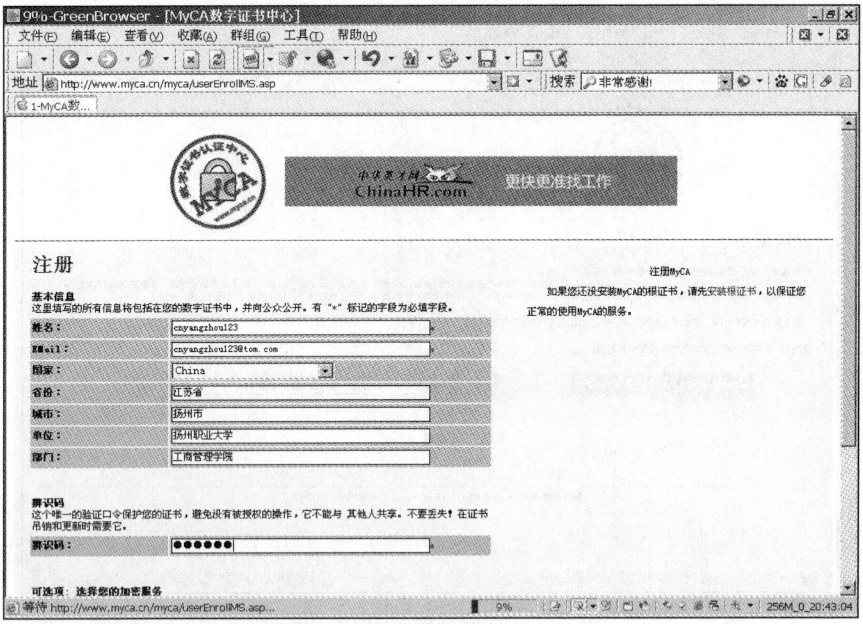

图 5-7　填写个人信息，申请免费的个人证书

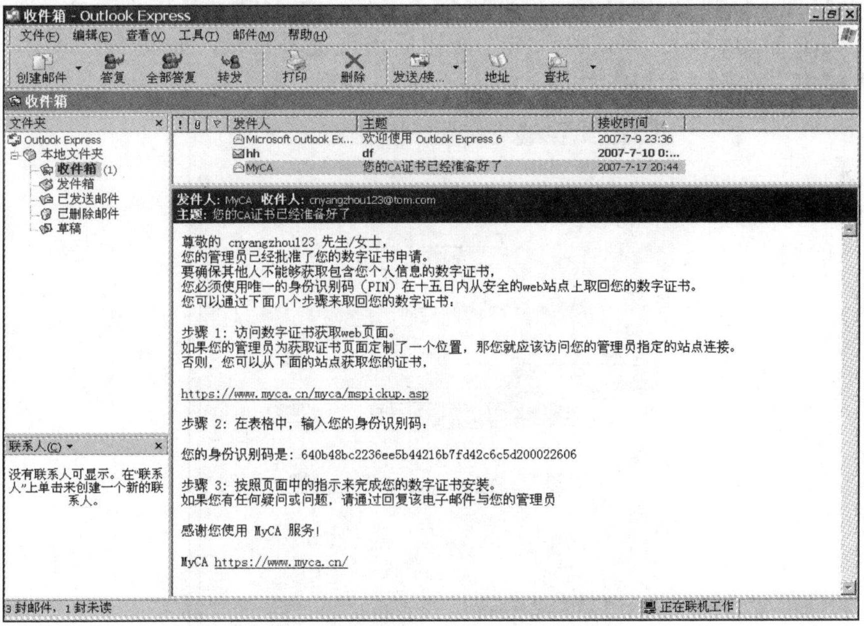

图 5-8　接收邮件，获得证书识别码

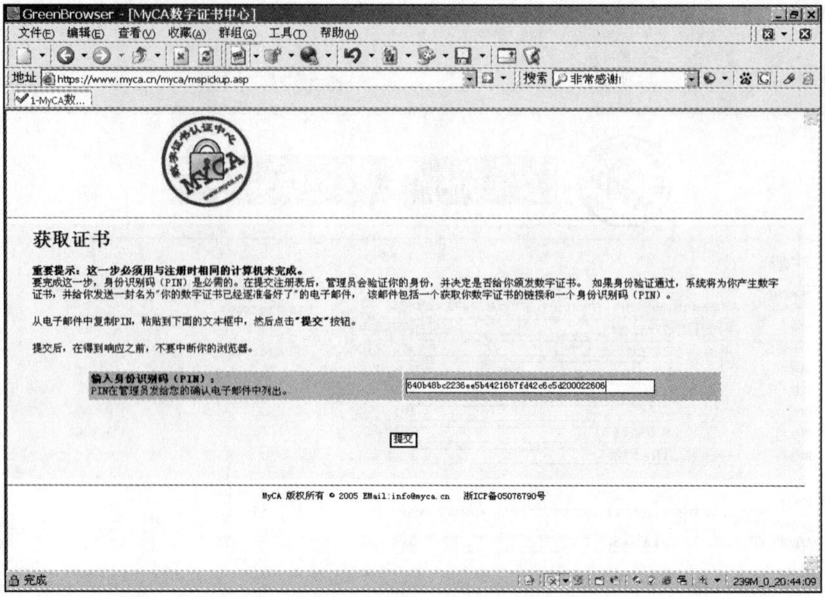

图 5-9 将识别码粘贴到申请表

2．证书查询。打开 IE 浏览器，依次选择“工具”→“Internet 选项”→“内容”→“证书”命令，如图 5-10 所示。单击“证书”按钮后出现证书目录，如图 5-11 所示，双击刚才申请的个人证书，如图 5-12 所示。

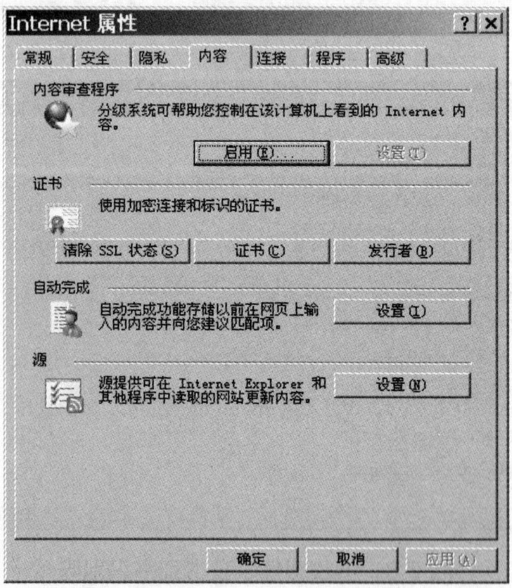

图 5-10 Internet 选项

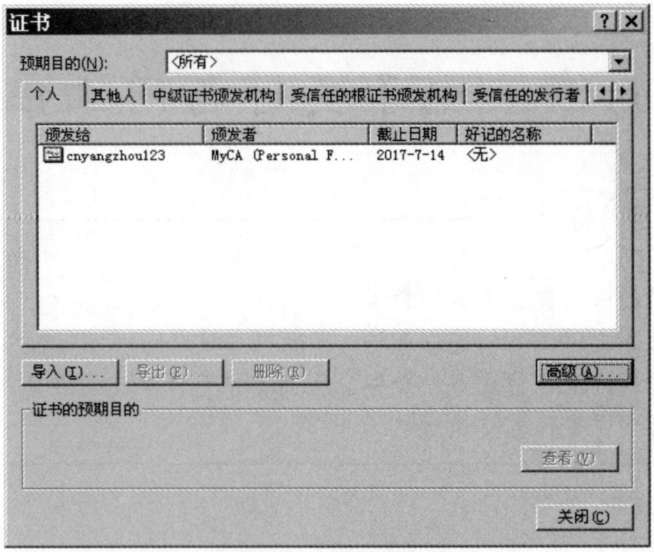

图 5-11　证书目录

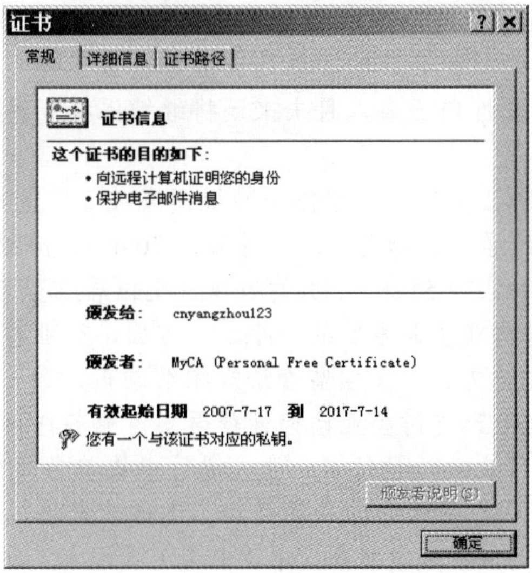

图 5-12　已经安装好的数字证书

3. 上网查询我国还有哪些数字证书认证中心可以进行免费的个人证书下载，操作一下，比较一下它们之间的异同。

4. 申请免费的单位证书，并比较与个人证书的异同。

第六章　电子支付与网上银行

学习目标

☑ 掌握常用的网上支付工具的特点。
☑ 掌握第三方支付工具的使用方法。
☑ 熟悉常用的网上银行业务，能够应用网上银行开展支付业务。
☑ 了解移动电子支付的交易过程。

【导入案例】

互联网成长性排名：第三方支付居首

2011 年，在欧美债务危机及海外市场“寒气逼人”的大背景下，中国互联网行业依旧取得了高速发展。艾瑞咨询日前公布的各项数据显示，第三方支付、在线视频、移动互联网位居互联网细分行业成长性前三名，且未来还将继续保持高速增长，而网络游戏的增长势头持续下滑。

2011 年，中国第三方网上支付行业整体交易规模突破 2 万亿元大关，达到 22 038 亿元。支付宝以 49.0%的市场份额居于市场首位；财付通以 20.4%的份额位居第二；银联在线、快钱和汇付天下，分别以 8.4%、7.5%和 7.4%的市场占比位居三至五位。

2011 年是第三方支付行业至关重要的一年。一方面，行业整体交易规模继续保持高速发展，增速超过 100%；另一方面，多项监管法规相继颁布，第三方支付行业全面进入监管时代。截至 2011 年底，101 家支付企业已相继获得支付业务许可，第三方支付迎来了包括互联网支付企业、移动支付企业、预付卡企业、银行卡收单企业在内的更多的运营主体。

在网络购物的新形势下，在线支付业务得到了迅猛的发展，主要体现在第三方在线支付、网上银行支付及移动支付业务的发展。以（中国）第三方支付市场交易规模为例，2007 年 900 亿元，2008 年 2 800 亿元，2009 年 5 850 亿元，2010 年 10 500 亿元。可见在线支付已经逐渐深入到人们的日常生活当中。

资料来源：http://tech.sina.com.cn/i/2012-01-30/02256665925.shtml

【引言】

在电子商务活动中，作为重要环节的电子支付方式愈发显示出其重要性。虽然电子商务亦可通过传统的支付方式进行清算，例如银行支票、旅行支票或汇款单等，但是电子钱包、电子现金、网上电子资金划拨、网上信用卡等电子支付方式显然有着更大的优越性。因为它们比传统的支付方式更加快捷，成本更加低廉，而且实现了对网上购物者来说更加方便的网上支付。这些优势使得传统支付方式正日益被电子化支付方式所替代。网络银行的出现是传统银行发展到互联网时代的必然结果。近年来，网络银行发展很快，目前我国几乎所有银行都开通了网上银行服务，虽然应用深度和广度尚有一定差距，但发展潜力巨大。

第一节　电子支付基础

一、电子支付概述

1．电子支付的概念与发展

电子支付（Electronic Payment）是以计算机和通信技术为手段，通过计算机网络系统以电子信息传递形式实现的货币支付与资金流通。

电子支付方式的出现要早于互联网，银行进行电子支付的五种形式分别代表着电子支付发展的不同阶段。

第一阶段是银行间采用安全的专用网络进行电子资金转账（EFT），即利用通信网络进行账户交易信息的电子传输，办理结算。

第二阶段是银行计算机与其他机构计算机之间资金的结算，如代发工资，代交水费、电费、煤气费、电话费等业务。

第三阶段是利用网络终端向用户提供各项银行服务，如用户在自动柜员机（ATM）上进行取、存款操作等。

第四阶段是利用银行销售点终端（POS）向用户提供自动扣款服务，这是现阶段电子支付的主要方式。

第五阶段是最新发展阶段，电子支付可随时随地通过互联网进行直接转账结算，这一阶段的电子支付称为网上支付。

2．电子支付的特点

与传统的支付方式相比较，电子支付具有以下特点。

（1）电子支付是采用先进的信息技术来完成信息传输的，其各种支付方式都是采用数字化的方式进行款项支付的。而传统的支付方式则是通过现金的流转、票据的转让及银行的汇兑等物理实体的流转和信息交换来完成款项支付的。

（2）电子支付的工作环境基于一个开放的系统平台（如互联网）之上，而传统支付则是在较为封闭的系统中运作，如银行系统的专用网络。

（3）电子支付使用的是最先进的通信手段，如互联网、外联网，传统支付使用的则是传统的通信媒介。电子支付对软、硬件设施的要求很高，如联网的微机、相关的软件及其他一些配套设施，而传统支付除了在银行端有较高的要求，在客户端几乎没有什么要求。

（4）电子支付可以完全突破时间空间的限制，采用 7×24 小时全天候运营的工作模式，其效率之高是传统支付难以望其项背的。

二、网上支付方式

1．网上支付的概念

网上支付，又称网上在线支付，是当前电子支付的主要形式。主要是指客户、商家与网上银行之间的在线货币支付、资金清算等过程。网上支付是电子商务的关键环节，没有实时的支付手段相配合，电子商务的优势和效率就体现不出来。因此，实时电子交易和网上支付是电子商务的两个基本组成部分。

电子商务环境下使用的在线电子支付方式主要有：银行卡、智能卡、电子现金、电子支票和移动电子支付等。

2．网上支付系统的构成

网上支付系统的构成主要有以下几个元素：互联网、客户、商家、客户开户行、商家开户行、支付网关、银行网络和认证中心，如图 6-1 所示。

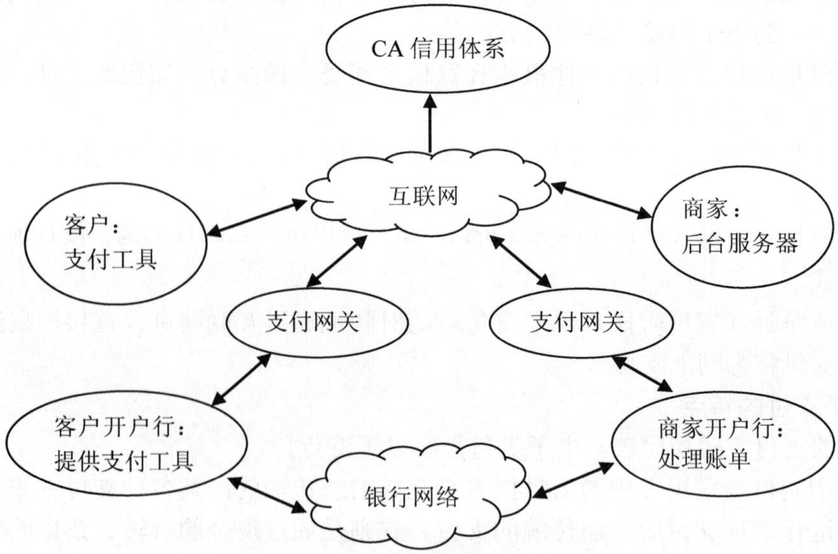

图 6-1　网上支付系统的基本构成

（1）互联网

互联网是网上支付的基础，是商务信息、支付信息传送的载体。

（2）客户

客户一般是指商品交易中负有债务的一方，客户使用支付工具进行网上支付，是支付系统运作的原因和起点。

（3）商家

商家是商品交易中拥有债权的另一方，商家可以根据客户发出的支付指令向金融体系请求资金入账。

（4）客户开户行

客户开户行是指客户在其中拥有自己账户的银行，客户所拥有的支付工具一般就是由开户行提供的，客户开户行在提供支付工具的同时也提供了银行信用，保证支付工具的兑付。在信用卡支付体系中把客户开户行称为发卡行。

（5）商家开户行

商家开户行是指商家在其中拥有自己账户的银行。商家将客户的支付指令提交给其开户行后，就由商家开户行进行支付授权的请求以及银行间的清算等工作。商家开户行是依据商家提供的合法账单（客户的支付指令）来操作，因此又称为收单行。

（6）支付网关

支付网关是互联网和银行专用网之间的接口，支付信息必须通过支付网关才能进入银行支付系统，进而完成支付的授权和获取。支付网关的主要作用是完成两者之间的通信、协议转换和进行数据加密、解密，以及保护银行专用网的安全。

（7）银行专用网

银行专用网是银行内部及行间进行通信的网络，具有较高的安全性，包括中国国家现代化支付系统（CNAPS）、人行电子联行系统、商行电子汇兑系统、银行卡授权系统等。

（8）认证机构

认证机构又称为数字证书授权中心，简称CA中心。网上支付系统使传统的信用关系虚拟化，代表支付结算关系的参与者只不过是网络上的电子数据。如何确认这些电子数据所代表的身份以及身份的真实可信性，就需要建立CA认证体系来确保真实的信用关系。认证机构为参与的各方（包括客户、商家与支付网关）发放数字证书，以确认各方的身份，保证网上支付的安全性，认证机构必须通过确认参与者的资信状况（如通过其在银行的账户状况，与银行交往的历史信用记录等）来判断，因此也离不开银行的参与。

【思考与分析】

在网上交易中，消费者发出的支付指令，在由商户送到支付网关之前，是在互联网上传送的，这一点与持卡POS消费有着本质的区别，因为从商户POS到银行之间使用的是专线。而互联网交易就必须考虑公用网上支付信息的流动规则及其安全保护，这就是支付协议的意义所在。

第二节 网上支付工具

目前在网上支付系统中，使用的支付工具主要包括银行卡、电子现金和电子支票等电子货币。每一种支付工具都代表着一种不同的网上支付解决方案。

一、银行卡

1. 银行卡支付方式简介

银行卡是指由商业银行向社会发行的具有消费信用、结算转账、存取现金等全部或部分的信用支付工具。银行卡作为电子货币的重要载体，以其减少现金流通、方便消费和快捷安全的特点已成为国际通用的现代支付工具。银行卡对增强银行服务功能、吸收社会闲散资金、促进生产、加速商品流通、活化消费市场、改进结算工具、减少现金投放与流动、提高资金的使用效率和安全性起着巨大的推动作用。

银行卡包括信用卡和借记卡。银行卡按币种不同分为人民币卡和外币卡；按发行对象不同分为单位卡（商务卡）、个人卡；按信息载体不同分为磁条卡、芯片（IC）卡。在我国目前的银行卡大部分为磁条卡。

信用卡按是否向发卡银行交存备用金分为贷记卡和准贷记卡两类。贷记卡是指发卡银行给予持卡人一定的信用额度，持卡人可在信用额度内先消费、后还款的信用卡。准贷记卡是指持卡人须先按发卡银行要求交存一定金额的备用金，当备用金账户金额不足支付时，可在发卡银行规定的信用额度内透支的信用卡。信用卡主要有如下两个特点：第一，多功能。不同的信用卡其功能和用途各不相同，但主要有四种功能，即转账结算、消费借贷、储蓄和汇兑。第二，高效便捷。由于银行为持卡人和特约商户提供高效的结算服务，这样消费者就乐于持卡购物消费，同时也带来了更多的便利。利用信用卡结算还可以减少现金流通量，简化收款手续。即使持卡人到了外地，也可以凭卡存取现金，十分灵活方便。

借记卡按功能不同分为转账卡（含储蓄卡）、专用卡和储值卡。借记卡不具备透支功能。转账卡是实时扣账的借记卡，具有转账计算、存取现金和消费功能。专用卡是具有专门用途、在特定区域使用的借记卡，具有转账计算、存取现金功能。储值卡是发卡银行根据持卡人要求将其资金转至卡内储存，交易时直接从卡内扣款的预付钱包式借记卡。

2. 银行卡的购物流程

用户到银行开立一个银行卡账户，就可以得到一张银行卡。银行卡通常都有一个银行卡号，用于识别持卡人银行卡账户。持卡人身份的识别有两种方式：一种是传统的，即由持卡人出示身份证明，如本人签章、身份证等；另一种是电子的，通过口令来识别，口令应该只有持卡人知道，主要用于确认持卡人的合法身份。

网上银行卡系统的参与者共有三方，它们是：能浏览互联网的用户；开设电子商务业务并提供银行卡结算服务的商家；为商家处理银行卡业务的开户行及发卡机构。

使用银行卡进行结算的过程也有三个阶段。

第一阶段，用户进行购物。

（1）用户浏览各类电子商务网站，挑选自己所需的商品或服务。

（2）用户选定商品后，用银行卡与商家进行结算。

（3）商家访问用户所提供银行卡的发卡银行，以对客户的银行卡进行认证。

（4）发卡银行在确认持卡人的身份之后，给商家返回一个确认信息，以提醒商家是否进行交易。

（5）商家通知用户交易是否继续。

第二阶段，用户与商家之间进行账目转账。

（1）商家供货给持卡人。

（2）商家访问商家所在的开户银行，并向银行提供购物的收据。

（3）商家银行访问用户的发卡行，把相应的货款由持卡人的账户转到商家的账户上。

第三阶段，通知用户所支付的款额，并为用户下账。

发卡行根据客户购物所支付的款额，为用户下账，并通知用户。至此，利用银行卡结算的交易才算完成。

3. 银行卡网上支付申请

以招商银行一网通为例，简述申请流程。

（1）一网通简介

一网通网上支付是招商银行提供的网上支付平台。通过一网通网上支付，用户足不出户，即可进行网上消费，在网上任意选购众多与招商银行签约的特约商户所提供的商品，其功能简介如图 6-2 所示。

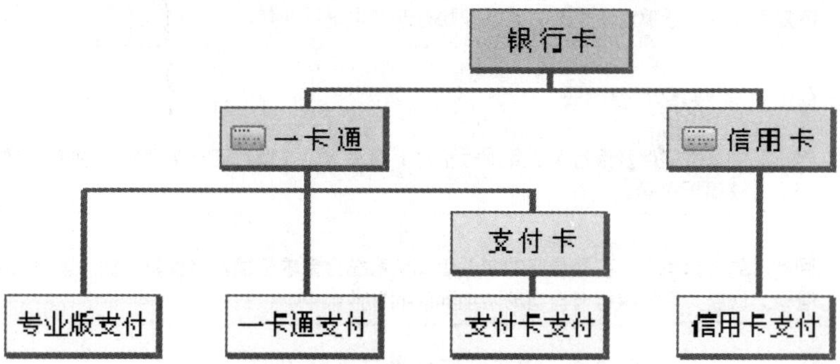

图 6-2 招商银行银行卡功能简介

① 服务特色。全国联网，用户可以在任何一家招商银行特约商户消费付款；多种支付工具，满足用户各种消费需求；强大的安全保障。

② 支付工具。

专业版支付：从个人银行专业版关联的一卡通活期存款支付，可自己设置任意限额。

一卡通支付：活期存款支付，有封顶限额，只能适用部分地区分行开户的一卡通。

支付卡支付：专用账户支付，有固定限额，只能适用部分地区分行开户的支付卡。

信用卡支付：在用户的信用卡额度范围内支付，可设置限额。

（2）申请指南

个人银行专业版支持两种证书类型：文件证书和移动证书。文件证书是以文件作为数字证书的存储介质，移动证书是以 USB KEY 作为数字证书的存储介质。文件证书的申请过程如图 6-3 所示，移动证书的申请过程如图 6-4 所示。

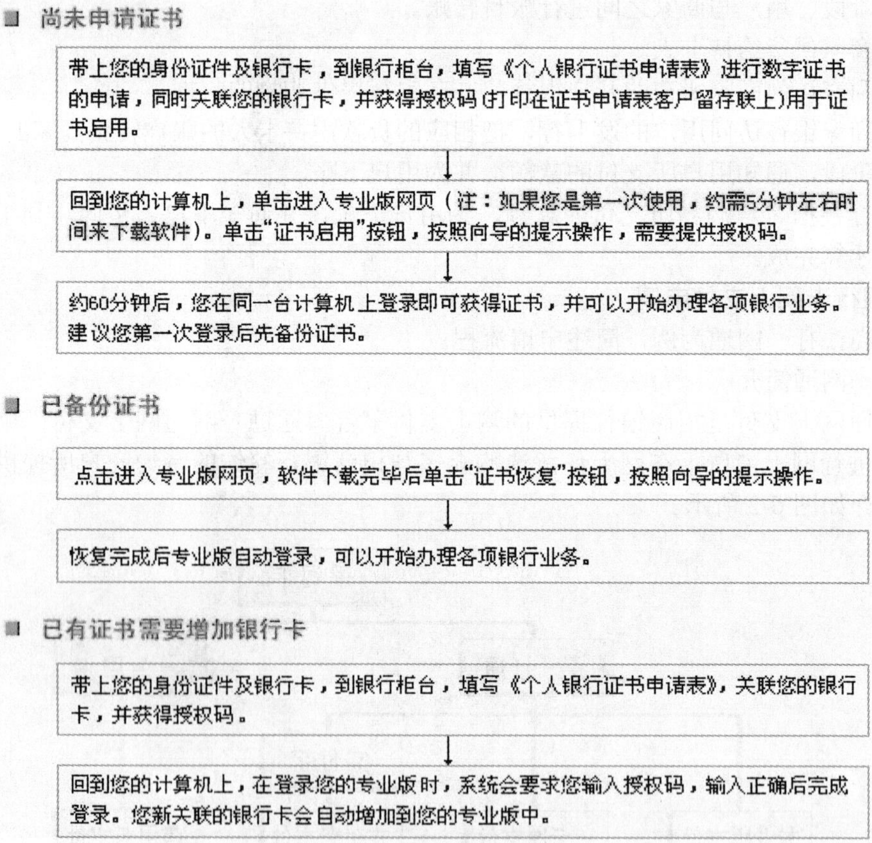

图 6-3 招商银行文件证书的申请过程

- **已有文件证书，需要申请移动证书**

带上您的身份证及需要关联到证书的“一卡通”，到银行柜台，填写《个人银行证书申请表》，选择移动证书类型，进行个人移动证书申请，同时关联您的银行卡，并获得授权码，领取到USB KEY用于证书启用。为保障安全性，您的文件证书同时作废，原来关联到文件证书的银行卡也被取消。

↓

回到您的计算机上，单击进入专业版网页（注：如果您是第一次使用，约需5分钟时间来下载软件）。请先单击“下载USB KEY设备驱动程序”按钮下载安装USB KEY驱动程序，完成后重新进入专业版网页，单击“证书启用”按钮，按照向导的提示操作。

↓

约60分钟后，您在同一台计算机上登录即可获得证书，并可以办理各项银行业务。

- **尚未申请证书**

先到银行柜台，带上您的身份证及需要关联到证书的“一卡通”，填写《个人银行证书申请表》，选择移动证书类型，进行个人移动证书申请，同时关联您的银行卡，并获得授权码，领取到USB KEY用于证书启用。

↓

回到您的计算机上，单击进入专业版网页（注：如果您是第一次使用，约需5分钟时间来下载并安装专业版软件）。进入后请先单击“下载USB KEY设备驱动程序”按钮下载安装USB KEY 驱动程序。

↓

安装完USB KEY驱动程序后，重新进入专业版网页，单击“证书启用”按钮，按照向导的提示操作。完成后等待约60分钟后，您在同一台计算机上登录既可获得证书，并可以办理各项银行业务。

- **已有USB证书需要增加银行卡**

到银行柜台，带上您的身份证件及银行卡，填写《个人银行证书申请表》关联您的银行卡，并获得授权码。

↓

回到您的计算机上，在登录专业版过程中系统会要求您输入授权码，输入正确后完成登录。您新关联的银行卡会自动增加到您的专业版中。

- **复制证书**

启用移动证书成功并登录后，您可以通过“复制证书”功能把移动证书复制到文件证书中，复制成功后您既可以使用移动证书登录，也可以使用文件证书登录。复制生成的文件证书还可以转移到其他计算机上使用。

↓

复制的方法是用移动证书登录专业版，在“证书管理”菜单下选取“证书复制”功能即可，完成后退出切换到“使用文件证书”网页就可以选取用户名字登录，用户密码缺省和移动证书密码相同，您可以登录后修改密码。

图 6-4　招商银行移动证书的申请过程

二、电子现金

1. 电子现金的特性

（1）什么是电子现金

电子现金（Electronic Cash）也叫数字现金（Digital Money），是一种以数字形式流通的货币。它把现金数值转换成为一系列的加密序列数，通过这些序列数来表示现实中各种金额的币值。它通常具有纸质现金的货币价值、可交换性、可存储性和可重复性等属性和多用途、匿名性、使用灵活和快速简便等特点，可以满足及时支付要求等。由于其存在的方式是电子的，使得在“网络社会”上存储、传送和处理十分方便。电子现金可以直接完成收款人和付款人之间的收付，无须银行的参与，从而可以有效降低处理成本，使其在小额支付时拥有一定的优势。

（2）电子现金的四个特性

① 货币价值。电子现金必须有一定的现金、银行授权的信用或银行证明的现金支票进行支持。当电子现金被一家银行产生并被另一家所接受时不能存在任何不兼容性问题，所以银行之间必须制定相应的标准。如果失去了银行的支持，电子现金会有一定风险，另外可能存在支持资金不足的问题。

② 可交换性。电子现金可以与纸币、商品或服务、网上信用卡、银行账户存储金额、支票或负债等进行互换。用户一般倾向于使用一家银行的电子现金，但事实上，不是所有的用户都会使用同一家银行的电子现金，他们甚至不使用同一个国家的银行的电子现金，因而，电子现金就面临多家银行的广泛使用，甚至多个国家广泛使用的问题。

③ 可存储性。可存储性将允许用户在家庭、办公室或途中对存储在一个计算机的外存、IC 卡，或者其他更易于传输的标准或特殊用途的设备中的电子现金进行存储和检索。电子现金的存储是从银行账户中提取一定数量的电子现金存入上述设备中的。由于是在计算机上产生或存储现金，因此伪造现金可能非常容易，最好将现金存入一个不可修改的专用设备。这种设备应该有一个友好的用户界面来通过口令或其他方式进行身份验证和浏览卡内信息。另外，由于电子现金存储在计算机上，因此，如果用户的计算机硬盘出现故障并且没有备份，电子现金就会丢失，就像丢失钞票一样。

④ 不可重复性。必须防止电子现金的复制和重复使用。因为买方可能用同一个电子现金在不同国家、地区的网上商店同时购物，这就造成电子现金的重复使用，一般的电子现金系统会建立事后检测和惩罚机制。

总之，电子现金具有方便和匿名等诸多优点，但也有缺点，就是需要一个大型的数据库来存储消费者完成的交易和电子现金序列号，以防止重复消费。这种支付形式适用于小额交易，DigiCash 公司提供的 E-Cash 模式、IBM 的 Mini-Pay 系统提供的另一种 E-Cash 模式和 Cyber Cash 提供的用于小额电子现金事务的服务等，都属于电子现金支付系统。

（3）电子现金的应用流程

① 购买电子现金。消费者在电子现金发布银行办理一定的手续，然后购买。

② 存储电子现金。消费者通过个人计算机电子现金终端软件从电子现金银行取出一定数量的电子现金，然后存储在硬盘上。当然根据电子现金模式的不同，也可以存放在卡或其他介质上。

③ 用电子现金购买商品或服务。消费者从同意接收电子现金的商家订货，使用电子现金支付所购商品的费用。

④ 资金清算。接收电子现金的商家与电子现金发放银行之间进行清算，电子现金银行将消费者购买商品的钱支付给商家。

⑤ 确认订单。商家获得付款后，向消费者发送订单确认信息。

（4）电子现金应用系统提供商

电子现金应用系统的提供商不是很多，比较著名的有 CyberCash、Clickshare 和 eCoin。这里简单介绍一下 eCoin 电子现金应用系统提供商，图 6-5 为 eCoin 公司首页。

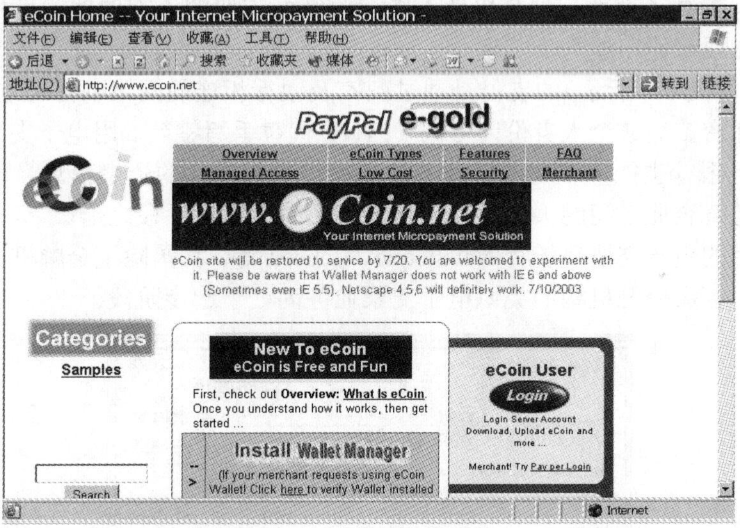

图 6-5 eCoin 公司首页

eCoin 公司发行的电子代币 eCoin 可用于在线支付购物的货款。eCoin 提供在线小额支付服务。这种电子现金存储在消费者计算机上的 eCoin 钱包里。同类似的小额支付系统一样，人们可以通过它花几美分来下载一篇新闻报道或浏览一个收费网站，或者花上几美分下载一段音乐。当然网站要能处理 eCoin 电子现金。用户在使用 eCoin 时，需先下载一个钱包软件，把它作为插件安装在自己的浏览器上。接受 eCoin 的商家不需要安装特殊的软件，兼容 eCoin 的商务网站可在其 HTML 页面上生成一个特殊的发票标志，以支持顾客的 eCoin 管理程序（安装在用户浏览器上的钱包）。

eCoin 系统使用了由顾客、商家和 eCoin 服务器组成的三链系统。eCoin 服务器相当于经纪人，它负责维护和更新用户与商家的账号，接受顾客软件的结算请求，并向商家付款。eCoin 服务器具备防止重复消费的功能。其结构可保证用户在商家面前是匿名的，但对 eCoin 服务器不是匿名的。

三、电子支票

1. 电子支票的概念

对于传统支票大家都比较熟悉。消费者在银行有一个账户，可以通过这个账户支付各种消费。消费者手里有支票本。购物或消费时，消费者在支票上填好有关的信息，如金额、用途等，并签上字、盖好章，然后把支票交给商家。商家拿到支票以后，先背书，然后向银行提示付款。在商家的开户行和消费者的开户行之间通过票据清算系统进行清算。传统的清算是通过手工进行的，耗时费力。出现自动清算以后，通过机器进行清分、结算，大大节省了费用，提高了效率，但是仍然不能摆脱纸面支票的不方便性，另外，对于支票的伪造或者空头支票可能不能马上发现。

电子支票（如图 6-6 所示）的支付是通过商家及银行相连的网络以密码方式传递信息的，使用公用密钥加密签名或个人身份证号码（P1N）代替手写签名。用电子支票支付，事务处理费用较低，且银行也能为参与电子商务的商家提供标准化的资金信息。电子支票既适合个人付款，也适合企业之间的大额付款，是最有效率的支付手段之一。

国际上常用的电子支票系统有 Netcheque、Echeck 等。我国除了金融机构内部的电子支票结算系统外，各大金融机构的类似电子支票业务尚处于起步阶段。

图 6-6 电子支票

2. 电子支票支付方式的特点和优势

支票是一个被广泛应用的金融工具，随着网上交易额的快速增长，给电子支票的运用带来了广阔的前景。早期开发的电子支票系统（如 Netcheck、NetBill）主要适用于小额支付，而近期开发的电子支票系统（如 Echeck）则主要向用于大额支付的方向发展，以满足 B2B 交易的支付需求。电子支票支付方式具有以下的特点。

（1）电子支票与传统支票工作方式相同，易于理解和接受。

（2）加密的电子支票使它们比数字现金更易于流通，买卖双方的银行只要用公开密钥认证确认支票即可，数字签名也可以被自动验证。

（3）电子支票适于各种市场，可以很容易地与 EDI 应用结合，推动 EDI 基础上的电子订货和支付。

（4）电子支票技术将公共网络连入金融支付和银行清算网络。图 6-7 是电子支票的校验过程。

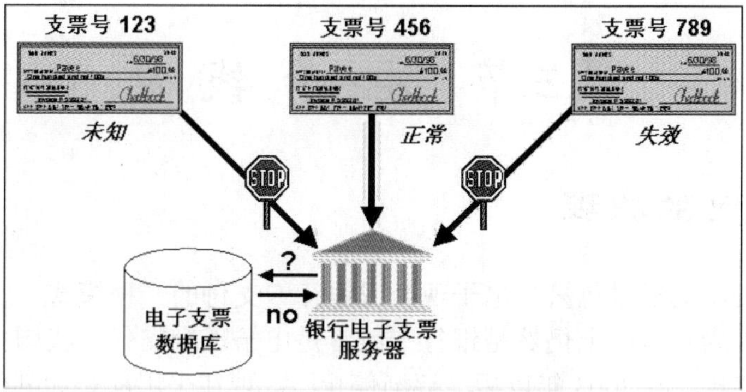

图 6-7　银行电子支票的校验过程

电子支票支付方式的优势在于如下方面。

（1）处理速度高。电子支票的支付是在与商户及银行相连的网络上高速传递的，它将支票的整个处理过程自动化了，这一支付过程在数秒内即可实现。它为客户提供了快捷的服务，减少了在途资金。在支票使用数量很大时，这一优势特别明显。

（2）安全性能好。电子支票目前是在专用网上以加密方式传递的，使用了数字签名或个人身份证号码（PIN）代替手写签名，还运用了数字证书，这三者成为安全可靠的防欺诈手段。但目前对于大额电子支票的安全问题，用户还信心不足。

（3）处理成本低。用电子支票进行支付，减轻了银行处理支票的工作压力，节省了人力，降低了事务处理费用。

（4）给金融机构带来了效益。第三方金融服务者不仅可以从交易双方处收取固定的交易费用或按一定比例抽取费用，它还可以银行身份提供存款账目，且电子支票存款账户很可能是无利率的，因此给第三方金融机构带来了收益。而且银行也能为参与电子商务的商家提供标准化的资金信息，故而可能成为最有效率的支付手段之一。

3．电子支票交易流程

电子支票交易的流程可分以下几个步骤。

（1）消费者和商家达成购销协议并选择使用电子支票支付。

（2）消费者通过网络向商家发出电子支票，同时向银行发出付款通知单。

（3）商家通过认证中心对消费者提供的电子支票进行验证，验证无误后将电子支票送交银行索付。

（4）银行在商家索付时通过认证中心对消费者提供的电子支票进行验证，验证无误后即向商家兑付或转账。

尽管电子支票可以大大节省交易处理的费用，但是，由于电子支票牵涉到的转账金额可能相当庞大，所以对于在线电子支票的兑现，人们仍持谨慎的态度。电子支票的普及还需要一个过程。

第三节　电子钱包

一、电子钱包的原理

严格意义上讲，电子钱包只是电子现金或银行卡支付的一种模式，它不能作为一种独立的支付方式，因为它本质上仍然是银行卡或者是电子现金支付。我国中国银行曾经开通了电子钱包支付方式，但2003年以后又逐渐停止了。现在采用的是和其他银行类似的利用数字证书的信用卡支付。

电子钱包内只能装电子货币，即电子现金、电子零钱、安全零钱、电子信用卡、在线货币、数字货币等。这些电子支付工具可以支持单击式支付方式。在电子商务服务系统中设有电子货币和电子钱包的功能管理模块，称为电子钱包管理器，顾客用它来改变保密口令、保密方式、查看自己银行账号上的收付往来账目、清单和数据。电子商务服务系统中还有电子交易记录器，顾客通过查询记录器，还可以了解自己的买卖情况，并可查询打印结果。

电子钱包最早于1997年7月由英国西敏寺银行开发成功，目前世界上有VISA cash和Mondex两大电子钱包服务系统，其他电子钱包服务系统还有Master Cardcash、Euro Pay的Clip和比利时的Proton等。目前，电子钱包已经在英国的温斯顿、中国香港地区、加拿大的多伦多和新西兰等十多个国家或地区进行了试用。使用电子钱包购物，最突出的优点就是安全可靠、使用方便，顾客用它进行安全电子交易和存储交易记录，就像随身携带的钱包一样。使用电子钱包购物，通常需要在电子钱包服务系统中进行。电子钱包的软件通常都是免费提供的，可以直接使用与自己银行账号相连接的电子商务系统服务器上的电子钱包软件，也可以从互联网上下载。

二、电子钱包的功能

电子钱包采用SET标准，主要有如下功能。

（1）电子证书的管理，包括电子证书的申请、存储、删除等。

（2）安全电子交易。进行 SET 交易时辨认商户的身份并发送交易信息。

（3）交易记录的保存。保存每笔交易记录以备日后查询。

值得注意的是，顾客开始使用电子钱包时一般要进行注册，以后在每次使用钱包时都要进行登录，进行电子钱包的身份确认。所以电子钱包持有者对自己的用户名及口令应该严格保密，以防电子钱包被他人窃取。

三、电子钱包购物过程

使用电子钱包进行购物的基本过程如下。

（1）顾客使用计算机通过互联网查寻自己想购买的物品。

（2）顾客在计算机上输入订货单，包括从哪个销售商店购买什么商品，购买多少，订货单上还须注明将此货物在什么时间送到什么地方以及交给何人等信息。

（3）通过电子商务服务器与有关商店联系并立即得到应答，告诉顾客所购货物的单价、应付款数、交货等信息。

（4）顾客确认后，用电子钱包付钱。将电子钱包装入系统，单击电子钱包的相应项或电子钱包图标，电子钱包立即打开，输入自己的保密口令，顾客确认是自己的电子钱包并从电子钱包中取出其中的一张电子信用卡来付款。

（5）电子商务服务器对此信用卡号码采用某种保密算法进行计算并加密后，发送到相应的银行去，同时销售商店也收到了经过加密的购货账单，销售商店将自己的顾客编码加入电子购货账单后，再转送到电子商务服务器上去。这里要注意，商店对顾客信用卡上的号码是看不见的，不可能知道，也不应该知道，销售商店无权也无法处理信用卡中的钱款。因此，只能把信用卡送到电子商务服务器上去处理，经过电子商务服务器确认这是一位合法顾客后，将其同时送到信用卡公司和商业银行，在信用卡公司和商业银行之间要进行应收付款钱数和账务往来的电子数据交换和结算处理。信用卡公司将处理请求再送到商业银行请求确认并授权，商业银行确认并授权后送回信用卡公司。

（6）如果在商业银行确认过程中被拒绝而不予授权，则说明顾客的这张信用卡上的钱不够用了或者是没有钱了，即已经透支。遭到商业银行拒绝后，顾客可以再单击电子钱包的相应项再打开电子钱包，取出另一张电子信用卡重复上述操作。

（7）如果经商业银行证明这张信用卡有效并授权后，销售商店就可付货。与此同时，销售商店留下整个交易过程中发生往来的财务数据，并且出示一份电子收据发送给顾客。

（8）上述交易成交后，销售商店就按照顾客提供的电子订货单将货物送到顾客或在电子订货单中指明的人手中。

第四节　第三方支付

传统的支付方式往往是简单的即时性直接付转，一步支付。其中钞票结算和票据结算适配当面现货交易，可实现同步交换；汇转结算中的电汇及网上直转也是一步支付，适配隔面现货交易。但若无信用保障或法律支持，会导致异步交换，容易引发非等价交换风险。现实中买方先付款后不能按时按质按量收货，卖方先交货后不能按时如数收到价款，被拖延、折扣或拒付等引发经济纠纷的事件时有发生。

在现实的有形市场，异步交换权且可以附加信用保障或法律支持来进行，而在虚拟的无形市场，交易双方互不认识，不知根底，因此，支付问题曾经成为电子商务发展的瓶颈之一。卖家不愿先发货，怕货发出后不能收回货款；买家不愿先支付，担心支付后拿不到商品或商品质量得不到保证。博弈的结果是双方都不愿意先冒险，网上购物无法进行。在这种情况下，第三方支付应运而生。

一、第三方支付概述

所谓第三方支付，就是一些和产品所在国家以及国外各大银行签约、并具备一定实力和信誉保障的第三方独立机构提供的交易支持平台。在通过第三方支付平台的交易中，买方选购商品后，使用第三方平台提供的账户进行货款支付，由第三方通知卖家货款到达、进行发货；买方检验物品后，就可以通知付款给卖家，第三方再将款项转至卖家账户。

根据艾瑞咨询（iResearch）的统计数据显示，2011 年中国支付行业互联网支付业务交易规模达到 22 038 亿元，同比增长 118.1%。艾瑞分析认为，第三方互联网支付交易规模呈现高速增长，主要原因有以下四个方面。

（1）多项监管法规的相继颁布，使得第三方支付行业的管理措施不断细化，监管主体不断多元化，整个支付行业的体系日趋完善，大大削弱了政策环境的不确定性因素，为第三方支付市场交易规模的进一步扩大营造了良好的政策环境。

（2）非金融机构支付服务业务许可牌照的分批发放，使得第三方支付企业的合规身份得以确立，迎来了更多的传统行业合作伙伴，产生了更为丰富的创新业务模式，获得更为广阔的市场空间，而庞大的市场接纳量支撑起了整个行业的高速增长。目前中国国内的第三方支付产品主要有 PayPal（易趣公司产品）、支付宝（阿里巴巴旗下）、财付通（腾讯公司、腾讯拍拍）、盛付通（盛大旗下）、易宝支付（Yeepay）、快钱（99bill）、网银在线（chinabank）、环迅支付、汇付天下等。

（3）支付企业在政策框架内充分发挥其创新优势，向行业纵深拓展创新服务模式，开拓以传统行业 B2B 电商、物流、行业解决方案为代表的全新的业务体系，支付企业提供的服务逐步由单纯的提供支付结算服务向提供行业解决方案及产业链支付方向发展，渗透包括钢铁、物流、基金、保险等诸多传统领域，产生新的交易规模增量。

（4）网上购物、旅行预订等相关行业的快速增长同时带动了第三方支付网上交易规模的增长。艾瑞咨询统计数据显示，2011 年中国网上购物市场规模达到 7 735.6 亿元，同比增长 67.8%；另外，在线旅行预订市场交易规模达 1 672.9 亿元，增长 61.3%。

从支付企业互联网支付业务的整体发展状况来看，2011 年全年，支付宝以 49.0%的市场份额居于市场首位，占据了互联网支付市场的半壁江山；财付通以 20.4%的市场份额位居第二；银联在线、快钱和汇付天下，分别以 8.4%、7.5%和 7.4%的市场占比分居三至五位，如图 6-8 所示。

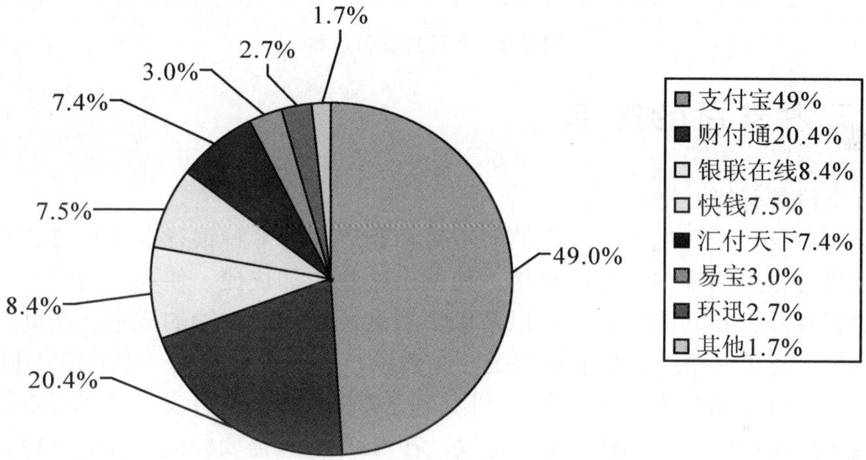

图 6-8　2011 年第三方支付网上市场份额

二、第三方支付的流程

第三方支付的流程如图 6-9 所示。

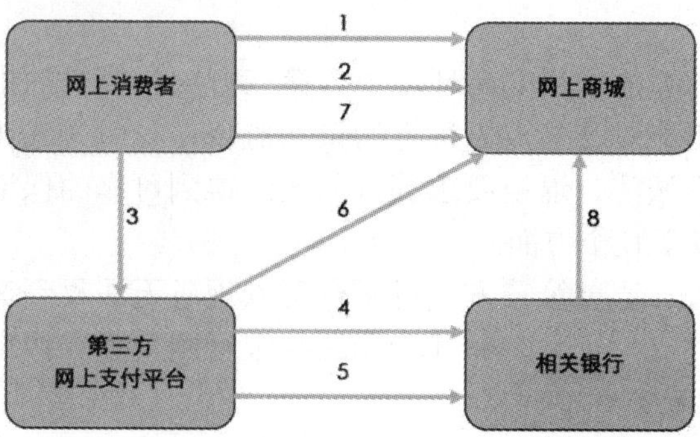

步骤	流程
1	网上消费者浏览检索商户网页
2	网上消费者在商户网站下订单
3	网上消费者选择第三方支付平台，直接链接到其安全支付服务器上，在支付页面上选择自己适用的支付方式，单击后进入银行支付页面进行支付操作
4	第三方支付平台将网上消费者的支付信息，按照各银行支付网关的技术要求，传递到各相关银行
5	由相关银行（银联）检查网上消费者的支付能力，实行冻结、扣账或划账，并将结果信息传至第三方支付平台和网上消费者本身
6	第三方支付平台将支付结果通知商户
7	支付成功的，由商户向网上消费者发货或提供服务
8	各个银行通过第三方支付平台向商户实施清算

图 6-9　第三方支付流程

三、第三方支付的特点

第三方支付具有如下特点。

（1）第三方支付平台提供一系列的应用接口程序，将多种银行卡支付方式整合到一个界面上，负责交易结算中与银行的对接，使网上购物更加快捷、便利。消费者和商家不需要在不同的银行开设不同的账户，可以帮助消费者降低网上购物的成本，帮助商家降低运营成本；同时，还可以帮助银行节省网关开发费用，并为银行带来一定的潜在利润。

（2）较之 SSL、SET 等支付协议，利用第三方支付平台进行支付操作更加简单而易于接受。SSL 是现在应用比较广泛的安全协议，在 SSL 中只需要验证商家的身份。SET 协议是目前发展的基于信用卡支付系统的比较成熟的技术。但在 SET 中，各方的身份都需要通过 CA 进行认证，程序复杂，手续繁多，速度慢且实现成本高。有了第三方支付平台，商家和客户之间的交涉由第三方来完成，使网上交易变得更加简单。

（3）第三方支付平台本身依附于大型的门户网站，且以与其合作的银行的信用作为信用依托，因此第三方支付平台能够较好地突破网上交易中的信用问题，有利于推动电子商务的快速发展。

在缺乏有效信用体系的网络交易环境中，第三方支付模式的推出，在一定程度上解决了网上银行支付方式不能对交易双方进行约束和监督，支付方式比较单一；在整个交易过程中，货物质量、交易诚信、退换要求等方面无法得到可靠的保证；交易欺诈广泛存在等问题。其优势体现在以下几个方面。

首先，对商家而言，通过第三方支付平台可以规避无法收到客户货款的风险，同时能够为客户提供多样化的支付工具，尤其为无法与银行网关建立接口的中小企业提供了便捷的支付平台。

（1）对客户而言，不但可以规避无法收到货物的风险，而且货物质量在一定程度上也有了保障，增强客户网上交易的信心。

（2）对银行而言，通过第三方平台银行可以扩展业务范围，同时也节省了大量为中小企业提供网关接口的开发和维护费用。

（3）第三方支付模式有效地保障了交易各方的利益，为整个交易的顺利进行提供了支持。

【例 6-1】

支付宝简介

支付宝（www.alipay.com）网络技术有限公司是国内领先的独立第三方支付平台，是阿里巴巴集团的关联公司。支付宝公司从 2004 年建立开始，始终以“信任”作为产品和服务的核心。不仅从产品上确保用户在线支付的安全，同时致力于让用户通过支付宝在网络间建立起相互的信任，去帮助建设更纯净的互联网环境。短短 7 年时间内，支付宝已经成长为全球最领先的第三方支付公司之一，为电子商务各个领域的用户创造了丰富的价值。截至 2011 年 12 月，支付宝注册用户突破 6.5 亿，日交易额超过 45 亿元人民币，日交易笔数峰值达到 3 369 万笔。支付宝创新的产品技术、独特的理念及庞大的用户群吸引越来越多的商家和合作伙伴选择支付宝作为自己的在线支付解决方案。目前除淘宝和阿里巴巴外，有超过 46 万的商家和合作伙伴支持支付宝的在线支付和无线支付服务，范围涵盖了 C2C 与 B2C 购物、航旅机票、生活服务、理财、公益等众多方面。这些商家在享受支付宝服务的同时，也拥有了一个极具潜力的消费市场。

支付宝以其在电子商务支付领域先进的技术、风险管理与控制等能力赢得银行等合作伙伴的认同。目前已和国内工商银行、建设银行、农业银行、招商银行等各大商业银行以及 VISA 国际组织等各大金融机构建立了战略合作，成为银行在网上支付领域极为信任的合作伙伴。

资料来源：http://ab.alipay.com/i/jieshao.htm

第五节　移动电子支付方式

一、移动电子支付的特点

移动支付作为一种崭新的支付方式，具有方便、快捷、安全、低廉等优点，将会有非常广阔的商业前景，而且将会引领移动电子商务和无线金融的发展。手机付费是移动电子商务发展的一种趋势，它包括手机小额支付和手机钱包两大内容。手机钱包就像银行卡，可以满足大额支付，通过把用户银行账户和手机号码进行绑定，用户就可以通过短信息、语音、GPRS 等多种方式对自己的银行账户进行操作，实现查询、转账、缴费、消费等功能，并可以通过短信等方式得到交易结果通知和账户变化通知。

二、国内外移动电子支付的发展

1. 国外移动电子支付的发展

近几年来，随着移动通信网络从 2.5G 向 3G 演进，从亚洲到欧洲，全球移动支付业务呈现快速增长态势。

在韩国，已经有越来越多的移动用户通过手机实现 POS 支付，购买地铁车票，进行移动 ATM 取款。早在 2001 年，SK 就推出了名为 MONETA 的移动支付业务品牌。申请了该项业务的移动用户可以获得两张卡：一张是具有信用卡功能的手机智能卡，另一张是供用户在没有 MONETA 服务的场所使用的磁卡。移动用户只要将具有信用卡功能的手机智能卡安装到手机上，就可以在商场用手机进行结算，在内置有红外线端口的 ATM 上提取现金、在自动售货机上买饮料，还可以用手机支付地铁等交通费用，无须携带专门的信用卡。2004 年 8 月，SK 将其移动支付业务整合为新的品牌“M-BANK”。通过在手机中内置智能型芯片，用户可以用手机办理各种金融业务。“M-BANK”的特点在于将结算信息密码化，因而具有很高的安全性。

在日本，NTT DoCoMo 等移动运营商均把移动支付作为重点业务予以积极推进。2004 年，NTT DoCoMo 先后推出了面向 PDC 用户和 FOMA 用户的基于非接触 IC 智能芯片的 Felica 业务。用户可以利用这种手机购买自动售货机或者便利店的产品，还可以购买电影票。据统计，目前在使用 FeliCa 手机的用户中，60%的用户每周都会至少使用一次支付功能。为了推广移动支付计划，近期 NTT DoCoMo 还出资收购了一家信用卡公司，计划在手机中整合完整的信用卡支付功能。

在欧洲，随着 3G 商用进程的逐步加快，各大移动运营商也在积极推广移动支付业务。以芬兰为例，从 2002 年 2 月起，在赫尔辛基乘地铁等公交工具出行的乘客，只要用手机发出短信代码给指定的服务商，就会得到购票信息反馈，并可在 1 小时的有效时间内乘坐地铁、有轨电车及部分公共汽车，票款计入购票者每月的电话账单。2004 年 11 月，芬兰手机购票服务的范围进一步扩大，人们可以通过手机购买赫尔辛基地区的短途火车票。2002 年 3 月，芬兰最大的电信运营商索内拉公司开始向首都居民提供用手机支付购物款的服务。凡加入索内拉公司建立的移动支付系统并设立了移动账户的用户，可以在指定的数十家商店用手机购物。从 2004 年 5 月开始，芬兰国家铁路局在全国推广电子火车票，乘客不仅可以通过国家铁路局网站购买车票，还可以通过手机短信订购电子火车票。

近年来，全球移动支付市场呈现高速增长的发展态势。全球移动支付收入自 2004 年起实现成倍增长，从 2002 年的 55 亿美元，增长到 2005 年的近 200 亿美元，平均年增长率超过 100%。全球已有 30 多个国家和地区开展了移动支付业务，而东亚地区被视作全球移动支付增长最快的区域，韩国、日本是当前全球领先的移动支付发展国家。

2．我国移动电子支付的发展

国内移动支付的发展最早可追溯到银行与移动运营商合作开展的手机银行业务。虽然这一业务由于种种原因而未能取得成功，但它打开了移动通信和金融业务结合的大门，为移动支付业务的发展作了铺垫。

2002 年以来，中国银联分别和中国移动、中国联通合作，在海南、广东、湖南等地开展了移动支付业务，并取得了可喜的成绩。从 2004 年开始，在试点成功的经验上，银联开始在全国范围内推广。以第三方为主体的移动支付模式也在国内兴起。在这种模式下，移动支付平台的运营由独立于银行和移动运营商的第三方经济实体承担，具有独立的经营权。目前，广州的金中华、上海的捷银等公司均采用这种模式提供数字化产品销售、电子票务等增值服务。在国内，中国移动已经和广东发展银行签约，用户只申请一次，以后无论在本地还是漫游到外地，都可以通过手机进行移动支付。目前，国内支持手机支付的银行有：广东发展银行、招商银行、中国银行、建设银行、交通银行、福建兴业银行、深圳发展银行、中信银行等。目前，国内的手机支付的主要应用在小额支付上，如交纳电子信箱费、QQ 会员费、网络游戏月费，从自动售货机上购买饮料食品，购买地铁票以及足球彩票投注等业务。

据中国银联的最新统计数据显示，2009 年中国移动支付用户数达到 1.08 亿户，其同比增长率达到 25.6%，2010 年中国移动支付用户数将达到 1.47 亿户，其同比增长率将达到 36.1%，2011 年中国移动支付用户数达到 2.21 亿户，其同比增长率达到 50.3%，2012 年中国移动支付用户数将达到 2.86 亿户，其同比增长率将达到 34.9%。2013 年，中国移动支付市场规模将达到 200 亿元。根据易观国际发布的数据显示，截至 2011 年第四季度，中国移动互联网用户已达 4.31 亿，全年市场规模达到 862.2 亿元。

伴随手机购物市场规模的继续扩大，2012 年移动支付及移动安全将得到政策和软、硬件厂商的重视。预计在未来几年，移动互联网将高速发展，移动运营商重视程度也将会迅速提高，移动支付将加速发展，移动支付的用户数将逐渐增加，迎来前所未有的机遇。

三、移动支付的购物交易过程

移动支付的购物交易过程如图 6-10 所示。

（1）消费者通过互联网进入消费者前台系统选择商品。

（2）将购买指令发送到商家管理系统。

（3）商家管理系统将购买指令发送到无线运营商综合管理系统。

（4）无线运营商综合系统将确认购买信息指令发送到消费者前台消费系统或消费者手机上请求确认。如果没有得到确认信息，则拒绝交易。

（5）消费者通过消费者前台消费系统或手机将确认购买指令发送到商家管理系统。

（6）商家管理系统将消费者确认购买指令转交给无线运营商综合管理系统，请求缴费操作。

（7）无线运营商综合系统缴费后，告知商家管理系统可以交付产品或服务。

（8）商家管理系统交付产品或服务，并保留交易记录。

（9）将交易明细写入消费者前台消费系统，以便消费者查询。

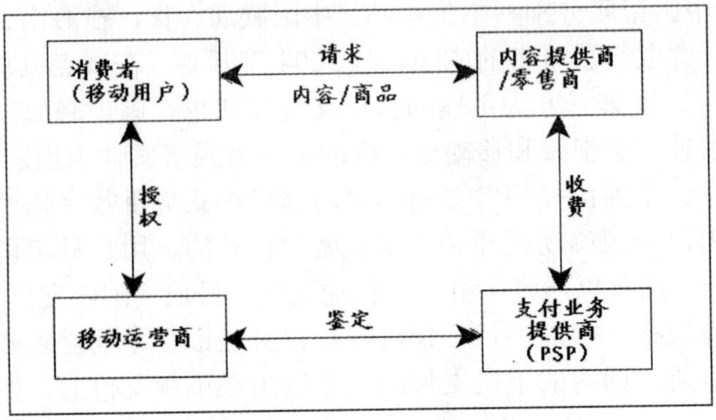

图 6-10　移动支付的购物交易过程

四、手机钱包

“手机钱包”是中国移动、中国银联、联动优势科技有限公司联合各大银行共同推出的一项全新的移动电子支付通道服务（如图 6-11 所示）。通过把客户的手机号码与银行卡等支付账户进行绑定，使用手机短信、语音、WAP、K-Java、USSD 等操作方式，随时随地为拥有中国移动手机的客户提供移动支付通道服务。

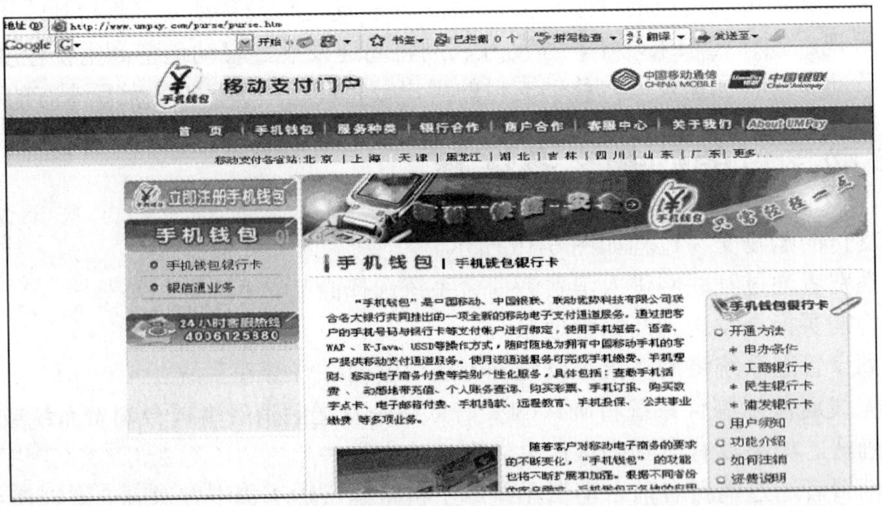

图 6-11　移动支付门户手机钱包

1．申办条件

中国移动通信有限公司签约的个人手机用户；持有一张商业银行发行的个人银行卡。

2．功能介绍

（1）“手机钱包”是把客户的手机号码与银行卡账号进行绑定，通过手机短信息、语音、K-Java、WAP、USSD 等方式，随时随地为拥有银行卡的中国移动通信集团公司手机客户提供个性化的金融服务。目前可以通过银行营业厅、银行网站、语音、短信、USSD、K-Java 等多种方式开通服务，可办理查缴手机话费、动感地带充值、个人账务查询、购买彩票、手机订报、购买 IP 卡、手机捐款、远程教育、手机投保等多种特色金融服务。

（2）没有适合捆绑银行卡的用户，申请手机钱包，将开通手机钱包 U 币账户。U 币账户是“手机钱包”的补充支付方式，是用于中国移动移动电子商务交易支付的中间账户系统，U 币服务满足了银行对小额移动电子商务结算处理的需求和商户对小额商品交易管理的需求，是为因各种原因未能捆绑银行卡的客户而提供的一种补充支付方式。

（3）客户在定制手机钱包服务的同时即免费开通 U 币账户。U 币账户的初始金额为 0 点（或 0 元），最高不超过 500 点。客户可采用多种方式向 U 币账户进行充值（具体充值方式、限制各省或有差异），充值点数与人民币的比值是 1∶1。客户可将指定金额的资金划转到 U 币账户，日后进行多次小额付费。

（4）U 币账户的充值方式包括：手机钱包银行卡账户充值、银行卡网络银行充值、其他手机钱包用户 U 币账户转账、手机话费体验充值。

第六节　网 上 银 行

一、网上银行简介

电子商务中，交易双方都需要寻找一个可靠的信用中介，来完成交易的支付过程，双方自然把目光投向了商业银行。商业银行涉足电子商务领域，除了是交易双方的需求外，更重要的原因是商业银行看到了电子商务活动中蕴藏着的巨大的商业利润。因此，银行网络化将是一种必然的趋势，网上银行的出现也将改变传统企业、商业银行传统的经营模式，它在电子商务中起着举足轻重的作用。

网上银行又称在线银行，是指银行利用互联网或其他专用网络，为银行客户在网上提供开户、销户、支付、转账、查询、汇款、网上证券、投资理财等传统服务项目。客户足不出户就能够安全快捷地办理银行业务。

近年来我国网上银行发展迅速，网上银行的交易额和交易笔数大幅增长。根据易观智库 Enfodesk《2011Q1 中国网上银行市场季度监测》数据报告显示，2011 年第 1 季度中国网上银行市场交易额达到 191.37 万亿元，环比增长 10.2%，同比增长 82.4%。截至 2011 年 3 月底注册用户数达到 3.3 亿元，环比增长 7.7%，同比增长 48.7%。

二、网上银行的优势

网上银行是通过互联网这一公共资源及使用相关技术实现银行与消费者之间安全、方便、友好连接的银行。它可为消费者提供各种金融服务产品，真正实现家庭银行（Home Banking）、企业银行（Firm Banking）的服务。网络银行比传统银行具有更多优势，归纳起来有以下几点。

1．网上银行突破了传统银行业务在时间上的限制

首先，网上银行突破了传统银行业务在时间上的限制，实行 7×24 小时全天候运营，使银行更加贴近客户，更加方便客户使用。网上银行将改变传统的银行经营理念。其次，网上银行将改变传统的银行营销方式和经营战略。

2．网上银行将极大地降低银行服务的成本

网上银行要求一切交易、银行的各种业务和办公完全实现无纸化、电子化和自动化，它是以前各种电子化银行如电话银行、家庭银行、自助银行、电子货币银行、自动化银行和自我服务银行的深入发展。

3．分流柜台压力，降低经营成本

这一点是现阶段我国网上银行的核心价值，将网点流量引至互联网后，解放相关工作人员，可促进网点的工作重心从业务操作向销售、咨询转变。

4．提升服务质量，增强用户黏性

网上银行随时随地提供金融服务的特点，能够提高用户进行账户管理、支付结算的效率和便利性，尤其是在用户对网银服务需求日益强烈的情况下，提供网上银行服务，有助于吸引更多用户，并提高用户黏性。

另外，网络银行可以实现银行的广告、宣传材料及公共信息的发布，实现消费者对各类账户信息的查询，及时反映消费者的财务状况，实现消费者安全交易，包括转账、信贷、股票买卖等。

【例 6-2】

中国建设银行网上业务介绍

1．个人网上银行

中国建设银行网上银行个人客户服务系统是建立在银行业务系统之上，利用公共网络资源及网络安全技术，实现客户自助交易服务，开展网上电子商务的全新业务渠道和客户服务平台。功能齐全，服务周到。

（1）查询

提供“账户余额”、“账户明细”、“消费积分”等查询功能，可以进行多账户、多币种的查询，还可以对他人授权的账户进行查询。

（2）转账

提供“本人名下转账”、“转账给他人”的转账功能。

（3）汇款

提供将活期账户资金汇入外地建设银行的活期账户的功能。

（4）外汇买卖

通过此项功能，客户可以随时随地进行外汇买卖和查询交易，包括“行情查询”、“交易查询”、“实时交易”、“委托挂单”、“追加挂单”、“委托撤单”等功能。

（5）代理缴费

可以直接利用网上银行来办理银行代理的各项缴费业务，如水费、电费、煤气费、电话费、交通罚款等。

（6）网上支付

客户可以通过网上银行，使用建行龙卡储蓄卡、信用卡、贷记卡或活期存折账户，在网上购买商品或服务。

（7）银证业务

包括银证转账业务和银证通业务。银证转账业务指客户通过网上银行，在账户与证券资金账户之间进行资金实时划转的业务。银证通业务指客户通过网上银行，在指定的证券交易机构进行股票买卖、查询等实时交易的业务。

（8）证券业务

指客户通过网上银行进行债券或基金的申购、买卖、查询等交易的业务。

（9）短信定制查询业务

指客户通过手机短信的方式，查询个人相关账务信息的业务。

（10）贷记卡业务

为客户提供贷记卡开卡、账单查询、购汇还款、贷记卡还款、补发密码函、贷记卡挂失等服务。

2. 企业网上银行

（1）账户查询功能

客户可以随时随地登录建行网上企业银行（B2B），实时查询其辖内异地账户余额、当日明细、历史明细、支付结果等信息，使企业可以实时监控账户资金。

（2）账户交易功能

B2B 系统提供集团内部资金划拨、同城付款、异地付款及授权账户主动收款功能，客户可使用主动收款功能实时划拨异地子公司指定账户资金。实现开放式转账功能，客户既可以在已签约账户间转账，又可从已签约账户向未签约账户转账，提高资金使用效益。

（3）财务管理功能

实现账户集中管理，企业可根据需要自行设定操作员可操作账户、账户用途及限额，使不同权限的操作员只可在各自的权限内进行操作。

实现多级管理，除按操作员性质分为主管、复核员和记账员外，每笔交易需双人或三人操作方可发出，交易超过一定金额需由主管审批方可发出。客户端主管可根据需要设置操作员使用限额，设置确定后即时生效。

采取登录密码和交易密码不同，对密码出错次数进行限制。超出限制，该操作员将被冻结。主管可根据操作员情况，暂时冻结/解冻操作员，设置确定后即时生效。

主管权限包括全国账户余额、明细实时查询、付款审批、操作员管理、授权管理等功能。

（4）IC卡管理

在分行实现IC卡发放与管理，客户可根据操作员数量请领IC卡。

3. 重要客户系统

重要客户服务系统基于中国建设银行骨干网络，将位于总行和分行的客户服务分中心连结起来，组成了贯穿全行的客户信息服务系统，为VIP客户提供个性化、专业化、现代化的金融服务。客户通过本系统可灵活调度银行账户资金，动态查询银行账户状况，实时监控分支机构资金动向，迅速实现集团资金的理财管理，有效强化内部管理，提高资金利用率，降低资金使用成本。同时，针对电子商务活动的开展，本系统可为客户提供资金异地实时结算、投资咨询、代客理财和代理结算等全方位服务。本系统以高效快捷的服务效率、“量身定做”的服务功能，深受客户的青睐。

重要客户服务系统是中国建设银行为VIP客户提供的信息直通车。本系统倡导“信息直通，业务联动”的服务理念，将银行搬到客户自己的终端上，让客户共享中国建设银行网点、网络和服务资源，实时联动处理本、异地资金转账和查询业务，真正实现“客户一点接入，建行全行服务”。在安全措施方面，采用国内专业机构权威认证的加密措施，通过权限管理、身份认证、数字签名、传输加密等手段，充分保证了银行及客户资金安全。

重要客户服务系统服务对象广泛，充分满足不同客户的资金管理需求。

- ❑ 为集团公司的销售网络提供资金的实时结算和现金管理服务。
- ❑ 为政府集中采购、预算外资金划转、转移支付、财政授权支付等提供结算、清算服务。
- ❑ 为证券公司客户提供股民保证金存管与清算服务。
- ❑ 为铁路、民航等行业客户提供代理票款结算服务。
- ❑ 为电子商务服务商提供资金在线结算服务。
- ❑ 与国内外金融机构（或企业）联网，为国内外金融机构（或企业）参与各种商务活动提供平台支持。
- ❑ 为期货公司客户提供查询、结算和清算服务。

4．手机银行

中国建设银行、中国联通共同合作推出了新一代手机银行，它具有手机理财、手机支付及手机电子商务功能，是国内首项大规模推出的支持在线交易的手机金融服务。手机银行服务界面友好，直观可视，会用手机就可以操作手机银行；与网上银行相同，操作方便，版本升级更为容易。手机银行服务一次接入，实时在线交易。采用 CDMA1X 网络，传输速度最快高达每秒 153.6K，是拨号上网速度的 3 倍。建设银行的手机银行是“新一代手机银行”，“掌上的网上银行”和“随身携带的银行”，率先实现了全国开通，全网漫游，统一接入，渠道共享。

（1）办理条件

① 拥有一台支持“神奇宝典”功能的 CDMA 手机。

② 在建设银行开立有实名制个人储蓄账户或信用卡账户，此账户需预留密码。

（2）客户可以选择以下四种方式之一申请开通手机银行服务

① 用手机下载软件自助开通成为手机银行非签约客户。流程如图 6-12 所示。

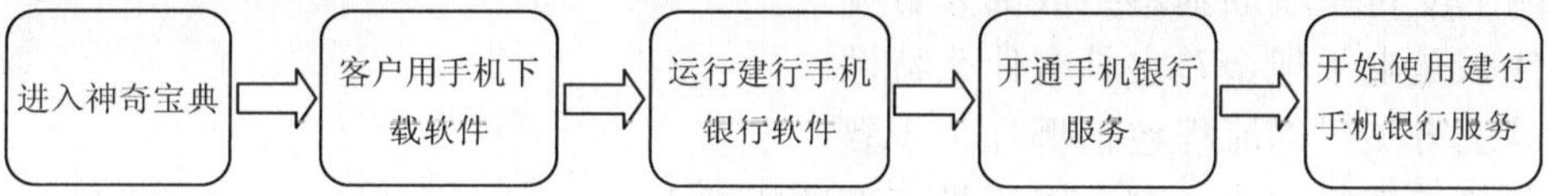

图 6-12　用手机下载软件申请手机银行非签约客户

② 如果客户已经是网上银行客户，可登录网上银行开通手机银行服务，成为手机银行非签约客户。流程如图 6-13 所示。

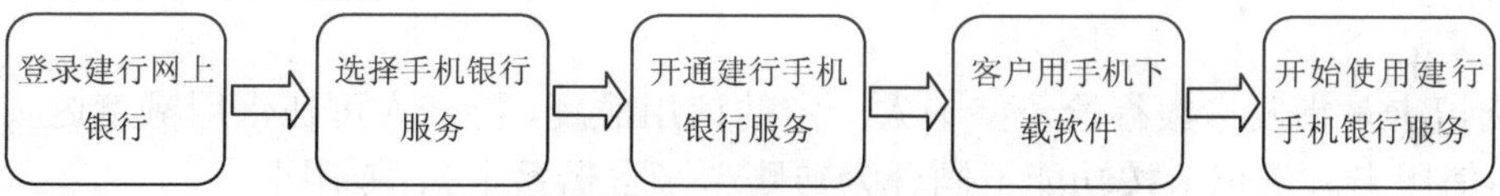

图 6-13　登录网上银行申请手机银行非签约客户

③ 在建设银行网站 www.ccb.cn 上开通手机银行，成为手机银行非签约客户。流程如图 6-14 所示。

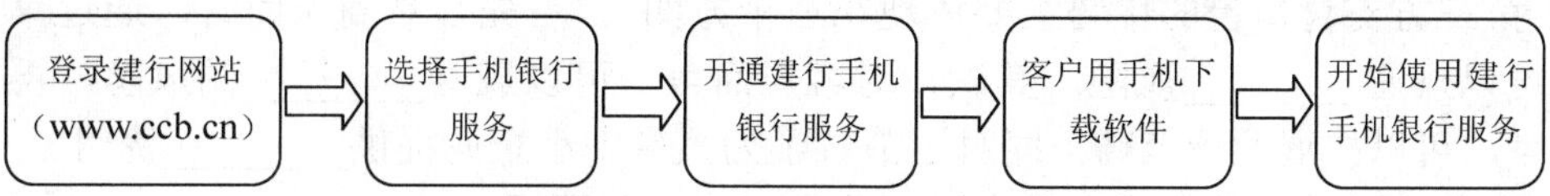

图 6-14　登录建行网站申请手机银行非签约客户

特别提示：客户通过上述三种开通方式成为手机银行非签约客户后，如需成为签约客户，须到网点柜台签约。

④ 持有效身份证件和账户凭证（存折或龙卡）到账户所在地的建设银行网点柜台签约成为手机银行签约客户。流程如图 6-15 所示。

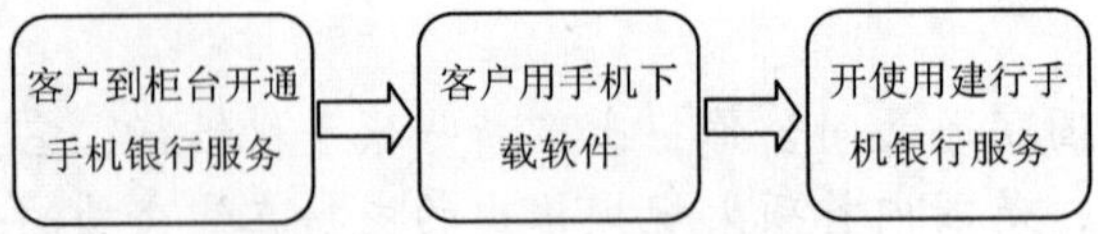

图 6-15　申请手机银行签约客户

资料来源：http://www.ccb.com/cn/home/index.html

思考与练习

一、简答题

1．什么是电子支付，它与网上支付之间有何异同？

2．与传统支付相比，电子支付具有什么特点？

3．网上支付系统的基本组成部分有哪些？

4．什么是电子现金？它具有什么特性？

5．第三方支付的流程包括哪几个步骤？

6．和传统银行相比，网上银行具有哪些优势？

二、填空题

1．在网上支付系统中，使用的支付工具主要包括银行卡、________和________等电子货币。

2. 贷记卡是指发卡银行给予持卡人一定的信用额度，持卡人可在信用额度内________、后还款的信用卡。借记卡按功能不同分为转账卡（含储蓄卡）、专用卡、________。借记卡不具备________功能。

3．电子钱包采用________标准，功能包括：________的管理、________以及交易记录的保存。

4．第三方支付平台的优势主要体现在三个方面 ：首先，对商家而言，通过第三方支付平台可以规避________风险。其次，对客户而言，可以规避________的风险。再次，对银行而言，可以扩展业务范畴，同时也节省了为大量中小企业提供________费用。

5．网上支付系统的构成主要有以下几个元素：互联网（Internet）、________、商家、客户开户行、商家开户行、________、银行网络和________。

技能训练

1．以中国建设银行为例，申请开通网上银行服务。要使用中国建设银行的网上银行的各项功能（包括网上支付、账户查询、网上转账、网上缴费等），须先注册成为其网上银行的客户；已经是其网上银行客户的，可直接登录，来管理查询自己的银行卡账务。

操作流程：

（1）登录中国建设银行（http://www.ccb.cn）的首页，如图 6-16 所示。可以看出中国建设银行网上银行业务大致分为个人客户、公司机构客户（企业银行）和电子商务（网上商城）三个方面。

单击左上角“马上开通”按钮后，要进行客户网上自助开通类型的选择（普通客户、便捷支付客户和高级客户）。

（2）选择服务选项中的“便捷支付客户网上自助开通”命令。

（3）阅读并同意个人客户服务协议及风险提示。

（4）填写账户号码、账户密码和附加码。

（5）账户号码和密码验证通过后，反显身份证件类型、号码等信息。

（6）进行信息的安全验证。

如买账户开户时预留手机号码，将手机号码反显，要求客户单击获取验证码，转至第七步。如买账户开户时未预留手机号码或预留手机号码不正确，需至柜台修改手机号码。

图 6-16　中国建设银行首页

（7）输入获取到的手机验证码，如验证失败，进入第九步。

（8）验证码通过后，要求客户自行设置一个私密问题，并填写答案，以备日后更改手机号码使用，转第十一步。

（9）如安全验证或验证码验证未通过，可重新验证开户信息，或前往柜台补录相应客户信息或签约成为网上银行高级客户。也可选择以普通客户的身份开通，设置网上银行登录密码等基本信息。

（10）设置网上银行登录密码。

（11）开通成功，进入网上银行。

2．网上支付操作。

（1）在需要支付的商户网站注册用户信息，支付时选择建行网上支付。

（2）使用网上银行用户名（证件号）、网银登录密码登录网上银行。

（3）如身份信息及客户信息认证成功，进入支付账户选择页面，继续支付流程；若认证失败，系统返回交易失败，并显示出错信息。

（4）选择支付账户，验证安全工具后，提交支付。

（5）系统返回支付结果并通知商户。

熟悉国内各大银行网上银行的业务功能后，选择其中一家开通网银，并选择当当网（或卓越、京东商城等）购买一本自己需要的书，要求支付时使用网银支付。

3．访问第三方支付平台（如支付宝），注册并登录后，对账户充入一定金额。然后在购物网站（如淘宝网）采用第三方支付方式购买一件商品，与其他支付方式进行比较，了解各自的流程及优缺点。

第七章 物流与供应链管理

学习目标

☑ 掌握物流的基本概念和分类。
☑ 了解电子商务下物流的特点。
☑ 掌握物流配送的一般业务流程。
☑ 了解供应链的组成及供应链管理的意义和原则。

【导入案例】

海尔每个月平均接到 8 000 多个销售订单，这些订单的品种达 9 000 多个，需要采购的物料品种达 26 万余种。在这种复杂的情况下，海尔物流自整合以来，呆滞物资降低了 73.8%，仓库面积减少 50%，库存资金减少 67%。海尔国际物流中心（海尔配件立体仓库）货区面积 7 200 平方米，但它的吞吐量却相当于普通平面仓库的 30 万平方米。同样的工作，海尔物流中心只有 10 个叉车司机，而一般仓库完成这样的工作量至少需要上百人。因此，海尔仓库不再是储存物资的水库，而是一条流动的河。海尔物流从根本上消除了呆滞物资，消灭了库存。

另据统计，美国平均商品物流费用占销售价格的 7.53%，英国为 11.6%，澳大利亚则高达 21.2%，可见其利润潜力是巨大的。降低物流成本，可以提高企业产品的市场竞争力，可以提升分销渠道和产品和附加值。

资源来源：http://www.simic.net.cn/news_show.php?id=310

【引言】

电子商务活动中，物流与配送是相当重要的一环，肩负着原材料和产品的供应、商品发送到流通渠道及消费者手中的任务；供应链管理更是一种新的管理思想的体现。本章重点讲述物流的基本原理、物流技术和物流模式。

第一节 物流管理概述

一、物流的概念和分类

1. 物流的概念

对于物流，目前国内外尚没有一个统一的概念，各种提法也并不一致，但大体意思是相同的，可简述如下。

物流是指为了满足客户的需要，以最低的成本，通过运输、保管、配送等方式，实现原材料、半成品、商品及相关信息由来源地到目的地所进行的计划、实施和管理的全过程。

物流一般是由商品的运输、仓储、包装、搬运装卸、流通加工以及相关的物流信息等环节构成，并对各个环节进行综合和复合化后所形成的最优系统。对物流的管理就是如何按时、按质、按量，并且以系统最低的成本费用把所需的材料、货物运到生产和流通领域中任何一个所需要的地方，以满足人们对货物在空间和时间上的需求。物流通过运输解决对货物空间位置上的变化要求，通过存储调节解决对货物的需求和供给之间的时间差。

一般来说，物流活动的具体内容包括几个方面，如表 7-1 所示。

表 7-1 物流活动的具体内容

物流机能	分类	内容
运输	运输	长距离，线性机能，物流的交通机能
	配送	短距离，面的机能，物流的准入机能
保管	储藏	长时间保管，储藏型保管
	保管	短时间保管，流通型保管
流通加工	加工作业	商品检验、分拣、放置、备货、分配
	生产加工	组装、细分、切断、规格化
	促销加工	价格贴付、单位化、商品组合
包装	工业包装	输送、保管、外部包装、内部包装、品质保证为主体
	商业包装	销售包装、单个包装、市场营销为主体
装卸	入货	从物流设施到交通机关的活动
	卸货	从交通机关到物流设施的活动
信息	物流信息	数量管理：运行、货物跟踪、入库、在库、出库管理 品质管理：温度、湿度管理 作业管理：自动分拣、数码备货
	商流信息	订货、发货：POS、EOS、VAN、EDI 金融：银行联网

1916 年，阿奇·肖（Arch Shaw）在《经营问题的对策》一书中，初次论述物流在流通战略中的作用。同年，威尔德（Weld）指出市场营销能产生三种效用，即所有权效用、空间效用和时间效用。与此同时，他还提出了流通渠道的概念，应该说这是早期对物流活动较全面的一种认识。

将物流活动真正上升到理论高度加以研究和分析的当数著名营销专家弗莱德·E·克拉克，他于 1929 年在所著的《市场营销的原则》一书中，将市场营销定义为商品所有权转移所发生的各种活动以及包含物流在内的各种活动，从而将物流纳入到了市场经营行为的研究范畴之中。

1927 年，拉尔夫·布素迪（Ralph Borsodi）在《流通时代》一书中，初次用 Logistics 来称呼物流，为物流的概念化奠定了基础。总的来看，这一时期对物流的认识特点表现为，尽管物流已经开始得到人们的普遍重视，但是在地位上，物流仍然被作为流通的附属机能看待。也就是说，物流是流通机能的一部分。例如，克拉克将流通机能划分为“交换机能”“物流机能”和“辅助机能”三部分。

从实践发展的角度看，1941—1945 年第二次世界大战期间，美国军事兵站后勤活动的开展为人们对综合物流的认识和发展提供了重要的实证依据，而且也推动了战后对物流活动的研究以及实业界对物流活动的重视。这表现在 1945 年，美国正式形成了一个戴尔塔&阿尔法输送组织，这是一个对输送管理知识教育给予奖励，并为进一步推广而在全美范围内结成的团体组织。此后，1946 年在美国正式成立了全美输送物流协会（AST&L）。该组织的主要职能是对专业输送者进行考试，并发予证书，从而将物流活动的培训纳入到正规化的轨道。

2. 物流的分类

物流按范围分，可以分成企业内部物流和社会物流两大类，如图 7-1 所示。

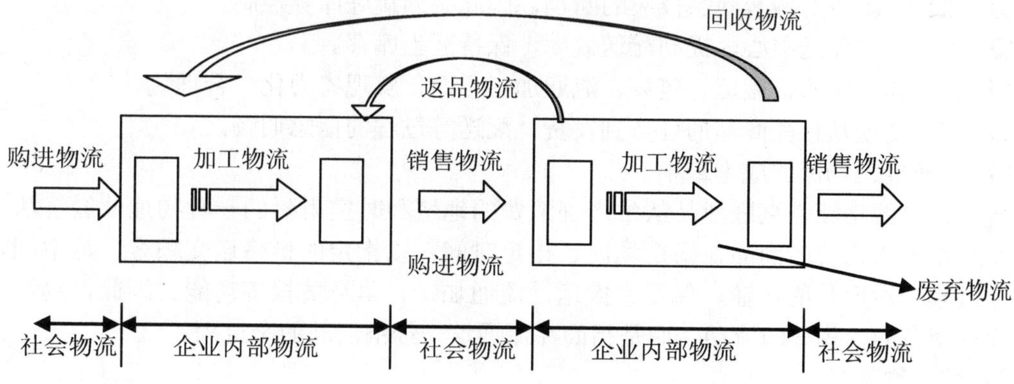

图 7-1 物流的分类

（1）企业内部物流

企业内部物流处在企业内部，是在生产领域，相对于社会宏观物流而言，它是一种微观物流。企业内部物流的一个特点，是不伴随有商流发生。它是一种生产物流，由企业内部的原材料库到各个车间、各个工序做成工件，再组装成部件，最后装配成成品存放到成品库的整个物料流动过程形成的物流。

（2）社会物流

社会物流则是处在企业外部、各个企业之间的物流。它包括企业相互间的购进物流、销售物流、返品物流、回收物流和废弃物流。社会物流是一种宏观物流，处在流通领域，一般都伴随有商流发生。

二、物流的发展

物流的发展已经有了几十年的历史，人们对物流的研究和应用已经从早期以商品销售为主的传统物流的阶段，进入了将原材料的采购、商品的生产、传统物流和商品销售的全过程予以综合考虑的“综合物流”的阶段。随着生产和社会的发展以及科学技术的进步，新的管理思想、技术和工具在物流的各个环节将得到应用，现代物流的阶段正在到来。

1．传统物流

传统物流的作用领域以商品的销售作为主要对象，具体完成将生产的商品送交消费者的过程中所发生的各种活动，包括公司内部原材料的接收和保管，产成品的接收和保管，工厂内部及物流中心的运输等。

传统物流追求的目标是以尽可能低的物流成本，给顾客以尽可能好的物流服务，具体包括以下内容。

- ❑ 准确地按预定期限将商品送交顾客。
- ❑ 尽可能减少对顾客商品供应的断档，因此必须搞好库存控制。
- ❑ 适当安排配送中心，提高配送效率，保持适当库存。
- ❑ 在运输、保管、搬运、包装、流通加工方面，实现省力化、合理化。
- ❑ 尽可能使从接受商品的订货到发货、配送等过程的信息通畅。
- ❑ 尽可能使物流的成本最小。

传统物流的功能是克服商品从生产到消费的地域和时空阻隔的一种物理性经济活动，具体就是指把所需要的商品在指定场所、指定时间，以指定的价格送交顾客。这中间包括在物流过程中对商品的运输、保管、搬运、流通加工、信息情报等功能。因此，物流不仅仅是商品简单的“物”的流动，而是指商品流通这一经济活动的全过程。

2．综合物流

综合物流大大拓宽了传统物流的领域和功能，将原材料的采购、商品的生产、传统物流和商品的销售等予以综合的考虑。也就是对从采购原材料开始到最后将产品送交顾客这一物流的全过程进行综合一体化管理。

综合物流的作用领域包括企业运营中的原材料采购、商品生产、商品销售、传统物流和多余材料的回收及生产废弃物的处理等各个过程。

综合物流的功能是在搞好企业内部的物流整体最佳状态的同时，搞好企业外部从供应商到最终顾客各个渠道的整个“物的流动”，追求包括采购、生产、销售、传统物流在内的物流的整体最佳状态，达到商品的需求和供给互相契合的供需综合平衡。

综合物流的目的则是满足顾客的期望，不仅要统一管理公司内部的“物”的流动，而且要和公司外部的供应商、批发商和零售商相互协调，追求“物”的流动的综合效果和一体化，达到提高效益、增加销售和盈利的企业最终目标。

3．现代物流

社会生产和科学技术的发展使物流进入了现代物流的发展阶段，其标志是物流活动领域中各环节的技术水平得到不断的提高。

现代物流的高技术表现为将各个环节的物流技术进行综合、复合化而形成的最优系统技术；以运输设备高速化、大型化、专用化为中心的集装箱系统的开发；保管和装卸结合为一体的高层自动货架系统的开发；以计算机和通信网络为中心的情报处理和物流信息技术；与运输、保管、配送中心的物流技术在软技术方面的结合；运输与保管技术相结合的生鲜食品保险输送技术；以及商品条形码、电子数据交换 EDI、射频技术、全球卫星定位系统 GPS 等。这些高新技术在物流中的发展和应用，使得物流的作用领域更广，功能和作用更强。由此可见，发展物流业和加强企业的物流管理，必然会给社会和企业带来更大的社会效益和经济利益。因此，物流的重要性也就不言而喻了。

三、物流的功能

根据物流的定义，可以说物流是一种整合。它是将采购、生产、传统物流、销售等予以综合考虑，形成一个科学的、高效的管理链，从采购原材料开始到最后将产品送交顾客，将这一“物的流通”的全过程进行高度综合的一体化管理，除了销售物流和公司内部物流以外，还有采购物流和退货与废弃物流。这一过程保证了社会再生产的不断进行，提供了一系列功能平台，提高了总体效益。物流功能如图 7-2 所示。

1．物流保障再生产过程

（1）物流是生产过程的基本保证

无论在传统的贸易方式下，还是在电子商务条件下，生产都是商品流通之本，而生产的顺利进行需要各类物流活动的支持。生产的全过程从原材料的采购开始，便要求有相应的供应物流活动，使所采购的材料到位，否则，生产就难以进行；在生产的各工艺流程之间，也需要原材料、半成品的物流活动，即所谓的生产物流，以实现生产的流动性；部分余料、可重复利用的物资的回收，就需要所谓的回收物流；废弃物的处理则需要废弃物物流。可见，整个生产过程实际上就是系列化的物流活动。同时，通过降低费用从而降低成本，优化库存结构，减少资金占压，缩短生产周期，保障了现代化生产的高效进行。

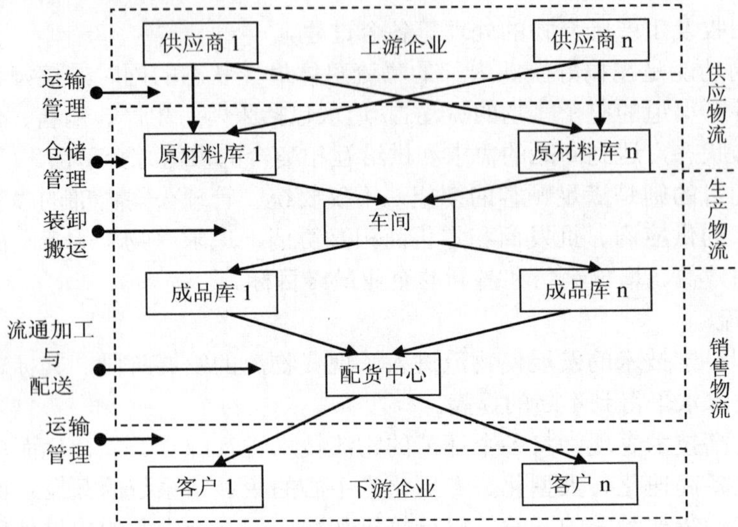

图 7-2　企业物流功能概貌

（2）物流是实现从生产到消费的重要环节

合理化、现代化的物流，解决物的空间流动问题，使物从原材料变为产品再变为消费品这一过程得以顺利完成。通过物流，生产者得到所需的物料进行生产，经营者得到要销售的商品，顾客得到他们想要的消费品。这样，通过物流，将商品在适当的交货期内准确地向顾客配送；对顾客的订货尽量满足，不使商品脱销；适当地配置仓库、配送中心，维持商品适当的库存量；使运输、装卸、保管等作业自动化；维持适当的物流费用；使从订货到发货的信息通畅无阻；把销售信息迅速地反馈给采购部门、生产部门和营业部门。物流保证了生产到消费的循环过程，满足了社会的需要。

2．以尽可能低的物流成本，给顾客以尽可能好的物流服务

物流在实现高效管理方面起着重要作用，它可以通过下述几方面来减少成本和增加顾客价值。

- 准确地按期将商品送交顾客，满足市场需求。
- 尽可能减少商品供应的断档，保持生产经营中资金流的连续性。
- 适当安排物流结点，提高配送效率，保持合理库存水平以实现动态平衡。
- 使生产、运输、保管、搬运、包装、流通加工等不同过程一体化、系统化，节约和合理利用资源。
- 保持从接受订货到发货和配送过程中信息的通畅，使物流成本最小。

3．提高效益，增加销售和盈利

（1）运营过程的集约化

企业的运营分别存在着采购、生产、销售等运营逻辑。物流的综合作用将超越所有这些逻辑，追求包括从采购到销售在内的“物的流动”的整体最佳状态。

（2）获得外部关系的最佳化

物流过程首先把满足顾客要求放在首位，然后设计企业内部“物的流动”的整体最佳状态。这是一种向顾客提供商品的活动，可以说是一种满足需要的“需要满足功能”；同时也搞好企业外部供应商以及分销商等到达最终顾客的各个渠道的整个“物的流动”，追求整体最佳，以提高效益。

4．提高企业的核心能力

（1）通过物流提高企业的管理能力

物流不只是简单的“物”的流动，它需要有高度的组织性和对于不断变化的市场与形势的适应能力。把生产的商品送交消费者的过程中，企业的各项活动需要高度理性化地组合起来，在这一过程中，企业本身也在不断地改变自身，提升管理的水平和层次。

（2）通过物流增强企业竞争力

企业要使自己的商品优于其他公司商品，不仅要加强销售活动，还要搞好物流服务，使物流服务也优于其他公司。在商品的质量和价格都基本相同的情况下，必须把物流作为一种销售竞争的手段，争取在对顾客服务方面取得优势，所以物流就成为商品营销中的竞争力量。解决把所需的商品在指定场所、指定时间，以指定的价格送交顾客的问题，使需要和供给互相契合实现“供需综合平衡功能”，这正是企业核心能力的表现。提高物流的水平实际上是在提高企业自身的核心能力，使企业在竞争激烈的市场上立于不败之地。

综上所述，在现代社会生活中，缺少了物流是不可想象的。特别是在人们追求效率和质量的今天，它起着越来越重要的作用。

四、电子商务下的物流的特点

电子商务给当今全球物流业带来了新的发展机遇，也使物流具有了一些新的特点，具体如下。

1．物流信息化

电子商务时代，物流信息化是电子商务的必然要求。物流信息化表现为物流信息的商品化、物流信息收集自动化、物流信息处理的数字化、物流信息传递的标准化和实时化、物流信息存储的数据库化等。因此，条码技术（Barcode）、数据库技术（Database）、电子订货系统（Electronic Ordering System，EOS）、电子数据交换（EDI）、快速反应（Quick Response，QR）及有效的客户反映（Effective Customer Response，ECR）、制造资源计划（MRP Ⅱ)等技术与观念在我国的物流中会越来越普及。信息化是一切的基础，没有物流的信息化，任何先进的技术设备都不可能应用于物流领域，信息技术及计算机技术在物流中的应用将会彻底改变世界物流的面貌。

2. 物流自动化

自动化的基础是信息化，自动化的核心是机电一体化，自动化的外在表现是无人化，自动化的效果是省力化，另外自动化还可以扩大物流作业能力，提高劳动生产率，减少物流作业的差错等。物流自动化的设施非常多，如条码、语音、射频自动识别系统、自动分拣系统、自动存取系统、自动导向车、货物自动跟踪系统、地理信息系统、全球定位系统等。这些设施在发达国家已普遍用于物流作业流程中。而在我国，由于物流业起步晚，发展水平低，自动化技术的普及还需要相当长的时间。

3. 物流网络化

物流领域网络化的基础也是信息化，这里指的网络化有两层含义：一是物流配送系统的计算机通信网络，最初采用专用网，包括物流配送中心与供应商或制造商的联系要通过计算机网络，另外与下游客户之间的联系也要通过计算机网络通信。例如，物流配送中心向供应商提出订单这个过程，就可以使用计算机通信方式，借助于增值网上的电子订货系统（EOS）和电子数据交换技术来自动实现，物流配送中心通过计算机网络收集下游客户的订货过程也可以自动完成。二是组织的网络化，这是主流和发展方向，即所谓的Extranet，使地理上分散的、跨地域、跨城市、跨国的企业更方便地传递商务数据。还可以通过网络建立“虚拟企业”，充分利用企业外部资源，加快对市场需求的反应速度。

物流的网络化是物流信息化的必然，是电子商务下物流活动的主要特征之一。当今世界Internet等全球网络资源的可用性及网络技术的普及为物流的网络化提供了良好的外部环境，物流网络化不可阻挡。

4. 物流智能化

这是物流自动化、信息化的一种高层次应用。物流作业过程大量的运筹和决策，如库存水平的确定、配送中心及工厂的选址、运输（输送）路径的选择、自动导向车的运行轨迹和作业控制、自动分拣机的运行、物流配送中心经营管理的决策支持等问题都需要借助于大量的知识才能解决。在物流自动化的进程中，物流智能化是不可回避的技术难题。好在机器人技术在国际上已经有比较成熟的研究成果，决策支持系统和专家系统发展也很快，物流的智能化已成为电子商务下物流发展的一个新趋势。

5. 物流柔性化

柔性化本来是为实现“以顾客为中心”理念而在生产领域提出的，但要真正做到柔性化，即根据消费者需求的变化来灵活调节生产工艺，必须建立配套的柔性化的物流系统。20 世纪 90 年代，国际生产领域纷纷推出柔性制造系统（Flexible Manufacturing System，FMS）、计算机集成制造系统（Computer Integrated Manufacturing System，CIMS）、制造资源计划（Manufacturing Requirement Planning，MRP）、企业资源规划（ERP）以及供应链管理的概念和技术，这些概念和技术的实质是要将生产、流通进行集成，根据需求端的需求组织生产，安排物流活动。因此，柔性化的物流正是适应生产、流通与消费的需求而发展起来的一种新型物流模式。

6．物流绿色化

随着环境资源的恶化，人们对资源的利用和环境的保护越来越重视，在物流系统中的托盘、包装箱、货架等资源消耗大的环节，出现了以下几个方面的趋势：包装箱材料采用可降解材料；托盘的标准化使得可重用性提高；供应链管理的不断完善大大减少了托盘和包装箱的使用。

另外，物流设施、商品包装的标准化，物流的社会化、集成化也都是电子商务下物流模式的新特点。

五、企业物流系统的组成

1．供应系统

供应物流系统包括为生产企业、流通企业购入原材料、零部件或商品的物流活动。对生产企业而言，供应物流需将原材料配送给工厂，它的主要客户是工厂，处理对象主要是生产商品所需的原材料和零部件。供应物流强调原材料的配套储存、分拣、及时配送、加工处理和预处理等。对流通企业而言，供应物流是在为商品配置而进行的交易活动中，从买方角度出发的交易行为中所发生的物流。由于供应物流占用大量的企业流动资金，因此，对其严格管理使其合理化对企业降低成本至关重要。

供应系统不仅要保证供应的目标，还要以最低成本、最少消耗来组织供应物流活动，在现在的商品市场环境下，要降低物流过程中的成本，就必须有效地解决供应网络、供应方式和库存等方面的问题。

2．生产运营系统

生产运营物流系统是从工厂的原材料购进入库起，直到工厂产品库的产品发送为止，原材料以及半成品等按照工艺流程在各个加工点之间不停地移动、流转这一物流活动。生产物流是制造产品的企业所特有的，它与生产流程同步。生产物流合理化对工厂的生产秩序和生产成本有很大的影响。制造业的物流系统目前有两种：一种是为制造活动提供支持的物流，它的功能要求与供应物流相同；另一种是为制造商的产品分销提供支持的物流。制造商自己直接建立分销网络的情况越来越普遍，其市场覆盖面广、分销能力强，市场信息的收集与传递及时。因此要求在区域市场上运输的能力要很强，需求预测及订单处理功能完善。与生产物流相关的有返货物流、废弃物流和回收物流。

3．配送系统

配送是根据用户要求，以最有效的方式在物流基地进行理货工作，并将货物送交用户的一种物流方式。在实际运作过程中，由于产品形态、企业状况及顾客要求存在着差异，因而配送过程也会有所不同，下节会重点讨论这个问题。

第二节 物流配送

一、物流配送的含义

物流配送是按照用户的订货要求，经过分货、拣选等货物配备工作，并经过配装把配好的货物送交收货人。配送几乎包括了所有的物流功能要素，是物流的一个缩影或在某小范围中物流全部活动的体现。一般的配送服务均集装卸、包装、保管、运输于一身，通过这一系列活动将货物送达目的地。但配送的主体活动与一般物流有明显不同，一般物流以运输及保管为主，而配送则是以运输及分拣配货为主。分拣配货是配送的独特要求，也是配送中最有特点的活动，以送货为目的的运输则是最后实现配送的主要手段。

物流配送是伴随着大生产、大流通而出现的一种完成资源配置和满足消费需求的方式。物流配送实现了定时、定量，具有准时性、计划性、即时性、低费用，甚至可以实现客户的零库存，以至完全取代客户原有的供应系统，用更高的供应质量和更低的供应成本对用户实现供应，实现企业销售和用户供应的一体化。

配送作为一种新型、合理、有效的物流方式，具有以下基本特征。

（1）目的性

配送的直接目的是以最短的时间将货物送到收货人手中。集中高效的配送活动可以简化流通手续，提高效率。

（2）计划性

配送必须对用户需求的品种规格、时间、数量以及运输工具和运输路线选择等制定切实可行、周密合理的配送计划，才能保证将货物及时准确地送给客户。

（3）协调性

配送要求购、存、配、运及加工环节有机配合和相互协调，任何一个环节出现问题或偏差，都有可能延迟或使配送中止。早期的物流配送中心往往是某一企业为本企业或本系统用户提供物流配送服务而建立起来的，现在新建立的配送中心则以面向社会服务为基本特征，新型物流配送的社会性要求它具有更强的内外部协调能力。

（4）高技术性

现代的物流配送中心采用了先进的管理技术和信息交流网络，确保了物流有序高效运作。实行信息化管理是新型物流配送的基本特征，这也是实现高效率社会化服务的前提和保证。传统的物流方式虽然有些也具备相当的现代化水平，但与现代的物流配送，特别是电子商务下的物流配送相比，无论在水平、范围、层次等方面都有差距，现代化技术应用程度的高低是区别新型物流配送与传统物流配送的一个重要特征。

二、配送的一般业务流程

1．备货

备货是配送的准备工作或基础环节，备货包括筹集货源、订货或购货、集货、进货及有关的质量检查、结算、交接货物等。配送的重要优势之一就是可以集中用户的需求进行较大规模的进货，因此备货是决定配送成败的基础性工作。如果备货成本太高，会大大降低配送的效益。

2．储存

配送中的储存有储备及暂存两种形态。所谓储备是按一定时期的配送业务要求形成对配送的资源保证。这种类型的储备数量较大，储备结构也较完善，视货源及到货情况，可以有计划地确定周转储备及保险储备的结构和数量，配送的储备保证有时需要在配送中心附近单独设库解决。所谓暂存是指具体执行每月配送时，按分拣配货要求，在理货场地所做的少量储存准备。由于总体储存效益取决于储存总量，所以，这部分暂存数量只会对工作方便与否造成影响，而不会影响储存的总效益，因而在数量控制方面不十分严格；另外还有一种形式的暂存，即在分拣、配货之后形成的发送货载的暂存，这种暂存主要是调节配货与送货的节奏，暂存时间不长。

3．分拣和配货

分拣和配货是配送不同于其他物流形式的独特功能要素，也是决定配送成败的一个重要环节。分拣及配货是完善送货、支持送货的准备性工作，对货物的小型化包装也提出了要求，是送货向高级形式发展所必需的工作，有了高水平的分拣和配货才能大大提高送货服务水平。所以，分拣及配货是决定整个配送系统水平的关键要素，是配送企业提高市场竞争力和自身经济效益必须高度重视的环节。

4．配装

在单个用户配送数量不能达到车辆的有效载荷时，就需要集中不同用户的配送货物搭配装载以充分利用运能、运力，这就是配装。通过配装送货可以大大提高送货水平及降低送货成本，所以，配装也是配送系统中有现代特点的功能要素，也是现代配送不同于已往送货的重要区别之处。有效合理的配装是一项系统工程，必须综合考虑各种因素，有专门的数学模型来解决这一问题。

5．配送运输

配送运输属于运输中的末端运输、支线运输，与干线运输的主要区别在于：配送运输往往是短距离、小规模的运输，一般使用汽车作为运输工具。与干线运输的另一个区别是：配送运输的路线选择问题是干线运输所没有的，干线运输的干线是唯一的运输路线，而配送运输由于配送用户多，城市交通路线复杂，如何组合成最佳路线，如何使配装和路线有效搭配等，是配送运输的特点，也是反映配送管理水平的一项难度较大的工作。

6．配送加工

在配送业务中，加工这一功能不具有普遍性，但在有些客户业务中有时是有重要作用的功能要素，其原因是通过一定的配送加工，往往可以大大提高用户的满意程度。配送加工是流通加工的一种，但配送加工有不同于一般流通加工的特点，即配送加工只取决于用户要求，其加工目的较为单一。

7．送达服务

配好的货运输到户还不算配送工作的完结，因为送达货和用户接货可能出现不协调，甚至使配送前功尽弃。因此，必须圆满地实现货物的移交，如卸货地点、卸货方式等的衔接和协调，并有效地处理相关手续并完成结算。此外，送达可能会存在增值服务，比如设备的安装调试等。

配送的一般流程是比较规范的，但并不是所有的配送都按上述流程进行。有些产品的配送可能有独特之处，如燃料油配送就不存在配货、配装工序；木材和一些建筑材料配送可能在不同环节多出了流通加工的需要。

三、降低配送成本的途径

配送是流通加工、整理、拣选、分类、配货、装配、运送等一系列活动的集合。配送活动在提高产品价值的同时，也需要付出成本。配送管理就是在满足客户需要与配送成本之间寻求平衡，在一定的配送成本下尽量提高客户服务水平，或在一定的顾客服务水平下使配送成本最小。在一定的顾客服务水平下降低配送成本一般有以下途径。

1．差异化配送

差异化配送的出发点是：产品特征不同，顾客不同，需要的服务水平也不同。当企业拥有多种产品线时，不能对所有产品都按同一标准的顾客服务水平来配送，而应按产品的特点、销售水平来设置不同的库存、不同的运输方式以及不同的储存地点，忽视产品的差异性会增加不必要的配送成本。对于企业用户或个人用户、工业用户或商业用户也应有所区别，采用不同的配送服务方式。当然，不同的配送模式也会影响差异化配送的方式。

2．混合配送

混合配送物流是指一部分配送物流业务由企业自身完成，一部分配送业务委托其他配送中心完成。尽管全部配送活动由企业自身完成，容易形成规模经济，但由于产品品种众多、规格不一、配送数量不等，全部采用自己配送的方式有时不仅不能取得规模效益，反而会造成规模不经济。而采用混合配送方式，合理安排企业自身完成的配送和外包给第三方物流完成的配送，往往能使配送成本最低。混合配送一般适合企业产品差异化较大的情况，对于相近的产品没有必要或不适宜采用差异化配送。

3. 合并配送

合并配送策略包含两个层次：一是配送方法上的合并；二是共同配送。

配送方法上的合并：企业在安排车辆完成配送任务时，充分利用车辆的容积和载重量，满载满装是降低成本的重要途径。由于产品品种繁多，不仅包装形态、储运性能不一，在容重方面往往也相差甚远。如果只装容重大的货物，往往是达到了载重量，但容积空余很多；只装容重小的货物则相反，看起来车装得满，实际上远未达到载重量。这两种情况都造成了浪费，应当实行合理的轻重配装、容重大小不同的货物搭配装车，提高车辆使用效率。

共同配送：共同配送是产权层次上的集中协作配送，是几个企业联合起来集小量为大量共同利用同一配送设施的配送方式，一般也称为物流联盟模式。其标准运作方式是：在中心机构的统一指挥和调度下，各配送主体以经营活动（或以资产）为纽带联合行动，在较大的地域内协调运作，共同对某一个或某几个客户提供系列化的配送服务。这种配送有两种情况：一是中小生产、零售企业之间分工合作实行共同配送，即同一行业或在同一地区的中小型生产、零售企业单独进行配送的运输量少、效率低的情况下进行联合配送，不仅可减少企业配送费用，配送能力得到互补，而且有利于缓和城市交通拥挤，提高配送车的利用率。二是几个中小型配送中心之间的联合，针对某一地区的用户，由于各配送中心业务量少，车辆利用率低等原因，几个配送中心将用户所需物资集中起来，共同配送。

4. 适当延迟

传统的配送计划安排中，大多数库存是按照对市场需求的预测设置的，存在着一定的预测风险。当预测量与实际需求量不符时，就出现库存过多或过少的情况，从而增加配送成本。适当延迟策略的基本思想就是对产品规格、数量及其生产、组装、配送应尽可能推迟到接到顾客订单后再确定。一旦接到订单就要快速反应，因此采用延迟策略的一个基本前提是信息传递要非常快。一般说来，实施延迟策略的企业应具备以下几个基本条件。

第一，产品模块化程度高，有特定的外形，产品特征易于表述；定制后可改变产品的容积或重量。

第二，生产技术稳定，设备智能化程度高，定制工艺与基本工艺差别不大。

第三，产品生命周期短，销售波动性大，市场变化快。

实施延迟策略常采用两种方式：生产延迟（或称形成延迟）和物流延迟（或称时间延迟）。由于配送中存在着加工活动，所以实施配送延迟既可采用形成延迟方式，也可采用时间延迟方式。具体操作时，常常发生在如贴标签（形成延迟）、包装（形成延迟）、装配（形成延迟）、发送（时间延迟）等领域。

四、配送中心

配送中心是从事货物配备（集货、加工、分货、拣选、配货）并组织对用户的进货，以高水平实现销售和供应服务的现代流通企业，也是在市场经济条件下，在计算机网络开放的环境下，提高流通企业组织化程度，实现集约经营，优化社会资源配置，创造规模效益的有效形式。

配送中心的出现有其历史原因，实际上是物流系统化和物流规模扩大的结果。由于用户在货物处理的规模上、时间上和服务水平上都提出了更高要求，为了满足用户的这些要求，就必须引进先进的分拣设施和配送设备，建立迅速、安全、低价的配送中心。因此，配送中心的发展是物流合理化和市场发展两方面推动的结果。

有趣的是，由于现代物流技术和供应链的发展，某些企业已经开始取消配送中心，典型的例子是美国的沃尔玛。

1．配送中心的构成

（1）功能区域

功能区域由以下几部分组成。

① 管理区。是中心内部行政事务管理、信息处理、业务洽谈、订单处理以及指令发布的场所，一般位于配送中心的出入口。

② 进货区。是收货、验货、卸货、搬运及货物暂停的场所。

③ 理货区。是对进货进行简单处理的场所。货物在这里被区分为直接分拣配送、待加工、入库储存和不合格需清退的货物，分别送往不同的功能区。在实行条形码管理的中心里，还要为货物贴条形码。

④ 储存区。是对暂时不必配送或作为安全储备的货物进行保管和养护的场所，通常配有多层货架和用于集装单元化的托盘。

⑤ 加工区。是进行必要的生产性和流通性加工（如分割、剪裁、更换包装等）的场所。

⑥ 分拣配货区。在这里进行发货前的分拣、拣选和按订单配货。

⑦ 发货区。是对商品进行检验、发货，待运的场所。

⑧ 退货处理区。是存放进货时残损或不合格或需要重新确认等待处理货物的场所。

⑨ 废弃物处理区。是对废弃包装物（塑料袋、纸袋、纸箱等）、破碎货物、变质货物、加工残屑等废料进行清理或回收复用的场所。

⑩ 设备存放及简易维护区。是存放叉车、托盘等设备及其维护（充电、充气、加油、紧固等）工具的场所。

（2）物流设备

主要包括以下几方面的设备。

① 仓储设备。包括储存货架、重力式货架、回转式货架、托盘、立体仓库等。

② 搬运设备。如叉车、搬运车、连续轴送机、垂直升降机等。

③ 拣货设备。包括拣货车辆、拣货输送带、自动分拣机等。

④ 包装设备。如打包机、装订机等。

（3）信息和管理系统

信息和管理系统由以下两部分构成。

① 事务性管理系统。它是配送中心正常运转所必备的基本条件，如配送中心的各项规章制度、操作标准及作业流程等。

② 信息管理系统。包括订货系统、出入库管理系统、分拣系统、订单处理系统、信息反馈系统等，由计算机系统完成。

（4）辅助设施

辅助设备包括库外道路、停车场、站台和铁路专用线等。

2．配送中心的类型

对配送中心的适当划分，是深化及细化认识配送中心的必然。从理论上和配送中心的作用上，可以有许多理想的分类，这里仅就已在实际运转中的配送中心类别概述如下。

（1）专业配送中心

专业配送中心大体上有两个含义：一是配送对象、配送技术是属于某一专业范畴，在某一专业范畴有一定的综合性，综合这一专业的多种物资进行配送。专业配送中心第二个含义是，以配送为专业化职能，基本不从事经营的服务型配送中心。

（2）柔性配送中心

是在某种程度上和第二种专业配送中心对立的配送中心，这种配送中心不向固定化、专业化方向发展，而向能随时变化，对用户要求有很强适应性，不固定供需关系，不断向发展配送用户和改变配送用户的方向发展。

（3）供应配送中心

专门为某个或某些用户（如联营商店、联合公司）组织供应的配送中心。例如，联华、苏果等超市的配送中心；代替零件加工厂送货的零件配送中心，使零件加工厂对装配厂的供应合理化。

（4）销售配送中心

以销售经营为目的，以配送为手段的配送中心。销售配送中心大体有三种类型。

一种是生产企业为本身产品直接销售给消费者的配送中心。在国外，这种类型的配送中心很多。

另一种是流通企业作为本身经营的一种方式，建立配送中心以扩大销售。我国目前拟建的配送中心大多属于这种类型，国外的例证也很多。

第三种，是流通企业和生产企业联合的协作性配送中心。 比较起来看，国外和我国的发展趋向，都向以销售配送中心为主的方向发展。

（5）城市配送中心

以城市范围为配送范围的配送中心，由于城市范围一般处于汽车运输的经济里程，这种配送中心可直接配送到最终用户，且采用汽车进行配送。所以，这种配送中心往往和零售经营相结合。由于运距短，反应能力强，因而从事多品种、少批量、多用户的配送较有优势。例如，联想集团设在各地的仓库就属于这种类型。

（6）区域配送中心

以较强的辐射能力和库存准备，向省（州）际、全国乃至国际范围的用户配送的配送中心。这种配送中心配送规模较大，一般而言，用户也较大，配送批量也较大，而且，往往是配送给下一级的城市配送中心，也配送给营业所、商店、批发商和企业用户，虽然也从事零星的配送，但不是主体形式。这种类型的配送中心在国外十分普遍，如日本阪神配送中心、美国马特公司的配送中心等就属于这种类型。

（7）储存型配送中心

有很强储存功能的配送中心，一般来讲，在买方市场下，企业成品销售需要有较大的库存支持，其配送中心可能有较强储存功能；在卖方市场下，企业原材料、零部件供应需要有较大库存支持，这种供应配送中心也有较强的储存功能。大范围配送的配送中心，需要有较大库存，也可能是储存型配送中心。我国目前拟建的配送中心，都采用集中库存形式，库存量较大，多为储存型。瑞士 GIBA-GEIGY 公司的配送中心拥有世界上规模居于前列的储存库，可储存 4 万个托盘；美国赫马克配送中心拥有一个有 163 000 个货位的储存区，可见存储能力之大。

（8）流通型配送中心

基本上没有长期储存功能，仅以暂存或随进随出方式进行配货、送货的配送中心。这种配送中心的典型方式是，大量货物整进并按一定批量零出，采用大型分货机，进货时直接进入分货机传送带，分送到各用户货位或直接分送到配送汽车上，货物在配送中心里仅作少许停留。如日本的阪神配送中心，中心内只有暂存，大量储存则依靠一个大型补给仓库。

（9）加工配送中心

许多材料都指出配送中心的加工职能，但是加工配送中心的实例，目前见到的不多。我国上海市和其他城市已开展的配煤配送中进行的配煤加工就属于这一类型的中心。

第三节　物流模式

从现阶段的形势来看，电子商务公司采取的物流模式一般有企业自营物流、借助传统流通渠道、物流企业联盟及第三方物流等模式。

一、企业自营物流模式

电子商务企业自身经营物流，称为自营物流。电子商务公司自身组织商品配送，可以说是自己掌握了交易的最后环节，有利于控制交易时间。特别是在本城市内的配送上，网站组织自己的配送队伍可以减少向其他配送公司下达配送要求的手续，在网上接受订购之后可以立即进行简单的分区处理然后立即配送，这样就使得当日配送、限时送达成为可能。有些网站提出的本城区 1 小时内送达也是建立在自身有一支随时出动的配送队伍的基础上的。

电子商务的信息业务与物流业务是截然不同的两种业务，企业必须对跨行业经营产生的风险进行严格的评估，其中成本控制和程序管理是最大的麻烦。对于任何一个公司而言，拥有一支自己的配送队伍都将会是一笔庞大的开支。出于对成本的考虑，配送队伍的规模必须与公司的业务量相适应。另外，如何保持适当的库存规模、如何制定恰当的配送路线、如何选择合适的物流工具、如何确定合理的送达时间都是需要严格管理的。不是所有的电子商务公司都有必要、有能力自己组织商品配送的。具有以下特征的电子商务的企业适合依靠自身力量解决配送问题。

（1）业务集中在企业所在城市，送货方式比较单一。由于业务范围不广，企业独立组织配送所耗费的人力不是很大，所涉及的配送设备也仅仅限于汽车以及人力而已。如果交由其他企业处理，反而浪费时间，增加配送成本。

（2）拥有覆盖面很广的代理、分销、连锁店，而企业业务又集中在其覆盖范围内的。这样的企业一般是从传统产业转型或者依然拥有传统产业经营业务的企业，如计算机生产商、家电企业等。

（3）对于一些规模比较大、资金比较雄厚、货物配送量巨大的企业来说，投入资金建立自己的配送系统、掌握物流配送的主动权也是一种战略选择。例如，亚马逊网站已经斥巨资建立遍布美国重要城市的配送中心，准备将主动权牢牢地掌握在自己手中。

二、借助传统流通渠道

对于已经开展传统商务的企业，可以建立基于网络的电子商务销售系统，同时也可以利用原有的物流渠道承担电子商务的物流业务。传统流通渠道在电子商务环境下依然有其不可替代的优势，首先是传统商业历史悠久，有良好的顾客基础，已经形成的品牌效应在很大程度上是配送信用的保证。其次是那些具有一定规模的连锁、加盟经营店使准确及时在全国范围内配送成为可能。另外，由于传统渠道本身也存在商品配送的任务，如果网站把商品配送任务交给传统流通渠道解决，可以充分利用一些闲置的仓储、运输资源，相对于使用全新的系统，成本降低了。

目前从事传统销售业务的企业主要包括：制造商、批发商、零售商等。从专业分工的角度看，制造商的核心业务是商品开发、设计和制造，但越来越多的制造商不仅有庞大的销售网络，还有覆盖整个销售区域的物流配送网。这些制造企业完全可能利用原有的物流网络和设施支持电子商务业务，这样如果开展电子商务就不需新增物流、配送投资。和制造商相比，批发商和零售商具有组织物流的优势，因为它们的主业就是流通。在我国北京的翠微大厦、西单商场等都开展了电子商务业务，其物流业务部与其一般销售的物流业务一起安排。但是从事传统销售业务的企业在信息交换、反应速度上与电子商务的要求还有一定的差距。这些企业要么借助电子商务改造信息处理系统，要么就要忍受一些效率上的不足。最近有一些规模比较大的传统流通企业纷纷触网，正是要综合利用网络和传统渠道的优势。

三、物流企业联盟模式

物流企业联盟是指在物流方面通过签署合同形成优势互补、要素双向或多向流动、相互信任、共担风险、共享收益的物流伙伴关系。企业之间不完全采取导致自身利益最大化的行为，也不完全采取导致共同利益最大化的行为。一般来说，组成物流联盟的企业之间具有很强的依赖性，物流联盟的各个组成企业明确自身在整个物流联盟中的优势及担当的角色，内部的对抗和冲突减少，分工明晰，使供应商把注意力集中在提供客户指定的服务上，最终提高了企业的竞争能力和竞争效率，满足企业跨地区、全方位物流服务的要求。

四、第三方物流模式

“第三方物流”（Third Party Logistics，3PL 或 TPL）是 20 世纪 80 年代中期欧美提出的。在 1988 年美国物流管理委员会面向客户的服务调查中，首次提到“第三方服务提供者”一词。第三方物流是指由物流的实际需求方（第一方）和物流的实际供给方（第二方）之外的第三方部分地或全部利用第二方的资源通过合约向第一方提供的物流服务，也称合同物流、契约物流。第三方是指提供部分或全部物流功能服务的一个外部提供者，是物流专业化和社会化的一种形式。如图 7-3 所示是第三方物流示意图。

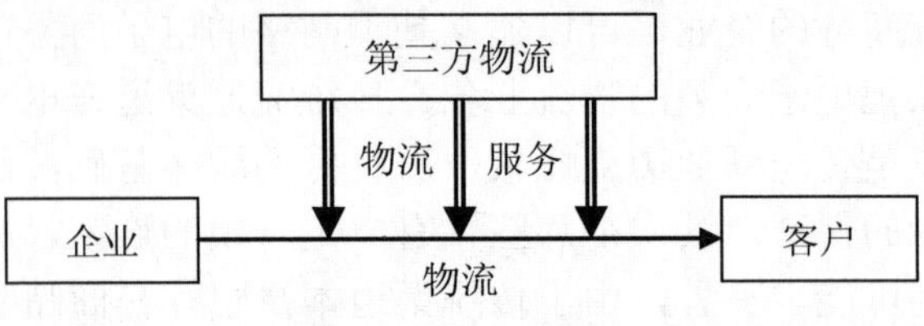

图 7-3　第三方物流

第三方物流随着物流业发展而发展，是一个新兴的领域，企业采用第三方物流模式对于提高企业经营效率具有重要作用。首先，企业将自己的非核心业务外包给从事该业务的专业公司去做，从原材料供应到生产，再到产品的销售等各个环节的各种职能，都是由在某一领域具有专长或核心竞争力的专业公司相互协调和配合来完成，这样形成的供应链具有最大的竞争力。跨国公司在从事电子商务时，通常将物流业务外包给第三方物流服务商。在我国的电子商务企业中，将一部分物流作业活动委托给专业物流企业去完成的情况比较普遍。其次，第三方物流企业作为专门从事物流工作的企业，有丰富的专门从事物流工作的专家，有利于确保企业的专业化生产，降低费用，提高企业的物流水平。

物流一体化是物流产业的发展趋势，必须以第三方物流充分发育和完善为基础，即通过专业化物流管理人员和技术人员，利用专业化物流设备、设施，发挥专业化物流运作的管理经验，求得整体最优的效果。物流一体化的趋势为第三方物流的发展提供了良好的发展环境和巨大的市场需求。发展第三方物流可以促进企业物流活动合理化、效率化，提高整个社会物流水平。特别是在当今的信息时代，将先进的信息技术和网络技术应用到物流管理中，极大地促进物流事业的发展，第三方物流事业具有广阔的发展前景。

五、第四方物流

第三方物流作为一种新兴的物流方式活跃在流通领域，它节约物流成本、提高物流效率的功能已为众多企业认可。但是，第三方物流在整合社会所有的物流资源以解决物流瓶颈、达到最大效率方面是存在不足的。虽然从局部来看，第三方物流是高效率的，但从地区、国家的整体来说，第三方物流企业各自为政，这种加和的结果很难达到最优，难以解决经济发展中的物流瓶颈，尤其是商务电子化时代的新问题。因此，第四方物流（Fourth Party Logistics，4PL）应运而生。

1．第四方物流的概念

第四方物流的首要倡议者是安盛咨询公司。安盛公司甚至注册了该术语的商标，并定义为“一个调配和管理组织自身的及具有互补性服务提供商的资源、能力与技术，来提供全面的供应链解决方案的供应链集成商”。

如图 7-4 所示，通过第四方物流这一中心，将第三方物流和技术服务供应商结合起来，充当了管理和指导多个第三方物流的角色。也就是说，第四方物流是在第三方物流的基础上对管理和技术等物流资源进一步整合，为客户提供全面意义上的供应链物流解决方案。

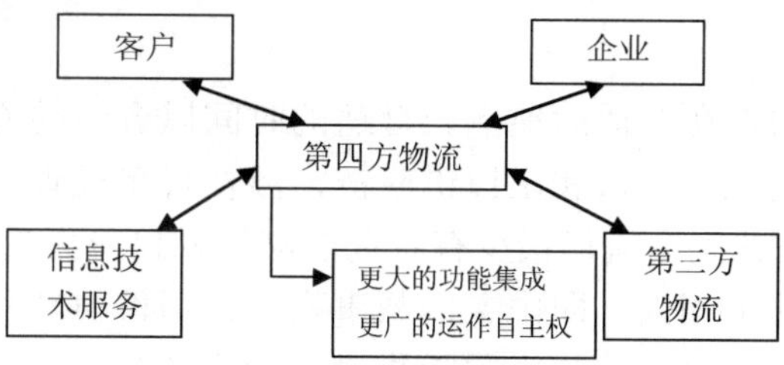

图 7-4　第四方物流

2．第四方物流的优势和功能

第四方物流同第三方物流相比，其服务的内容更多，覆盖的地区更广，对从事货运物流服务的企业要求更高，它们必须开拓新的服务领域，提供更多的增值服务。

第四方物流最大的优越性，是它能保证产品“更快、更好、更廉”地送到需求者手中。当今经济形式下，货主／托运人越来越追求供应链的全球一体化以适应跨国经营的需要，跨国公司也要集中精力于其核心业务而必须更多地仰赖于物流外包。基于此理，它们不只是在操作层面上进行外协，而且在战略层面上也需要借助外界的力量，期望能得到更快、更好、更廉的物流服务。

第四方物流的基本功能有三个方面。

- 供应链管理功能，即管理从货主、托运人到客户、客户的供应全过程。
- 运输一体化功能，即负责管理运输公司、物流公司之间在业务操作上的衔接与协调问题。
- 为供应链再造功能，即根据货主/托运人在供应链战略上的要求，及时改变或调整战略战术，使其持续高效率地运作。

第四节　国际物流

一、国际物流的含义

国际物流在当代成为一个越来越有前途的行业，成为世界经济发展不可缺少的条件。国际物流是一种跨国界的现象。

1．国际物流的定义

国际物流（International Logistics，IL）的狭义理解是指当生产和消费分别在两个或两个以上国家（或地区）独立进行时，为了克服生产和消费之间的空间隔离和时间距离，对物资（商品）进行物理性移动的一项国际商品贸易或交流活动，从而完成国际商品交易的最终目的，即实现卖方交付单证、货物和收取货款，而买方接受单证、支付货款和收取货物。

2．国际物流的目的

国际物流的主要目的是在合适的地点、合适的时间以合适的方式让合适的客户获得合适的商品。国际物流活动包括进口和出口供应链，涉及订单处理、支付程序、运输和储存管理、用户服务等环节，其整个流程很少有企业能够依靠自身力量单独办理和完成。因此，国际物流过程离不开贸易中间人，即由专门从事商品使用价值转移活动的业务机构或代理人来完成。例如，国际货物的运输是由国际货物运输服务公司来代理的，再如报关行、进出口贸易公司、出口打包公司和进口经纪人等，它们主要是接受企业的委托，代理与货物有关的各项业务。

二、国际物流的特点

国际物流活动是在不同国家间进行的，与国内物流存在着很大的区别，主要特点如下。

1．国际物流环境存在差异

国际物流的一个非常重要的特点是各国物流环境的差异，尤其是物流软环境的差异。各国物流适用的法律不同，使国际物流的复杂性远高于一国的国内物流；各国的经济和科技发展水平的不同会造成国际物流处于不同科技条件的支撑下；各国采用不同标准以及不同的风俗人文习惯也使国际物流受到了很大的局限，造成国际间物流“接轨”的困难。由于物流环境的差异，迫使国际物流系统需要在多个不同法律、人文、习俗、语言、科技、设施的环境下运行，无疑会大大增加国际物流的难度和系统的复杂性。

2．国际物流不确定因素多，风险大

物流本身的功能要素、系统与外界的沟通已经很复杂，国际物流再在这复杂系统上增加不同国家的要素，这不仅表现为空间距离的增加和物流周期的延长，还涉及自然气候、政治背景、运输设施、通信条件、制度规则等多种内外因素，使国际物流具有很大的风险性。

3．国际物流必须有国际化信息系统的支持

信息的快捷、高效、双向式传递是现代国际商务活动顺利进行的重要条件，国际物流作为国际贸易的一个重要组成部分，必须以国际化信息系统为支撑。互联网的迅速发展极大地方便了商务通信和网上信息共享，为国际物流的通畅奠定了基础。但目前全球尚未建立统一的国际信息系统，主要是由于管理困难、投资巨大以及世界各国信息水平的发展不均衡等原因。

4．国际物流的标准化要求高

要使国际物流畅通无阻，统一标准是非常重要的。如果没有统一的标准，国际物流水平将难以提高。在国际贸易过程中，大多数国家都采用国际标准化组织的度量衡标准，使用统一的物流工具和设施，这大大降低了物流费用，降低了转运的难度。而不向这些标准靠拢的国家，必然在转运、换车等许多方面多耗费时间和费用，从而降低其国际竞争力。

三、国际物流系统的组成

国际物流各组成要素必须有机地结合在一起，才能共同协力实现低的物流费用和好的顾客服务，从而最终达到国际物流整体效益最大的总体目标。所以，建立完整的国际物流系统十分重要。国际物流系统是由商品的包装、储存、运输、检验、外贸加工和其前后的整理、再包装以及国际配送等子系统构成的。

1．国际货物运输子系统

运输的作用是将商品使用价值进行空间移动，物流系统依靠运输作业克服商品生产地和需要地之间的空间距离，创造商品的时空效益。国际货物运输作业能够实现商品由卖方向买方或是由发货方向收货方的转移，是国际物流系统的核心，有时候就用运输代表整个物流全体。国际货物运输具有路线长、环节多、涉及面广、手续繁杂、风险性大、时间性强、内外运两段性和联合运输等特点。随着科技的发展，运输设施现代化、大宗货物散装化和杂件货物集装箱化已经成为运输业革命的重要标志。现代物流业的迅速发展无不与运输业的技术革命相关联，西方工业发达国家在国际贸易中处于有利和领先的地位，与其物流运输业的现代化条件是分不开的。在以赛马著称的肯塔基州，世界最大的包裹快递公司UPS 建造的国际航空业务枢纽拥有 44 个飞机无缝衔接码头，这里可以每小时分拣 30.4 万个包裹，数据库处理速度达到了每小时 5 900 万次。

2．外贸商品储存系统

外贸商品的储存、保管使商品在其流通过程中处于一种或长或短的相对停滞状态，这种停滞是完全必要的。因为外贸商品流通是一个由分散到集中，再由集中到分散的连续不断的流通过程。为了保持商品往来的不间断，满足出口需要，必然有一定量的周转储存，否则，国际物流就会出现阻断。商品的储存和保管克服了外贸商品使用价值在时间上的差异，物流部门也依靠储存保管创造商品的时间价值。外贸商品一般储存于厂商或港口的仓库里，但从物流效率的角度看，外贸商品停留在仓库里的时间不宜过长，而应尽量减少储存时间、储存数量，加速物资和资金周转，实现国际贸易系统的良性循环。

3．进出商品装卸与搬运子系统

进出商品的装卸与搬运作业相对于商品运输而言，是短距离的商品搬移，是仓库作业和运输作业的纽带和桥梁，实现的也是物流的空间效益。它是保证商品运输和保管连续性的一种物流活动。搞好商品的装船、卸船、进库、出库以及在库内的搬倒清点、转运、转装等，对加速国际物流十分重要，而且节省装卸搬运费用也是物流成本降低的重要环节。有效地搞好装卸搬运作业，可以减少运输和保管之间的摩擦，充分发挥商品的储运效率。

4．进出口商品的流通加工与检验子系统

流通加工与检验是随着科技进步和物流业的发展而不断发展的、具有一定特殊意义的物流组成部分。对物资商品进行一定的物理化学加工可以更好地满足消费者的需要，促进销售，扩大出口，提高物流效率和物资利用率，同时也能充分利用本国劳动力和加工能力，扩大就业机会，赚取更多外汇；而检验的存在则可以维护产品的质量，保证进出口商品的质量要求。流通加工的具体内容包括：袋装、定量小包装（多用于超级市场）、贴标签、配装、挑选、混装、刷标记等贸易商品服务。

5．商品包装子系统

美国杜邦化学公司提出的“杜邦定律”认为，63%的消费者是根据商品的包装装潢进行购买决策的。所以，经营出口的企业应认真考虑商品的包装设计，把包装、储存、装卸和运输有机联系起来统筹规划，实现现代化国际物流系统所要求的“包、储、运一体化”，即商品的包装应综合考虑储存便捷和运输速度，以加速物流，方便储运并减少物流费用。

6．信息系统

信息系统即信息流和通信基础设施。信息的顺利传递直接关系到国际物流的效率，而信息的传递又必须以通信基础设施为载体。国际物流中信息流的时效性很强，只有良好的通信基础设施才能保证为国际物流的各个环节及时、准确地提供信息。以国际海运为例，在国际货轮离港的第二天，信息流便分别向发运国和到货国通知货物海运保险申请书并制作运费报告。当货物运送完毕时，信息流按港口类别的集装箱海运日程及时报告行踪，并预报到港时间、地点及服务。如果发生其他障碍，信息流立刻发出警告信息。这种动态跟踪的信息流，不仅可以随时掌握国际物流的行踪，还可以使损失减少到最小，而实现这一切的物质条件便是通信基础设施的完善。

在上述子系统中，储存和运输子系统是物流的两大支柱，国际物流通过商品的储存和运输实现其自身的时空效益，满足国际贸易的基本需要。然而，国际物流系统整体效益的最优是通过其所联系的各子系统发挥各自的功能，共同协力达到低的国际物流费用和好的顾客服务水平。因此，物流企业必须遵循一般系统模式的运行原理来设计国际物流模式。国际物流从货、款、单证的准备一直到交易活动的结束，实质是一个系统输入、转换和输出的过程。在系统运行过程中或一个系统循环周期结束时，有外界信息反馈回来，为原系统的完善提供改进信息，使下一次的系统运行有所改进，如此循环往复，使系统逐渐达到有序的良性循环。

在国际物流系统中，许多外界不可控因素的干扰对物流系统的影响很大。这些不可控因素可能是国际的、国内的、政治的、经济的、技术上的和政策法令、风俗习惯等的制约，这是很难预计控制的。因此，国际物流系统应具有很强的应变适应能力，一旦遇到突发情况能够马上提出改进意见，变换策略，使系统具有新的生命力。

第五节　供应链与供应链管理

一、供应链的概念

供应链（Supply Chain）是指由原材料和零部件供应商、产品的制造商、分销商和零售商到最终用户组成的价值增值链，分成内部供应链和外部供应链两种。内部供应链由采购、制造、分销等部门组成；外部供应链包括原材料和零配件供应商、制造商、销售商和最终用户。

供应链意味着在上下游企业之间形成一条从供应商到制造商再到分销商的贯穿所有企业的"链"，把所有相邻企业依次连接起来，实现了管理的"纵向一体化"。这条链上的节点企业必须同步、协调运行，才有可能使链上的所有企业都能受益。供应链是围绕核心企业，通过对信息流、物流、资金流的控制，从采购原材料开始，制成中间产品以及最终产品，最后由销售网络把产品送到消费者手中的将供应商、制造商、分销商、零售商，直到最终用户连成一个整体的功能链状结构模式，如图 7-5 所示。

图 7-5　供应链的结构

供应链包含所有加盟的节点企业，从原材料的供应开始，经过链中不同企业的制造加工、组装、分销等过程直到最终用户。节点企业在需求信息的驱动下，通过供应链的职能分工与合作，以资金流、物流为媒介实现整个供应链的不断增值。

供应链的运作方式有推动式和牵引式两种。

推动式供应链的运作方式以制造商为核心，产品生产出来后从分销商逐级推向用户。分销商和零售商处于被动接受地位，各个企业之间的集成度较低，通常采用提高安全库存量的办法应付需求变动，因此整个供应链上的库存量较高，对需求变动的响应能力较差。

牵引式供应链的驱动力产生于最终用户，整个供应链的集成度较高，信息交换迅速，可以根据用户的需求实现定制化服务。采用这种运作方式的供应链系统库存量较低。

从理论上说，牵引式供应链要比推动式供应链效率高，占用资金少。但是，由于行业和产品的特点，这两种供应链将会长期共存下去。

二、供应链管理

供应链管理（SCM）就是对整个供应链中各参与组织、部门之间的物流、信息流与资金流进行计划、协调与控制等，其目的是通过整合，提高所有相关过程的速度和确定性，使所有相关过程的净增价值最大化，以提高组织的运作效率和效益。

供应链管理实行的是一种集成的管理思想和方法，它执行供应链中从供应商到最终用户的物流计划、组织、协调和控制一体化等职能的管理过程。实行供应链管理可以使供应链中的各成员企业之间的业务关系得到强化，变过去企业与外部组织之间的相互独立关系为紧密合作关系，形成新的命运共同体。供应链管理可以显著提高物流的效率，降低物流成本，大幅度提高企业的劳动生产率。

供应链管理主要涉及四个主要领域：供应、生产计划、物流和需求。它是以同步化、集成化生产计划为指导，以各种技术为支持，尤其以 Internet/Intranet 为依托，围绕供应、生产作业、物流、满足需求来实施的。它把所有加盟的节点企业集成起来，使供应链上各个企业分担的采购、生产、销售职能成为一个协调发展的有机体，提高整个供应链的效益，共享供应链管理为企业带来的经济效益。在电子商务的环境下，最终形成集成化供应链管理体系，把供应商、生产商、分销商、零售商等一条链路上的所有环节都联系起来进行优化，使生产资料以最快的速度，通过生产、分销环节变成增值的产品，送到有消费需求的消费者手中。这不仅降低了成本，减少了社会库存，也使社会资源达到优化配置。更重要的是通过信息网络、组织网络实现了生产及销售的有效连接和物流、信息流、资金流的合理流动，从而实现了供应链管理的最终目标：社会目标（满足社会就业需求）、经济目标（创造最佳利益）和环境目标（保持生态与环境平衡）的最佳融合。

物流管理是供应链管理中的重要环节。及时、准确、灵活多样的物流服务，是供应链协调运作的前提条件。供应链管理环境下，信息的流量大大增加，通过互联网可以将信息从用户一直传递到供应商，避免了信息的失真现象，降低了整个供应链的库存压力，为实现供应链的敏捷性、精细化运作提供了基础性保障。

供应链管理应该遵循以下原则。

（1）以客户为中心

企业以往总认为效率和成本比客户重要，这种想法使许多企业提供相同的产品和服务给不同层次的顾客，以求降低成本。供应链管理的观点则截然不同，它不但将主要精力放在满足客户日益增长的需求上，而且从战略上采取为客户服务的思想，企业根据不同细分市场要求的客户服务水平，提供多样化的产品和服务，以满足客户多样化的需求。针对复杂、成熟的客户提供高层次的服务，对简单、不成熟的客户提供低层次的服务。很多企业已成功地实施了这一战略。

总之，不管供应链是长还是短，也不论链上企业有多少类型，供应链都是由客户需求驱动的，只有客户满意，供应链才能延续和发展。供应链管理必须以最终客户为中心，把客户服务作为管理的出发点，并贯穿供应链管理的全过程，将改善客户服务质量、实现客户满意作为创造竞争优势的根本手段。

（2）相关企业间共享信息、共享利益、共担风险

供应链管理强调供应链整体的集成与协调，要求链上企业围绕物流、商流、资金流以及信息流进行信息共享与经营协调，实现稳定、高效的供应链关系。供应链管理需要各成员的实时、准确的信息，为了实现信息共享，应做到：建立统一的系统功能和结构标准；统一定义，设计信息系统，实施连续的实验、检测方法；运用恰当的技术方法提高运行速度以降低成本；力求业务信息需求与关键业务指标一致。

成功的供应链所创造的利润应在链上各成员间合理分配，否则会因互相扯皮、互设障碍而导致整个供应链效率低下，造成每个成员的利益都受到损害。所以各个成员应齐心协力，抛开私利，共享信息，以便节省时间，加快生产速度，提高服务效率，使各成员都能从中获取最大的回报。

（3）应用信息技术，实现管理目标

物流信息化是现代物流的基本要求，也是实现管理目标的手段。物流信息化表现为物流信息收集的数据化和代码化、物流信息处理的计算机化和电子化、物流信息传递的标准化和实时化。高效率供应链管理的实现，既需要快速的物流、资金流，更需要快速、正确的信息流，而网络技术和电子商务应用的发展，为信息的快速、准确流动提供了保证。如果一个包括制造商、配送中心、批发商、零售商的供应链内部建立了外联网（Internet+Intranet），在通信安全的基础上实现了信息共享，则各个零售商的顾客消费数据、某个产品的市场销售情况和消费者意见都会通过网络快速反馈到制造商，制造商再对产品进行合理的改进，这无疑有利于提高产品的市场占有率等。快速、正确的信息流可以使整个供应链对市场需求作出快速反应，从而给供应链带来极大的效益。

第六节 案　　例

【例 7-1】

长虹的流动仓库

家电市场是中国竞争最为激烈的市场。中国家电业处境艰难，而向流通要利润是中国家电业亟待攻克的堡垒，也是现阶段家电业最大的利润增长点之一。

仓储管理是供应链管理的核心环节。传统的仓储管理依赖纸张和手工记录，严重影响了企业的决策速度和市场竞争力。

随着无线技术的发展，基于无线计算机通信网络的解决方案开始为越来越多的制造企业所关注。无线网络通信技术在解决了操作人员流动性问题的同时，实现了数据的实时传输。结合无线技术的企业移动解决方案——条形码，成为部分家电企业应对市场竞争的强有力武器。

一、向流通要利润

电器行业的一个重要特点就是物品的贬值率特别高，物品存放在仓库一天要损失 5%的利润。这对已经趋于“微利”的家电企业来说，无疑是制约企业发展的重要因素。作为中国家电业“龙头”的长虹也不例外。

以往长虹物流信息集成度不高，信息处理点分散，时效滞后，数据准确度不高，这些问题严重影响了公司的运营决策。长虹管理层认为，目前家电企业的竞争力不单纯体现在产品质量能否满足市场要求，更重要的是如何在市场需求的时候，生产顾客满意的产品及提供顾客满意的服务。这就要求企业不仅要保证快节奏的生产，还要实现最低库存下的仓储。由此，长虹提出了“物流是流动的仓库”的观点，用时间消灭空间，摒弃了以往“存货越多越好”的落后观念，全面提升速度观念。

长虹在绵阳拥有 40 多个原材料库房，50 多个成品库房，200 多个销售库房。过去的仓库管理主要由手工完成，各种原材料信息通过手工录入。虽然应用了 ERP 系统，但有关原材料的各种信息仍记录在纸面上，存放地点完全依靠工人记忆。货品入库之后，所有数据都通过手工录入到计算机中。对于制造企业来说，仓库的每种原材料都有库存底线，库存过多影响成本，库存不够时需要及时订货。但是，纸笔方式具有一定的滞后性，因此，真正的库存与系统中的库存永远存在差距，无法达到实时。这导致总部无法做出及时和准确的决策。而且手工录入方式效率低，差错率高，在出库频率提高的情况下，问题更为严重。

为了解决上述问题，长虹决定采用条码技术以及无线解决方案。经过慎重选择，长虹选择了美国讯宝科技公司及其合作伙伴——高立开元公司共同提供的企业移动解决方案。该解决方案采用讯宝科技的条码技术，并以 Symbol MC3000 作为移动处理终端，配合无线网络部署，进行仓库数据的采集和管理。目前长虹主要利用 Symbol MC3000 对其电视机生产需要的原材料仓库以及 2 000 多平方米的堆场进行管理，对入库、出库以及盘点环节的数据进行移动管理。

1. 入库操作

一个完整的入库操作包括收货、验收、上架等操作。长虹在全国有近 200 家供应商，根据供应商提供的条码对入库的原材料进行识别和分类。通过条形码进行标识，确保系统可以记录每个单体的信息，进行单体跟踪。仓库收货员接到供应商的送货单之后，利用 Symbol MC3000 扫描即将入库的各种原材料的条码，并扫描送货单上的条码号，通过无线局域网络传送到仓库数据中心，在系统中检索出订单，实时查询该入库产品的订单状态，确认是否可以收货，提交给长虹的 ERP 系统。

收货后，长虹的 ERP 系统会自动记录产品的验收状态，同时将订单信息发送到收货员的 Symbol MC3000 手持终端，并指导操作人员将该产品放置到系统指定的库位上。然后扫描库位条码，系统自动记录该物品存放库位并修改系统库存，记录该配件的入库时间。通过这些步骤，长虹的仓库管理人员可以在系统中追踪到每一个产品的库存状态，实现实时监控。

2. 出库操作

一个完整的出库操作包括下架、封装、发货等。通过使用无线网络，长虹的仓库管理人员可以在下架时实时查询待出库产品的库存状态，实现先进先出操作，为操作人员指定需发货的产品库位，并通过系统下发动作指令，实现路径优化。封装时系统自动记录包装内的货物清单并自动打印装箱单。发货时，系统自动记录发货的产品数量，并自动修改系统库存。

通过这些步骤，长虹可以在系统中追踪到每个订单产品的发货情况，实现及时发货，提高服务效率和客户响应时间。仓库操作人员收到仓库数据中心的发货提示时，会查阅无线终端上的任务列表，并扫描发货单号和客户编码，扫描无误后确认发送，中心收到后关闭发货任务。

3. 盘点操作

长虹会定期对库存商品进行盘点。在未使用条码和无线技术之前，长虹的仓库操作人员清点完物品后，将盘点数量记录下来，将所有的盘点数据单提交给数据录入员输入计算机。由于数量清点和计算机录入工作都需要耗费大量的时间且又不能同时进行，因此往往会出现计算机录入员有时无事可做，有时又忙到焦头烂额的情况；而仓库人员则是盘点时手忙脚乱，而后围在计算机录入员身边等待盘点结果。这样的场面，几乎每个月都要发生一次。

实施了讯宝科技的企业移动解决方案后，长虹彻底解决了这一问题。仓库操作人员手持 Symbol MC3000 移动终端，直接在库位上扫描物品条码和库位，系统自动与数据库中的记录进行比较，通过移动终端的显示屏幕将盘点结果返回给仓库人员。通过无线解决方案可以准确反映货物库存，实现精确管理。

二、成果

条形码结合无线技术的企业移动解决方案使长虹的库存管理取得非常明显的效果，为长虹降低了库存成本，大大提高了供应链效率。更为重要的是，准确及时的库存信息，让长虹的管理层可以对市场变化作出及时调整，大大提高了长虹在家电市场的竞争力，具体体现在以下四个方面。

（1）库存的准确性提高

无线手持移动终端或移动计算机与仓库数据中心实现了数据的实时双向传送后，保证了长虹原材料仓库和堆场中的货物从入库开始到产品出库结束的整个过程，各环节信息都处在数据中心的准确调度、使用、处理和监控之下，使得长虹库存信息的准确性达到 100%，便于决策层作出准确的判断，提高长虹的市场竞争力。

（2）增加了有效库容，降低了企业成本

由于实现了实时数据交换，长虹仓库货物的流动速度提高，使得库位、货位的有效利用率随之提高。增加了长虹原材料仓库的有效库容，降低了产品的成本，提高了利润率。

（3）实现了无纸化操作，减少了人工误差

整个仓库都通过无线技术传递数据，从订单、入库单、调拨单、装箱清单、送货单等都实现了与仓库数据中心的双向交互、查询，大大减少了纸面单据。而采用 Symbol MC3000 手持移动终端进行条码扫描识别，让长虹在提高数据记录速度的同时减少了人员操作错误。

（4）提高了快速反应能力

现在长虹可以在第一时间掌握仓库的库存情况，这让长虹可以对复杂多变的家电市场迅速作出反应并进行相应调整。

在仓库管理中应用讯宝科技的移动解决方案，进行现场数据采集和分析，使成品信息、物料信息及配送信息全部集成到公司的 ERP 等信息系统上，长虹基本形成了一体化的物流信息系统，实现了无线网络的仓储管理，极大提升了长虹物流的整体水平。

【例 7-2】

UPS：让包裹聪明地旅行

午夜时分，仰望星空，繁星点点。然而，星星似乎都不是相对静止不动的，你用肉眼就能看到它们正在快速地移动。

这不是梦境，你完全可以相信自己的眼睛，当然，前提条件是这一幕发生在位于美国东南部肯塔基州最大城市路易维尔的 UPS 世界港。每天午夜的 11 点到次日凌晨 4 点，上百架次的飞机在这里繁忙地起降，飞机上闪烁的灯光很容易被误认为是星星在眨眼。“现在，你们看到的是 UPS 的天空”，UPS 世界港的一位经理说。

路易维尔这个有着棒球和赛马传统的典型美国南方城市曾是美国南北战争时期重要的商业中心。随着新经济时代的来临，这个位于内陆，以农业为传统，仅有 100 多万人口的城市似乎没有太强的竞争力。从 1998 年开始，UPS（联合包裹快运公司）在这里启动了该公司近百年历史上最大的投资项目——UPS 世界港——这是一个针对该公司北美地区业务，第一期投资就高达 11 亿美元建设的，迄今为止全世界最大的物流转运中心。由于这项全球最大的物流企业在当地的投资，该市迅速成长为美国“最适合物流业发展的城市”之一，被美国《商业 2.0》杂志列为新经济的重要引擎城市。

由于 UPS 世界港的建立，很多需要物流服务的公司都纷纷在路易维尔建立总部。加拿大一家名为 Clearwater 的专门经营龙虾的公司甚至在路易维尔设立了一个他们自称是全世界最大的“龙虾转运中心”，每年有十多万吨的活龙虾从这里通过 UPS 的服务送往世界各地——在内陆地区设立鲜活海产品通往全球的转运中心，这似乎非常难以想象。

那么，世界港究竟是怎样工作的呢？

世界港在外在形态上的铺陈就已经令人叹为观止。为了减少噪声对城市的干扰，它被建立在路易维尔近郊，机场有多条跑道。紧挨着机场，一幢幢巨大的白色厂房铺展在面积 400 万平方英尺左右的土地上，它们就是一个个独立的分拣中心，包裹根据体积的大小以及外形是否规则而被分送到不同的中心。每个分拣中心都建立了与货机的无缝衔接码头，货机在跑道上降落后就直接滑行到码头，与分拣中心的传送带连接起来。

当一件货运包裹躺在进入属于自己类别分拣中心的传送带上时，它在世界港的奇妙旅行就以 100 多英里/小时的速度真正开始了。

进入分拣中心内部，才算真正进入了世界港的心脏。在这里，总长 122 英里的 1.7 万条传送带分散在各个巨大的白色建筑物中，每一个分拣中心中都藏着几百条甚至是上千条高速传送带。它们看上去非常繁杂地交错在一起，或平行，或迂回，有时候甚至有好几条传送带叠加在一起，位置最高的传送带甚至有几层楼高，它们全部按照预先设计好的程序快速运动着。

每件货物在进入分拣中心的第一时间，其包含货物信息的智能标签就被头顶摄像机读取和处理，然后才正式进入旅程。在旅程中它会经过无数的岔路口，无数个转弯，以及上坡下坡，但是包裹们都很聪明，除了少量手写地址的包裹，以及智能标签信息被污损的包裹需要工人来协助分拣以外，几乎每一件包裹都清楚地知道自己应该去哪。这些聪明的包裹甚至知道在岔路口进入其他传送带的时候避免和其他货物相撞——如果它们发现自己有可能和即将进入的这条传送带上的货物相撞，它们会在进入这条道之前等候一两秒。

让包裹独自聪明的旅行，要在今天的科技条件下做到看起来并不难，不过，在世界港，每一个小时，就有30.4万件包裹在这里旅行。而在未来，世界港最终的分拣能力将达到每小时50万件。而目前，一件包裹在这里被处理完毕，最短的时间是8分钟，最长的时间也仅仅是45分钟。作为一个一直宣扬同步管理物流、信息流和资金流的供应链解决方案提供商，世界港见证了UPS对物流和信息流管理的强大能力。

资料来源：http://old.chinawuliu.com.cn/OTH/content/200612/200621051.html

思考与练习

一、简答题

1．什么是物流？通常物流活动的具体内容有哪几个方面？
2．电子商务下的物流具有哪些特点？
3．配送具有什么特征？
4．现阶段的电子商务企业采取的物流模式主要有哪几种？
5．供应链管理主要涉及哪几个主要领域？

二、选择题

1．物流按范围分，可以分成企业内部物流和（　　）二大类。
A．社会物流　　B．回收和废弃物流
C．销售物流　　D．返品物流
2．企业物流系统的组成有（　　）。
A．供应系统　　B．配送系统
C．交易系统　　D．生产运营系统
3．物流管理追求的目标是（　　）。
A．准确地按预定期限将商品送交顾客
B．适当安排配送中心，提高配送效率，保持适当库存

C．在运输、保管、搬运、包装、流通加工方面，实现省力化、合理化

D．尽可能使物流的成本最小

4．供应链管理应该遵循的原则包括（　　）。

A．以客户为中心

B．相关企业间共享信息、共享利益、共担风险

C．应用信息技术，实现管理目标

D．效率和成本比客户重要

5．降低配送成本的途径包括（　　）。

A．差异化配送　　B．混合配送

C．适当延迟　　D．合并配送

技能训练

1．访问以下国内十大快递公司及 FEDEX、UPS 网站，比较它们各自的价格特点与服务方式。

- 上海申通快递（http://www.sto.cn）
- 深圳顺丰速运（http://www.sf-express.com）
- 上海圆通速递（http://www.yto.net.cn）
- 上海天天快递（http://www.ttkdex.com）
- 上海韵达快运（http://www.yundaex.com）
- 上海宅急送快递（http://www.zjs.com.cn）
- 上海中通速递（http://www.zto.cn）
- 上海 EMS 邮政特快（http://www.ems.com.cn）
- 上海中诚快递（http://www.zoc.net.cn）
- 上海汇通快递（http://www.htky365.com）
- 联邦快递/FEDEX（http://www.fedex.com/cn）
- 联合包裹/UPS（http://www.ups.com/content/cn/zh/index.jsx）

2．上网浏览以下国内百强物流企业的网站，考察每个企业的服务区域、主营业务及服务内容。

- 中国远洋物流有限公司（北京）
- 中邮物流有限责任公司（北京）
- 浙江省八达物流有限公司（浙江）
- 青岛海尔物流有限公司（山东）
- 沧州运输集团有限公司（河北）

第八章　网 络 营 销

学习目标

☑ 掌握网络营销的基本概念与特点。
☑ 了解网络营销与传统营销的优势与劣势。
☑ 了解网络营销的常用模式。
☑ 掌握网络营销的常用策略。
☑ 掌握网络营销主要推广方式。

【导入案例】

"世界上最好的工作"招聘广告（如图 8-1 所示）

图 8-1　"世界上最好的工作"招聘广告宣传图片

2009 年 1 月份，澳大利亚昆士兰州旅游局网站的一份招聘广告吸引了全世界的目光，该广告号称将面向全球提供一个"世界上最好的工作"。内容如下：

招聘职位：昆士兰州哈密尔顿岛看护员

工作时间：2009 年 7 月 1 日至 12 月 31 日

工作内容：清洁鱼池，喂鱼；收发信件；写博客及上传照片、视频；接受媒体采访；巡游水域内其他岛屿等

职位薪酬：15 万澳元/半年（约 75 万元人民币）

福利待遇：提供豪华住宿、工作地及申请人居住城市之间的往返机票、工作期间的保险、工作产生的交通等其他费用，并允许亲朋好友陪伴

申请条件：年满 18 周岁，英语沟通良好，热爱大自然，会游泳，勇于冒险尝试新事物

接下来的几个月里，这个招聘活动通过各大网络媒体赚足了全世界的眼球。2009 年 6 月 30 日，我们在百度输入“世界上最好的工作”，搜索结果达到了 100 万条。而用 Google 搜索的同一关键词的结果则高达 1 720 万条之多！“世界上最好的工作”引爆了一颗“旅游策划的原子弹”，超过 200 多个国家和地区的 34 000 多人来参加应聘，英国广播公司、日本 NHK 电视台及国内的 CCTV 等世界多家著名媒体也相继追踪报道海选过程。

而现哈密尔顿岛已成为具有全球高知名度和美誉度的旅游向往地之一。据估计，这个活动前几个月已经带来超过 1 亿澳元（约 5 亿人民币）的公关价值，而澳大利亚昆士兰州旅游局的全部投入不过是 170 万澳元（约合 735 万元人民币），其中还包括了护岛人 15 万澳元的薪水，真可谓是一本万利了。

资料来源：http://www.cctv.com/pinpai/20090115/107442.shtml

【引言】

伴随着网络经济时代的到来，一个以互联网为基础的网络虚拟市场开始形成。互联网所具有的全球性、虚拟性、跨时空性和高增长性的特点，使网络虚拟市场成为一个潜力巨大的数字化新兴市场。

网络营销是相对于传统营销而提出的一个新的概念，在网络时代将会产生一套新的市场营销方式，网络营销是电子商务应用中的一个最重要的、发展最快的领域。本章重点讨论网络营销的基本原理、网络营销模式、网络营销策略、网络广告和企业网络推广等。

第一节　网络营销的概述

一、网络营销的产生和发展

互联网作为双向交流的多媒体通信工具，被称为继广播、报纸、杂志、电视之后的又一新媒体，逐步受到众多商家的青睐。产品制造商、批发商、零售商、消费者、银行、服务部门、进出口商及政府管理部门进入互联网虚拟空间后，形成了一个名副其实的虚拟市场。既然有市场存在，就必然会产生营销活动。

1．互联网的产生为网络营销提供了技术基础

互联网是一个集通信技术、信息技术、计算机技术为一体的网络系统，它之所以发展如此迅速，得益于它的三个优良特性：开放、快捷和廉价。互联网是一个开放的网络平台，任何人都可以入网，所有的信息流动皆不受限制，网络资源是共享的，在网络上没有地域的限制，也没有距离感。网络通信的速度是所有通信方式中最快的，从网络上可以最快捷地获得最新信息，同时网络不仅可以传输文字，还可以传输图像、声音、动画及电影。电子数据交换和网络数据库的运用为网络的商业化高效运作打下了基础。网络通信的低廉价格使顾客在网上浏览、查询和交易变得切实可行。而对商家来说，通过网络进行营销的成本也是很低的。总之，运用网络进行营销活动从技术上讲是可行的，从效率上讲是高效的，从成本上讲是经济合理的。

2．激烈的市场竞争推动了网络营销的发展

目前传统的营销店铺已遍地开花，其物理空间受到限制，在寸土寸金的商业繁华地段，场地租用费十分高昂，店铺与仓库的场地租用费及员工工资成为最重要的成本项目。高成本削弱了厂商的竞争力，影响了经济效益的提高。世界各地每天都有企业在破产，高淘汰率迫使厂商要降低成本，运用新的营销手段来提高竞争力。在这种形势下，不少厂商将目光转向网络这一虚拟空间，这里有着巨大的发展空间。开展网络营销可以节约昂贵的店铺租金，可以减少库存商品的资金占用，网络营销的经营规模也不受场地的限制。对传统企业而言，网络营销也是对传统营销模式的必要补充，所有这些都可以降低经营成本，缩短营销周期，从根本上增强厂商的竞争力。

在网络经济时代，竞争方式正在发生重大变化，竞争的对手不再局限于眼睛能看到的几个，而是无数来自世界各地不见面的竞争对手，厂商所拥有的大型商场、仓库及众多员工不再成为竞争的主要优势。现在的竞争是高科技的竞争，是速度、质量、成本、效率和服务等综合实力的竞争，它会改变新财富分配的格局。网络营销为厂商在高科技的竞争中取胜提供了一个新的机遇。

3．经济全球化趋势为网络营销奠定了现实基础

经济全球化成为不可逆转的时代潮流，各国各地区的经济相互交织、相互影响、相互融合，形成全球统一市场。目前，我国已经加入 WTO，世界贸易组织构建了统一的贸易规则，同时产品的技术标准也趋向统一，使得产品更容易进入其他国家的市场。同时新技术革命正在产生，产品生产中的知识含量越来越高，产品的品种越来越多，产品的生产能力越来越强，产品的生命周期越来越短。网络营销有助于打破地区分割，使产品生产企业在较短的时间内迅速占领广大的市场。

4．消费观念的改变拉动了网络营销的发展

满足消费者的需求是企业营销活动的核心。随着产品的生产能力的迅速提高，市场正由卖方市场向买方市场转变。消费者可以在品种多样的商品中进行选择，他们拥有众多的信息来源，通过充分的比较，可以在广阔的市场上搜寻到价格更低、质量更高的产品。消费者的观念也有了很大的改变，他们的消费主动性增强了，不再是被动地等待推销，而是主动地通过各种可能的途径获取与商品有关的信息并进行比较分析，以减少后悔的可能性。他们对消费者权益保护的意识越来越强，对产品和服务的质量越来越挑剔。

在传统购物中会遇到交通安全问题、商场保安问题、礼貌服务问题、产品信息问题，经历付款排队、打包等繁琐的购物环节。对工作压力大、时间紧张的消费者来说，提高购物的方便性将成为他们追求的目标之一。个性化消费逐步成为消费的主流，消费者希望以个人心理期望为基础，购买个性化的产品及服务，甚至要求企业提供个性化的定制服务。

互联网的商业化应用为网络营销的产生提供了技术基础，经济全球化为其提供了环境基础，激烈的市场竞争推动了网络营销的产生和发展，消费者需求观念的改变也拉动了网络营销的发展，所以网络营销的发展是由上述一系列综合因素促成的。

二、网络营销的概念

1. 网络营销（E-Marketing）的定义

不同的学者或营销人员对此有不同的理解。有些人把网络营销等同于网上销售，有些人认为网络营销是在网上发布供求信息，向潜在顾客发送电子邮件等。这些只是反映了网络营销的某个方面，而不是网络营销的全部。

从营销的角度出发，网络营销定义为：网络营销是企业整体营销战略的一个组成部分，是建立在互联网基础之上，借助于互联网特性来实现一定营销目标的一种营销活动。

2. 对网络营销定义的理解

据此定义，可以从以下几方面加以认识。

（1）网络营销是企业整体营销的一部分

网络营销不是孤立的，不可能脱离一般营销环境而独立存在。网络营销理论是传统营销理论在互联网环境中的应用和发展。由此也确立了网络营销在企业营销战略中的地位，无论网络营销处于主导地位还是辅助地位，它都是互联网时代市场营销中必不可少的内容。

（2）网络营销并不仅仅是网上销售

网络营销不是网上销售，它是企业传递信息、加强与客户之间的沟通、提升企业品牌价值的工具。很多情况下，网络营销活动不一定能实现网上直接销售的目的，甚至根本不能实行网上销售，但是很可能有利于销售的增加。

网络营销贯穿于企业经营的整个过程中，包括市场调查、客户分析、产品开发、生产流程、销售策略、售后服务、反馈改进等环节。

（3）网络营销是手段而不是目的

无论传统企业还是互联网企业都需要网络营销，但网络营销本身并不是一个完整的商业交易过程。当一个企业的网上经营活动发展到可以实现电子化交易的程度，就认为是进入电子商务阶段。网络营销是电子商务的基础，开展电子商务离不开网络营销，但网络营销并不等于电子商务。

三、网络营销的特点

网络营销，作为一种新的营销理念和策略，与传统营销相比有着许多与生俱来的、令传统营销方式可望而不可及的优势，并对企业的传统经营方式形成了巨大的冲击。

1．网络营销超越时空

通过互联网能够跨越时间约束和空间限制进行信息交换，企业能在更多的时间和更大的空间中进行营销，每周 7 天，每天 24 小时全天候地提供全球性的营销服务，以达到尽可能多地占有市场份额的目的。

2．网络营销的个性化

网络营销的最大特点在于以消费者为主导。消费者将拥有比过去更大的选择自由，他们可根据自己的个性特点和需求在全球范围内找寻满意的商品，不受地域限制。通过进入感兴趣的企业网站或虚拟商店，消费者可获取产品的几乎所有信息，使购物更显个性。在互联网上的交易帮助企业实现与消费者的一对一营销。

3．网络营销的互动性

互联网的技术手段，提供给企业和顾客一个交流信息的平台，使他们可以随时随地进行信息的沟通。企业可以为用户提供丰富翔实的产品信息，同时搜集市场信息，提供令用户满意的商品和服务；用户也可以通过网络主动地查询自己喜欢的产品和企业的信息，将自己的信息提供给厂商。这种“零距离”互动式的直接沟通，完全改变了企业的被动式营销，很容易与消费者建立长期良好的关系。

4．网络营销的经济性

开展网络营销只需一台连在互联网上的服务器或租用部分网络服务器空间即可，省去了传统店面昂贵的租金和营业人员的费用。企业还可以凭借互联网的优势，大大降低促销和流通费用，使成本和价格的降低成为可能，消费者由此得到实惠。消费者还可绕开中间环节，能以更低的价格实现购买。低成本的竞争成了网络营销企业最有利的竞争战略。

网络营销并不是完全取代传统营销。事实上，网络营销与传统营销是一个整合的过程，两者将互相影响、互相补充和互相促进，直至最后实现相互融合的内在统一。

四、网络营销理论

网络营销是企业整体营销战略的一个组成部分。网络营销理论是传统营销理论在互联网环境中的应用和发展。

1．直复营销理论

直复营销（Direct Response Marketing）是指利用直接反馈的广告、邮件、电话和其他相互交流形式的媒介所实施的大范围市场营销体系。传统的直复营销依靠产品目录、印刷品邮件和报刊杂志上带回复表的广告，而现代通信技术的发展使互联网成为直复营销的最佳媒介。互联网具有方便快捷、双向沟通，内容篇幅不受限制，文字、声音、图像、动画共存的优良特性，它可以方便地在企业和顾客之间架起桥梁。顾客可以通过网络看货、下订单，企业通过网络接受订单、安排生产及发货，因此直复营销策略和技巧也可以在网络营销中采用。基于互联网的直复营销完全符合直复营销的理念，这表现在以下几个方面。

（1）直复营销特别强调营销者与顾客之间的"双向信息交流"，以克服传统营销中的"单向信息交流"方式所造成的营销人员与顾客之间无法沟通的致命弱点。网络营销可以省略不少中间环节，互联网作为开放的双向交流式的信息流通网络，使得企业与顾客可以实现一对一的信息交流和直接沟通。企业可以通过文字、图像介绍产品的性能、特点及使用方法；顾客可以通过电子邮件进行询问或进行电子洽谈；企业再根据顾客的个性化需求进行生产和营销决策，在最大限度满足顾客需求的同时，提高企业的运行效率，增加收益。

（2）直复营销活动强调在任何时间、地点都可以实现企业与顾客的"信息双向交流"。互联网的全球性和持续性特点，使顾客可以在任何时间、地点直接向企业提出订货要求或意见反馈。企业也可以跨越时空，利用互联网全天候地进行网上信息交流。

（3）直复营销活动最重要的特性是其效果是可以测定的，而网络营销具有可测定性、可度量性和可评价性，营销企业可以通过网站的后台管理软件及网络数据库统计网站浏览量、广告点击次数、各种产品的订货量、付款情况、发货情况来评价营销业绩。还可进行网络客户关系管理，根据顾客的建议需求，找出企业的不足，调整营销策略，提高营销效率与企业竞争力。

2．关系营销理论

关系营销以系统论为基本思想，将企业置身于社会经济大环境中考察企业的市场营销活动，认为企业营销是一个与消费者、竞争者、供应商、分销商及政府管理机构发生互动作用的过程，正确处理与他们的关系是企业营销的核心。受传统文化的影响，关系营销理论在我国具有特别重要的意义。关系营销的基本立足点是建立、维持和促进与顾客和其他商业伙伴之间的关系，以实现参与各方的目标，从而形成一种兼顾各方利益的长期关系。关系营销将建立和发展与相关个人、企业组织的关系作为企业市场营销的关键变量，把握了现代市场竞争的时代特点，故被称为是对营销理念的又一次革命。关系营销的核心是争取与维持客户，为顾客提供满意的产品和服务，通过加强与客户的联系与沟通，维持与客户的长期关系，在此基础上开展营销活动，实现企业的营销目标。

实施关系营销并不是以损害企业利益为代价的。一般来说，争取一个新顾客的营销费用是保持老顾客费用的 5 倍。所以加强与客户的联系，提高客户对企业的忠诚度是可以为企业带来长远利益的，它提供的是企业与顾客的双赢策略。顾客可以通过互联网向企业提出建议与个性化的需求，企业根据顾客的个性化需求利用柔性化的生产技术最大限度地满足顾客的需求，在为顾客提供服务的同时创造超额利润；另一方面，企业也可以从顾客的需求中了解市场，细分市场和锁定市场，提高对市场变化的反应速度。

3．"软营销"理论

"软营销"理论是针对工业化时代的"强势营销"提出的新理论。在传统营销中，最能体现强势营销特征的是两种促销手段：传统广告和人员推销。在传统广告中，消费者通常是被动地接收广告信息的"轰炸"，企业通过不断地灌输强势信息的方式在消费者心中留下深刻的印象，至于消费者是否愿意接受，是否需要这样的广告信息则不予考虑；在人员推销中，推销人员一般很少考虑推销对象是否需要和愿意接受，只是根据推销人员自己的判断强行展开推销活动。所以这两种强势促销手段都试图以一种灌输的方式引导消费者，而不管消费者是否需要，因此往往会引起消费者的反感和厌弃。但是强势营销在某些行业仍然是十分有效的营销手段，如化妆品、营养品等。著名的美国在线公司（AOL.com）曾经对其用户强行发送 E-mail 广告，结果遭到用户的一致反对。许多用户约定同时给 AOL 公司发送邮件进行报复，造成 AOL 的电子邮件服务器瘫痪，最终 AOL 不得不道歉以平息众怒。

"软营销"与"强势营销"的根本区别在于：软营销的主动方是消费者，强势营销的主动方是企业。软营销强调企业进行市场营销活动的同时必须尊重消费者的感受和体验，让消费者舒服地主动接纳企业的营销活动。

由于在网络时代个性化消费需求的回归，消费者在心理上希望自己成为主动方，而网络的互动特性又使他有成为主动方的可能。他们不欢迎不请自到的广告，但他们会在某种个性化需求的驱动下自己到网上寻找相关的信息和广告。网络软营销恰好是从消费者的体验和需求出发，采取拉动式策略吸引消费者的关注，从而达到营销效果。在互联网上开展网络营销活动必须要遵循网络礼仪。网络软营销就是在遵循网络礼仪的基础上，利用网络文化的微妙之处来营造潜在的销售氛围，从而获得一种独特的营销效果。

4．整合营销理论

整合营销表示营销不再是单一的企业营销部门的活动，而是综合了与企业经营活动存在关联的各个内部企业单位与外部主体，如供应商、顾客等的全局性活动。它要求企业整合各种可以利用的内部资源和外部资源，从而最大限度地获得竞争优势。

网络整合营销理论包含三层含义。

（1）把顾客整合到整个营销决策中来。企业必须意识到顾客对自己的重要性，并着手研究顾客的需要，生产相应的产品去满足顾客。企业的中心从生产转向市场，将顾客的需求作为企业营销活动的起点。满足消费者的个性化需求，让顾客参与产品的设计与定价可以激发他们对企业的信任感和参与意识，从而争取到新客户，拉住老客户。

（2）把原料供应商、产品分销商、仓储及配送部门整合在一起，实行供应链管理，缩短产品的生产与供货周期，提高营销效率，降低产品成本。

（3）将传统营销手段与网络营销手段整合到一起。虽然网络具有其他传媒无法比拟的快速、廉价与互动的优越性，但并不意味着网络营销手段可以完全取代传统营销手段。

网络营销的活动大都在网络媒体上进行，它既是市场调研的工具，又是产品的销售渠道，同时还是广告和公关的媒体，也是顾客实行电子支付的场所，这就使网络营销成为一个各部分密切相关的全过程营销。有时对某个具体的操作方法是属于哪个营销策略很难分得清楚，必须采用整合营销的观念来看待网络营销的整个过程。

五、网络营销与传统营销的比较

市场营销中最重要的环节是企业与消费者之间进行的信息传播与交流，而互联网的多媒体互动性以及通信的便捷性，可以将企业、银行、消费者、配送中心跨时空连接在一起。网络的特点赋予了网络营销新的特点，使网络营销与传统营销相比产生了极大的改变。网络营销与传统营销的区别主要表现在以下几方面。

1. 产品定位的不同

在传统营销中，通常是企业先设计制造出产品，再通过营销手段向消费者推销它的定型产品，其基本模式是以产定销。由于存在中间流通环节，容易形成产销脱节，生产者不了解消费者的需求、生产的产品不适销对路是生产企业最头疼的问题。对消费者来说，他们只能被动接受企业所推销的商品，即使有选择权也只是在商家所提供的品种范围内挑选商品，消费者不能直接向生产企业表达自己对产品的需求。在网络营销中，生产企业将以消费者的需求为导向，消费者可以直接参与企业的生产营销决策，通过网络提出自己个性化的需求，如产品功能、外形、价格等，让企业按照消费者的需求和期望设计独特的产品，实现产品定制，做到以需定产，因此网络营销将会对产品标准化带来冲击，对不同消费者提供不同的商品将会成为现实，个性化需求将成为趋势。

2. 营销方式的改变

在传统营销中，商家要选择一个繁华地段建立店铺，再招聘一批营业员。店铺中必须有足够的存货供顾客选购，它的营销人员还必须到处采购与推销，因此，传统营销企业的固定资金和流动资金的占用量很大，营销人员众多；店铺还要定期进行装潢，调整货架位置，每天会计都要轧账，所以传统营销企业是资本密集型与劳动密集型的。而在网络营销中，企业不需要店铺和一大批营业员，它只需要一个机房、几台服务器和少数营销人员及网站维护人员。它的营销人员不需要到处采购与推销，只需要坐在计算机前通过网络与世界各地的相关企业随时保持联系。网站不存在商店的装潢、货架的摆放，有的只是网页界面的调整。它不需会计轧账，而是由后台数据库自动处理，工作效率很高，所以网络营销企业是技术密集型的。

3. 竞争形式的差异

传统营销是在现实空间中厂商之间进行的面对面的竞争，处在黄金地段的店面和一批高素质的营销人员是商家最有力的竞争砝码，它们比的是企业的规模和资金的实力。传统营销竞争的游戏规则是大鱼吃小鱼。由于一个店面的覆盖面是有限的，如果厂商要扩大规模，就必须要增设店铺，建立庞大的销售网，每增设一个店铺就要花费大量资金，成本高效益却不高。随着现实空间商业竞争的加剧，这种竞争成本会越来越高，所以这种扩大再生产是外延型扩大再生产。而网络营销是通过网络虚拟空间进入到企业与家庭等现实空间，它不需要店面和众多营销人员。由于虚拟空间没有地域限制，所以一个网站即可覆盖全球。网站要扩大，增加几台服务器即可。在网络虚拟市场中，传统营销的某些竞争优势变得不重要了，在网络上企业的大小是看不出来的，所有的网站之间展开的是公平的竞争，是高科技的竞争，是在看不见的战线上进行的不见面的竞争。网站进入的便捷性和网站的知名度是竞争中的砝码，运行效率和经济效益是最重要的竞争优势。网络营销竞争的游戏规则是快鱼吃慢鱼，“只有第一没有第二”。

4. 营销策略的不同

在传统市场营销策略中，企业追求的是利润最大化目标。由于技术手段和物质基础的限制，产品（Product）、价格（Price）、渠道（Place）和促销（Promotion）成为企业经营的关键性内容，以上组合被称为4P营销策略。这种营销策略是以产品为导向的，以企业为中心来确定价格的，是靠强势推销实行的，顾客被当成整个营销过程的终结，处于被动的接受地位。这在卖方市场中是可行的，而在买方市场中却是行不通的。

在网络经济时代，这种营销策略将会有很大的改变。首先是地域的概念没有了，其次是宣传和销售渠道统一到了网上，第三是实施网络营销将大幅度降低成本。相反，一些新的问题被纳入到营销策略需要考虑的范畴，如建立网络营销系统的立足点不是单纯的产品供应，而是满足顾客的欲望和需求；不是单方面考虑产品价格，而是研究顾客为满足自己的需求所愿负担的开支；不是单纯考虑营销渠道，而是研究如何方便顾客购买；不是简单地向顾客促销商品，而是与顾客进行双向沟通。从而形成了4C营销策略，即顾客的欲望与需求（consumer’s wants and needs）、满足欲望与需求所需要的成本（cost to satisfy wants and needs）、方便购买（convenience to buy）和加强沟通（communication）。

5. 网络营销中的长尾效应

长尾，简单讲就是 80%的过去不值得一卖的东西。在传统的市场营销中，二八法则无处不在。例如电影排行榜、畅销书排行榜等，总是少数大热门产品成为消费者追捧的对象。但Internet的出现改变了一切，网络营销、在线销售、搜索引擎等颠覆了二八法则，过去一直被忽略的长尾价值，得到了重新发现和认识。一个超长的尾巴，让任何商品都有可能通过网络推广，成为一部分人选择的需求所在。在这个长尾巴上，通过网络营销，还有什么不能卖的？还有什么不能推广的呢？哪怕是十分个性化，也一样有市场，因为网民数以亿计，总有人会喜欢你的东西，一个小数乘以一个非常大的数字等于一个大数。关键是你如何让别人，让足够多的人，特别是对你所卖的东西有需求的人知道你有这个东西，这就是网络营销的真正含义，让长尾上所有的人，都能够看到这个尾巴，哪怕是最末端的尾巴上那一丁点非主流商品。

六、网络营销的劣势

尽管网络营销具有传统营销不可比拟的优势，但它也不是十全十美的。因此企业在进行网络营销时，还应该充分考虑到网络营销也存在某些劣势，应该尽量避开劣势发挥优势，以取得理想的营销效果。

1. 不是所有的商品和服务都适合进行网络营销

不少公司总想把所有商品和服务都搬到网上来销售，这是不现实的。事实上有些商品在网上非常畅销，而另一些商品在网上却变成滞销商品。究竟哪些商品或服务适合网络销售呢？

据 CNNIC 的调查，价格相对较低的图书、音像、软件、鲜花礼品、通信产品、生活家居品、教育学习服务及票务服务是网络消费的热点。商品与服务适合网络销售的一般标准如下。

- 主要顾客群上网人数多。
- 商品应是标准化的（定制产品除外），性能稳定，对配套设施要求不高。
- 消费者根据网上信息可以做出消费决策。
- 商品与服务要符合时尚，个性化较强。
- 商品要有较长的保质期，要便于配送。
- 比传统商场的价格低的商品。
- 商品不存在由于各人口味、身材不同造成的不合适。

因此根据上述标准，企业可以选择合适的商品和服务进行网络营销。

2. 网络营销缺乏商场内的真实环境与气氛

网络营销无法给消费者带来商场中的商业气氛。一些顾客喜欢毫无目的地逛商场，当受到商业气氛的感染和广告、促销的诱惑时，就会产生购买欲望。在商场，顾客可以触摸甚至试穿、试用商品，可以与营业员交谈。在传统营销中，营销人员热情的推荐、详细的介绍、沟通式的推销对于促成交易起到很大作用，而这些在网络营销中是无法实现的。

3. 物流配送相对落后制约了网络营销的发展

当顾客在网上购物后，就急切等待送货上门。然而由于物流配送环节跟不上，出现了一系列的问题。例如送货不及时、所送商品与订购要求不符、商品在运输过程中损坏等，有相当一部分顾客对目前的商品配送现状不满。物流配送是一个系统工程，提高物流配送的整体水平对于促进网络营销的发展至关重要。

4．商品质量、售后服务得不到有效保障是顾客担心的最大问题

在传统营销中，如果商品质量存在问题，顾客可以找销售商要求退货、调换或保修。而网络营销进行的是异地销售，当顾客发现商品有质量问题时，退货和保修就成了问题，因此企业在进行网络营销时应在各地设立退货保修点以解决顾客的后顾之忧。

5．安全性有时得不到保障，顾客对网站的信誉缺乏足够的信任感

据CNNIC的调查显示，70%的国内用户最近一年内计算机被入侵过。顾客在网站填写相关客户资料属于个人隐私，网站不应出售或与其他网站交换客户资料。顾客在进行电子支付或进行银行结算时，如果安全得不到有效保障，一旦网络被黑客攻破，造成资料、账户资金及账号密码被删改或泄密，将会造成巨大损失。不少消费者对网站的信誉缺乏信任，认为网上提供的信息不可靠。

6．商业信用问题

商业信用问题实在是个非常难以解决的问题，由于多种原因，我国商业信用水平普遍不高，与发达国家差距甚大。商业信用是买卖双方的，在缺少足够商业诚信的社会，要发展网络营销必定面临很大的困难。相信随着社会的进步，人民群众生活水平的提高，这种状况会日益得到改善。

第二节　网络营销模式

进行网络营销最重要的是根据企业的性质和营销目标选择合理的营销模式，营销模式的确立对于企业经营的成功至关重要。目前国际上常用的网络营销的模式主要有以下几种。

一、在线商店模式

在线商店模式的主要目标是利用网络技术缩短企业与顾客的距离，它是直接向消费者销售产品或提供服务的经营模式。这类网站实质上是一个电子版的产品目录商，这些虚拟的店铺通过精心编制的文字和图片来描述它们所提供的产品和服务，进行促销活动，它们拥有网络数据库，提供在线交易系统。一旦消费者决定购买则发出订货单，企业据此安排生产、组织送货。

在线商店可以分为两大部分：第一部分是消费者可以接触到的部分——在线商店的前台部分，即顾客在电子商店中选择商品，通过购物车核对所购物品的品种数量，下电子订单，进行电子支付，选择付款方式和送货方式等一系列过程。第二部分是在线商店的后台管理部分，包括网站的维护与更新、客户关系管理、订单管理、电子支付平台、库存管理和商品配送系统等部分。采用这种模式的网站很多，如西单商场（http://www.igo5.com/）、当当网（http://www.dangdang.com）等。如图 8-2 所示是西单商场的页面。

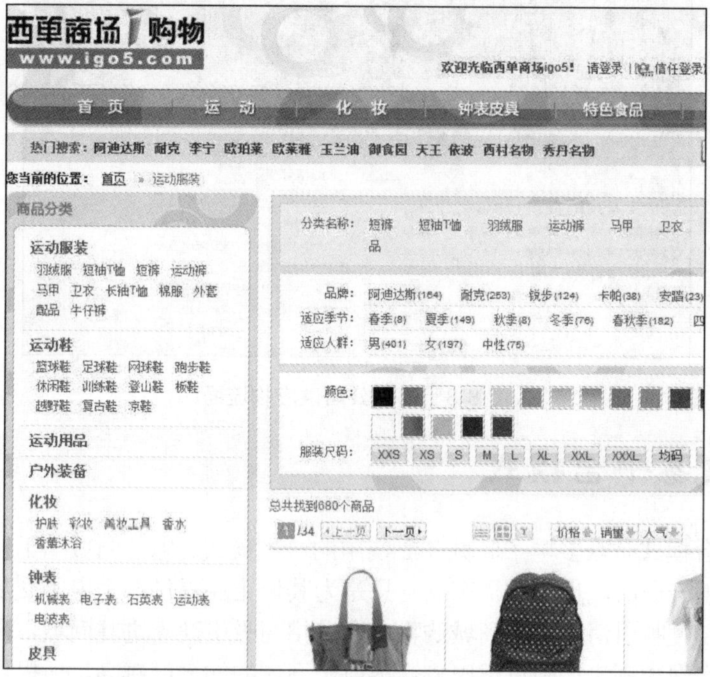

图 8-2　西单商场页面

二、供应链管理模式

供应链管理模式是利用网络营销平台将企业的上下游产业紧密地整合在一起，即将原料供应商、产品经销商、运输商、往来银行甚至海关连成一体，实行网络的交易与管理，有效地加快了信息的流通速度，减少了中间流通环节，缩短了供货周期，降低了经营成本，提高了运营的效率和经济效益。随着 B2B 电子商务的逐渐成熟，这一模式将成为企业间营销的理想模式，而传统代理和分销方式将被远远抛在后面。

企业间的网络营销系统既可以建得相对简单，只跟某一个企业建立 B2B 的供应关系，也可以建得很复杂，将多个上下游合作伙伴用网络连成一体。企业间网络营销系统需要企业建立一个高效、实用、易于扩展的网络营销平台，还要配备一个企业内部局域网，将网络营销平台与企业资源计划、供应链系统、客户关系管理系统、配送系统等整合成一个完整的电子商务系统。一些实力较强的大企业均采用这种模式，如海尔集团（http://www.ihaier.com）、联想集团（http://www.lenovo.com.cn）等。图 8-3 是海尔公司的物流页面。

图 8-3　海尔公司供应物流面

三、中立交易平台模式

中立交易平台模式是众多电子商城广泛使用的一种模式。电子商城属于一种完全的电子商务企业，它既不生产产品，也不购买产品，只是为其他企业提供一个电子交易的平台，通过扩大电子商城的知名度吸引消费者到商城购物，通过招商吸引商家进驻商城，向进驻商城的商家收取服务费从而实现盈利，如阿里巴巴。这类电子商城的知名度越高，所提供的服务越好，入驻的商家越多，商城的访问量就越大，效益也就越好。如图 8-4 所示是阿里巴巴网站的页面。

图 8-4　阿里巴巴网站页面

中立交易平台模式的优点是将分散的电子零售店集中起来，为招商企业提供统一的电子结算渠道、物流配送系统及其他配套服务，实现规模经济；具有为消费者提供信息集成的综合优势，减少消费者搜索信息的成本，从而增加商城的访问量，增强品牌形象和知名度。

对招商企业来说，它们不必自己投资建立网站，而是在电子商城中租用一个摊位，设立网上专卖店，利用电子商城的知名度和众多顾客来销售自己的产品或服务。这种模式投资少、收益大、见效快，可以缩短企业开展电子商务的周期，简化开展电子商务的复杂过程，增加在网上为顾客展示产品的窗口，并且可以直接获得网上销售收入，同时不需要太多的有关网站建设方面的专业知识，便于管理和经营。

四、网络招投标模式

招标是由采购方或主办单位发出通知，说明准备采购的商品或兴办工程的要求，提出交易条件，邀请卖主或承包人在指定的期限内提出报价。投标是一种严格按照招标方规定的条件，由卖主或承包人在规定的期限内提出报价，争取中标达成协议的一种商务方式。网络招投标是通过互联网完成招标和投标的全过程，它的优点如下。

（1）网络招投标体现了“公开、公平、竞争、效益”的原则，电子招标网络系统的可靠性和安全性可以避免招投标过程中的暗箱操作现象，使不正当交易、招标人虚假招标、私泄标底、投标人串通投标、贿赂投标等腐败现象得到遏制。

（2）网络招投标减轻了招投标过程中的信息发布、信息交换等方面的负担，提高了工作效率，缩短了招投标周期，降低了招投标过程中的成本，节约了资源。

（3）通过网络招投标可以实现标书审核的电子化，既可以扩大招投标的范围，获得更大的自主权，又充分体现了“择优录取”的原则。

目前，除了企业外，政府采购也较广泛地采用了网上招标的方式。如图 8-5 所示是北京市政府采购网（http://www.ccgp-beijing.gov.cn/）的页面。

图 8-5　北京市政府采购网

五、网上拍卖模式

网上拍卖是卖方借助拍卖网站通过不断变换的标价向购买者销售产品的行为。自 1999 年始，网上拍卖开始盛行，易趣（http://www.eachnet.com）、雅宝（http://www.yabuy.com）、淘宝（http://www.taobao.com）等专业竞卖网站相继开通。如图 8-6 所示为淘宝网的页面。

图 8-6 淘宝网页面

网上拍卖的竞价形式有两种，即正向竞价和逆向竞价。其交易方式有三种：竞价拍卖（如易趣、网易），竞价拍买（如八佰拜）和集体议价（如酷必得）。有的网站可能同时兼有几种交易方式，其中竞价拍卖为正向竞价模式，而竞价拍买和集体议价为逆向竞价模式。

在大多数拍卖网站上，未注册的顾客只能在网站上浏览物品，不能参与竞标，也不可以提供物品出售。只有注册成为会员后才可以使用网站提供的所有功能与服务。其原因在于注册成为会员代表了买卖双方的基本诚意，增加了出售物品与竞价求购的可信度，防止了一人多户的情况。

六、信息发布模式

这种类型的网站主要是树立企业形象，宣传产品及服务的种类、性能，提供必要的技术咨询及技术服务，通过网络吸引公众对其产品及服务的注意，从而增加现实中的交易机会，但它不从网络上接受订单，其经济收益通过网下实际销售的商品及服务来间接地实现。许多小型企业会建立这种类型的网站，这种类型的网站是目前互联网上最多的网站，绝大多数企业网站都属于这一类型，这里不再一一列举了。

七、邮件列表营销模式

电子邮件列表是互联网上比较常见的一种服务内容，有许多表现形式，如新闻邮件、电子刊物、网站更新通知等。邮件列表既是建立顾客关系的有效工具，又是网络营销的最重要手段之一，同时也被认为是最有前途的网络广告形式之一。邮件列表的作用是：作为公司产品或服务的促销工具；方便和用户交流；在为用户提供一定有价值信息的同时获取“注意力”。如果作为营销工具，也许无法准确计算出有多少销售收入来自于邮件列表，事实上通过邮件列表直接获得盈利则是非常实在的。国外的许多网站已经依靠邮件列表获得了满意的利润。目前大部分电子商务网站都提供电子邮件服务，由于传统媒体如电视和广播广告缺乏针对性，而传统的直邮广告成本太高，所以电子邮件营销更受到商家的青睐。而且由于电子邮件营销的成本较低，可以降低产品销售价格，即使开发不常购买的顾客也有利可图。

目前提供邮件列表的网站很多，有些网站甚至提供邮件列表的一揽子解决方案，如希网网络（http://www.cn99.com），如图 8-7 所示是希网邮件列表（电子杂志）的页面。

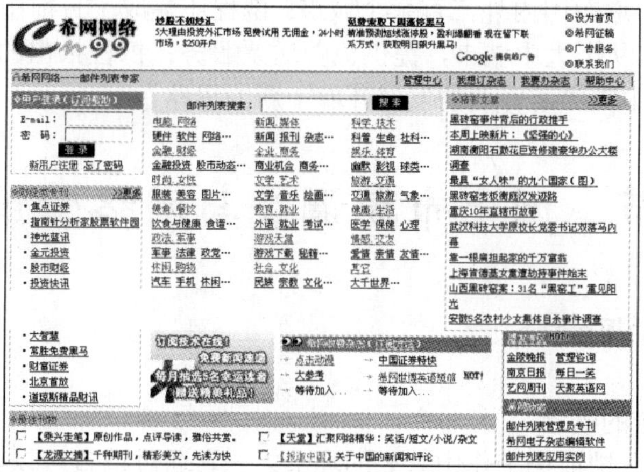

图 8-7　希网邮件列表

八、中介服务模式

随着互联网的日趋成熟，出现了一些新的运营模式，如创立于 1999 年初的携程旅行网（简称“携程”），总部设在中国上海，下设北京、广州、深圳、香港四个分公司，并在全国 20 多个大中城市设有分支机构，现有员工近 3 000 人，是中国领先的旅游电子商务网站，领先的集宾馆预订、机票预订、度假产品预订、旅游信息查询及 VIP 特惠商户服务为一体的综合性旅行服务公司。网站首页如图 8-8 所示。

图 8-8　携程网首页

携程为客户提供全方位的商务及休闲旅行服务，包括酒店预订、机票预订、休闲度假、旅游信息和打折商户。作为目前中国领先的宾馆分销商，携程提供可供预订的国内外星级酒店多达 2 100 多家，遍布国内外三百余个城市；携程还建成了目前中国领先的机票预订服务网络，覆盖中国的 39 个大中城市，提供免费送票服务；携程推出的以“机票加酒店”为主的自助度假业务为中国旅游行业的发展开辟了新的思路。

第三节　网上市场调查与网络营销策略

一、网上市场调查

1．网上市场调查的概念

市场调查是企业营销前期工作中重要的环节之一，通过调查可以获得竞争对手的资料，摸清目标市场和营销环境，为经营者细分市场、识别受众需求、确定营销目标等提供相对准确的决策依据。互联网所具有的许多特性，为企业开展市场调查提供了便利。

市场调查是针对特定营销环境进行简单调查设计、收集资料和初步分析的活动。它有两种方式。

- ❑ 直接调查：直接收集一手资料，如问卷调查、专家访谈、电话调查等。
- ❑ 间接调查：间接收集二手资料，如报纸、杂志、电台、调查报告等现成资料。

2．网上市场调查的步骤

（1）选择合适的搜索引擎

网上搜索引擎很多，应选择那些有代表性的主流搜索引擎。

（2）确定调研对象

网络市场调研的对象，主要有两类。

① 企业产品的消费者。消费者在网上购物必然要访问企业的站点，利用企业首页所提供的分类、目录或搜索引擎，浏览商品的说明、功能、价格、付款方式、送货与退货条件、售后服务等方面的信息。企业市场营销调研人员可通过互联网络跟踪消费者，了解他们对企业产品的意见和建议。

② 企业的竞争者。现有企业之间的竞争、新竞争者的加入与替代品的出现形成了主要的行业竞争力，它们之间相互影响，相互制约。通过对行业竞争力的分析可以了解本企业在行业中所处的地位、所具有的竞争优势与不足，以便制定企业战胜各种竞争力量的对策。竞争者又可以分为以下三类。

- 行业内现有企业的竞争。
- 新加入者的威胁。
- 来自替代品的压力。

（3）查询相关调研对象

在确定了调研对象后，市场调研人员即可通过电子邮件、新闻组、BBS、网站等进行相关查询。

（4）确定适用的信息服务

正因为互联网上提供的各类信息浩如烟海，所以市场营销调研人员应确定适用的信息服务。在互联网上选择确定适用的信息服务，主要应考虑以下几个方面的因素。

① 被选择的信息服务所提供信息的来源。

② 信息服务所提供的信息是否符合本企业市场营销调研的具体要求。

③ 信息服务所发布信息的内容是否及时得以更新和补充。

④ 信息服务所发布的信息以什么方式传递到用户手中，能否直接传送到个人计算机上。

⑤ 在网络上分享信息或下载打印信息是否有特殊的规定。

这就是说，企业在选择信息服务时应充分考虑到信息服务的及时性、准确性、适用性、便捷性、经济性和安全性。在确定并选择了合适的信息服务之后，企业应建立专门的信息跟踪和处理系统，以便充分及时地利用信息，这是市场营销调研的根本目的。

（5）信息的加工、整理、分析和运用

对从互联网上获得的市场调研信息，有关人员应根据调研的目的和用途进行认真的筛选、分类、整理等科学的加工，并形成规范的市场调研报告，以供有关企业决策者参考。

3．网上消费者行为调研技巧

（1）调整调查问卷内容组合以吸引访问者

与传统的市场调研问卷相比，网络调研的最大优势是可以极方便地随时调整、修改调查问卷上的内容，可以实现不同调研内容的组合，例如产品的性能、款式、价格以及网络订购的程序、如何付款、如何配送产品等。因为不同时期、不同产品，访问者对其不同因素的兴趣不同，营销调研人员应通过对不同的因素组合的测试，分析判断何种因素组合对访问者是最重要、最关键的，哪些因素对访问者来说是最关心和最敏感的，进而调整调查问卷的内容，使调研主页对访问者更具吸引力。

（2）监控在线服务

因为所有企业站点的访问者都能利用互联网上的一些软件程序来跟踪在线服务。因此，企业营销调研人员则可通过监控在线服务掌握了解访问者主要浏览哪类企业、哪类产品的主页，挑选和购买何种产品等基本情况，进而经过统计分析，对顾客的地域分布、产品偏好、购买时间以及行业内产品竞争态势作出初步的判断和估价。

（3）有针对性地跟踪目标顾客

市场调研人员在互联网上或通过其他途径获得了顾客或潜在顾客的电子邮件网址，则可直接使用电子邮件向他们发出有关产品和服务的询问，请求他们反馈回复；也可以在电子调查表单中设置让顾客自由发表意见和建议的板块，请他们发表对企业、产品、服务等各方面的见解和期望。通过这些信息，调研人员可以把握产品的市场潮流以及消费者的消费心理、消费爱好、消费倾向的变化，根据这些变化来调整企业的产品结构和市场营销策略。

如果企业市场调研人员跟踪到访问者浏览过其他企业的站点，或阅读过有关杂志的产品广告主页，则应及时发送适当的信息给目标访问者，以使其充分注意到本企业站点的主页，对产品作进一步的比较和选择。例如，如果访问者刚浏览过同行业竞争企业的站点，则市场调研人员应及时作出差别化宣传，在企业站点的主页上着重描述本企业产品的特殊优势和服务特色，通过经营上的特色和差别化优势吸引访问者，使其尽可能在本企业站点上实现网上购买行为。

（4）传统市场调研和电子邮件相结合

企业市场调研人员也可以在各种传播媒体上，如报纸、电视或有关杂志上刊登相关的调查问卷，并公告企业的电子邮箱和网址，让消费者通过电子邮件回答所要调研的问题，以此收集市场信息。采用这种方法，调研的范围比较广，同时可以减少企业市场调研中相应人力和物力的消耗。

（5）定期与顾客保持联系

邀请部分最忠诚的顾客定期会面，他们会给你提供改进顾客服务的意见，你可以付给他们报酬或者提供给他们免费产品。为顾客订阅免费的电子刊物，询问顾客网站更新时是否用 E-mail 通知他们，每次购买之后，继续了解顾客对购买是否满意。

提供尽可能多的联系方式，允许顾客通过 E-mail 与你联系，把你的 E-mail 地址作超级链接设置免得顾客重新输入地址，提供免费电话号码和传真号码，这样方便顾客表达他们的意见。

（6）密切企业与客户关系

为终生顾客发送礼物以示感谢，通过 E-mail 发送问候卡，打电话亲自祝贺顾客节日愉快，你可以询问他们对服务是否满意。邀请顾客出席公司会议、午宴，参观车间或参加讨论会。为顾客创造特别的参与机会，如晚会、野餐、舞会等，在这些活动中公司员工与顾客可以相互交流，从中得到对公司业务有价值的反馈信息。你可以使用上述几种或全部方法以获得顾客有价值的反馈信息，当然并非只有这些方法，你也可以提出自己的方法来。

从顾客那里得到有价值的反馈信息，从中可以学到许多有利于业务发展的东西。例如，顾客购买你的主要产品只是为了得到免费赠送的礼品，顾客可能觉得你的网站导航不太方便等。了解到诸如此类的重要信息，你可以作出相应的调整，例如改进网站设计、产品或服务、广告以及营销策略等。

二、网络营销产品策略

1. 网络营销产品的特点

在传统的市场营销组合策略中，产品策略是企业营销策略的一个重要组成部分。但是，随着社会生产力以及网络和信息化的发展，在网络营销中传统产品策略已开始变化，逐渐演变为满足消费者需求的营销策略。作为产品策略的内容，已由原来单一的实物产品策略转化为实物产品策略、服务产品策略和信息产品策略三位一体的产品策略。

一般而言，目前适合在互联网上销售的产品通常具有以下特点。

（1）产品性质

由于网上用户在初期对技术有一定要求，因此用户上网大多与网络技术相关，因此网上销售的产品最好是与高技术或与计算机、网络有关。一些信息类产品如图书、音乐等也比较适合网上销售。还有一些无形产品如服务也可以借助网络的作用实现远程销售，如远程医疗。

（2）产品质量

网络的虚拟性使得顾客可以突破时间和空间的限制，实现远程购物和在网上直接订购，这使得网络购买者在购买前无法尝试或只能通过网络来尝试产品。因此，产品质量一定要有保证。

（3）产品式样

通过互联网在全世界不同国家和地区进行营销的产品要符合该国家或地区的风俗习惯、宗教信仰和教育水平。同时，由于网上消费者的个性化需求，网络营销产品的式样还必须满足购买者的个性化需求。

（4）产品品牌

在网络营销中，生产商与经营商的品牌同样重要，一方面要在网络浩如烟海的信息中获得浏览者的注意，必须拥有明确、醒目的品牌；另一方面，由于网上购买者可以有很多选择，同时网上的销售无法进行购物体验，因此，购买者就对品牌比较关注。

（5）产品包装

作为通过互联网经营的针对全球市场的产品，其包装必须适合网络营销的要求。

（6）目标市场

网上市场是以网络用户为主要目标的市场，在网上销售的产品要适合覆盖广大的地理范围。如果产品的目标市场比较狭窄，可以采用传统营销策略。

（7）产品价格

互联网作为信息传递工具，在发展初期采用共享和免费策略，网上用户比较认同网上产品低廉的特性；另一方面，由于通过互联网络进行销售的成本低于其他渠道的产品，在网上销售产品一般采用低价位定价。

2. 网络营销产品的策略

（1）网络营销产品选择

从理论上来说，在网络上可销售任何形式的实物产品。但在现阶段，受各种因素的影响，网络还不能达到这一要求。所以，在选择网络产品时要充分考虑自身产品的性能、产品的生命周期、实物产品的营销区域范围及物流配送体系等。

一般而言，企业在从事网络营销时，可首先选择下列产品。

- 具有高技术性能或与计算机相关的产品。
- 市场需要覆盖较大地理范围的产品。
- 不太容易设店的特殊产品或传统市场不愿经营的小商品。
- 网络营销费用远低于其他销售渠道费用的产品。
- 消费者可从网上取得信息，即做出购买决策的产品。
- 网络群体目标市场容量较大的产品和服务。
- 便于配送的产品。
- 名牌产品。

（2）提供产品信息策略

为用户提供完善的信息服务，是进行网络营销的一个重要组成部分。与实体产品网络营销、服务网络营销相比，在现阶段为用户提供完善的信息服务，可以说是进行网络营销的主要功能和优势所在。为用户提供产品信息服务时可采取“虚拟展厅”、“虚拟组装室”等。

（3）方便查询策略

由于种种原因，不可能在首页上放置很多商品的介绍。而且调查表明，网上购物者多为理智型的消费，事先对所需商品特性、价格等有一定的计划，上网之后，一般会到合适的分类目录中查找。如果知道商品名称，也许会直接查询；如果找不到合适的目录或者查询没有结果，这个顾客也许很快会离开这个网站。他最有可能去的地方，很可能是竞争者的网站，这是网站经营者最不愿意看到的结果。因此，设计选择一个快速、方便主页是非常必需的。

（4）消费者参与策略

利用网络提供的产品，除了将产品的性能、特点、品质以及为顾客服务的内容充分显示外，更重要的是以人性化为顾客导向的方式，针对个别需求提供一对一的营销服务，利用网络的优势，提高消费者参与的程度。

三、网络营销服务策略

1．顾客的需求层次

现代顾客是一群乐于索取的人，他们对公司的需求按层次由低到高依次如下。

（1）需要了解公司产品、服务的信息

现代顾客需要了解产品服务的详细信息，从中寻找能满足他们个性化需求的特定信息，这些要求是传统的营销媒体所难以实现的。在 Amazon 网上书店，顾客需要的信息可能个性化到如下程度：我喜欢的某一位作家的所有在版图书作品，或我研究的某个专题的最新成果等。过去，我们要查询图书信息，需翻阅最近全国书目，定期到当地大型综合图书馆或书店寻找等。而现在 Amazon 设立了一个名叫 Eyes 的自动搜索工具为顾客搜寻他所需的图书信息，并及时给顾客发送 E-mail。

（2）需要公司帮助解决问题

顾客服务的另一种说法就是帮助顾客解决问题。从产品安装、调试、使用到故障排除、提供产品系统更深层次的知识等都是顾客服务的范围。帮助顾客解决问题常常占据了传统营销部门大量的时间、人力，而且这其中的一些常见问题反复出现，服务人员重复着同一类问题的答案，效率低下而且服务成本高。

现代顾客需要的不仅是一个问题的解决，同时还需要对产品知识的自我学习、自我培训。许多公司都在它们的网络站点中设置了供顾客自我学习的知识库，这里不仅能提供常见问题的解决方案，还能将顾客自我教育为产品专家。

（3）接触公司人员

现代顾客不仅需要自己了解产品、服务的知识、解决问题的方法，同时还需要像传统顾客服务一样，在必要的时候和公司的有关人员直接接触，解决比较困难的问题，或询问一些特殊的信息，反馈他们的意见等。

（4）了解整个过程

现代顾客不仅需要了解信息、接触人员，常常还要作为整个营销过程中的一个积极主动因素参与产品的设计、制造、运送等。这一点充分体现了现代顾客个性化服务的双向互动的特性。顾客了解的产品信息越详细，他们对自己需要什么样的产品也就越清楚。公司要实现个性化的顾客服务，应将它的主要顾客的需求，作为产品定位的依据纳入产品的设计、制造、改进的过程中。让顾客了解整个过程实际上就意味着企业和顾客之间“一对一”

关系的建立，这种关系的建立为小企业挑战大企业独霸市场的格局提供了有力的保证。小企业对市场份额的不断占领是大规模市场向细分市场演变的具体表现。这种市场局面正在渐渐地形成。例如，在计算机市场或软件市场中，最大的份额不再是 IBM，而是无数的小企业群体。

以上这四个层次的需求之间有种相互促进的作用。本层次需求满足得越好就越能推动下一层次的需求。需求满足得越好，企业和顾客之间的关系就越密切。整个过程是一种螺旋式的上升，促使公司对顾客需求有更充分的理解，最终实现了"一对一"关系的建立，这个过程被称为"顾客整合"。

顾客整合是现代顾客个性化需求发展的结果，其充分体现了现代顾客个性化需求不是一个静态过程，而是一个双向、互动的过程，这就为运用网络这一优秀的顾客服务工具奠定了基础。

2．网络时代顾客的特征

（1）顾客掌握主动权

网络环境是一种信息非常丰富的环境，顾客可能越来越多地认识到自己的需求，甚至探索自我实现新的需求的途径，而不仅仅依靠企业发现并满足顾客的需求。随着网络的发展，这一点将愈显突出。顾客可以完全依靠网络得到更多的需求信息，而且由于这些信息是顾客主动去索取的，因而在顾客心理上会具有更高的可信度，从而影响其购买行为。

（2）网络空间给予了客户更广泛的选择权

现实环境下产品种类的丰富多样，已经提供了让消费者购买选择的较大余地，而网络空间则使消费者获得了近乎无限制的广泛选择的便利。在网络环境下，顾客的购物行为变得更冷静，更加成熟。

现实中最大的连锁书店能够销售 15 万种不同的书籍，但在最大的在线购书网站，读者可以从 2 500 万种正在发行或不再发行的书籍中进行选择，而且选择过程非常简单，读者只要在网上输入标识书籍类型的关键字，然后从检索出的图书清单中单击选中的图书即可购买得到。在其他行业，一些大的电子中介网站能够提供几百甚至几千个有资格的供货商供顾客选择，而且这一比较选择的过程仅需要上网者多按几下鼠标，从而大大激发购买者的购买热情。另一方面，网络空间向客户提供了选择产品和服务更方便的方式。随着网络商业所能提供的产品和服务种类不断增多，这种选择的便利可能进一步刺激顾客对广泛选择的追求，通过"货比三家"使消费者得到更大的心理满足。

（3）顾客忠诚度下降

由于网上顾客对自己需求的认识更加深入，并能获得更多的信息和更多的选择机会，所以在网上购物时，顾客反而会变得更加现实。他们将会更关注自己所需要产品的核心效用，而传统的品牌、包装等方面的产品差异可能受到一定的忽视。同时，顾客转向的能力和冲动都会加强，而且实现转换的成本也将大大降低。目前越来越多的顾客从传统渠道迅速转向网络渠道就是一个例证。

（4）发展顾客的成本更加高昂

这个问题实质上就是品牌形象和认同问题。虽然网上经营不需要店面等耗资巨大的基础设施的投资，在人力方面也只需要很少的人员，它只需要技术，然而，在发展新客户和吸引老客户方面，则需要比传统经营大得多的投入。

总之，在网络环境中，顾客将以更强大的力量影响企业的行为。传统企业应该重新认识顾客的作用。过去，由企业去发现和定位顾客，进而通过传统的市场营销组合策略去影响和引导顾客，其效果可能会相对降低。正确的做法是，企业不仅要去发现和引导顾客需求，更应该通过向顾客学习，更贴切地理解其需求并创造出良好的需求实现过程，这就需要企业建立包括从战略决策到营销策略的全过程的面向顾客的机制。幸运的是，互联网为企业与顾客进行实时交流信息提供了非常便利的条件和机制。

3．网络营销服务策略

（1）网上售前服务

企业网上售前服务主要是提供信息服务。企业提供网上售前服务的方式主要有两种，一种是通过自己网站宣传和介绍产品信息，这种方式要求企业的网站必须有一定的知名度，否则很难吸引顾客注意；另一种方式是通过网上虚拟市场提供商品信息。企业可以免费在上面发布产品信息广告，提供产品样品。除了提供产品信息外，还应该提供产品相关信息，包括产品性能介绍和同类产品比较信息。为方便顾客准备购买，还应该介绍产品如何购买的信息，产品包含哪些服务及产品使用说明等。总之，提供的信息要让准备购买的顾客“胸有成竹”，从而使顾客在购买后可以放心使用。

（2）网上售中服务

网上售中服务主要是指销售过程中的服务。这类服务是指产品的买卖关系已经确定，等待产品送到指定地点的过程中的服务，如了解订单执行情况、产品运输情况等。在传统营销部门中，有30%～40%的资源是用于应对顾客对销售执行情况的查询和询问。这些服务不但浪费时间，而且非常琐碎，难以给用户满意的回答。特别是一些跨地区的销售，顾客要求服务的比例更高。而网上销售的一个特点是突破了传统市场对地理位置的依赖和分割，因此网上销售的售中服务非常重要。因此，在设计网上销售网站时，在提供网上订货功能的同时，还要提供订单执行查询功能，方便顾客及时了解订单执行情况，同时减少因网上直销带来的顾客对售中服务人员的需求。

（3）网上售后服务

网上售后服务是网络营销十分重要的环节，也是客户关系管理的重要组成部分，尤其要重视网上产品服务网站设计工作。在企业的网络营销站点中，网上产品服务是网站的重要组成部分。有的企业建设网站的主要目的是提供网上产品服务，提升企业的服务水平。为满足网络营销中顾客不同层次的需求，一个功能比较完善的网站应提供产品分类信息和技术资料，方便客户获取所需的产品和技术资料。

四、网络营销定价策略

我们知道，企业营销策略有很多种。但无论是传统营销还是网络营销，价格策略是最富有灵活性和艺术性的策略，是企业营销组合策略中的重要组成部分。它在营销决策中得到越来越多的重视，是企业的一种非常重要的竞争手段。在进行网络营销时，企业应在传统营销定价模式的基础上，利用互联网的特点，特别重视价格策略的运用，以巩固企业在市场中的地位，增强企业的竞争力。

网络营销价格是指企业在网络营销过程中买卖双方成交的价格。网络营销价格的形成是极其复杂的，它受到多种因素的影响和制约。一般来说，影响企业产品网上定价的因素包括传统营销因素和网络本身对价格的影响因素。其中，传统因素有内部的（成本和利润等）和外部的（消费者需求和市场竞争等）因素。由于网络及时性和互动性等特点，网络营销会节省一定的经营成本，这必然会对价格产生一定的影响。

企业在进行网络营销决策时，必须对各种因素进行综合考虑，从而采用相应的定价策略。很多传统营销的定价策略在网络营销中得到应用的同时也得到了创新。根据影响营销价格因素的不同，网络定价策略可分为如下几种。

1. 个性化定价策略

消费者往往对产品外观、颜色、样式等方面有具体的内在个性化需求。个性化定价策略就是利用网络互动性和消费者的需求特征，来确定商品价格的一种策略。网络的互动性能即时获得消费者的需求，使个性化营销成为可能，也将使个性化定价策略有可能成为网络营销的一个重要策略。这种个性化服务是网络产生后营销方式的一种创新。

2. 自动调价、议价策略

根据季节变动、市场供求状况、竞争状况及其他因素，在计算收益的基础上，设立自动调价系统，自动进行价格调整。同时，建立与消费者直接在网上协商价格的集体议价系统，使价格具有灵活性和多样性，从而形成创新的价格。这种集体议价策略现在已在一些中外网站中采用。

3. 竞争定价策略

通过顾客跟踪系统（Customer Tracking）经常关注顾客的需求，时刻注意潜在顾客的需求变化，才能保持网站向顾客需要的方向发展。在大多购物网站上，经常将网站的服务体系和价格等信息公开申明，这就为了解竞争对手的价格策略提供了方便以随时掌握竞争者的价格变动，调整自己的竞争策略，时刻保持同类产品的相对价格优势。

4. 竞价策略

网络使日用品也普遍能采用拍卖的方式销售。厂家可以只规定一个底价，然后让消费者竞价。厂家所花费用极低，甚至免费。除销售单件商品外，也可以销售多件商品。目前，我国已有多家网上拍卖站点提供此类服务，如雅宝、易趣等。

5．集体砍价策略

这是网上出现的一种新业务，当销售量达到不同数量时，厂家制定不同的价格，销售量越大，价格越低。目前，国内的“酷必得”站点就提供集体砍价服务。

6．特有产品特殊价格策略

这种价格策略需要根据产品在网上的需求来确定产品的价格。当某种产品有其很特殊的需求时，不用更多地考虑其他竞争者，只要去制定自己最满意的价格即可。这种策略往往分为两种类型，一种是创意独特的新产品（“炒新”），它是利用网络沟通的广泛性、便利性，满足了那些品味独特、需求特殊的顾客“先睹为快”的心理，如 SONY 公司的智能机器狗。另一种是纪念物等有特殊收藏价值的商品（“炒旧”），如古董、纪念物或是其他有收藏价值的商品。在网络上，世界各地的人都能有幸在网上一睹其“芳容”，这在无形中增加了许多商机。

7．折扣定价策略

在实际营销过程中，网上商品可采用传统的折扣价格策略，主要有如下几种形式。

（1）数量折扣策略

企业在网上确定商品价格时，可根据消费者购买商品所达到的数量标准，给予不同的折扣。购买量越多，折扣可越多。在实际应用中，其折扣可采取累积和非累积数量折扣策略。

（2）现金折扣策略

在 B2B 方式的电子商务中，由于目前网上支付的欠缺，为了鼓励买主用现金购买或提前付款，常常在定价时给予一定的现金折扣。随着网上支付体系和安全体系的健全，这种定价策略将逐步消失。此外，还包括同业折扣、季节折扣等技巧。例如，为了鼓励中间商淡季进货，或激励消费者淡季购买，也可采取季节折扣策略。

8．捆绑销售的策略

捆绑销售这一概念在很早以前就已经出现，但是引起人们关注则是缘于 20 世纪 80 年代美国快餐业对这一策略的广泛应用。麦当劳通过这种销售形式促进了食品的购买量。这种传统策略已经被许多精明的网上企业所应用。采用这种方式，企业会突破网上产品的最低价格限制，利用合理、有效的手段，去减小顾客对价格的敏感程度。

9．声誉定价策略

企业的形象、声誉成为网络营销发展初期影响价格的重要因素。消费者对网上购物和订货往往会存在着许多疑虑，如在网上所订购的商品质量能否得到保证，货物能否及时送到等。如果网上商店的店号在消费者中享有声望，则它出售的网络商品价格可比一般商店高些。反之，价格则低一些。

10．产品循环周期阶段定价策略

这种网上定价是沿袭了传统的营销理论：每一产品在某一市场上通常会经历引入、成长、成熟和衰退四个阶段，产品的价格在各个阶段通常要有相应反映。网上进行销售的产品也可以参照经济学关于产品价格的基本规律。并且由于对于产品价格的统一管理，能够对产品的循环周期进行及时的反映，可以更好地伴随循环周期进行变动。根据阶段的不同，寻求投资回收、利润、市场占有的平衡。

11．品牌定价策略

产品的品牌和质量会成为影响价格的主要因素，它能够对顾客产生很大的影响。如果产品具有良好的品牌形象，那么产品的价格将会产生很大的品牌增值效应。名牌商品采用“优质高价”策略，既增加了盈利，又让消费者在心理上感到满足。对于这种本身具有很大的品牌效应的产品，由于得到人们的认可，在网站产品的定价中，完全可以对品牌效应进行扩展和延伸，利用网络宣传与传统销售的结合，产生整合效应。

12．撇脂定价和渗透定价

在产品刚介入市场时，采用高价位策略，以便在短期内尽快收回投资，这种方法称为撇脂定价。相反，价格定于较低水平，以求迅速开拓市场，抑制竞争者的渗入，称为渗透定价。在网络营销中，往往为了宣传网站，占领市场，采用低价销售策略。另外，不同类别的产品应采取不同的定价策略。例如日常生活用品，对于这种购买率高、周转快的产品，适合采用薄利多销、宣传网站、占领市场的定价策略。而对于周转慢、销售与储运成本较高的特殊商品、耐用品，网络价格可定高些，以保证盈利。

13．免费价格策略

免费价格策略是市场营销中常用的营销策略，它主要用于促销和推广产品，这种策略一般是短期和临时性的。但在网络营销中，免费价格不仅仅是一种促销策略，它还是一种非常有效的产品和服务定价策略。

具体来说，免费价格策略就是将企业的产品和服务以零价格形式提供给顾客使用，满足顾客的需求。免费价格形式有这样几类形式：一类是产品和服务完全免费，即产品（服务）从购买、使用和售后服务所有环节都实行免费服务；另一类是对产品和服务实行限制免费，即产品（服务）可以被有限次使用，超过一定期限或者次数后，取消这种免费服务；第三类是对产品和服务实行部分免费，如一些著名研究公司的网站公布部分研究成果，如果要获取全部成果必须付款作为公司客户；第四类是对产品和服务实行捆绑式免费，即购买某产品或者服务时赠送其他产品和服务。

五、网络营销促销策略

促销，是指企业为了激发顾客的购买欲望，影响他们的消费行为，扩大产品销售而进行的一系列宣传报道、说服、激励、联络等促进性工作。作为企业与市场联系手段，促销包括了多种活动，企业的促销策略实际上是对各种不同促销活动的有机组合。与传统促销一样，网上促销的核心问题也是如何吸引消费者，为其提供具有价值诱因的商品信息。但网络手段的运用，使传统的促销活动具有了新的含义和形式。

根据网络营销活动的特征和产品服务的不同，网络促销的策略主要有以下几种。

1．网络广告促销

网络广告类型很多，根据形式不同可分为横幅广告（旗帜广告）、图标广告、文字广告、电子邮件广告、新闻组广告、电子杂志广告、公告栏广告等。

2．利用搜索引擎促销

在著名搜索引擎上用关键词注册，方便消费者利用搜索引擎查询网址。

3．提供免费资源与服务促销

通过免费资源与服务促销是互联网上最有效的法宝。通过这种促销方式取得成功的站点很多，有的提供免费信息服务，有的提供免费贺卡、音乐、软件下载，从而扩大站点的吸引力。

4．有奖促销

许多顾客喜欢得奖，如果在网上进行抽奖可以产生非同寻常的访问流量。

5．网上赠品促销

在新产品推出试用、产品更新、对抗竞争品牌、开辟新市场等情况下利用赠品促销可以达到较好的促销效果。

6．积分促销

积分促销在网络上应用起来比传统营销方式要简单和容易操作。网上积分活动很容易通过编程和数据库等来实现。积分促销一般设置价值较高的奖品，消费者通过多次购买或多次参加活动来增加积分以获得奖品。

7．发行虚拟货币来促销

当顾客申请成为会员或参加某种活动时可以获得网站发给的虚拟货币，用来购买本网站的商品，如酷必得的“酷币”等，实际上是给会员购买者相应的优惠。

8．网上打折促销

通过打折降价销售来吸引顾客是不少网站常用的促销方式，如当当网、卓越网等。

第四节　网络广告与企业网络推广

一、网络广告的含义与优势

1．网络广告的含义

网络广告是广告主以付费方式运用互连网媒体对公众进行劝说的一种信息传播活动。网络广告建立在计算机、通信等多种网络技术和多媒体技术之上，其具体操作方式包括注册独立域名，建立公司主页；在热门站点上做横幅广告及链接等，并登录各大搜索引擎；在知名 BBS 上发布广告信息，或开设专门论坛；通过电子邮件给目标消费者发送信息等。其目的在于影响人们对相关商品或劳务的态度，进而诱发其行动而使广告主得到利益的活动。

传统广告包括广告主、广告信息、广告媒体、广告受众和广告费用这五个要素。网络广告也是如此，只是部分要素的内容与传统广告有所区别。

2．网络广告的优势

与传统的广告形式比较，网络广告的优势表现在以下几个方面。

（1）网络广告的心理优势

网络媒体和网络广告与传统媒体和传统媒体广告相比，其最大优势不在技术上，而在心理上。对网民的研究表明，消费者所以点击广告，心理因素是主要动因。网络广告是一种以消费者为导向、个性化的广告形式。消费者拥有比传统媒体更大的自由。他们可根据自己的个性特点、自己的喜好，选择接收哪些广告信息。一旦消费者点击广告条，表明其心理上已经首先认同。在随后的广告双向交流中，广告信息可以毫无阻碍地进入到消费者的心中，实现对消费者 100%的劝导。

（2）突破时空的限制

网络广告的传播突破了时间和空间的限制，它通过互联网把广告信息 24 小时不间断地传播到世界各地。只要具备上网条件，任何人在任何地点都可以阅读。网络连接着世界范围内的计算机，它是由遍及世界各地大大小小的各种网络按照统一的通信协议组成的一个全球性的信息传输网络。在世界上任何地方都可以随时随地浏览广告信息。从广告用户市场看，用户市场遍及世界各个角落。即使是一家小企业上网，也有可能一夜成为全世界都知晓的公司。

（3）信息容量大

在互联网上，广告主提供的信息容量是不受限制的。广告主或广告代理商可以提供相当于数千页的广告信息和说明，而不必顾虑传统媒体上每分每秒增加的昂贵的广告费用。在网络上一个小小的广告条后面，广告主可以把自己的公司以及公司的所有产品和服务，包括产品的性能、价格、型号和外观形态等有必要向自己的受众说明的一切详尽的信息制作成网页放在自己的网站中。可以说，在费用一定的情况下（在别的网站上有存放广告条的费用），广告主能够不加限制地增加广告信息，这在传统媒体中是无法想象的。

（4）视听效果的综合性

网络广告的载体基本上是多媒体、超文本格式文件，以图、文、声、像的形式传送多感官的信息，实现了完美的统一。与传统媒体相比，网络广告在传播信息时，可以在视觉、听觉甚至触觉方面给消费者以全面的震撼，让顾客身临其境般地感受商品或服务。

（5）广告投放准确

网络广告的准确性包括两个方面。一方面是广告主投放广告的目标市场的准确性。网络实际是由一个一个的团体组成的，这些组织成员往往具有共同爱好和兴趣，无形中形成了市场细分后的目标顾客群。广告主可以将特定的商品广告投放到有相应消费者的站点上去，目标市场明确，从而做到有的放矢；而信息受众也会因广告信息与自己专业相关而更加关注。例如，客户在南京举办一个新品展卖会，他可以要求网站只向由南京登录的网民播放广告，网站可以通过监测 IP 地址做到。客户也可以要求按点击次数付钱，只有点击该广告条的人才被计数付款。这就保证了客户花的每一分钱都是有效的。另一方面体现在广告受众的准确性上。上网是需要付费的，消费者浏览站点的时候，通常只会选择真正感兴趣的广告信息，所以网络广告信息到达受众方的准确性相当高。

（6）受众数量可准确统计

利用传统媒体做广告，很难准确地知道有多少人接受到广告信息。以报纸为例，虽然报纸的读者是可以统计的，但是刊登在报纸上的广告有多少人阅读过却只能估计推测而不能精确统计。至于电视、广播和路牌等广告的受众人数就更难估计。而在互联网上可通过权威公正的访客流量统计系统精确统计出每个广告主的广告被多少个用户看过，以及这些用户查阅的时间分布和地域分布，从而有助于广告主正确评估广告效果，审定广告投放策略。

（7）交互性

交互性是互联网媒体的最大的优势，它不同于传统媒体的信息单向传播，而是信息互动传播，用户可以获取他们认为有用的信息，厂商也可以随时得到宝贵的用户反馈信息。互联网比其他任何媒介赋予消费者更多的直接与广告主进行互动活动、进而建立未来关系的能力。

网络广告可以做到一对一的发布以及一对一的信息反馈。对网络广告感兴趣的网民不再被动地接受广告，而是可以及时地作出反应。这种优势使网络广告可以与电子商务紧密结合，马上实现一个交易的过程。

（8）实时性与持久性的统一

在传统媒体上做广告，发版后很难更改，即使可改动往往也需付出很大的经济代价。而在互联网上做广告能按照需要及时变更广告内容，当然包括改正错误，及时将最新的产品信息传播给消费者。这样，经营决策的变化也能及时实施和推广。利用先进的信息技术，广告主可以通过网络及时获得数据、报告。这对及时调整广告策略意义非常重大。而这些在传统媒体是不可能实现的。例如，同时在几家报刊上做广告，但每家的效果怎么样，不可能及时得到反馈，只能凭事后的感觉或调查来推断。

网络媒体也可以长久保存广告信息。广告主建立起有关产品的网站，可以一直保留，随时等待消费者查询，从而实现了实时性与持久性的统一，如表 8-1 所示。

表 8-1 互联网广告与传统广告的比较

类　别	网　络	平面媒体	广　播	电　视
观众选择性	全世界	区域性	区域性	区域性
时效性	实时	滞后	实时	实时
资讯类型	丰富互动多媒体	少图像声音	少图像	少文字，图像
普及程度	中	高	高	高
传播速度	中	慢	快	快
用户接收方式	被动+主动	被动	被动	被动
价格	低	中	高	高
注意度	高	高	中	中
更新速度	即时	慢	慢	慢
互动性	高	低	中	中

二、网络广告媒体与形式

1．网络广告媒体类型

网络广告市场的广告媒体主要分为以下几种类型。

（1）大型门户

主要是指以新浪、搜狐、网易等为首的，提供多元化内容信息服务的大型网站。此类站点是中国网络广告市场的绝对主力，在市场份额上亦是遥遥领先于其他站点。据艾瑞咨询调查显示，大型门户站点收入累计占到中国网络广告市场的 40%以上。门户站点的目标客户大多为一线品牌厂商。

（2）搜索引擎

如百度（Baidu）、Google 等，搜索引擎网站占据的市场份额仅次于大型门户，因其发展速度较快，面向的主要客户群体与门户站点有较明显的区别——中小企业，广告投放相对来说准确度较高、流程简单、自动化程度较高，因此其前景较好。

（3）行业门户

如中国汽车网、中国化工网等，它们锁定某一特定行业市场，锁定特定行业客户，以广告+会员的形式为其客户提供网络推广服务、行业信息服务以及电子商务。

（4）娱乐社区

面向较为年轻的目标群体，以提供娱乐资讯内容服务和互动社区服务为主。主要广告涉及数码电子产品或是多为流行元素的产品和服务。

（5）多媒体内容网站

带宽的提升和高性能计算机的普及，使中国大陆用户利用网络在线观看或下载多媒体内容成为可能。因此，近一年内大量涌出的视频站点、电子杂志网站（诸如土豆网、XPlus电子杂志等）利用大量免费、低成本或广告互换得来的优质内容面向年轻时尚群体提供高端内容服务，成为现在网络媒体中的一支生力军。

（6）其他中小型网站

主要指中小型互联网企业或个人制作运营的中小型网络应用及信息服务类站点。由于其资源十分有限，大多依靠渠道代理公司或是广告联盟代理公司出售广告空间。但是庞大的中小型网站群的流量是最不可忽视的一点。据有关统计，2005 年中小型网络应用及信息服务类站点的访问流量和已超越三大门户流量。

（7）客户计算机插件（俗称"流氓"软件）

在用户不知情或是误操作的情况下强行安装到用户计算机中，通过设置特定规则，收集用户信息，从而达到在用户计算机上直接投放广告的行为。这里不探讨道德和法律，仅就其商业活动行为来看，加上中国网络广告市场秩序混乱不堪的情况，这亦可以算作网络媒体的一种类型。其客户群体种类繁多，根据运营公司战略不同，类型亦有差别。但总的来说，还是互联网企业客户较多。

2．网页广告的形式

（1）旗帜型广告（Banner）

是目前网上最常见的广告形式，如图 8-9 所示。它是以 GIF、JPG 等格式建立的图像文件（用 Java 等语言还可使其产生交互性），尺寸一般较大，经常出现于页面上方首要位置或底部中央，多用来作为提示性广告（显示一句话或一个标题），浏览者可点击进入以了解更多信息。

图 8-9　旗帜型广告

（2）按钮型广告（Button）

又称为图标广告，与横幅式广告大体无异，只是尺寸较小——常用尺寸为 125×125、120×90、120×60、88×31 像素等。图标广告由于尺寸偏小，故表现手法较简单，多用作纯提示性广告，只显示一个标志性图案（如商标），没有标语也没有正文，所以吸引力稍差一些，如图 8-10 所示。

（3）文字链接广告

文字链接广告其实和按钮广告类似，只不过是以文字方式出现，而不是以图标方式出现。文字链接广告的最大特点是节省页面空间，可以在有限的页面空间上排列更多的广告，如图 8-11 所示。

图 8-10　按钮型广告图

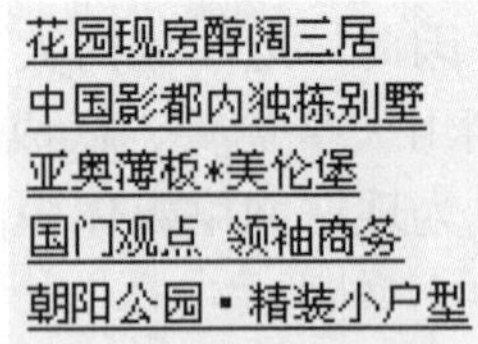

8-11　SOHU 的文字链接广告

（4）弹出式广告

广告主选择合适的网站或栏目，在该网站或栏目出现之前插入幅面略小的新窗口显示广告。这种广告带有一定强迫性，一般都不太受网民欢迎，如图 8-12 所示。

图 8-12　网易的弹出式广告

（5）对联广告

许多网站是在 800×600 屏幕分辨率下设计的，但是大部分计算机的显示器分辨率已经超过了 1024×768。这样，从宽度上看，网页两侧出现了大于 112 像素的空白，因此一些网站将这部分空白用来做广告，如图 8-13 所示。

图 8-13　对联广告

（6）背投广告

为了解决弹出式窗口令人反感的问题，一些网站在刚打开时同时打开两页，第一页是网站本身，第二页是全屏广告。网民首先看到的是网站本身，在关闭网页时才看到全屏广告，这就是背投广告，如图 8-14 所示。

图 8-14　背投广告

（7）悬停广告

采用特殊技术，使某个图标永远悬停在可视页，而不随滚动条移动而消失。

（8）其他广告

如视频广告、翻卷广告、摩天大楼广告等，尽管外表有一些区别，但本质都和图标广告类似。

三、企业网络推广

1. 网站推广

很多企业设立自己的网站，并通过网站开展公共关系。对于这一类企业，网络公共关系的主要任务之一是宣传企业网站，提高企业网站的知名度。企业网站是网上企业的总部，建立自己的网站不但可以起到广告宣传的作用，更是树立企业形象的极佳工具。

那么如何吸引网民访问网站或再次访问网站呢？首先要让网民知道网站的存在，同时让网民很容易找到网站的地址；其次要不断地改善服务和充实内容，吸引网民再次访问网站。这样可以把网站推广按照两个步骤进行：一是改进网站内容，改善网站服务，或建立“访问渠道”，让网民能很容易访问网站，达到扩大网站的知名度的目的，从而吸引用户，起到推广效果。二是利用传统媒体渠道和网上新兴渠道两种方式宣传网站。利用传统媒体渠道，主要是在报纸、电视和电台上做广告等方式推广网址。目前比较常用的还是利用网上方式进行推广宣传，因为这种方式可以直接把网民吸引到自己的网站，比较直接有效。下面介绍一些常用的网站推广方法。

（1）搜索引擎登记

利用搜索引擎注册，主要是为了让访问者在使用搜索引擎时能在显著位置找到你的站点。搜索引擎使用方式有两种。一是分类目录式查找。另一种是按关键字检索查找。对于第二种情况，一般说来就是提供足够多的关键字，以便于访问者在访问时能检索到网站，同时还要考虑尽量按搜索引擎的算法来排列关键字。

大部分网民寻找新网站主要是通过搜索引擎来进行的，因此，搜索引擎是非常有效的网络站点推广工具。首先，目前全世界的网站总数已超过 3000 万个，并且还在不断增加。对于那些在网上游弋、寻找信息的人们，其网上冲浪都起始于几个搜索引擎。这就使得搜索引擎会比其他的网站吸引更多的网民访问。例如 Yahoo，其网络每月为全球超过 1.8 亿用户提供多元化的网上服务，每天的访问量已超过了 5 500 万次。其次，与其他形式的付费在线广告相比，在搜索引擎上只要获得好的搜索排名就可以得到良好的效果，最早是免费的，但现在竞价排名已经成为搜索引擎网站主要收入来源。如图 8-15 所示为百度的网站推广页面。

图 8-15　百度搜索推广页面

（2）交换友情链接

互联网中的所有网页是通过超链接链接在一起的，因此与不同站点建立链接，可以提高站点的访问频率。建立链接方式有以下几种。

① 在行业站点上申请链接。

② 申请交互链接。

③ 在商务链接站点申请链接。

友情链接通常有图片链接和文字链接两种形式，如图 8-16 所示。

图 8-16　携程网的交换链接

（3）发送电子邮件

发送电子邮件的费用非常低，许多网站都利用电子邮件宣传网站。定期的发送电子邮件能保持与客户的联系，增进信任，增强沟通，为未来的业务发展打下基础。为了防止发送一些令人反感的电子邮件，可以利用站点的反馈功能记录愿意接受电子邮件的用户的电子邮件地址，另外一种方式是租用一些愿意接受电子邮件信息的通信列表。

（4）发布新闻

及时掌握具有新闻性的事件，并定期把这样的新闻发布到行业站上，或发布在其他网站的公告栏上，提高网站知名度，增加访问量。

（5）提供免费服务

提供免费资源或服务应当注意要与所销售的产品密切相关。这样即使在时间和精力上的代价是昂贵的，但可以得到良好的回报，同时所吸引来的访问者也就可以成为良好的业务对象，如提供免费邮箱、免费域名、免费虚拟主机空间等。

（6）发布广告

利用网络广告和在传统媒介上发布广告宣传网站，对于网络广告比较廉价的做法是加入广告交换组织，在不同站点交换显示广告，起到相互促进作用。另一种方法是在适当的站点上购买广告发布网络广告。

2．博客营销推广

博客营销是利用博客这种网络应用形式开展网络营销的工具，是公司、企业或者个人利用博客这种网络交互性平台，发布并更新企业、公司或个人的相关概况及信息，并且密切关注并及时回复平台上客户对于企业或个人的相关疑问以及咨询，并通过较强的博客平台帮助企业或公司零成本获得搜索引擎的较前排位，以达到宣传目的的营销手段。其主要特点有以下几点。

（1）细分程度高，广告定向准确

博客是个人网上出版物，拥有其个性化的分类属性，因而每个博客都有其不同的受众群体，其读者也往往是一群特定的人，细分的程度远远超过了其他形式的媒体。而细分程度越高，广告的定向性就越准。

（2）互动传播性强，口碑效应好

每个博客都拥有一个相同兴趣爱好的博客圈子，而且在这个圈子内部的博客之间的相互影响力很大，可信程度相对较高，朋友之间互动传播性也非常强，因此可创造的口碑效应和品牌价值非常大。

（3）影响力大，引导网络舆论潮流

博客作为高端人群所形成的评论意见，其影响面和影响力度越来越大，渐渐成为了网民们的“意见领袖”，引导着网民舆论潮流，他们所发表的评价和意见会在极短时间内在互联网上迅速传播到开来，对企业品牌造成巨大影响。

3．微博营销推广

微博，即微博客，是一个基于用户关系的信息分享、传播以及获取平台。用户可以通过 Web、WAP 等客户端，以 140 字左右的文字更新信息，并实现即时分享。

微博营销与博客营销的本质区别，可以从下列三个方面进行简单的比较。

第一，信息源的表现形式差异。博客营销以博客文章（信息源）的价值为基础，并且以个人观点表述为主要模式，每篇博客文章表现为独立的一个网页，因此对内容的数量和质量有一定要求，这也是博客营销的瓶颈之一。微博内容则短小精炼，重点在于表达现在发生了什么有趣（有价值）的事情，而不是系统的、严谨的企业新闻或产品介绍。

第二，信息传播模式的差异。微博注重时效性，3 天前发布的信息可能很少会有人再去问津。同时，微博的传播渠道除了相互关注的好友（粉丝）直接浏览之外，还可以通过好友的转发向更多的人群传播，因此是一个快速传播简短信息的方式。博客营销除了用户直接进入网站或者 RSS 订阅浏览之外，往往还可以通过搜索引擎搜索获得持续的浏览。博客对时效性要求不高的特点决定了博客可以获得多个渠道用户的长期关注，因此建立多渠道的传播对博客营销是非常有价值的，而对于未知群体进行没有目的的“微博营销”通常是没有任何意义的。

第三，用户获取信息及行为的差异。用户可以利用计算机、手机等多种终端方便地获取微博信息，发挥了“碎片时间资源集合”的价值。也正因为是信息碎片化以及时间碎片化，使得用户通常不会立即做出某种购买决策或者其他转化行为，因此作为硬性推广手段只能适得其反。

微博营销需要注意以下几点。

（1）取得粉丝的信任是根本

微博营销是一种基于信任的主动传播。在发布营销信息时，只有取得用户的信任，用户才可能帮你转发、评论，才能产生较大的传播效果和营销效果。要经常转发、评论粉丝的信息，在粉丝遇到问题时，还要及时地帮助他们。这样，才能与粉丝结成比较紧密的关系。

（2）发广告需要有一定的技巧

在发布企业的营销信息时，措辞上不能太直接，要尽可能把广告信息嵌入到有价值的内容当中。这样的广告因为能够为用户提供有价值的东西，而且具有一定的隐蔽性，所以转发率更高，营销效果也更好。像小技巧、免费资源、趣事都可成为植入广告的内容，都能为用户提供一定的价值。

（3）通过活动来做营销

抽奖活动或者是促销互动，都是非常吸引用户眼球的，能够实现比较不错的营销效果。抽奖活动可以规定，只要用户按照一定的格式对营销信息进行转发和评论，就有中奖的机会。奖品一定要是用户非常需要的，这样才能充分调动粉丝的积极性。如果是促销活动，一定要有足够大的折扣和优惠，这样才能够引发粉丝的病毒式传播。促销信息的文字要有一定的诱惑性，并且要配合精美的宣传图片。

4．论坛营销推广

论坛营销就是企业利用论坛这种网络交流的平台，通过文字、图片、视频等方式发布企业的产品和服务的信息，从而让目标客户更加深刻地了解企业的产品和服务，最终达到企业宣传其品牌、加深市场认知度的网络营销活动。

论坛营销可以成为支持整个网站推广的主要渠道，尤其是在网站刚开始的时候，是个很好的推广方法。利用论坛的超高人气，可以有效地为企业提供营销传播服务。而由于论坛话题的开放性，几乎企业所有的营销诉求都可以通过论坛传播得到有效的实现。如果运用得好，论坛营销可以是非常有效果的网络营销手段。

5．视频营销推广

视频营销指的是企业将各种视频短片以各种形式放到互联网上，达到一定宣传目的的营销手段。网络视频广告的形式类似于电视视频短片，平台却在 Internet 上。“视频”与“Internet”的结合，让这种创新营销形式具备了两者的优点。

当前中国的营销市场，电视的龙头地位依然没有被动摇。然而，电视作为视频媒体却有两大难以消除的局限性。第一，受众只能是单向接受电视信息，很难深度参与。第二，电视都有着一定的严肃性和品位，受众很难按照自己的偏好来创造内容，因此电视的广告价值大，但是互动营销价值小。而网络视频却可以突破这些局限，从而带来互动营销的新平台，视频营销也越来越被很多品牌企业所重视。

6．其他营销方式

网络推广的营销方式还有很多，如事件营销、病毒营销、SEO 等，这里不再一一介绍。

总之，这些营销方式和手段不是孤立的，实际应用与操作中可能要与传统的营销方式结合，也可能需要多种网络手段和方法的综合运用才能取得良好的效果。

第五节　案　　例

［例 8-1］

“封杀王老吉”——成功的网络营销

在 5.12 汶川大地震一周后的 2008 年 5 月 18 日 CCTV“爱的奉献”晚会上，最后的捐赠环节中王老吉品牌的运作方加多宝集团捐出了高达 1 亿元的善款。在捐款的次日晚，国内一知名网络论坛出现了一个标题为“让王老吉从中国的货架上消失！封杀它！”的帖子。这个引人注目的标题引起了被加多宝义举所感动的公众的愤怒，但打开帖子再看，发帖者所指的“封杀”其实是要表达“买光超市的王老吉！上一罐买一罐！”的意思。正话反说产生的强烈反差，刺激了无数公众跟帖留言，“今年夏天不喝水，要喝就喝王老吉”、“加多宝捐了 1 亿，我们要买光它的产品，让它赚 10 亿”，类似这样的跟帖出现在大量网站的论坛上。数日后，帖子引来的支持和赞美之声最终引发了媒体的广泛报道。网上甚至出现了王老吉在一些地方卖断货的传言。网络上数量惊人的讨论、转载和点击量，使这一事件引起大量传统媒体的关注和跟进报道。

“封杀王老吉”这个事件从策划到执行实际上是一次各种网络营销手段融合的经典运用。经典在它帮助品牌树立了形象，经典在它提升了消费者对于品牌的忠诚度，经典在它最终促进了销售，经典在它完美地运用了互联网的口碑传播力量！

第一，王老吉在汶川赈灾中的善举不仅诠释了一个企业应如何承担社会责任，同时通过这一事件为企业和品牌的进一步发展奠定了基础。

第二，王老吉这次的事件营销，选择了平民化的网络进行传播，从点击率最高的天涯社区开始，以普通网民的身份发帖，再以转帖的方式流向各大网站，直至各大 QQ 群。整个过程看不到企业参与的痕迹，怎么看都是热情网友自动自发的行为，这是网络媒体挑战传统媒体的一次胜利。

第三，此次事件从时机和方式上来看，都可谓恰到好处。经过几年的高速发展，王老吉品牌的知名度已经极高，但是一直以来王老吉都是以产品功能作为品牌的诉求点。这次营销在很大程度上帮助王老吉迅速地撕开了市场并获得高速成长，为后期建立消费者的品牌忠诚度和产品品牌的提升起了很好的铺垫作用。

资料来源：http://www.siwom.com/52.html

[例 8-2]

百合网微博营销提升企业形象

百合网企业简介：婚恋交友友网站

微博战略：企业形象营销

营销背景：2011 年 6 月 23 日，北京下了一场突如其来的暴雨，暴雨导致北京的交通陷入拥堵，地势低洼的地方出现了严重的积水。一时间在新浪微博上引起了众多网友的讨论，网友们还纷纷拍下当时积水的场景发送到微博上。如图 8-17 所示为当天百合网所发微博。

图 8-17　百合网微博

百合网专注于婚恋交友，微博的基调也定位在温馨与关怀。在大雨之际，百合网发布了一条微博："世界上最浪漫的事情，就是上班时陪你在办公室看海，下班时陪你在地铁看瀑布。"很巧妙地将企业文化和品牌内涵相结合。在当晚，这条微博也获得了超过 1 万次的转发。

将话题和品牌紧密结合，即使是下大雨这么不浪漫的事情，在百合网眼中，也是充满温馨和关怀的。通过这种形式，百合网借用这样的热点话题，和自己温馨的品牌主题结合在一起，既表达出了趣味性和品牌特性，也吸引了更多用户与品牌之间的互动，达到了很好的传播效果。

资料来源：新浪微博运营小组，http://www.weibo.com

思考与练习

一、简答题

1．网络营销与网络销售有什么不同？

2．网络营销有哪些特点？与传统营销相比有哪些优势与劣势？

3．何谓"4P"？何谓"4C"？

4．简述适合在互联网上销售的产品通常具有哪些特点？

5．与传统的广告形式比较，网络广告的优势体现在哪些方面？

6．博客营销与微博营销有哪些不同？

7．组织学生讨论一下，为什么当前"大闸蟹"与"房地产"也可以在网上销售了？是不是有悖于本章前面讲到的"网络营销产品策略"？

二、选择题

1．关于网络营销概念的理解不正确的是（　　）。

A．网络营销是企业整体营销的一部分　B．网络营销并不仅仅是网上销售

C．网络营销是手段而不是目的　D．网络营销就是网上销售

2．博客营销推广的特点是（　　）。

A．细分程度高，广告定向准确　B．互动传播性强，口碑效应好

C．费用比较高　D．影响力大，引导网络舆论潮流

3．相对而言，下列商品中适合作网络广告促销的有（　　）。

A．化妆品、食品饮料　B．医药制品、家用电器

C．大型机械产品、专用品　D．处于成长期的产品

4．常用的网站推广方法有（　　）。

A．搜索引擎登记　B．交换友情链接

C．发送电子邮件　D．发布广告

5．根据网络营销活动的特征和产品服务的不同，网络促销的策略主要有（　　）。

A．网络广告促销　B．提供免费资源与服务促销

C．有奖促销　D．积分促销

技能训练

1．对于已经在淘宝开店的同学，可利用本章所学过的各种手段和方法为店铺进行网络营销。

2．请联系当地一家中小型企业进行洽谈合作，并完成以下工作。

（1）完成该企业网上市场调查，并整理其调研报告。

（2）为该企业产品（品牌）或企业形象做一个网络营销策划方案，尝试用博客、微博、论坛等各种线上方式进行实际网络营销与推广。

（3）如果企业有自己的独立网站，可考察该企业网站的主要产品在搜索引擎（比如百度）的排名。如果表现不好，可尝试为其进行 SEO 优化。

（4）请为该企业的产品设计一个网络广告方案。

第九章 电子商务法律规范

学习目标

- ☑ 了解电子商务对现代法律的挑战。
- ☑ 了解电子商务法的作用。
- ☑ 理解电子商务各参与方的关系与法律地位。
- ☑ 了解国内外电子商务立法的现状。
- ☑ 掌握电子签名法中的主要法规内容。

【导入案例】

谁动了我的耳机 京东商城单方取消订单

2010 年 12 月 22 日晚，“京东商城”挂出了德国著名耳机品牌“拜亚动力”三款高级耳机特价销售页面。此三款市价在 1 600～2 000 元不等的高级耳机，在京东的销售页面上，均以 999 元的特价进行销售。

一时间得到消息的消费者均开始了网上订购。根据倪先生提供的数据显示，在 2011 年 1 月 7 日的相关数据中，约有 1 000 多名京东客户订购了京东商城的特价“拜亚动力”耳机。而部分用户更是于购买当天即在线支付了货款，部分则是选择货到付款或者自提方式购买。2010 年 12 月 28 日 20: 32，几乎所有订购耳机的订单都同时显示商品已出库，已经交由广州圆通快递进行配送，并且都有快递公司的单号。然而仅半天时间，所有订单又变成了预订状态。

2011 年 1 月 15 日（距离订购已经过去 25 天），京东商城客服致电几乎所有下单的用户：“拜亚动力”耳机由于库存问题，未能到货，具体到货时间无法确定。随后对本次事件提出了解决方案:（1）以优惠的价格购买森海的其他三款耳机产品（在原价基础上优惠 300 元，实际优惠价格和市场平均行货价相差无几，且还要在原订单 999 元的基础上补贴 400～700 元的差价）。（2）以 969 元的优惠价格购买柯达 Slice 数码相机。（3）如果不接受以上两个换购的条件，3 天后系统可能会自动删单，并告知此商品无法到货。

事件发生后，购买该款耳机的消费者纷纷打电话向京东商城投诉，反映消费者意愿，表示不愿意取消订单，要求京东商城发货。但 2011 年 1 月 21 日，京东商城单方面非法删除了全部已付款但消费者未主动取消的订单。

“京东的购买网页，有价格、支付方式等，具有构成合同的基本条件，可以视为‘要约’，顾客的下单为‘承诺’，两个行为合起来，已经导致合同成立。”来自北京市商海律师事务所的冬律师表示，在下单的全部过程中，没有任何关于卖方有权单方解除合同的声明。也就是说，已经成立的买卖合同，京东无权单方面取消订单。但是，主流的B2C网站认为，网站上的商品介绍是要约邀请，用户下订单的行为构成要约或者购买商品的申请，网站发出确认用户订单的邮件只是对用户要约的确认。只有网站发出确认货物已经发出的邮件，通知用户已将产品交由快递公司发出时，网站对合同申请的批准与接受才成立。

资料来源：新京报网 http://www.bjnews.com.cn/finance/2011/01/26/100714.html

类似上面的案例在其他B2C网站上也时有发生。可以看出，在当前我国电子商务立法欠缺的情况下，网购合同的条款没有统一的标准。对于要约和承诺成立时间的判断存在争议。许多网购纠纷也因此而产生。此外，还有很多的域名纠纷、网络著作权的侵犯、网络诈骗以及电子交易中各方的法律责任不明确、电子商务税收难以征收等诸多问题有待解决。这一切均需法律来完善，对电子商务的法律的探讨十分必要，对相关法律的完善十分紧迫。

【引言】

20世纪90年代以来，以互联网为核心的一场世界范围内的信息技术革命正在彻底地改变着人们原有的生活方式、生产方式和思考方式。当互联网被用于商业目的以后，带来了一系列新的法律问题，如域名抢注、著作权侵权、消费者合法权益受到侵害、网络欺骗、不正当竞争及网络犯罪，这些新问题对法律规范提出了重大挑战。电子商务的法制建设是一项非常复杂的系统工程，它包括立法、司法和行政多个方面，涵盖了行业市场准入、信息安全和认证、知识产权保护、电子支付、数字签名、互联网内容管理以及赔偿责任等诸多法律问题。

第一节 电子商务对现代法律的挑战

对于传统的交易模式，各国早就建立了完备的法律制度，主要包括民法、商法、税法、产品质量法、消费者权益保护法、知识产权法、金融法等基本法。而电子商务是电子技术与商务活动的结合，具有高技术性、全球性、虚拟性、无纸化的特征，造成了许多传统的法律规则不适合于调整电子商务活动中的主体行为。它的出现给传统法律带来了冲击和挑战，主要表现在以下几个方面。

一、电子商务对合同法的挑战

在电子商务实施中，交易信息是以数据电文的形式传递的。那么，电子要约和承诺的构成、生效条件是什么？电子合同的形式是什么（口头的、书面的，还是其他）？合同成立、生效的时间和地点与传统合同有什么不同？无纸电子合同争议发生后，没有原件的打印，合同是否具有证明力？等等。这一系列问题都是传统合同法难以回答和解决的，要求我们必须研究制定新的合同法规则或建立电子商务法。

二、电子商务对知识产权法的挑战

互联网是大容量信息存储和传递的平台，有一部分信息都是从网外媒体上得到的，有一部分是其他网站转载的，还有一部分是原创的。那么未经同意和支付报酬就使用网络信息的网站或用户就构成著作侵权。如经过同意和支付报酬后使用，那么网站将难以发展，而且每件作品的使用均得到作者同意也很难操作。如何在保护作者权益和维持网站信息的丰富多样性之间寻求平衡，是著作权法的新任务。同时，传统商标法也遇到了新问题。网络上的商标有一种是数据电文形式的动画图像，商标法是否可以直接将其纳入调整范围？网络商标具有全球性，而一般网下商标具有地域性和多重性，假冒商标、未经许可使用商标是传统法中的商标侵权行为，但对网络商标的侵权是否可直接适用这一标准？另外，上网交易的主体都有自己的域名。域名究竟属于交易主体的名称权内容，还是商标权内容，或者是一个新的权利客体？域名具有全球唯一性，应当予以法律保护，但域名的相似性如何判定？等等。这一切问题有待于新法律规则予以解决。

三、电子商务对银行法的挑战

商务活动的支付手段较早实现了专门计算机网络的电子化支付，如信用卡支付、网上结算、电子资金划拨等。网络支付越来越普及，传统银行法中货币发行、支付风险、支付责任等规定就很难直接套用于电子支付行为。在电子支付过程中，电子货币的发行人是哪些机构，电子支付的安全性由谁保障，支付中出现现金冒领等损失由谁承担等都应制定新的法律规范予以调整。

四、电子商务对证据法的挑战

在传统的诉讼法中，证据的种类、证据的形式、证据的证明力等都与纸质介质的证据有一定的关系。而数据电文若无原件，诉讼中的举证方法如何确定？数据电文作为证据，它是独立的证据种类，还是传统证据的某一种形式？数据电子证据的排他性、防伪造性问题如何解决等，是现有的证据法难以回答的。

五、电子商务对消费权益保护法的挑战

法律强调对消费者权益的保护是为了维护交易双方的实体平等。为此，消费者权益保护法赋予了消费者一系列的权利。但在电子商务环境下，消费者的角色发生了变化，消费者行为更信用化、理性化、个性化，同时在虚拟的网络市场中，消费者更关注自身权益能否得到法律的切实保护。现有消费者保护法，无法对网上消费者对商品和服务的知情权、退货权、隐私权等提供充分的保护。所以，应当考虑电子商务消费者的消费特点，制定新的电子商务消费者权益保护规则。

六、电子商务对税法的挑战

现有的税法和税种主要建立在商务主体开发的传统商务模式之上。交易双方的交易信息和账册都存储在纸质介质上，营业主体都有固定的地点和经营范围，利于税务部门的核查、监控及催收。在电子商务实施过程中，营业主体的地点和经营范围不固定，数据信息易于删除、修改、复制等，这为税务部门获取电子商务的真实交易资料带来极大的不便。此外，电子商务中生产、流通、分配、消费等环节的界限在一定程度上也难以区分，这对网上交易征税时税种的确定带来了困难。因此，电子商务的税收是国际社会十余年来争议不断的话题。国际电子商务税收问题的实质，是国家（地区）之间税收管辖权的划分和税收利益的分配；国内电子商务税收问题的实质，一是如何在利用优惠政策鼓励电子商务发展的同时兼顾税收的公平；二是如何针对虚拟经济建立一整套良性的税收监管和稽核体系。具体来讲，主要包括以下问题。

（1）如何对电子商务进行税收优惠，在一个“无商务不电子”的时代，如何防止电子商务成为税收“漏斗”。

（2）电子商务的关税问题如何解决，如何平衡电子商务输出国与输入国的利益。

（3）电子商务征税中的常设机构如何确定，网站服务器等能否作为常设机构。

（4）电子商务交易中数字化产品和服务所得的税收种类和纳税地点如何确定。

（5）电子商务的建立在电子数据上的纳税依据如何准确认定。

（6）新的电子商务纳税主体——个人网商如何认定。

这几个难题纠结在一起，形成不少“死结”。为适应电子商务交易的特点，有必要制定电子商务税收法律制度。

第二节 电子商务法的调整对象、立法范围和作用

一、电子商务法的调整对象

调整对象是立法的核心问题，它揭示了立法调整的因特定主体所产生的特定社会关系，也是一法区别于另一法的基本标准。根据电子商务的内在本质和特点，电子商务法的调整对象应当是电子商务交易活动中发生的各种社会关系。而这类社会关系是在广泛采用新型信息技术并将这些技术应用到商业领域后才形成的特殊的社会关系，它交叉存在于虚拟社会和实体社会之间，有别于实体社会中的各种社会关系，且完全独立于现行法律的调整范围。

二、电子商务的立法范围

电子商务立法应与国际接轨和与国际规则相一致，这也是我国电子商务立法的一个基本原则；再者对电子商务立法范围的理解，要从电子商务本身的含义来考虑，应从“商务”和“电子”两个方面考虑。

1．世界贸易组织（简称 WTO）有关电子商务的立法范围

（1）跨境交易的税收和关税问题

包括是否交税、税收管辖、防止双重收税、税款流失等问题。

（2）电子支付

电子商务支付应由私营企业和政府联手合作，特别要防止欺诈、伪造等行为的发生。

（3）网上交易

应建立统一的商业法典，基本精神是鼓励、开发国内外的技术标准和规则，力求全球一致化，重点是保护消费者利益，使电子签名合法化、确定化。

（4）知识产权保护

建立清晰的、有效的知识产权国际保护体系是必要的。特别要防止盗版问题，推动多边协议制定，以便于国际协调。

- 著作权：在世界知识产权组织已有两个国际条约的基础上进行修改和完善。
- 专利权：建立一个有效的、通用的国际专利申请标准是必需的，目前欧盟已有一个特别委员会正在研讨这方面的问题。
- 商标权：域名的国际统一标准已达成共识，但对商标是否建立一个统一的国际标准还存在分歧。世界知识产权组织正在进行有关问题的研究，欧盟更提出了一个在线调解的建议。

（5）个人隐私

个人隐私应受到保护，采集使用时应经过用户同意，要建立双边的、多边的个人隐私保护指南、商家自律规则。值得注意的是，对个人隐私的保护可能会产生新的贸易壁垒。

（6）安全保密

安全保密主要针对商家、个人安全、公共安全、国家安全等，全球信息技术设施委员会建议安全保密应由用户自选，市场驱动，并建立相应的工业标准，明确政府责任，建立相应法规，加强国际合作。

（7）信息接入的国际合作

信息接入的国际合作问题，主要是指外国信息内容的限制，广告内容限制，行业自律，建立互联网内容选择平台等。要尊重各个国家的文化、语言、历史、传统，保护消费者不受低级的、暴力的、损害公共利益等方面的影响。

（8）技术标准

重点保证互联，其他如电子支付、网上交易、安全保密、高速网络数据交换等也须制定相应标准，同时还要防止把标准变成贸易壁垒问题。

（9）普遍服务

加强对所有参与电子商务者的保护，使所有人能够通过电子商务手段完成交易，特别应为中小企业提供机会。

（10）劳动力问题

这是一个如何提高劳动力技能的问题。加强就业技能培训，使更多的人熟悉和适应电子商务发展带来的新的岗位要求。

（11）政府引导

大多数国家倾向于以私营企业为主导，政府只负责法律和财政指导，并支持电子商务基础设施建设。

2．电子商务法所涉及的技术范围

电子商务中的“电子”主要是指以电子技术为基础通信手段。主要有电子数据交换（EDI）、自由文本传递、电文传递，在某些情况下还可包括电报和传真复印等技术。电子商务标题之下可能广泛涉及的互联网、内部网和电子数据交换在贸易方面的各种用途，所以还应加强计算机安全和网络安全，完善与其相对应的法律法规。

还应当注意的是，拟订电子商务法时不要只考虑到比较先进的通信技术（如电子数据交换和电子邮件），还要照顾到适用于不太先进的通信技术（如电传、传真等）。可能存在这种情况，即最初以标准化电子数据交换形式发出的数字化信息，后来在发信人和收信人之间传递过程中某一环节上改为采用电子计算机生成的电传形式或电子计算机打印的传真复印形式来传送。一个数据电文可能最初是口头传递的，最后改用传真复印，或者最初采用传真复印形式，最后变成了电子数据交换电文。这种情况也应包括在电子商务法的范围内，要考虑到各用户需要一套连贯的规则来规范可能交互使用的多种不同通信技术。作为更普遍的原则，任何通信技术均不应排除在电子商务法范围之外，因此较落后的通信技术和未来较先进的技术都要顾及。

3．电子商务法所涉及的商务范围

联合国《电子商务示范法》对“电子商务”中的“商务”一词作了广义解释：“使其包括不论是契约型或非契约型的一切商务性质的关系所引起的种种事项。”商务性质的关系包括但不限于下列交易：供应或交换货物或服务的任何贸易交易；分销协议；商务代表或代理；客账代理；租赁；工厂建造；咨询；工程设计；许可贸易；投资；融资；银行业务；保险；开发协议或特许；合营或其他形式的工业或商务合作；空中、海上、铁路或公路的客、货运输。从本质上讲，电子商务仍然是一种商务活动。因此，电子商务法需要涵盖电子商务环境下的合同、支付、商品配送的演变形式和操作规则；需要涵盖交易双方、居间商和政府的地位、作用和运行规范；也需要涵盖涉及交易安全的大量问题。同时，还需要涵盖某些现有民商法尚未涉及的特定领域的法律规范。

三、电子商务法的作用

1．为电子商务的健康、快速发展创造一个良好的法律环境

起草电子商务法的目的就是要对电子商务引发的庞杂的法律问题进行清理，制定一套虚拟环境下进行交易的规则，消除电子商务应用中的法律障碍，明确网络交易各方的法律责任和义务，规范政府、企业和消费者的网络交易行为，保障电子商务交易的正常进行。

2．保障网络交易安全

电子商务的安全保障涉及两个基本方面：第一，电子商务交易是通过计算机及其网络而实现的，其安全与否依赖于计算机及其网络自身的安全程度。第二，电子商务是一种商品交易，其安全问题应当通过民商法加以保护。

3．弥补现有法律的缺陷和不足

电子商务法有助于弥补现有法律的缺陷。目前，世界上许多国家关于传递和存储信息的现行法规不够完备或已经过时，因为那些文件起草时，还没有预见到电子商务的使用。在某些情况下，现行法规规定必须使用“书面”、“经签字的”或“原始”文件等，对现代通信手段的使用施加了某些限制或包含有限制的含义。尽管这些国家就信息的某些方面颁布了具体规定，但仍然没有全面涉及电子商务的立法，这种情况可能使人们无法准确地把握不是以传统的书面文件形式提供的信息的法律性质和有效性，也无法完全相信电子支付的安全性。此外，在日益广泛地使用电子邮件和电子数据交换邮件的同时，也有必要对传真和电传等通信技术制定相应的法律和规范。

4．鼓励利用现代信息技术促进交易活动

电子商务法的目标包括使电子商务成为可能或为此创造条件，平等对待基于书面文件的用户和基于数据电文的用户，充分发挥高科技手段在商务活动中的作用。从这一点讲，电子商务立法的目的不是要从技术角度来处理电子商务关系，而是创立尽可能安全的法律环境，以便有助于通信各方之间利用高新技术高效率地开展电子商务。

第三节 电子商务各参与方的关系

一、卖方的义务

买卖双方之间的法律关系实质上表现为双方当事人的权利和义务。买卖双方的权利和义务是对等的。卖方的义务就是买方的权力，反之亦然。

在电子商务条件下，卖方应当承担三项义务。

1. 按照合同的规定提交标的物及单据

提交标的物和单据是电子商务中卖方的一项主要义务。为划清双方的责任，标的物交付的时间、地点和方法应当明确规定。如果合同中对标的物的交付时间、地点和方法未作明确规定的，应按照有关合同法或国际公约的规定办理。

2. 对标的物的权利承担担保义务

与传统的买卖交易相同，卖方仍然应当是标的物的所有人或经营管理人，以保证将标的物的所有权或经营管理权转移给买方。卖方应保障对其所出售的标的物享有合法的权利，承担保障标的物的权利不被第三人追索的义务，以保护买方的权益。如果第三人提出对标的物的权利，并向买方提出收回该物时，卖方有义务证明第三人无权追索，必要时应当参加诉讼，出庭作证。

3. 对标的物的质量承担担保义务

卖方应保证标的物质量符合规定。卖方交付的标的物的质量应符合国家规定的质量标准或双方约定的质量标准，不应存在不符合质量标准的瑕疵，也不应出现与网络广告相悖的情况。卖方在网络上出售有瑕疵的物品，应当向买方说明。卖方隐瞒标的物的瑕疵，应承担责任。买方明知标的物有瑕疵而购买的，卖方对瑕疵不负责任。

二、买方的义务

在电子商务条件下，买方同样应当承担三项义务。

1. 买方应承担按照网络交易规定方式支付价款的义务

由于电子商务的特殊性，网络购买一般没有时间、地点的限制，支付价款通常采用信用卡、智能卡、电子钱包或电子支付等方式，这与传统的支付方式是有区别的。但在电子交易合同中，采用哪种支付方式应明确规定。

2．买方应承担按照合同规定的时间、地点和方式接受标的物的义务

由买方自提标的物的，买方应在卖方通知的时间内到预定的地点提取。由卖方代为托运的，买方应按照承运人通知的期限提取。由卖方运送的，买方应做好接受标的物的准备，及时接受标的物。买方迟延接受时，应负迟延责任。

3．买方应当承担对标的物验收的义务

买方接受标的物后，应及时进行验收。规定有验收期限的，对表面瑕疵应在规定的期限内提出。发现标的物的表面瑕疵时，应立即通知卖方，瑕疵由卖方负责。买方不及时进行验收，事后又提出表面瑕疵，卖方不负责任。对隐蔽瑕疵和卖方故意隐瞒的瑕疵，买方发现后，应立即通知卖方，追究卖方的责任。

三、网络交易中心的法律地位

网络交易中心在电子商务中介交易中扮演着介绍、促成和组织者的角色。这一角色决定了交易中心既不是卖方，也不是买方，而是交易的中间人。它是按照法律的规定在买卖双方委托业务的范围内和具体要求下进行业务活动的。

根据《中华人民共和国计算机信息网络国际联网管理暂行规定》第八条，网络交易中心的设立必须具备以下四个条件。

（1）是依法设立的企业法人或者事业法人。

（2）具有相应的计算机信息网络、装备以及相应的技术人员和管理人员。

（3）具有健全的安全保密管理制度和技术保护措施。

（4）符合法律和国务院规定的其他条件。

网络交易中心应当认真负责地执行买卖双方委托的任务，并积极协助双方当事人成交。网络中心在进行介绍、联系活动时要诚实、公正、守信，不得弄虚作假、招摇撞骗，否则须承担赔偿损失等法律责任。网络交易中心必须在法律许可的范围内进行活动。网络交易中心经营的业务范围、物品的价格、收费标准等都应严格遵守国家的规定。法律规定的禁止流通物不得作为合同标的物。对显然无支付能力的当事人或尚未确知具有合法地位的法人，不得为其进行中介活动。

买卖双方之间各自因违约而产生的违约责任风险应由违约方承担，而不应由网络交易中心或虚拟银行承担。

四、网络交易客户与虚拟银行间的法律关系

在电子商务中，银行也变为虚拟银行。网络交易客户与虚拟银行的关系变得十分密切。除少数邮局汇款外，大多数交易要通过虚拟银行的电子资金划拨来完成。电子资金划拨依

据的是虚拟银行与网络交易客户所订立的协议。这种协议属于标准合同，通常是由虚拟银行起草并作为开立账户的条件递交给网络交易客户的。所以，网络交易客户与虚拟银行之间的关系仍然是以合同为基础的。

五、认证机构在电子商务中的法律地位

认证中心扮演着一个买卖双方签约、履约的监督管理者的角色，买卖双方有义务接受认证中心的监督管理。在整个电子商务交易过程中，包括电子支付过程，认证机构都有着不可替代的地位和作用。在网络交易的撮合过程中，认证机构（Certificate Authority，CA）是提供身份验证的第三方机构，由一个或多个用户信任的、具有权威性质的组织实体。它不仅要对进行网络交易的买卖双方负责，还要对整个电子商务的交易秩序负责。它通常采用数据加密技术来保障电子交易的安全。因此，这是一个十分重要的机构，往往带有半官方的性质。

第四节　国外电子商务的相关法律规范

一、联合国立法

1. 《电子商务示范法》产生的背景

联合国国际贸易法委员会是联合国下属的专门机构，主要负责国际贸易法的协调和统一。该委员会一直致力于推动电子商务法的形成与发展，在电子商务领域推出了一系列法律指导文件。自1990年起，联合国国际贸易法委员会（UNCITRAL）就做出了题为《对利用电子方法拟定合同所涉及法律问题的初步研究》的报告，具有划时代的意义。该报告指出，在今后有关电子商务的工作中将用“电子数据交换”替代以往的“自动数据处理”。由此电子商务的概念正式出现在联合国国际贸易法委员会论坛上，并成为联合国大会报告的总标题。

1991 年，联合国国际贸易法委员会下属的国际支付工作组开始负责制定一部世界性的EDI统一法。1993 年，该工作组在维也纳召开第 26 届大会，会议全面审议了世界上第一部EDI统一法草案《电子数据交换及贸易数据通信手段有关法律方面的统一规则草案》。由于不同法系的法律不可能很快协调完备，为适应各国对 EDI 统一法的迫切要求，统一法采取了灵活的“示范法（Model Law）”形式。

1996 年 5 月，联合国国际贸易法委员会召开了第 29 届会议，认为《电子数据交换电子商务及有关的数据传递手段法律事项示范法草案》通过以来的两年间，国际贸易形势发生

了很大变化，电子商务的发展势头强劲，迫切需要统一的法律参考。

1996 年 6 月，联合国国际贸易法委员会提出了《电子商务示范法》蓝本，为各国电子商务立法提供了一个范本。《电子商务示范法》是迄今为止世界上第一个关于电子商务的法律。它的出台使电子商务的主要法律问题有了法律依据，起到了有关电子商务法规的示范作用，能够帮助那些在传递和存储信息的现行法规不够完善或者已经过时的国家去完善健全其法律法规和惯例，有助于所有国家增强他们使用的通信和信息办法的立法，并有利于那些目前尚无这种立法的国家制定相关的法律、法规。

此外，联合国国际贸易法委员会还发布了《行政、商业和运输、电子数据交换规则》、《国际资金划拨示范法》。2001 年 3 月 23 日又公布了《电子签名示范法》，这是一部具有里程碑式的电子商务国际法。

2.《电子商务示范法》的主要内容

《电子商务示范法》（以下简称《示范法》）分为两个部分，一部分规定电子商务的一般问题，另一部分处理电子商务的特定领域中的问题。后一部分目前只有一章（即第二章），用于货物运输的电子商务。至于其他领域的内容，由于《示范法》是开放性的文件，故可以留待将来需要时再作规定。

《示范法》在第一条中规定了该法的适用范围："本法适用于在商务活动方面使用的、以一项数据电文为形式的任何种类的信息。"在正文脚注中，《示范法》对"商务活动"的含义作了解释："……应当包括但不限于以下交易活动：任何提供或交换货物或服务的贸易交易；分销协议；商务代表或代理；代办商；租赁；承揽；咨询；设计；许可；投资；融资；银行；保险；开发协议或特许；合资或其他形式的企业或贸易合作关系；海、陆、空货物或旅客运输。"可见，其"商务活动"的内涵是十分丰富的。《示范法》所指"数据电文"，是指以电子手段、光学手段或类似手段生成、发送、接收或储存的信息，这些手段包括但不限于电子数据交换（简称 EDI）、电子邮件、电报、电传或传真。而对于消费者保护问题，《示范法》未直接涉及，但该法"并不否定任何意在保护消费者的法律规则。"

二、其他国际组织电子商务立法

1. Organization for Economic Cooperation and Development Action Plan for Electronic Commerce（OECD 电子商务行动计划）

OECD 于 1998 年 10 月在加拿大渥太华召开了第一次以电子商务为主题的部长级会议，会议名称为"一个无国界的世界，发挥全球电子商务的潜力"。29 个会员国经过讨论一致得出结论，形成了一批对于电子商务实际运作具有指导性意义的文件。主要有：《在全球网络上保护个人隐私宣言》、《关于在电子商务条件下保护消费者的宣言》、《关于电子商务身份认证的宣言》、《电子商务：税务政策框架条件》的报告。渥太华会议是电子商务迈向全球的里程碑，推动了电子商务的全面发展，促进了国际政策的进一步协调，为各种经济体充分利用新的电子平台提供了广阔的空间。此外，OECD 先后发布和通过《国境数据流宣言》、《信息系统安全性指南》、《电子商务中消费者保护的指南》、《OECD 电子商务部长级会议结论》、《全球电子商务行动报告》、《OECD 国际电子商务行动计划》和《国际组织和地区性组织电子商务活动和计划报告》等有利于电子商务发展的纲领性文件。

2. 世界贸易组织（WTO）有关协议

1986 年开始的关贸总协定乌拉圭回合谈判最终制定了《服务贸易总协定》。《服务贸易总协定》的谈判产生了一个“电信业附录”，从而开始了全球范围内电信市场的开放。WTO 建立后，立即开展了信息技术的谈判，并先后达成了三项协议：

（1）《全球基础电信协议》。该协议于 1997 年 2 月 15 日达成，主要内容是要求各成员方向外国公司开放其电信市场并结束垄断行为。

（2）《信息技术协议》。该协议于 1997 年 3 月 26 日达成，协议要求所有参加方自 1997 年 7 月 1 日起至 2000 年月 1 月 1 日将主要的信息技术产品的关税降为零。

（3）《开放全球金融服务市场协议》。该协议于 1997 年 12 月 31 日达成，协议要求成员方对外开放银行、保险、证券和金融信息市场。

三项协议为电子商务和信息技术的稳步有序发展确立了新的法律基础。1998 年 5 月，WTO 在部长级会议上通过《关于全球电子商务宣言》。1998 年 9 月，WTO 总务理事会通过《电子商务工作方案》。

3. 国际商会加快制定电子商务指导性交易规则

近年来，国际商会正以大部分精力集中抓紧制定有关电子商务的交易规则，以促进国际贸易的安全进行。目前，国际商会已经正式制定的有 1997 年月 11 月 6 日通过的《国际数字保证商务通则（简称 GUIDEC）》。该通则试图平衡不同法律体系的原则，为电子商务提供指导性政策，并统一有关术语，还发布了《电传交换贸易数据统一行动守则》。

三、北美电子商务立法

1995 年，美国犹他州制定了世界上第一个《数字签名法》；1996 年 12 月 11 日，美国政府发表《全球电子商务政策框架》；1997 年 5 月 30 日，美国 GIIC 电子商务工作委员会提出《关于电子商务最佳实施方案调查的总结》；1997 年 7 月 1 日，美国政府发表《全球电子商务政策框架白皮书》；1997 年在《统一商法典》中增加了两章——电子合同法和计算机信息交易法；1998 年，美国参众两院分别通过《互联网免税法案》；1998 年 8 月，美国伊利诺伊州通过了世界上第一部关于电子商务安全专门立法——《电子商务安全法》；1999 年 1 月，电子商务全球商家对话（简称 GBDE）在美国纽约成立，公开明确了电子商务九大问题；1999 年 7 月，由全美 300 名法学教授、法官、律师等组成的“全美通用州立法委员会（简称 NCCUSL）”草拟了《计算机及信息交易统一法》（Uniform Computer and Information Transaction Act，UCITA）；1999 年 9 月，GBDE 在法国召开第一届大会，发表《巴黎倡议》；

1999 年，美国政府公布《互联网保护个人隐私的政策》；1999 年 12 月，美国有关部门公布《世界第一个 Internet 商务标准》；2000 年颁布《国际与国内商务电子签章法》。20 世纪末，美国已有 44 个州制定了与电子商务有关的法律。近 10 年来，美国出台了一系列的法律和文件，从而构成了电子商务的法律框架。

加拿大也积极开展了电子商务的立法工作，为贯彻联合国国际贸易法委员会的《电子商务示范法》，加拿大于 1998 年制定了《个人信息保护与电子文件法（草案）》和《统一电子商务法（草案）》，1999 年 3 月制定了《统一电子商务法》，正式承认数字签名和电子文件的法律效力。此后，通过制定具体的政策、法规，促进电子商务的发展，通过及时更新法律法规，逐步消除了电子商务的障碍。

四、欧盟电子商务立法

欧盟于 1997 年提出《欧洲电子商务行动方案》，为规范欧洲电子商务活动制定了框架，1998 年颁布《关于信息社会服务的透明度机制的指令》。1999 年末，欧盟制定《电子签名统一框架指令》，该指令由 15 个条款和 4 个附件组成，主要用于指导和协调欧盟各国的电子签名立法。

1998 年 10 月，英国政府发表《电子商务——英国的税收政策指南》。2000 年 6 月，英国政府颁布的《电子通信法案》生效，该法案中包括了加密服务提供商、便利化的电子商务和数据存储、对被保护的电子数据的调查及附录等四章。该草案规定了自愿的许可登记制、电子签名的有效性、电子签名的证据力、取消其他法律中对以电子媒介替代纸张的限制等内容。

此外，还有德国 1997 年颁布的《多媒体法》，这是世界上第一部规范互联网的法律，主要包括远程服务法、数据保护法、数字签名法。为建立自由的信息和通信服务市场提供可靠的法律基础，意大利于 1992 年制定了《意大利数字签名法》，原则上承认了电子文件的法律效力；此后又制定了《数字签名技术规则》；1999 年，发布了《认证机构登记规则》；2000 年，发布了《电子信息与文书法》。爱尔兰于 2000 年通过了《电子商务法》，这是欧洲第一部以电子商务作为立法对象的法律。

五、亚太地区电子商务立法

新加坡是世界上积极推广电子商务的国家。早在 1986 年新政府就宣布了国家贸易网络开发计划，1991 年全面投入使用 EDI 办理和申报外贸业务。1998 年制定了《电子交易法》，并逐步建立起完整的法律和技术框架。

马来西亚是亚洲最早进行电子商务立法的国家。20 世纪 90 年代中期提出建设“信息走廊”的计划，1997 年颁布了《数字签名法》。该法采用了以公共密钥技术为基础、并建立配套认证机制的技术模式，极大地促进了电子商务的发展。

韩国工商能源部于 1998 年 5 月 26 日提出电子商务立法的指导原则，它涉及数字化贸易环境中的关税、税收、知识产权保护、隐私权保护等内容。1999 年，该部颁布《电子商务基本法》和一项使数字签名合法化的法案，提出经认证的数字签名的所有数字式商务文档均与日常使用的硬拷贝具有相同的法律效力。

日本于 1994 年制定了《信息基本法》。1996 年，成立了电子商务促进委员会（ECOM）。此后，在诸如电子授权认证、电子付款、ECOM 等领域，该组织制定了一些规则和协议。1998 年，日本法务省拟订了《数字签名法》；1998 年 7 月，日美签订了《美日电子商务联合宣言》；2000 年 1 月颁布了《IT 基础法》；2000 年制定的《电子签名与认证服务法》，主要的篇幅用于规范认证服务，从几个方面对认证服务进行了全面细致的规定。该法还明确了指定调查机构的权利与义务，形成了独特的监管模式。

澳大利亚于 1999 年颁布了《电子交易法》，确定了电子交易的有效性，并对适用范围进行了适当限制，对“书面形式”、“签署”、“文件之公示”、“书面信息的保留”、“电子通信发出、接收的时间和地点”、“电子信息的归属”进行了规定。

第五节　我国电子商务相关法律

一、我国电子商务立法的发展现状

我国从 1999 年开始出现电子商务的立法呼声，2000 年人民代表大会上一号提案使电子商务立法成为更多人关注的焦点。在其后的 3 年多的时间里，相关的一些法律、法规、部门规章和地方法规陆续出台。

2004 年 8 月 28 日，第十届全国人民代表大会常务委员会第十一次会议审议通过了《中华人民共和国电子签名法》（以下简称《电子签名法》），该法自 2005 年 4 月 1 日起施行。这是我国第一部有关电子商务的全国性正式立法。国办发［2005］2 号《关于加快电子商务发展的若干意见》文件极大地促进了电子商务法的发展。我国香港特别行政区于 1999 年制定了《电子交易法令》，用以促进香港电子商务的发展。我国台湾地区也于 2001 年 10 月 31 日通过了《电子签章法》，并于 2002 年 4 月 1 日起施行；澳门特别行政区立法会于 2005 年 5 月 25 日一般性通过《电子文件及电子签名》法案。

此外，我国还有一些有关电子商务的法律规范散见于其他的法律、行政法规之中。其中包括《关于维护互联网安全的决定》、《外商投资电信企业管理规定》、《互联网文化管理暂行规定》、《中国互联网络域名管理办法》、《商用密码管理条例》、《电信管理条例》、《互联网信息服务管理办法》、《互联网站从事新闻登载业务管理暂行办法》、《全国人大关于维护互联网安全的决定》等在内的多部法律法规。还有一些专门针对电子商务领域的地方性法规，如上海的《数字认证管理办法》、广东的《电子交易条例》、海南省的《数字证书认证管理办法》、北京的《电子商务监督管理暂行办法》等，这些法律法规初步建立了我国电子商务的法律环境。

二、我国目前电子商务主要立法

1. 电子合同

（1）电子合同的概念

何谓电子合同？联合国《电子商务示范法》第二条规定："'数据电文'系指经由电子手段、光学手段或类似手段生成、储存或传递的信息，这些手段包括但不限于电子数据交换（EDI）、电子邮件、电报、电传或传真。"我国新《中华人民共和国合同法》将"电子合同"归入合同的"书面形式"："合同书、信件、和数据电文（包括电报、电传、传真、电子数据交换和电子邮件）等可以有形表示所载内容的形式。"编者认为，电子合同是通过计算机网络系统订立的、以数据电文的方式生成、储存或传递的合同。

（2）电子合同与传统合同的区别

作为合同的一种，电子合同具有合同的共同特征。由于在电子合同中，当事人通过计算机网络系统传递意思表示，数据电文取代了传统的书面形式和手书签名，这种手段和形式的变化，导致了电子合同与传统合同有所区别。具体表现在以下方面。

第一，意思表示采用的形式不同。电子合同可以完全摆脱面谈、电话、书写等涉及人体感官的意思表示方式，以数据电文表达和传递交易内容，但需借助特殊设备编译、验证和显示。

第二，确认当事人身份的方式不同。由于网络服务和增值服务的存在，不是在所有情况下，数据电文所显示的发件人与实际上的制作人或发出者都是同一个人，因此，需借助电子签名、电子认证等技术手段与服务，来确定数据电文的归属及当事人身份。

第三，确认合同行为法律要件的方式不同。电子合同须以时间戳、指定信息系统等崭新的指标概念，来确定意思表示是否到达以及到达的时间。无论手段、形式有何不同，电子合同本质上仍是当事人意思表示一致的结果，仍然属于民商事合同。

（3）电子合同的分类

根据不同的标准，电子合同可作不同的分类。

第一，根据电子合同订立时的信息传递方式的不同，可分为以电子数据交换方式订立的合同、以电子邮件方式订立的合同以及电子格式合同。

以电子数据交换方式订立合同建立在商业机构的 EDI 系统之上，可做到自动检查信息并自动回复以及自动安排合同的履行。以电子邮件方式订立合同，由于需要人工介入，相对于 EDI 合同来说，其自动化程度不高。但另一方面，却能更直观地反映当事人的真实意思表示。

电子格式合同通常是由电子商务企业在未与消费者协商的情况下，为反复使用而事先拟订的固定格式和内容的合同。电子格式合同简化了订立合同的程序，但同时，电子商务企业可能利用格式合同与消费者订立违反公平原则的消费合同。为此，各国均对格式合同进行了立法干预。

第二，根据合同的标的不同，分为信息产品合同和非信息产品合同。信息产品是指可以被数字化并通过网络传递的商品，如电子贺卡、软件、可以在线阅读和下载的书刊、音像产品等。标的为信息产品的电子合同为信息产品合同，否则为非信息产品合同。

第三，根据合同的内容，可分为信息许可使用合同和信息服务合同。前者指以转移信息产品的使用权为内容的合同，如音乐、软件的所有权人许可他人下载其作品的合同。信息服务合同则是以提供信息访问、认定服务、交易平台服务等内容的合同。

（4）数据电文的法律承认

根据我国《电子签名法》第二条规定："数据电文，是指以电子、光学、磁或者类似手段生成、发送、接收或者储存的信息。"我国新《中华人民共和国合同法》（以下简称《合同法》）也已将数据电文列为"可以有形地表现所载内容的形式"。我国《电子签名法》第三条规定："当事人约定使用电子签名、数据电文的文书，不得仅因为其采用电子签名、数据电文的形式而否定其法律效力。"第四条规定："能够有形地表现所载内容，并可以随时调取查用的数据电文，视为符合法律、法规要求的书面形式。"

对于以数据电文为形式的信息，应给予应有的证据力。审查数据电文作为证据的真实性，应当考虑以下因素。

- 生成、储存或者传递数据电文方法的可靠性。
- 保持内容完整性方法的可靠性。
- 用以鉴别发件人方法的可靠性。
- 其他相关因素。

我国《电子签名法》第七条进一步规定："数据电文不得仅因为其是以电子、光学、磁或者类似手段生成、发送、接收或者储存的而被拒绝作为证据使用。" 另外，我国《电子签名法》第十一条、第十二条分别规定了数据电文的收发时间和地点。

（5）电子合同当事人的意思表示的生效问题

电子合同当事人的意思表示的内容与传统方式的合同无本质区别，两者的区别仅在于意思的传达和存储方式不同。

电子合同中的意思表示，多以电子记载方式存在，未被做成传统的文书。并且，许多信息需要特殊设备的解码才能显示并被理解。传统民商法理论中的书面形式要求，是以纸面媒介传递方式为前提的。而通过数据电文传递信息，是以计算机硬盘等记忆媒体来记录、传达意思表示的。

关于数据电文形式的意思表示的生效，我国《合同法》和《电子签名法》均有所涉及。《合同法》规定："采用数据电文形式订立合同，收件人指定特定系统接收数据电文的，该数据电文进入该特定系统的时间，视为到达时间；未指定特定系统的，该数据电文进入收件人的任何系统的首次时间，视为到达时间。"《电子签名法》有类似规定，只是将"到达时间"表述为"接收时间"。该法同时规定，法律、行政法规规定或者当事人约定数据电文需要确认收讫的，应当确认收讫。发件人收到收件人的收讫确认时，数据电文视为已经收到。

根据《合同法》，"要约到达受要约人时生效"（第十六条）；"承诺通知到达要约人时生效"（第二十六条）。因此，数据电文按照法律规定"到达"或"接收"时，该意思表示便生效。

2．电子签名

（1）电子签名的定义

联合国国际贸易法委员会《电子签名统一规则》指出，所谓"电子签名"，可以这样认为："电子签名是指在数据电文中，以电子形式所含、所附或逻辑上与数据电文有联系的数据和与数据电文有关系的任何方法，它可用于鉴别与数据电文有关的签字持有人和表明此人认可数据电文所含信息。"

我国《电子签名法》将"电子签名"定义为：数据电文中以电子形式所含、所附用于识别签名人身份并表明签名人认可其中内容的数据。

（2）电子签名的功能

传统签名在纸张环境中所具有的功能为：确定一个人的身份；确认该签名系其本人所为；使该人承认该签名与文件内容有联系。因此，电子签名需满足以下功能："在电子环境下，只要使用一种方法来鉴别数据发端人，并证实该发端人认可了该数据电文的内容，即可达签名的基本法律功能。"同时，考虑到灵活性原则，"数据电文的发端人与收件人之间的任何协议只要可靠，就适宜于生成或传递高数据电文所要达到的目的。"概括地说，电子签名需实现两个基本功能：一是确认文件作者的身份；二是证实该作者同意文件之内容。

（3）《电子签名法》的主要内容

《电子签名法》总体思路是：通过确立电子签名的法律效力，明确电子签名规则，消除电子商务发展的法律障碍，维护电子交易各方的合法权益，保障电子交易安全，为电子商务和电子政务发展创造有利的法律环境。2003 年 4 月，国务院法制办会同信息产业部、国务院信息化工作办公室开始着手电子签名法起草工作。在广泛征求各方面意见，并研究借鉴国际相关立法的基础上，形成了《中华人民共和国电子签名法（草案）》。2004 年 3 月 24 日，国务院第 45 次常务会议讨论通过该草案，并提交人大常委会审议。2004 年 8 月 28 日，第十届人大常委会第十一次会议正式通过了《中华人民共和国电子签名法》。该法自 2005 年 4 月 1 日起实施。该法共 36 条，包括总则、数据电文、电子签名与认证、法律责任、附则五部分。该法立法重点是以下几方面内容。

① 确立电子签名的法律效力。该法通过对电子签名进行定义，要求电子签名必须起到两个作用，即识别签名人身份、保证签名人认可文件中的内容。在此基础上，该法明确规定了电子签名具有与手写签名或者盖章同等的效力。在解决什么条件下电子签名具有效力的问题上，参照联合国国际贸易法委员会《电子签名示范法》的规定，以目前国际公认的成熟签名技术所具备的特点为基础，明确规定了与手写签名或者盖章同等有效的电子签名应当具备的具体条件。

② 对数据电文作了相关规定。《电子签名法》明确规定电子文件与书面文件具有同等效力，使现行的民商事法律同样适用于电子文件。对此，该法作了三个方面的规定：一是规定了电子文件在什么情况下才具有法律效力。二是规定了电子文件在什么情况下可以作为证据使用。三是规定了电子文件发送人、发送时间和发送地点的确定标准。

③ 设立电子认证服务市场准入制度。电子商务中使用电子签名时，往往需要由电子认证服务机构（以下简称认证机构）对电子签名人的身份进行认证，并为其发放证书，向交易对方提供信誉保证。为防止不具备条件的人擅自提供认证服务，《电子签名法》对电子认证服务设立了市场准入制度。同时，为了确保电子签名人身份的真实可靠，该法要求认证机构为电子签名人发放证书前，必须对签名人申请发放证书的有关材料进行形式审查，同时还必须对申请人的身份进行实质性查验。此外，为了防止认证机构擅自停止经营，造成证书失效，使电子签名人和交易对方遭受损失，该法还规定了认证机构暂停、终止认证服务的业务承接制度。

④ 规定电子签名安全保障制度。为保证电子签名的安全，《电子签名法》明确了有关各方在电子签名活动中的权利和义务。对于电子签名人一方，该法规定了两方面义务：一是要求其妥善保管电子签名时使用的私人密码。当知悉密码已经失密或者可能已经失密时，应当及时告知有关各方，并终止使用。二是要求其向认证机构申请电子签名证书时，提供的有关个人身份的信息必须是真实、完整和准确的。对于认证机构一方，该法规定了三方面义务：一是要求其制定、公布包括责任范围、作业操作规范、信息安全保障措施等事项在内的电子认证业务规则，并向国务院信息产业主管部门备案。二是要求其必须保证所发放的证书内容完整、准确，并使交易对方能够从证书中证实或者了解有关事项。三是要求其妥善保存与认证相关的信息。

（4）电子签名的法律效力和可靠性

① 电子签名的法律效力。根据《电子签名法》，当事人约定使用电子签名的文书，不得仅因为其采用电子签名的形式而否定其法律效力。可靠的电子签名与手写签名或者盖章具有同等的法律效力。在电子签名合法使用的情况下，其效力主要表现在以下方面。

- 电子商务交易当事人一旦以合法的方式签署了电子签名，便不得否认自己是数据电文的发送人。如果该数据电文是一项法律文件，他便是这项法律文件的签署人。

- 电子签名的合法签署意味着签署人承认并证实了数据电文的内容。如果该数据电文构成一项法律文件，他便不得以电子签名为由否认其对法律文件内容的认可和证实。
- 以电子签名方式签署的数据电文，应作为原件看待，即便它在传递中或者系统服务中有所变化。如果数据电文构成一项法律文件，那么，不仅在当事人间应被视为原件，它也可以作为原始证据向审判或仲裁机构提交。
- 电子签名能充分满足法律对法律行为的书面签名形式的要求。使用电子签名的法律行为不会因电子签名方式本身遭效力否定。当以电子签名签署的要约、承诺符合合同法基本规则时，该电子签名的签署，便能决定合同成立与生效的时间、地点等法律行为要素。

② 电子签名的可靠性。《电子签名法》用列举的方式规定了电子签名可靠性的条件，这些条件如下。

- 电子签名制作数据用于电子签名时，属于电子签名人专有。
- 签署时电子签名制作数据仅由电子签名人控制。
- 签署后对电子签名的任何改动能够被发现。
- 签署后对数据电文内容和形式的任何改动能够被发现。

此外，当事人也可以对电子签名可靠性的条件另行约定。可靠的电子签名与手写签名或者盖章具有同等的法律效力。

【例 9-1】

我国《电子签名法》首次应用

北京市民杨某状告韩某借钱不还，并将自己的手机交给法庭，以手机短信作为韩某借钱的证据。但手机短信能否成为法庭认定事实的依据？2005 年 6 月 3 日，海淀法院三名法官合议审理了这起《电子签名法》出台后的第一案。

据杨某介绍，2004 年 1 月，杨某结识了女孩韩某。同年 8 月 27 日，韩某发短信给杨某，向他借钱应急。短信中说："我需要 5 000 元，刚回北京做了眼睛手术，不能出门，你汇到我银行卡上。"杨某应承了下来，并瞒着妻儿将钱汇给韩某。一个多星期后，杨某再次收到韩某的短信，又借给韩某 6 000 元。

杨某称，韩某事后不但没有还钱，反而再一次向他借钱。杨某产生了怀疑，要求韩某还钱。经过几次的催要，杨某接到韩某的短信："我一定会还，就是需要等一段时间。"但直到杨某起诉，韩某仍未还钱。

在杨某提起诉讼后，他向法庭提交了存有韩某借钱短信的手机。杨某的律师在庭上宣读了其中一部分短信："我需要 5 000 元"，"我还需要 6 000 元"，"等项目做了我再还给你"等。

韩某的代理人在听完短信内容后，否认发送短信的手机号码属于韩某，并质疑短信的真实。法官提醒他，在前次开庭时，法官曾当着双方拨打了该手机号码，接听者正是韩某本人。韩某也承认，自己从 2004 年七、八月份开始使用这个手机号码。

随后，韩某代理人表示，短信不能作为证据。而杨某的律师手持《电子签名法》表示，根据这部 2005 年 4 月 1 日出台的法律，手机短信属于法律对“数据电文”的定义，也符合“有形表现所载内容”、“可以随时调取查用”的认定规则，并要求法庭确认短信证据的效力。该案当庭并未宣判。后来法院经过对这些短信息生成、储存、传递数据电文方法的可靠性，保持内容完整性方法的可靠性，用以鉴别发件人方法的可靠性进行审查，最后认定了这些短信息内容作为证据的真实性。

资料来源：网易，http://news.163.com/05/0715/03/1OLVULRQ0001124T.html

3. 电子认证

电子认证又称身份确认（CA），是指在电子商务环境下，为了保证网络上数字化业务应用的安全性，由第三方发放具有一定格式和内容的数字证书，并对数字证书进行确认的过程。负责认证的第三方机构通常称为电子商务认证中心或 CA 中心。我国《电子签名法》、《电子认证服务管理办法》、《电子认证服务密码管理办法》对其作出了相应的规定，主要是认证机构的设立、权利和义务、法律责任。

（1）电子认证机构的设立

根据《电子签名法》，提供电子认证服务，应当具备下列条件。

- 具有与提供电子认证服务相适应的专业技术人员和管理人员。
- 具有与提供电子认证服务相适应的资金和经营场所。
- 具有符合国家安全标准的技术和设备。
- 具有国家密码管理机构同意使用密码的证明文件。
- 法律、行政法规规定的其他条件。

设立电子认证机构，应当向国务院信息产业主管部门提出申请，并提交符合上述规定条件的相关材料。国务院信息产业主管部门接到申请后经依法审查，征求国务院商务主管部门等有关部门的意见后，自接到申请之日起四十五日内作出许可或者不予许可的决定。予以许可的，颁发电子认证许可证书；不予许可的，应当书面通知申请人并告知理由。申请人应当持电子认证许可证书依法向工商行政管理部门办理企业登记手续。

（2）电子认证机构的权利和义务

认证机构的权利和义务除了由当事人在协议中约定，还被规定在与电子认证有关的法律中。认证机构的权利主要表现在对用户证书的管理上，包括发放证书、中止证书、撤销证书和保存证书。同时，认证机构有权利要求电子签名人向其提供真实、完整和准确的信息。认证机构的主要义务如下。

① 信息披露义务。取得认证资格的电子认证服务提供者，应当按照国务院信息产业主管部门的规定在互联网上公布其名称、许可证号等信息。

② 业务说明义务。电子认证服务提供者应当制定、公布符合国家有关规定的电子认证业务规则，并向国务院信息产业主管部门备案。业务规则应当包括责任范围、作业操作规

范、信息安全保障措施等事项。

③ 审查义务。电子认证机构收到电子签名认证书申请后，应当对申请人的身份进行查验，并对有关材料进行审查。

④ 准确颁证义务。电子认证机构签发的电子签名认证证书应准确无误，并应当载明电子认证服务提供者名称、证书持有人名称、证书序列号、证书有效期、证书持有人的电子签名验证数据、电子认证服务提供者的电子签名以及国务院信息产业主管部门规定的其他内容。

⑤ 保证义务。电子认证机构应保证电子签名认证证书内容在有效期内完整、准确，并保证电子签名依赖方能够证实或者了解电子签名认证证书所载内容及其他有关事项。

⑥ 保存义务。电子认证机构应当妥善保存与认证相关的信息，信息保存期限至少为电子签名认证证书失效后五年。

（3）电子认证服务的暂停、终止

《电子认证服务管理办法》对电子认证服务的暂停、终止作出了规定。

① 电子认证服务机构在《电子认证服务许可证》的有效期内拟终止电子认证服务的，应在终止服务六十日前向信息产业部报告，同时向信息产业部申请办理证书注销手续，并持信息产业部的相关证明文件向工商行政管理机关申请办理注销登记或者变更登记。

② 电子认证服务机构拟暂停或者终止电子认证服务的，应在暂停或者终止电子认证服务 90 日前，就业务承接及其他有关事项通知有关各方。电子认证服务机构拟暂停或者终止电子认证服务的，应当在暂停或者终止电子认证服务 60 日前向信息产业部报告，并与其他电子认证服务机构就业务承接进行协商，作出妥善安排。

③ 电子认证服务机构拟暂停或者终止电子认证服务，未能就业务承接事项与其他电子认证服务机构达成协议的，应当申请信息产业部安排其他电子认证服务机构承接其业务。

④ 电子认证服务机构被依法吊销电子认证服务许可的，其业务承接事项的处理按照信息产业部的规定进行。

⑤ 电子认证服务机构有根据信息产业部的安排承接其他机构开展的电子认证服务业务的义务。

（4）认证机构的法律责任

依据合同约定或法律规定，认证机构承担与其义务相适应的法律责任。对于认证机构与证书持有人之间的服务合同而言，认证机构承担的是基于合同的违约责任。而对于认证机构与证书信赖人之间的关系而言，认证机构的责任基础则是其面对社会公共利益时保证其所颁证书及其所载信息真实可靠的法定义务。

《电子签名法》规定了电子认证机构的下列法律责任。

- 电子签名人或者电子签名依赖方因依据电子认证机构提供的电子签名认证服务从事民事活动遭受损失，电子认证机构不能证明自己无过错的，承担赔偿责任。

- 未经许可提供电子认证服务的，由国务院信息产业主管部门责令停止违法行为；有违法所得的，没收违法所得；违法所得三十万元以上的，处违法所得一倍以上三倍以下的罚款；没有违法所得或者违法所得不足三十万元的，处十万元以上三十万元以下的罚款。
- 电子认证机构暂停或者终止电子认证服务，未在暂停或者终止服务六十日前向国务院信息产业主管部门报告的，由国务院信息产业主管部门对其直接负责的主管人员处一万元以上五万元以下的罚款。
- 电子认证机构不遵守认证业务规则，未妥善保存与认证相关的信息，或者有其他违法行为的，由国务院信息产业主管部门责令限期改正；逾期未改正的，吊销电子认证许可证书，其直接负责的主管人员和其他直接责任人员十年内不得从事电子认证服务。吊销电子认证许可证书的，应当予以公告并通知工商行政管理部门。

因认证机构的过错导致当事人损失的，认证机构应承担赔偿责任。赔偿的范围和具体内容应通过合同来确立，也可参照相关的民商事立法中的规定来确定。如《合同法》关于违约赔偿的责任和范围就规定，“损失赔偿额应当相当于违约所造成的损失，包括合同履行后可以获得的利益”，以及“不得超过违反合同订立一方订立合同时预见到或者应当预见到的因违反合同可能造成的损失”。

信心产业部《电子认证服务管理办法》进一步规定了电子认证机构的下列法律责任。

- 电子认证服务机构向信息产业部隐瞒有关情况、提供虚假材料或者拒绝提供反映其活动的真实材料的，由信息产业部依据职权责令改正，并处警告或者五千元以上一万元以下罚款。
- 信息产业部和省、自治区和直辖市的信息产业主管部门的工作人员，不依法履行监督管理职责的，由信息产业部或者省、自治区和直辖市的信息产业主管部门依据职权视情节轻重，分别给予警告、记过、记大过、降级、撤职、开除的行政处分；构成犯罪的，依法追究刑事责任。
- 电子认证服务机构违反本办法第十六条、第二十七条规定的，由信息产业部依据职权责令限期改正，并处警告或一万元以下的罚款，或者同时处以以上两种处罚。
- 电子认证服务机构违反本办法第三十三条规定的，由信息产业部依据职权责令限期改正，并处三万元以下罚款。

（5）电子签名认证证书的内容

《电子认证服务管理办法》第二十八条规定，电子签名认证证书应当准确载明下列内容。

- 签发电子签名认证证书的电子认证服务机构名称。
- 证书持有人名称。
- 证书序列号。
- 证书有效期。

- ❑ 证书持有人的电子签名验证数据。
- ❑ 电子认证服务机构的电子签名。
- ❑ 信息产业部规定的其他内容。

4．电子支付

电子支付是支付命令发送方把存放于商业银行的资金，通过一条线路划入收益方开户银行，以支付给收益方的一系列转移过程。《电子签名法》详细规定了电子支付命令的签发与接收、接收银行对发送方支付命令的执行、电子支付的当事人的权利和义务，以及责任的承担等。

为规范和引导电子支付业务的健康发展，保障电子支付业务中当事人的合法权益，防范电子支付业务风险，确保银行和客户资金的安全，2005 年 6 月 9 日中国人民银行根据《中华人民共和国电子签名法》、《支付结算办法》等法规制度起草了《电子支付指引（征求意见稿）》，并向社会各界公开征求意见。该“指引”将网上支付、电话支付、移动支付、销售点终端交易、自动柜员机交易和其他电子支付等方式都纳入了电子支付范畴。

（1）电子资金划拨的法律问题

电子资金划拨也叫电子转账。目前的电子资金划拨多为贷记划拨。电子资金划拨的当事人主要包括发件人、发件人代理银行、受益人、受益人代理银行及中介银行五方。电子资金划拨关系与交易的基础原因关系无关。一旦银行按照客户以正常程序输入的指令支付后，该支付即不可撤销。同时，为保障发件人的合法权益，提高交易安全性，一般由发端代理银行就其后的一系列划款行为直接向发件人承担责任。电子划拨当事人之间涉及的法律关系如下。

① 银行与客户的法律关系。银行与客户的法律关系是以他们之间签署的协议为基础的，该协议通常由银行拟订并作为客户开立账户的条件递交给客户，是一种格式合同。在发送银行与客户的关系中，一旦资金划拨失误或失败，发送银行应向客户进行赔付。如果查不出具体有过失的银行的，应由整个划拨系统分担损失。在接收银行与客户的关系中，接收银行应妥当地接收所划拨的资金，如有延误或失误则应依协议承担相应的法律责任。

② 银行之间的法律关系。按照 CHIPS（美国银行间清算系统）或 CHAPS（英国银行间清算自动支付系统）等规则，参与电子资金划拨的银行之间是合同关系，它们彼此间应按照协议履行义务，承担相应的法律责任。

③ 银行与电子交换所的法律关系。电子交换所是银行间清算系统的组成部分。通常，因错误或欺诈导致的资金划拨失败、延误或失误很少由电子交换所承担，而是由参与银行分担。

④ 银行与数据网络系统的法律关系。银行与数据网络系统也是建立在协议之上的合同法律关系。后者的义务主要是依照与银行之间的协议，以正确的模式传递信息，采取有效的安全措施防止信息传递失误，确保信息能被传递到接收人处，保证信息的机密性和安

全性。

（2）电子支付中的法律责任

在电子支付实践中，常常出现因指令人或银行的过失致使资金划拨失误或迟延的现象。在整个资金划拨的传送链中，指令人的义务是正确发出资金划拨的指令，银行的基本义务是依照指令人的指示，准确、及时地完成电子支付，承担着如约执行资金划拨指示的责任。但是可能由于各种因素的作用，如指令错误、划拨迟延等，导致资金划拨失误或失败，给对方当事人造成损害。

在电子商务中，资金的电子支付依据的是网络银行与网络交易客户订立的协议。这种协议通常是由银行起草并作为开立账户的条件递交给网络交易客户的。在电子支付中，网络银行可能同时扮演指令人和接收银行的角色，其基本义务是资金划拨。作为指令人，一旦发送错误的指令，银行应向付款人进行赔付，除非在免责范围内。如果能够查出有过错的具体环节，则由具体的过错方向银行进行赔付。接收银行与其指令人的合同要求接收银行妥当地接收所划拨来的资金，立即履行资金划拨的指示。如有延误或失误，则按违反接收银行与指令人的合同处理。

而在无法查清过错和未经授权支付的情况下，则应根据《中华人民共和国民法通则》第一百三十二条的规定，“由当事人分担民事责任”。这包括两种情况：一种是电子支付合同存在，但对于电子支付失误或失败引起的损失无法查清具体的过错方；另一种是未经授权的支付，即由于欺诈或其他原因在未经资金所有人指令的情况下进行电子支付。

在电子支付中，可以根据参与主体的不同，区分承担法律责任的不同方式。

① 银行承担责任的形式

第一，返还资金，支付利息。如果资金划拨未及时完成，或者到位资金未及时通知网络交易客户，银行便有义务返还客户资金，并支付从原定支付日到返还当日的利息。

第二，补足差额，偿还余额。如果接收银行到位的资金金额小于支付指示中的数量，则接收银行有义务补足差额；如果接收银行到位的资金金额大于支付指示中的数量，则接收银行有权依照法律提供的其他方式从收益人处得到偿还。

第三，偿还汇率波动导致的损失。对于在国际贸易中，由于银行的失误造成的汇率损失，网络交易客户有权向银行索赔，并且有权在本应进行汇兑之日和实际汇兑之日之间选择对自己有利的汇率。

② 认证机构承担责任的方式

第一，采取补救措施。认证机构出现 CA 方密钥泄露、用户注册信息泄露等情况时，应立即采取有效措施，及时做出更正、修补，避免损失的扩大。

第二，继续履行。认证机构出现系统和设备故障，导致认证操作出现问题、发布失效信息或证书发布不完善的，认证机构在修复系统和设备后，应立即发布正确、有效、完整的认证证书，以继续履行与用户之间的合同。

第三，赔偿损失。认证机构对由于其过错导致的用户损失，应当予以赔偿。

③ 其他主体（如付款人、认证用户）承担责任的方式

第一，终止不当行为，采取挽救措施。当用户密钥丢失或泄漏，或发现所发出指令或提供的信息错误时，用户应及时通知接收银行或认证机构，以使接收银行或认证机构采取相应防范措施，防止网络入侵、冒领等事件发生，或者避免其他参与主体因使用错误证书而蒙受损失。

第二，及时通知，防止损失扩大。当用户发现银行执行指令出现错误，或发现认证机构发布的用户信息错误，或证书不完善时，应立即终止交易，并通知银行或认证机构修改错误。

第三，赔偿损失。参与电子支付活动的付款人、认证用户等，如果因其过错造成其他当事人损失的，如密钥或个人信息泄露、非法使用证书、超限制额度交易，应当予以赔偿。

5．电子商务税收

由于电子商务本身的虚拟性、强流通性、交易主体的隐蔽性、交易时间的不定性，还有数字化信息易于传递、复制、修改和变更对现行税法造成了强烈的冲击，如下所述。

- 交易行为难以认定，税款流失风险加大。
- 电子商务的易变性使得税务部门难以稽查。
- 国际避税（地下经济、黑色经济）具有技术上的可行性。
- 征税对象的类型难以划分。
- 电子商务税收的管辖权难以确定。

目前，中国税法在设计上还尚未对电子商务作出明确规定，但2001年修订的《中华人民共和国税收征管法》规定，纳税申报既可以上门申报，也可以采取邮寄、数据电文或其他方式。其中数据电文或其他方式正是《中华人民共和国税收征管法》为适应电子商务的发展而增加的新的申报方式。就目前看来国际上基本统一了电子商务税收的原则。

- 税收中性原则。
- 税收公平原则。
- 税收效率原则。
- 税收适当优惠原则。
- 国际税收协调原则。
- 坚持国家税收主权原则。

【例9-2】

全国首例网店偷税案店主获刑

淘宝网一店主张某通过网上交易半年销售近290万元的商品，但为偷逃国家税款，张某采用不开具发票、不记账的方式，不向税务机关申报纳税，偷税11万多元。上海普陀区法院对这起全国首例网店偷税案作出宣判，被告张某因犯偷税罪，被判处有期徒刑2年，缓刑2年；并处罚金6万元；被告单位上海黎依市场策划有限公司犯偷税罪，判处罚金10

万元。

张某于1999年1月19日注册成立了上海黎依市场策划有限公司，自己是法定代表人兼经理，全面负责公司经营管理。一开始，张某主要做礼品生意。2006年6月，张某怀孕期间在网上订购奶粉、尿布等婴儿用品，发现网上交易价格比商场便宜得多，于是也转行销售奶粉和尿布。张某用公司名义在淘宝网上开了家商铺，给货物一一拍照后，将商品挂到了网上。

后来，张某的生意越做越红火，她开始不满足于仅在淘宝网上做生意。累积了一定的客户群后，张某又用公司名义自建了一个销售婴儿用品的网站，生意也越做越大，仅在2006年6月至12月的半年时间内，就销售了价值近290万元的商品。但在互联网上经营婴儿用品的过程中，张某为偷逃国家税款，采用不开具发票、不记账的方式，不向税务机关申报纳税。

她的行为很快就被相关部门发现了。案发后，经上海市普陀区国家税务局税务核定：上海黎依市场策划有限公司于2006年6月至12月销售货物，含税金额2 895 430元，不含税销售金额 2 784 067.31 元，应缴增值税 111 362.69 元，已缴增值税 0 元，少缴增值税111 362.69元，少缴比例为100%。

2007年1月下旬，张某在接受公安机关调查时如实交代了犯罪事实，又主动交代了公安机关尚未掌握的上海黎依市场策划有限公司偷税的上述犯罪事实。据了解，在法院审理期间，上海黎依市场策划有限公司向税务机关补缴了全部税款。

法院经过审理后认为，上海黎依市场策划有限公司的行为已构成偷税罪，依法应予处罚。张某系被告单位的法定代表人兼经理，全面负责上述公司的经营管理活动，对该公司犯偷税罪负直接负责的主管人员责任，亦应以偷税罪论处。综上，法院判决上海黎依市场策划有限公司犯偷税罪，判处罚金10万元，张黎犯偷税罪，判处有期徒刑2年，缓刑2年；并处罚金6万元。

资料来源：http://www.chinaz.com/news/2007/0713/11889.shtml

6. 知识产权

（1）网络著作权的法律保护

① 网络著作权的内容和形式。随着计算机技术和网络技术的发展，产生了数字化作品和网络作品，这些作品的形式和载体与传统作品有很大区别。根据《著作权法实施条例》，其所称作品是指“文学、艺术和科学领域内，具有独创性并能以某种有形形式复制的智力创作成果”，其实质要件是“独创性”和“可复制性”。我国现行的著作权法未明确地将保护范围扩展到数字作品以及互联网领域。但事实上，数字化作品、网络作品与传统作品的区别仅在于作品存在的形式和载体，并且著作权法对于作品的存在形式及载体并无任何具体要求。因此，作品本身并不会因被数字化或者在互联网上传播而丧失“独创性”和“可复制性”，并不能因为其形式和载体的不同而被排除在著作权法的保护范围之外。鉴于我国

现行著作权法对互联网信息服务提供者承担法律责任的条件规定得不够明确，国家版权局和信息产业部根据《中华人民共和国著作权法》（以下简称）《著作权法》）及有关法律、行政法规，于 2005 年 4 月 30 日联合签发我国第一部网络著作权行政管理规章《互联网著作权行政保护办法》，于 2005 年 5 月 30 日起正式实施。

《互联网著作权行政保护办法》共 19 条，主要涉及办法适用的对象，网络信息服务提供者承担的行政法律责任，著作权、互联网信息服务提供者、互联网内容提供者在保护网络著作权中的具体做法，对严重违法侵权行为的处理等内容。

《互联网著作权行政保护办法》主要规范的对象，是在互联网信息服务活动中，根据互联网内容提供者的指令，通过互联网自动提供作品、录音录像制品等内容的上载、存储、链接或搜索等功能，且对存储或传输的内容不进行任何编辑、修改或选择的行为。其他直接提供互联网内容的行为，适用《著作权法》的规定即可。

② 网络著作权的内容。由于网络著作权也是法律所保护的著作权，故网络著作权人应当享有《著作权法》第十条所规定的著作权、人身权和财产权。

网络著作权中的经济权利主要包括：第一，复制权。即在网络上以特有的方式（如被网上用户访问或下载）将作品制作一份或多份的权利。第二，发行权。即在互联网上通过出售、出租等方式向公众提供一定数量的作品复制件的权利。第三，传播权。即著作权人控制其作品在互联网上传输的一种权利，包括《著作权法》中规定的著作权人的表演权、播放权、展览权，摄制电影、电视、录像权等。

网络著作权中的精神权利指《著作权法》中所称的发表权、署名权、修改权和保护作品完整的权利。

（2）域名的法律保护

① 域名及其法律特征。互联网在区分所有与之相连的网络和主机时，采用了一种唯一的、通用的地址格式，即每一个与互联网相连接的网络和主机都被指派了一个独一无二的地址。互联网中的地址方案分为两套：IP 地址系统和域名地址系统。域名是互联网上用于解决地址对应问题的一种方法，是用于代替 IP 地址的一套符号型的地址方案。每一个域名地址都与特定的 IP 地址对应。

域名作为一种字符的创意和构思组合，具有如下法律特征。

第一，标识性。在互联网上不同的组织和机构是以不同的域名来标识自身并相互区别的。

第二，唯一性。域名虽然可以极度相似，但每一个域名在全球范围内都是独一无二的，这是域名标识性的保障。

第三，排他性。互联网适用范围的广泛性决定了域名必须具有绝对的排他性。

虽然人们倾向于将域名与商标联系起来加以保护，但域名和商标是有许多区别的，这些区别表现在以下方面。

第一，在形式上，域名不直接使用于商品或服务，而商标是附着于商品或服务的。并且商标的注册是按照商品或服务的类别分别进行的，同一个文字商标可能被经营不同商品或服务的不同企业同时使用；而域名则在全球范围内具有唯一性。

第二，在注册方面，域名注册管理机构除遵循“在先原则”、“唯一性原则”外，并不承担检索责任；而商标管理机关则须承担检索责任。

第三，在作用上，域名只是区别主页提供者，组成域名的字符不能完全相同，但可以极度相似，而对相同或相似的商品（或服务）不允许出现相同或相似的商标。

第四，从组成上讲，商标可以是文字、图形或者两者的结合，还可以是立体商标、音乐商标或者气味商标；而域名则只能是文字或数字。

第五，从地域角度讲，域名具有全球性；而商标作为传统的知识产权具有地域性。

第六，域名未经正式注册不能在互联网中使用，而在我国，商标采取自愿注册原则，未注册的商标可以使用，只是没有专用权而已。

② 域名与传统知识产权法律的冲突及域名的法律保护。引发域名与知识产权法律的冲突的原因主要有以下几个方面的因素。

第一，域名的全球性与知识产权的地域性。

第二，域名的唯一性和知识产权的多重性。

第三，域名的允许极度相似和知识产权的相似禁止。

第四，域名系统及网络通信技术的复杂性。

第五，域名组织的不审查政策。

我国目前对域名管理的主要规定有《中国互联网络域名管理办法》、《中国互联网络域名注册暂行管理办法》和《中国互联网络域名注册实施细则》，对域名的注册、管理、撤销等方面的事务有约束力。北京市高级人民法院曾于 2000 年 8 月出台了《关于审理因域名注册、使用而引起的知识产权民事纠纷案件的若干指导意见》，但该意见的适用范围并不及于全国。2001 年 6 月 26 日，最高人民法院颁布《关于审理涉及计算机网络域名民事纠纷案件适用法律若干问题的解释》，该解释成为我国各级司法机关审理相关案件的指导性文件。

③ 域名争议的解决机制。网络域名争议主要包括：第一类，企业的名称被他人以相同或者近似的名称抢先注册域名，因而发生的域名归属纠纷。第二类，专门注册他人公司的名称、商标为域名，并以此牟利的单位或个人的行为引发的域名纠纷。域名的“恶意抢注”是常发的域名争议种类。“恶意抢注”是指明知或应知他人的商标、商号及姓名等具有较高的知名度和影响力而进行抢注的行为。

目前，我国调整网络纠纷的法律法规主要是《中国互联网络域名管理办法》及《中国互联网络信息中心域名争议解决办法（2006 年）》、《中国互联网络信息中心域名争议解决办法》（简称《解决办法》）。《解决办法》第八条规定针对注册域名的投诉获得支持的前提条件如下。

❑ 投诉的域名与投诉人享有民事权益的名称或者标志相同，具有足以导致混淆的近似性。

- 投诉的域名持有人对域名或者其主要部分不享有合法权益。
- 投诉的域名持有人对域名的注册或者使用具有恶意。

该办法第九条规定用以证明域名的注册与使用具有恶意的证据包括下列情形。

- 注册或者受让域名是为了出售、出租或者以其他方式转让该域名，以获取不正当利益。
- 多次将他人享有合法权益的名称或者标志注册为自己的域名，以阻止他人以域名的形式在互联网上使用其享有合法权益的名称或者标志。
- 注册或者受让域名是为了损害投诉人的声誉，破坏投诉人正常的业务活动，或者混淆与投诉人之间的区别，误导公众。
- 其他恶意的情形。

【例 9-3】

中国第一起被告胜诉的域名抢注案件

原告上海东方网股份有限公司是由上海 12 家著名媒体投资设立的新闻网站，网站的中文名称为“东方网”，域名是 eastday.com 和 eastday.com.cn。在一次偶然机会中，原告发现被告山东济南开发区梦幻多媒体网络技术开发中心属下也有一个域名为 eastdays.com 和 eastdays.com.cn 的东方网网站，该网站从页面形式到页面内容，涉嫌全面抄袭原告网站。原告认为被告上述行为侵犯其多项权益，构成了不正当竞争行为，因此起诉至上海第一中级人民法院。

2001 年 4 月 24 日，上海市第一中级人民法院作出一审判决，认定被告侵犯原告网站版权，故责令被告向原告赔礼道歉、消除影响和赔偿经济损失人民币 30 万元。但是，原告最重要的一项请求，即“判令被告立即停止使用和注销其恶意抢注的‘eastdays.com’、‘eastdays.com.cn’的域名”，被法院予以驳回。据了解，这是国内目前为止，同类案件中唯一一件被起诉域名抢注而被告胜诉的案件。

一审判决之后，当事人双方都向上海市高级人民法院提出上诉。后来经过协商，双方在 2001 年 7 月 7 日签署了和解协议，原告以不申请执行一审判决为条件换取了被告的致歉声明和主动撤销两个域名。

该案还有不少有趣之处引起了法律界的关注：一是原告所提出的涉及页面著作权、知名商品特有名称权益、知名商品特有装潢权益、进行虚假宣传、构成不正当竞争等多项请求，堪称国内同类案件中权利请求数量之最。二是原被告双方旁征博引、大量引用的国内外关于域名的法律规定和案例，内容层出不穷，让人感觉精彩纷呈、目不暇接。但这也从另一方面反映出我国目前关于网络域名版权等法律规定界限的模糊和混乱。

资料来源：高云. 中国 IT 法律事件回顾. http://news.chinabyte.com

7．消费者权益保护

（1）在线消费者权益保护

① 消费者的知情权。《中华人民共和国消费者权益保护法》（以下简称《消费者权益保护法》）第八条规定："消费者享有知悉其购买、使用的商品或者接受的服务的真实情况的权利。"电子商务法首先要保护消费者在进行网上活动和购物过程中，有了解真实的商品或者服务的信息的权利，即向消费者提供商品和服务的广告及其相关信息必须是客观的、真实的。在网上发布虚假的、不真实的广告，不仅违反了商业道德和诚实信用原则，更重要的是侵犯了消费者的知情权。

在决定购买之前，消费者有权了解一切与商品或服务有关的信息。具体包括三方面内容。

- 消费者要了解商品或者服务的基本情况，主要包括商品的名称、注册商标、产地、生产者名称、服务的内容、规格、费用等。
- 消费者要了解商品的技术指标，主要包括用途、性能、规格、等级、所含成分、使用方法、使用说明书、检验合格证明等。
- 消费者要了解商品或者服务的价格及商品的售后服务情况。

② 消费者的公平交易权。在消费性的交易中，公平交易是指消费者获得的商品和服务与其交付的货币价值相当。电子商务中的公平交易权指消费者在网上进行交易时，享有获得公平的交易条件的权利。这种公平的交易条件包括商品质量保障和合理价格。所谓合理的价格，即商品或服务的价格应该符合国家物价规定，与价值相符。网络消费者所拥有的只有一个网络平台，仅根据网上提供的商品信息来判断商品或服务的价格与价值是否相当，这种购物方式很容易使消费者被网上的虚假信息欺骗。

③ 消费者的自由选择权。《消费者权益保护法》第九条规定："消费者有自主选择商品或者服务的权利。消费者有权自主选择提供商品或者服务的经营者，自主选择商品品种或者服务方式，自主决定购买或者不购买任何一种商品，接受或不接受任何一项服务。"

④ 消费者获得消费安全的权利。对于网上购物的消费者来说，获得消费安全的权利包括获得人身安全、财产安全、隐私安全三个方面。消费者的人身安全权，是指消费者有权期待在网上所购买的物品不会对自己的生命和健康构成威胁。财产安全权是指消费者的财产不受侵害的权利。隐私安全将在下文中详述。

⑤ 消费者的损害赔偿请求权。当消费者在网上进行交易时人身、财产受到损害，有权请求并获得相应的损害赔偿。

（2）网上个人隐私保护

① 网上个人隐私权的内容。在网络中，个人隐私权主要包括三个方面。

第一，个人资料的隐私权。属隐私权范畴的消费者个人资料主要有：特定个人信息（姓名、性别、出生日期、身份证号码）等、敏感性信息（宗教信仰、婚姻、家庭、职业、病历、收入、经历等）、E-mail 地址、IP 地址、用户名与密码等。经营者在收集以上个人资料必须取得资料主体的同意，不得将资料用做收集目的以外的利用，其对个人资料的披露和公开也必须经过资料主体的同意。

第二，通信秘密与通信自由。《中华人民共和国宪法》第 40 条规定："中华人民共和国公民的通信自由和通信秘密受法律的保护。除因国家安全或者追查刑事犯罪的需要，由公安机关或者检察机关依照法律规定的程序对通信进行检查外，任何组织或者个人不得以任何理由侵犯公民的通信自由和通信秘密。"电子邮件是网络世界最常用的通信手段，其内容的安全取决于邮件服务器的安全、邮件传输网络的安全以及邮件接受系统的安全。除了采用加密等技术手段外，采用法律手段制约经营者和黑客的偷窥与披露行为也至关重要。

第三，个人生活安宁权。促销广告电子邮件因其成本低廉且难以监控而日益泛滥。这些"垃圾邮件"耗费了消费者大量的时间和金钱下载和清理，而且占用邮箱空间。这种不但影响正常信件的传送，且已构成对消费者个人生活安宁权的侵害。

② 网上个人隐私权的保护。我国现有关于隐私权的立法比较零散。例如《中华人民共和国民法通则》规定，公民和法人享有名誉权，公民的人格尊严受法律保护。虽然理论上认为隐私权包含于名誉权中，但《中华人民共和国民法通则》并未明确规定隐私权内容。

消费者隐私权的法律保护是有限度的，因为隐私权的保护可能和经营者商业利益发生冲突。因此，如何在两者之间达成平衡是个重要课题。例如，网上的很多服务是免费的，但享受这些服务必须登录一些个人资料，这些个人信息便有被相关服务提供者用作他用甚至出卖的可能。因此，网络经营者应当在网站主页显要位置上公布关于隐私权保护的声明。这类声明包括的内容如下。

第一，告知网站将以何种方式收集用户的个人资料。

第二，告知网站收集个人资料的范围。

第三，对于个人资料的处理作出承诺，明确表示不会将当事人的任何个人资料以任何方式泄露给任何一方。

8. 电子商务安全

（1）网络安全和计算机安全相关法规

电子商务安全主要指网络安全和计算机安全，它们是电子商务赖以生存的条件。电子商务安全的相关法律法规主要是有关网络安全和计算机安全的法律法规。

我国计算机网络安全立法工作开始于 20 世纪 80 年代，1981 年公安部开始成立计算机安全监察机构。随着电子商务的飞速发展，网络安全愈发显得重要，对网络安全的担忧将影响广大消费者的行为，使他们更不愿意在网上购物和交易，这将阻碍电子商务的发展。我国针对网络安全已颁布很多的法律法规，主要如下。

《信息网络传播权保护条例》[中华人民共和国国务院令第 468 号，2006-05-18 发布]

《电子信息产品污染控制管理办法》[信息产业部令第 39 号，2006-02-28 发布]

《中国互联网络信息中心域名争议解决办法（2006 年）》[中国互联网络信息中心，

2006-02-22 发布]

《互联网电子邮件服务管理办法》[中华人民共和国信息产业部令第 38 号，2006-02-20 发布]

《互联网交换中心网间结算办法》[信部电[2006]648 号，2006-11-08 发布]

《电子银行业务管理办法》[中国银行业监督管理委员会令 2006 年第 5 号，2006-01-26 发布]

《互联网安全保护技术措施规定》[公安部令第 82 号，2005-12-13 发布]

《电子支付指引（征求意见稿）》[中国人民银行，2005-06-09 发布]

《互联网著作权行政保护办法》[国家版权局和信息产业部令 2005 年第 5 号，2005-04-30 发布]

《电子认证服务密码管理办法》[国家密码管理局，2005-04-01 生效]

《电子认证服务管理办法》[中华人民共和国信息产业部令第 35 号，2005-01-28 发布]

《互联网 IP 地址备案管理办法》[信息产业部令第 34 号，2005-01-28 发布]

《非经营性互联网信息服务备案管理办法》[信息产业部令第 33 号，2005-01-28 发布]

《电子签名法》[第十届全国人民代表大会常务委员会，2004-08-28 审议通过]

《中国互联网络域名管理办法》[信息产业部令第 30 号，2004-09-28 发布]

《互联网上网服务营业场所管理条例》[中华人民共和国国务院令第 363 号，2002-09-29]

《中国互联网络信息中心域名注册实施细则》[中国互联网络信息中心，2002-09-25 发布]

《中国互联网络信息中心域名注册服务机构认证办法》[中国互联网络信息中心，2002-09-30 施行]

《关于维护互联网安全的决定》[中华人民共和国国务院令第 147 号，2000-12-28]

《计算机病毒防治管理办法》[公安部令第 51 号，2000-03-30 发布]

《计算机信息系统国际联网保密管理规定》[国家保密局，2000-01-01 发布]

《计算机信息系统安全保护等级划分准则》[公安部，1999-10-19 制定]

《计算机信息网络国际联网安全保护管理办法》[公安部令第 33 号，1997-12-30 颁布]

《中华人民共和国计算机信息网络国际联网管理暂行规定实施办法》[国务院信息化工作领导小组，1997-12-08 审定]

《商用密码管理条例》[国务院令第 273 号，1999-10-07 发布]

《中国互联网络域名注册实施细则》[国务院信息化工作领导小组，1997-06-03 发布]

《中国互联网络域名注册暂行管理办法》[国务院信息化工作领导小组，1997-06-03 发布]

《关于加强计算机信息系统国际联网备案管理的通告》[北京市公安局，1996-02-16 发布]

《中华人民共和国计算机信息系统安全保护条例》[国务院令第 147 号，1994-02-18 发布]

《计算机软件著作权登记办法》[机械电子工业部，1992-04-06 发布]

《计算机软件保护条例》[国务院第八十三次常委会，1991-05-24 通过]

《计算机病毒控制规定（草案）》[公安部，1989 发布]

（2）关于网络犯罪的法律规范

1997 年 3 月，新修订的《中华人民共和国刑法》（以下简称《刑法》）以两个条文的篇幅也对危害计算机信息及计算机网络的行为作出了规定，增加了计算机犯罪的新内容，并将计算机犯罪分为两大类五种类型：一类是直接以计算机信息系统为犯罪对象的犯罪，包括非法侵入计算机信息系统罪；破坏计算机信息系统功能罪；破坏计算机信息系统数据、应用程序罪；制作、传播计算机破坏程序罪。另一类是以计算机为犯罪工具实施其他犯罪，如利用计算机实施金融诈骗、盗窃、贪污、挪用公款、窃取国家机密、经济情报或商业秘密等。

2000 年 12 月 28 日，第九届全国人大常务委员会第十九次会议通过的《关于维护互联网安全的决定》根据网络犯罪侵害客体的不同，将网络犯罪分为五类。

- 妨害互联网运行安全的网络犯罪。包括侵入国家事务、国防建设、尖端科技领域的计算机信息系统，即通常所说的黑客行为；故意制作、传播计算机病毒等破坏性程序，攻击计算机系统及通信网络，致使计算机系统及通信网络遭受损害；违反国家规定，擅自中断计算机网络或使通信系统不能正常运行。
- 妨害国家安全和社会稳定的网络犯罪。包括利用互联网造谣、诽谤或发表、传播其他有害信息；窃取、泄露国家秘密、情报；煽动民族仇恨，破坏民族团结；组织邪教组织，破坏国家法律、行政法规的实施等。
- 妨害市场经济秩序和社会管理秩序的网络犯罪。包括利用网络销售伪劣产品或对产品、服务做虚假广告；损害他人商业信誉和商品信誉；侵犯知识产权；编造并传播影响证券、期货交易或其他扰乱金融秩序的虚假信息；建立淫秽网站、网页，提供淫秽站点链接服务，或者传播淫秽书刊、影片、音像、图片。
- 妨害人身权利、财产权利的网络犯罪。包括利用互联网侮辱他人或者捏造事实诽谤他人；非法截取、篡改、删除他人电子邮件或数据资料，侵犯公民通信自由和通信秘密；利用网络进行盗窃、诈骗或敲诈勒索。
- 其他网络犯罪。

《刑法》和《关于维护互联网安全的决定》中的这些规定对于计算机在我国的大规模推广应用，对于保护计算机生产者和使用者的合法权益，对于计算机系统和计算机网络的安全运行都具有极为重要的作用。

【例 9-4】

非法入侵网站案

2001 年 8 月 2 日 14 时，王群非法侵入“楚天人才热线”，将该网站主页改为一面五星红旗，并附上“加入我们，成为中国黑客联盟的一分子”等内容，致使网站瘫痪。当天 18 时，王群非法侵入湖北大冶市政府网站后，对载有当地领导人照片和“领导致辞”等内容的首页进行了恶意篡改。次日又将网站主页变为一张裸体女人照片，致使网站关闭。王群还以同样的手段，侵入科技之光、黄石热线等网站，更改主页，造成恶劣社会影响。法院认定，被告人王群利用从网上获取的方法，搜索扫描各网站的服务器系统的漏洞，并利用漏洞对计算机信息系统中的数据进行删除、修改、增加，后果严重，行为已构成破坏计算机系统罪。湖北省武汉市江岸区人民法院判处王群有期徒刑一年。

资料来源：http://news.sohu.com/10/10/news148191010.shtml

① 网络对象犯罪。这类网络犯罪只能在计算机信息系统网络内实施，主要对象是计算机程序或数据，罪名包括：侵入计算机系统罪、破坏计算机信息系统功能罪、破坏计算机数据和应用程序罪、制作传播破坏性程序罪。这类犯罪的表现方式和犯罪手段如下。

- 袭击网站，即侵入网站服务器主机，并在其中设置袭击程序，在特定的时间内袭击目标网站，使其系统局部功能失灵，并导致网站网络系统瘫痪。
- 在线传播破坏性病毒或逻辑炸弹、蠕虫、特洛伊木马等其他破坏性程序。

【例 9-5】

“熊猫烧香”病毒案

2007 年 2 月 12 日，湖北省公安厅宣布，“熊猫烧香”病毒的制作者李俊（男，25 岁，武汉新洲区人）被抓获，参与传播的雷磊（男，25 岁，武汉新洲区人）等 7 名犯罪嫌疑人也一并归案。这是我国破获的国内首例制作计算机病毒的大案。

2006 年底，“熊猫烧香”病毒借着南海地震的东风在我国互联网上大规模爆发。由于该病毒传播手段极为全面，且变种频出，让用户和杀毒厂商防不胜防，截至案发为止，已有数以百万的用户、网吧及企业遭到攻击，甚至一些著名的 IT 网站也自身难保，成了病毒传播的途径之一。该病毒如此猖獗，以致各杀毒厂商均将其列为 2006 年十大病毒之首，成了新一代的“毒王”。据李俊交代，其于 2006 年 10 月 16 日编写了“熊猫烧香”病毒并在网上广泛传播，并且还以自己出售和由他人代卖的方式，在网络上将该病毒销售给 120 余人，非法获利 10 万余元。经病毒购买者进一步传播，导致该病毒的各种变种在网上大面积传播，对互联网用户计算机安全造成了严重破坏。李俊还于 2003 年编写了“武汉男生”病毒、2005 年编写了“武汉男生 2005”病毒及“QQ 尾巴”病毒。另外，本案另有几个重要犯罪嫌疑人——雷磊（男，25 岁，武汉新洲区人）、王磊（男，22 岁，山东威海人）、叶培新（男，21 岁，浙江温州人）、张顺（男，23 岁，浙江丽水人）、王哲（男，24 岁，湖北仙桃人）通过改写、传播“熊猫烧香”等病毒，构建“僵尸网络”，通过盗窃各种游戏和QQ账号等非法方式牟利。李俊、雷磊等8名犯罪嫌疑人已被刑事拘留。

据公安部公共信息网络安全监察局的相关人员介绍，公安机关对“熊猫烧香”病毒制作者李俊立案，根据的是我国《刑法》第286条，该条款中明确规定：“违反国家规定，对计算机信息系统功能进行删除、修改、增加、干扰，造成计算机信息系统不能正常运行，后果严重的，处五年以下有期徒刑或者拘役；后果特别严重的，处五年以上有期徒刑。故意制作、传播计算机病毒等破坏性程序，影响计算机系统正常运行，后果严重的依照以上的规定处罚。”而对此案中除李俊以外的其他犯罪嫌疑人的立案根据，则是我国《刑法》第287条的相关规定：“利用计算机实施金融诈骗、盗窃、贪污、挪用公款、窃取国家秘密或者其他犯罪的，依照本法有关规定定罪处罚。”

资料来源：“熊猫烧香”作者落网，http://tech.tom.com/2007-02-13/0633/08994051.html

（2）网络工具犯罪

这类犯罪的表现形式一般包括以下几种。

第一，电子盗窃，即以解码、修改指令等方法，擅自破译他人接受某项网络服务的密码，侵入系统终端，达到盗窃他人网络介入服务的行为。

第二，网上洗钱，即在网络上以密码或加密传输信息的方式，在网上销售或存储钱款，通过网上的合法交易，把通过非法渠道得到的“黑钱”洗“白”。犯罪分子除利用银行或其他金融机构的中介转换、兑现外，还利用网络商务、虚拟钱包、电子银行、在线商店、网络租赁等业务进行洗钱活动。

第三，网络诈骗，包括利用网络信息服务、网络商务、电子银行、在线商店、网上拍卖等业务，从事假支付、真诈骗的活动。

第四，网络侮辱、诽谤与恐吓，即出于各种目的，向各电子邮箱、电子公告牌（BBS）发送或粘贴大量有人身侮辱、诽谤或恐吓等内容的文章或者图片，散步各种谣言侮辱、诽谤和恐吓他人。

第五，网络色情传播，由于网络支持图片和视频传播，大量色情图片、电影出现在网络上。在网上发布色情广告的案件也时有发生。

第六，网络赌博，即通过设置赌博程序、控制赌局输赢的互联网赌博。

第七，网络传销，在我国，传销为非法经营行为。凡在非法经营中获利1万元以上或非法经营额达5万元以上即构成犯罪。

第八，网上非法交易，指行为人实施了法律明令禁止或不得无证交易的非法行为。我国《刑法》第225条规定：“未经许可经营法律、行政法规规定的专营、专卖物品或者其他限制买卖的物品”，“扰乱市场秩序，情节严重”的，构成非法经营罪。

第九，网上教唆或传播犯罪方法，其特征是，教唆人与被教唆人并不直接见面，教唆的结果并不一定取决于被教唆人的行为。这种犯罪有可能产生大量非直接被教唆对象同时接受相同教唆内容的严重后果，具有极强的隐蔽性和弥漫性。此外，网络犯罪还有网上报复、网上盯梢、网上恐怖活动等多种形式。

思考与练习

一、简答题

1．电子商务给现代法律带来了哪些新的挑战？

2．简述电子商务法的作用主要有哪些？

3．简述我国颁布的《电子签名法》的主要内容。

4．域名和商标的区别表现在哪几个方面？

5．在电子商务条件下，买方和卖方应当承担的义务分别有哪些？

二、选择题

1．从实际运作看，在电子商务实施过程中，由于营业主体的地点和经营范围不固定，因此，网上征税的管理变得（　　）。

A．简单　　B．快速

C．方便　　D．困难

2．电子资金划拨当事人之间涉及的法律关系包括（　　）。

A．银行与客户的法律关系　　B．银行之间的法律关系

C．银行与电子交换所的法律关系　　D．银行与数据网络系统的法律关系

3．网络交易中心的设立必须具备的条件是（　　）。

A．依法设立的企业法人或者事业法人

B．具有相应的计算机信息网络、装备以及相应的技术人员和管理人员

C．具有健全的安全保密管理制度和技术保护措施

D．符合法律和国务院规定的其他条件

4．2004 年，第十届全国人民代表大会常务委员会第十一次会议审议通过了（　　）。

A．《中华人民共和国电子商务示范法》

B．《中华人民共和国电子签名法》

C．《中华人民共和国电子文件及电子签名》

D．《中华人民共和国电子交易法令》

5．域名作为一种字符的创意和构思组合，具有如下法律特征（　　）。

A．标识性　　B．唯一性

C．一致性　　D．排他性

6．下面哪些电子商务的特点给现行税法造成了强烈的冲击（　　）。

A．交易行为难以认定，税款流失风险加大

B．电子商务的易变性使得税务部门难以稽查

C．电子商务税收的管辖权难以确定

D．征税对象的类型难以划分

技能训练

1．在网上查找我国颁布的《电子签名法》，并下载，了解其全文内容。

2．访问中国电子商务法律网（http://www.chinaeclaw.com），了解网站内的典型案例和法律时评，加深对电子商务法律规范的认识和理解。

参 考 文 献

1．周曙东．电子商务概论．南京：东南大学出版社，2003

2．俞立平．企业信息化与电子商务．南京：东南大学出版社，2002

3．俞立平．电子商务技术与实务．南京：东南大学出版社，2003

4．俞立平．电子商务与网络营销．北京：科学出版社，2004

5．俞立平．电子商务认证．北京：机械工业出版社，2005

6．李建忠．电子商务网站建设与管理．北京：清华大学出版社，2012

7．宋文官．电子商务概论．第 2 版．北京：高等教育出版社，2008

8．吕廷杰，陈霞，胡桃．电子商务教程．第 2 版．北京：电子工业出版社，2011

9．兰宜生．电子商务基础教程．北京：清华大学出版社，2003

10．潘军．电子商务物流管理．南京：东南大学出版社，2002

11．邓凯，常晋义．电子商务．北京：中国电力出版社，2003

12．陈德人．电子商务案例及分析．北京：高等教育出版社，2012

13．刘枝盛，卢兵等．电子商务基础．北京：电子工业出版社，2003

14．张建军．网络广告实务．南京：东南大学出版社，2002

15．王忠诚．电子商务概论．北京：机械工业出版社，2002

16．尚晓春．网络营销策划．南京：东南大学出版社，2002

17．王立新．网络营销．北京：机械工业出版社，2002

18．王维安，张建国，马敏．网络金融．北京：高等教育出版社，2002

19．万守付．电子商务基础．北京：人民邮电出版社，2011

20．2011 年（上）中国电子商务市场数据监测报告．中国电子商务研究中心．http://b2b.toocle.com/2t/2010bgdz/

21．1997—2009：中国电子商务十二年调查报告．中国电子商务研究中心．http://b2b.toocle.com/2t/1997/